全国高校地理信息科学教学丛书

地理信息系统原理

主编 李 霖

副主编 尹章才 刘 强 翁 敏

科学出版社

北 京

内 容 简 介

本书是作者在总结多年从事地理信息系统教学经验的基础上编写而成。全书共分 8 章：第 1 章绪论，主要介绍地理信息系统相关概念；第 2 章至第 7 章介绍了地理信息系统相关理论，包括地理空间对象及数据模型、地理空间数据采集与处理、地理空间数据结构与组织、地理空间分析、数字高程模型分析、地理信息可视化；第 8 章地理信息系统发展动态，主要介绍了地理信息系统的发展方向和地理信息科学前沿内容，如三维动态数据建模与管理、虚拟现实与增强现实等。

本书既可作为地理信息科学、地理科学、土地管理等专业本科生教材，也可供相关专业从业人员参考。

图书在版编目（CIP）数据

地理信息系统原理/李霖主编. —北京：科学出版社，2021.12
（全国高校地理信息科学教学丛书）
ISBN 978-7-03-070439-9

Ⅰ. ①地… Ⅱ. ①李… Ⅲ. ①地理信息系统–高等学校–教材
Ⅳ. ①P208

中国版本图书馆 CIP 数据核字（2021）第 223464 号

责任编辑：杨 红 郑欣虹/责任校对：杨 赛
责任印制：赵 博/封面设计：陈 敬

科学出版社 出版
北京东黄城根北街 16 号
邮政编码：100717
http://www.sciencep.com
三河市春园印刷有限公司印刷
科学出版社发行 各地新华书店经销
*
2021 年 12 月第 一 版 开本：787×1092 1/16
2024 年 11 月第三次印刷 印张：15 3/4
字数：393 000

定价：59.00 元
（如有印装质量问题，我社负责调换）

“全国高校地理信息科学教学丛书”
编委会名单

丛 书 序

古往今来，人类所有活动几乎都与地理位置息息相关。随着科学技术的快速发展与普及，地理信息科学与技术以及在此基础上发展起来的“数字地球”“智慧城市”等，在人们的生产和生活中发挥着越来越重要的作用。

近年来，我国地理信息科学高等教育蓬勃发展，为我国地理信息产业的发展提供了重要的理论、技术和人才保证。目前，我国已有近200所高校开设地理信息科学专业，专业人才培养模式也开始从“重理论、轻实践”向“理论与实践并重”转变。然而，现有的地理信息科学专业教材建设，一方面滞后于专业人才培养的实际需求，另一方面，也跟不上地理信息技术飞速发展的步伐。同时，新技术带来的教学方式和学生学习方式的变化，也要求现有教材体系及配套资源做出适应性或引领性变革。在此背景下，科学出版社与中国地理信息产业协会教育与科普工作委员会共同组织策划了“全国高校地理信息科学教学丛书”。该丛书从学科建设出发，邀请海内外地理信息科学领域著名学者组成编委会，并由编委会推荐知名专家或从事一线教学的教授担任各分册主编。在编撰中注重教材的科学性、系统性、新颖性与可读性的有机结合，强调对学生基本理论、基本技能与创新能力的培养。丛书还同步启动配套的数字化教学与学习资源建设，希望借助新技术手段为地理信息科学专业师生提供方便快捷的教学与实习途径。相信该丛书的出版，会大大提升该专业领域本科教材质量，优化辅助教学资源，对提高理论与实践并重的专业人才培养质量起到积极的引领作用。

我相信，在丛书编委会及全体编撰人员的共同努力下，“全国高校地理信息科学教学丛书”一定会促进我国新一代地理信息科学创新人才的培养，从而为我国地理信息科学及相关专业的发展做出重要的贡献。

中国科学院院士
中国工程院院士　李德仁

丛书前言

地理信息，在经济全球化和信息技术快速发展的 21 世纪，已然在人类经济发展与社会生活中扮演重要角色。自 1992 年 Michael F. Goodchild 提出地理信息科学应当是一门独立的学科以来，在学界的共同努力下，已经在空间数据采集与处理、地学数据挖掘与知识发现、空间分析与可信性评价、地学建模与地理过程模拟、协同 GIS 与可视化、地理信息服务、数字地球与智慧城市、虚拟地理环境、GIS 普及及高等教育等诸多研究方面取得了重要进展。与此同时，由于地理信息科学的概念以及研究背景、目标的复杂性，目前关于地理信息科学的核心理论框架体系，仍然存在不同的理解，需要广大学者深入探索与凝练。

在 2012 年教育部颁布的《普通高等学校本科专业目录（2012 年）》中，地理科学类专业中的“地理信息系统”更名为“地理信息科学”，标志着地理信息的高等教育进入一个崭新的发展阶段。随着我国各项事业及各相关部门信息化进程的加快，地理信息相关专业人才具有广泛的社会需求。地理信息科学专业人才应当具备坚实的地理学、测绘科学及现代信息技术基础知识、具有处理与分析地理信息的能力，能从事地理信息科学问题的研究与相关技术开发，能胜任包括城市规划、资源管理、环境监测与保护、灾害防治等领域的地理信息资源开发、利用与管理工作。地理信息科学专业人才的培养，对于全面提升我国地理信息产业与地理信息科学发展水平具有极其重要的作用。

中国地理信息产业协会教育与科普工作委员会，多年来通过多种途径，积极推进我国地理信息高等教育水平提高，所组织的全国高校 GIS 教育研讨会、全国高校 GIS 青年教师教学技能培训与大赛、全国大学生 GIS 技能大赛、全国 GIS 博士生论坛等活动，都已经成为国内有影响的品牌活动。高校专业教材是本科教学的重要资料，近十年来，我国已出版多套有关地理信息系统的系列教材，在专业教学中发挥了十分重要的作用，其中，由科学出版社出版的“高等学校地理信息系统教学丛书”，在我国 GIS 教育界产生了重要影响。在此基础上，科学出版社、教育与科普工作委员会联合组织编撰的“全国高校地理信息科学教学丛书”，拟面对学科发展的新形势，系统梳理、总结与提炼以往的学科研究及教学成果，编写出集科学性、时代性、实用性为一体的系列教材。

为保证本丛书顺利完成，在工作委员会及科学出版社的协调下，首先成立了由地理信息科学高等教育领域的知名学者组成的丛书编写委员会。其中，由我国该领域院士及知名学者任顾问，对丛书进行方向性指导，各教材主要编写人员既有我国地理信息科学领域的知名专家，又有新涌现的优秀青年学者，他们对地理信息科学的教育教学有很强的责任心，对地理信息学科的发展与创新开展了广泛而深入的研究；他们在学术研究和教学工作中亦能紧密联系、广泛开展学术与教学的交流合作。

本丛书将集成当前国内外地理信息科学研究领域的主要理论与方法，以及编著者自身多年的研究及教学成果，对今后相关研究工作有十分重要的参考价值。我们希望本丛书不仅适合于地理信息科学专业的在校学生使用，而且也可作为相关专业高校教师和研究人员工作和学习的参考书。本丛书的出版发行，盼能推动我国地理信息科学的科学研究与拓展应用，促进中国地理信息产业的发展。

国家级教学名师

中国地理信息产业协会教育与科普工作委员会主任

汤国安

2014 年 8 月 4 日

前　言

由加拿大测量学家罗杰·汤姆林森提出方案并于 1963 年在加拿大土地调查局建立的世界第一个运行的地理信息系统，抓住了当时计算机和数字技术在地图制图及资源调查等领域亟待解决的关键技术和应用方向，开拓了从单一实际运行的工程系统发展而来的、目前具有系统性专业知识和广泛应用领域的学科。全国现在约有 200 所高校开设地理信息科学专业，培养出大量高级专业人才，满足了社会对规模日益扩大的地理信息系统专业技术人才的需求。在这一专业人才系统性培养进程中，讲解地理信息系统原理知识的教材和课程起着关键性的作用。

计算机、通信以及网络等技术的突飞猛进，促进信息技术广泛应用于国计民生的各行各业，推动社会发展与进步。在这一人类社会的重要进程中，基于地理信息服务的数字技术已深入我们学习、工作和生活的方方面面，为人们的衣食住行提供 80%以上的信息。与此同时，地理信息科学专业的核心知识也不断拓展，专业知识的积累从几何空间、欧氏空间延伸到地理空间和语义空间，为网络信息大数据时代的跨领域地理信息服务奠定了坚实的基础。作为面向地理或地学领域的信息技术，地理信息系统架起信息技术与地学领域的“桥梁”。地理信息系统原理的课程知识像“桥面”一样，直接将信息技术接入并延伸入地学诸领域，因此，地理空间分析相关理论被纳入这本教材的知识体系中。此外，我们也将那些“最新”的信息技术，如虚拟及增强现实、云计算，作为“地理信息系统发展动态”纳入到教材的最后一章。

全书共分 8 章。第 1 章由翁敏和李霖编写，从地理信息系统的产生开始，简要介绍地理信息系统的基本概念、组成和基本功能。第 2 章由刘强、尹章才和李霖编写，主要介绍地理空间对象及其基本特征，以及面向空间对象的空间数据模型。第 3 章由尹章才和李霖编写，主要介绍地理空间数据来源及其采集与处理方式与流程，并简要介绍数据质量评价理论和数据入库流程。第 4 章由刘强和尹章才编写，主要介绍矢量和栅格这两种基本空间数据结构及其基本数据组织、管理方法和面向数据集的数据组织方式。第 5 章由翁敏和李霖编写，主要介绍空间分析、空间统计分析、地理编码与路径分析以及空间几何分析的基本原理。第 6 章由尹章才和翁敏编写，主要介绍数字高程模型的基本概念和建立步骤，以及数字地形分析的主要内容和方法。第 7 章由尹章才和刘强编写，主要介绍地理信息可视化的概念和面向地理要素的可视化机制，涉及地图与地理场景两类可视化。第 8 章由刘强和尹章才编写，主要介绍对地理信息系统发展具有重要引领作用的信息技术，如三维及动态数据建模、虚拟现实与增强现实、VGI、云计算和大数据等。全书由李霖统稿和定稿。

本书编辑与出版得到了中国地理信息产业协会教育与科普工作委员会、科学出版社的指导与大力支持。本书编写过程中参考了许多论文和图书，教材正文后面仅列出了主要参考文献。此外还引用了诸多网上资源，部分插图来自百度等网上图片库。在此一并致以诚挚地感谢！

由于作者眼界和水平的局限，书中难免存在不足之处，恳请读者批评指正！

作　者

2021 年 8 月 1 日

目　　录

第 1 章　概　论

人类活动最核心的任务是了解人类赖以生存的环境及状态，认知这些环境发生、演变以及发展变化的特征和规律，而获取与表达自然、社会环境的状态和特征是人们深入理解和掌握自然规律、社会发展趋势的基础。这些状态和特征主要包括空间位置、周围环境和空间关系等。利用计算机及信息技术手段，来实现对这些现象或事物状态和特征描述的社会需求，催生了地理信息系统（geographic information system，GIS）技术。地理信息系统的核心知识主要来自于地图学、地理学和计算机科学等交叉领域及其拓展，已经广泛应用在多个领域，如资源管理、城市规划与管理、环境保护等。地理信息系统是具有输入、存储、查询、分析和显示地理数据等功能的计算机系统。它从专门的系统技术开始，随着科技的发展和应用的深入，演变成一门学科。它的简写 GIS 也称为“地理信息科学”（geographic information science），近年来，也有人称 GIS 为“地理信息服务”（geographic information service）。

本章首先介绍地理信息系统的概念，从地理信息系统的产生引入地理信息系统的定义，并简单介绍地理信息系统的分类；其次，从硬件、软件、数据、应用和网络等方面描述地理信息系统的组成；最后，从数据或信息处理的角度，简单介绍地理信息系统的数据采集、管理、处理、分析和输出等基本功能。本章结构如图 1.1 所示。

- 概论
  - 地理信息系统的概念
    - 产生
    - 发展历程
    - 类型(如平台、专业系统、开发工具)
    - 构成(如硬件、软件、数据、人员、应用、网络)
    - 与相关学科的关系
  - 地理信息系统主要功能
    - 地理信息获取与处理
    - 地理信息存储与管理
    - 空间查询与分析(如叠置分析、缓冲区分析、网络分析、DEM分析)
    - 空间信息可视化(如地图、多媒体、虚拟现实等)
  - 地理信息系统应用
    - 资源管理
    - 环境保护
    - 城市规划与管理
    - 日常生活

图 1.1　本章结构图

1.1　地理信息系统的概念

1.1.1　地理信息系统的产生

20 世纪 60 年代初，加拿大政府计划调查整个国家的森林资源，为此，需要利用航空影像制作森林覆盖地图，并在地图上进行面积量算。但因为人工完成这项任务的工作量巨大，所以，测量学家汤姆林森（Tomlinson）博士提出把常规地图变成数字形式地图，并由计算机来进行处理和统计的方案，这一方案得到政府认可并加以实施，由此建立了世界上第一个地理信息系统——加拿大地理信息系统（Canada geographic information system, CGIS）。在此之前，对资源的管理都是在具有基础地理信息的地图上，用透明图层（薄膜）进行人工叠加来获得数据并进行分析，这种方式非常耗时而且低效。Tomlinson 博士建立 CGIS 后，原本森林资源分类统计计划要花费 800 万加拿大元、耗时 3 年的工作量，缩减为只需 200 万加拿大元、几周就可完成。

Tomlinson 博士把常规地图变成数字地图形式存入计算机，并用计算机及相关输入/输出设备，实现地图量算与分析的技术系统和过程，用“地理信息系统”这一术语来概括，建立了世界上第一个实用的地理信息系统，因此，他被称为“地理信息系统之父”。随着技术的进步、社会需求的增加、有关组织机构的建立，地理信息系统很快呈“星火燎原”之势在全世界迅速发展起来。

从组成上来看，地理信息系统是包含了计算机硬件、软件、地理空间数据、应用人员和应用模型的系统；从功能上来看，地理信息系统则是一个能够支持地理空间数据的采集、管理、处理、分析和显示的系统。美国联邦数字地图协调委员会对其定义为：“地理信息系统是由计算机硬件、软件和不同的方法组成的系统，该系统设计用来支持空间数据的采集、管理、处理、分析、建模和显示，以便解决复杂的规划和管理问题”。该定义比较科学地阐明了地理信息系统的对象、功能和特点。地理信息系统处理、管理、分析的对象是多种地理实体数据及其相互关系，包括空间定位数据、图形数据、遥感图像数据、属性数据等，用于分析和处理在一定地理区域内分布的各种现象和过程，为解决复杂的规划、决策和管理问题，如城市布局规划、商业选址、应急响应、环境评估、资源管理等提供了有效的方法和工具。

简单地说，地理信息系统技术将各类具有空间位置参考的专题层信息结合在一起，通过这些信息可以更好地认识这个位置的地理空间特征。例如，可以按照需要选择使用哪些层信息，找一个更好的地段设立店铺、分析环境危害，通过综合城市中相同或类似的犯罪，发现犯罪类型等。又如，地理信息系统可以帮助房地产开发商找到最佳的建房地段，并且满足如下一系列要求：最小的环境影响，在低风险、低犯罪率的地区，靠近人口密集的市中心。此外，这些数据可以用地图的形式简洁而清晰地显示出来，或者出现在相关的报告中，使得决策制定者不必浪费精力在分析和理解数据上，而可以直接关注真实的结果。

GIS 的概念在不断发展和演进。地理信息系统在面向部门的专业应用不断拓展的同时，已开始向社会化、大众化应用发展，GIS 从传统意义上的地理信息系统（geographic information system, GISystem, GIS）拓展为地理信息科学（geographic information science,GIScience, GIS）和地理信息服务（geographic information science, GIService, GIS）等多个方面（龚健雅和李德仁，2008）。地理信息科学（GIScience）是关于 GIS 的发展、使用和应用的理论，是信息时代的地理学，是关于地理信息的本质特征与运动规律的一门科学。地理信息服务（GIService）是指遵循服务体系的架构和标准，采用网络服务技术，基于地理信息互操作标准和规范，在网络环境下提供地理信息系统的数据、分析、可视化等功能的服务。

1.1.2　地理信息系统发展历程

自 20 世纪 60 年代开始，地理信息系统从简单的空间数据存储、计算和绘图，到现在空间数据复杂分析与计算、过程建模、现象模拟以及广泛的日常应用，对人们的学习、工作和生活产生重大影响。纵观地理信息系统的发展，可将其分为以下几个阶段。

（1）20世纪60年代：地理信息系统起始发展阶段。此前，地理信息系统的基本框架就已经产生：用计算机汇总/处理和分析各种来源的数据，并输出一系列的结果用来作为辅助决策的有用信息。后来随着计算机被应用于空间数据的存储与管理，又逐渐实现了手扶跟踪数字化方法/格网单元的操作方法等处理空间数据的主要技术，它们奠定了地理信息系统发展的基础。

（2）20世纪70年代：地理信息系统发展巩固阶段。在这一阶段，由于计算机硬件和软件技术的飞速发展，尤其是大容量存储设备的使用，促进了地理信息系统朝实用的方向发展，不同专题、不同规模、不同类型的各具特色的地理信息系统在世界各地纷纷研制，美国、加拿大、英国、联邦德国、瑞典和日本等国对地理信息系统的研究和开发均投入了大量人力、物力和财力。

（3）20世纪80年代：地理信息系统推广应用阶段。由于计算机迅速发展，地理信息系统逐步走向成熟，并在全世界范围内全面推广应用，应用领域不断扩大；地理信息系统与卫星遥感技术结合，开始应用于全球性问题的研究，如全球变化和监测、沙漠化、可居住区评价、厄尔尼诺现象、酸雨、核扩散及核废料等。

（4）20世纪90年代：地理信息系统蓬勃发展阶段。随着地理信息产业的建立和数字化信息产品在全世界的普及，地理信息系统已经成为确定性的产业，投入使用的地理信息系统，每2～3年翻一番，市场年增长率在35%以上，从事地理信息系统生产的企业超过1000家。地理信息系统渗透到各行各业，成为人们生产、生活、学习和工作中不可缺少的工具和助手。

（5）21世纪：地理信息系统的服务共享阶段。随着计算机软硬件技术、数据库技术、网络技术、多媒体技术等计算机技术的迅速发展，地理信息系统的应用领域也迅速进一步扩大。当前，地理信息系统正在走向完全Web化，逐渐成为以Web为中心的地理信息平台，它可以更加充分地利用Web服务、大数据、云，具有更快的计算能力、各种终端等软硬件优势，并结合影像、全球导航卫星系统（global navigation satellite system, GNSS）、三维等数据，实现地理信息随时随地的访问、制图和分析等。

1.1.3 地理信息系统类型

地理信息系统从功能开发和利用上看，可分为以下几种类型。

1. 地理信息系统平台

地理信息系统平台（GIS platform）指具有数据输入、编辑、结构化存储、处理、查询分析、输出、二次开发、数据交换等全套功能的地理信息系统软件产品。它独立性强、规模大、功能全、费用高，是自地理信息系统出现以来的主流产品，简单分类如下。

（1）大型系统：具有复杂的数据结构、完善的功能体系。

（2）桌面系统：为便于用户使用及与其他系统的结合，提取常用的地理信息系统功能，采用简单的数据结构，实现了从输入、存储、查询到简单的分析和输出的完整流程。

（3）网络系统：随着网络技术的发展，运行于Internet或Intranet环境下的地理信息系统，其目标是实现地理信息的分布式存储和信息共享，以及远程空间导航等。目前网络地理信息系统主要用于地理信息的分布式存储、空间信息的发布、地址查询和Internet环境中的地图显示。主要技术表现形式如下。①独立运行的WebGIS：系统具有通过Internet或Intranet远程调用、传输和发布地理信息的功能。②嵌入式运行的WebGIS：嵌入到Web浏览器中运行的地理信息系统软件系统，包括服务器WebGIS组件、浏览器WebGIS组件等。③GIS软件为服务器的WebGIS：是实现WebGIS的一种变通方式。Web浏览器发出地理信息系统数据或分析的请求，交由作为服务器的地理信息系统软件处理，并将结果返回给浏览器。

2. 专业地理信息系统产品

专业地理信息系统产品（professional GIS）是地理信息系统平台厂商利用自身开发系统平台时建立的工具集，是针对某一专业领域和业务部门的工作流程而开发的独立的地理信息系统运行系统，旨在利用地理信息系统工具有针对性地解决具体的问题。它符合专业领域或业务部门的工作流程，针对性强，是地理信息系统产品向专业化发展的产物，对提升地理信息系统产品影响力具有重要作用。

3. 地理信息系统开发工具

地理信息系统开发工具（GIS developing toolkit）具有基本地理信息系统功能，以嵌入方式或通信方式，可供计算机系统开发工具（各种高级程序设计语言）进行用户化开发的地理信息系统产品。它是计算机科学领域组件化技术的发展在地理信息系统领域的体现，也是目前地理信息系统产品发展的一个热点。嵌入方式指ActiveX、JavaBean等控件产品，在高级程序设计语言中可以当作嵌入对象使用。通信方式指提供一个后台服务程序，前台系统发出指令，交由服务程序处理，并将计算结果返回，实现地理信息系统功能的方式。此种类型可为地理信息系统服务提供商开发专业地理信息系统产品使用，用户定制能力强。

1.1.4 地理信息系统构成

地理信息系统从外部来看，表现为计算机硬件系统，而其内涵却是由计算机程序和地理空间数据组织而成的地理空间信息模型，是一个逻辑缩小的、高度信息化的地理系统，信息的流动及其结果完全由计算机程序的运行和数据的交换来仿真。

一个完整的地理信息系统，应包括对空间数据的采集、管理、处理、分析、建模和显示等功能。其基本组成一般包括以下六个部分：计算机网络，计算机硬件，计算机软件（软件是包含程序的有机集合体），地理空间数据，应用分析模型，以及系统开发、管理和应用人员。一个完整的地理信息系统构成模型如图1.2所示。

1. 计算机网络

现今几乎所有的地理信息系统软件产品都被设计成网络的组成部分。计算机网络是指将地理位置不同的多台自治计算机系统及其外部网络通过通信介质互联，在网络操作系统和网络管理软件及通信协议的管理和协调下，实现资源共享和信息传递的系统。网络地理信息系统是以网络为中心，使用网络环境，为地理信息系统应用提供各种功能（如分析、制图功能）和空间数据及其数据获取能力。云计算（cloud computing）是分布式计算的一种，指的是通过网络“云”将巨大的数据计算处理程序分解成无数个小程序，然后通过多部服务器组成的系统对这些小程序进行处理和分析，得到结果并返回给用户。云计算可以方便地、按需访问网络共享的计算机硬件、软件、数据存储和其他服务池。随着计算机网络的发展，云计算逐渐与地理信息系统结合，形成了云计算的地理信息系统，即将云计算的各种特征用于支撑地理空间信息的各要素，包括建模、存储、处理等，从而改变用户传统的地理信息系统应用方法和建设模式，以一种更加友好的方式，高效率、低成本地应用于地理信息资源。

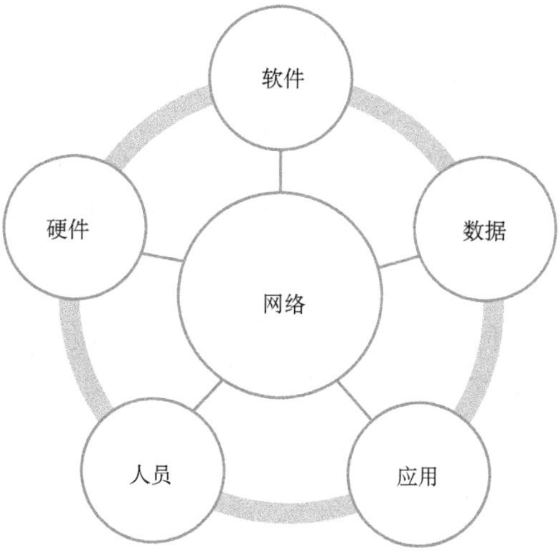

图 1.2 地理信息系统的六个组成部分

2. 计算机硬件

计算机硬件是计算机系统中所有物理装置的总称，是地理信息系统中软件系统和地理空间数据的载体，用以存储、处理、传输和显示地理信息或空间数据。硬件系统构成了地理信息系统的物理外壳，它直接影响着地理信息系统的规模、精度、速度、功能和使用方法。一般而言，地理信息系统的硬件系统包括计算机及网络硬件系统、输入输出等外围设备和存储设备三大模块。部分硬件设备如图 1.3 所示。

（a）计算机硬件：服务器　（b）输出设备：显示器　（c）存储设备：移动硬盘

图 1.3 部分硬件设备示例

3. 计算机软件

地理信息系统软件是系统的核心，用于执行地理信息系统功能的各种操作，包括数据输入、处理、数据库管理、空间分析和图形用户界面等。这些功能都是由计算机程序来实现的。按照其功能可分为计算机系统管理软件、地理信息系统专业软件和数据库软件等。

4. 地理空间数据

地理信息系统的操作对象是（地理）空间数据，它表示地理空间实体的位置、大小、形状、方向以及几何拓扑关系，可以采用栅格和矢量两种形式来表达。空间数据包括几何数据、关系数据和与地理空间实体相关的属性数据，具体描述地理实体的空间特征、属性特征和时间特征。空间特征是指地理实体的空间位置及其相互关系；属性特征表示地理实体的名称、类型和数量等；时间特征指实体随时间而发生的相关变化。例如，图 1.4（a）表示我国某镇的行政区划数据（空间范围和分布），包含几何数据和关系数据，它们表现了行政区划的空间特征：空间位置、几何形状、与周围区划的拓扑关系；而图 1.4（b）表示的是属性数据，它以属性表的形式列出了各区划的名称等属性，体现了行政区划的属性特征。

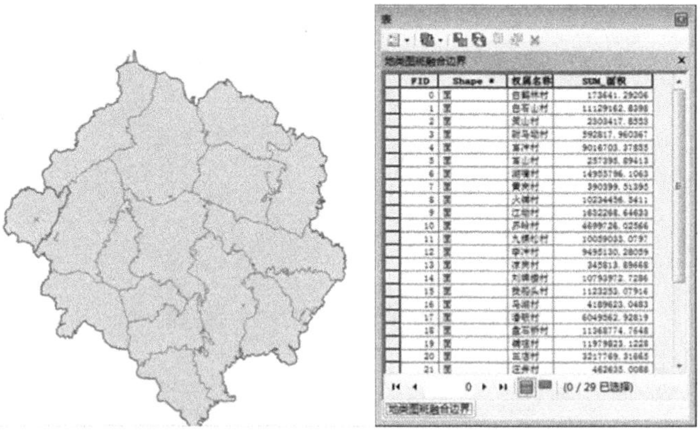

（a）几何数据　　　　（b）属性数据

图 1.4　几何数据和属性数据

5. 应用分析模型

模型指所研究的事物、过程或系统的一种抽象表达形式。它可以是物理实体，也可以是图形或数学表达式。地理信息系统中的应用分析模型指人们在解决实际问题中所总结、归纳或推理出的能够科学地描述和解决实际问题的一些数学模型。地理信息系统应用分析模型的构建和选择也是系统应用成败的重要因素。虽然地理信息系统为解决各种现实问题提供了有效的基本工具，但对于某一专门应用问题的解决，必须构建专门的应用模型，如土地利用适宜性模型、选址模型、洪水预测模型、人口扩散模型、森林增长模型、水土流失模型、最优化模型和影响模型等。

6. 系统开发、管理和应用人员

人员是地理信息系统中的重要构成因素。地理信息系统技术开发人员、管理人员的业务素质和专业知识是地理信息系统工程及其应用成败的关键。一个信息系统从建立到正常运行离不开相关的开发、管理和应用人员。地理信息系统的开发人员一般为专业的技术人员，他们运用相关的开发工具，根据用户需求进行地理信息系统的开发；管理人员可以由开发人员担任，也可以由用户派出专人进行相关培训后担任，一般从事地理空间数据的管理以及相关的软硬件系统的管理；而应用人员指的是系统的用户。

1.1.5　地理信息系统与相关学科的关系

从学科的角度定义，地理信息系统（GISystem）属于工程技术学科，地理信息科学（GIScience）属于理科。地理信息系统的理论和技术是与多个学科和技术交叉发展产生的。因此，设计、开发地理信息系统与这些学科和技术密切相关。GIS 与相关学科和技术的关系如图 1.5 所示。其中，地理学为研究人类环境、功能、演化以及人地关系提供了认知理论和方法。地图学为地理空间信息的表达提供载体与传输工具。测量学、大地测量学、摄影测量与遥感等为获取地理信息提供了测绘手段。应用数学（包括运筹学、拓扑学、概率论与数理统计等）为地理信息的计算提供了数学基础。系统工程为 GIS 的设计和系统集成提供方法论。计算机图形学、数据库原理、数据结构等为数据的处理、存储管理和表示提供技术和方法。软件工程、计算机语言为 GIS 软件设计提供方法和实现工具。计算机网络、现代通信技术为 GIS 提供网络和通信的支撑技术。人工智能、知识工程等为 GIS 提供智能处理与分析的方法和技术。管理科学为系统的开发和系统运行提供组织管理技术。

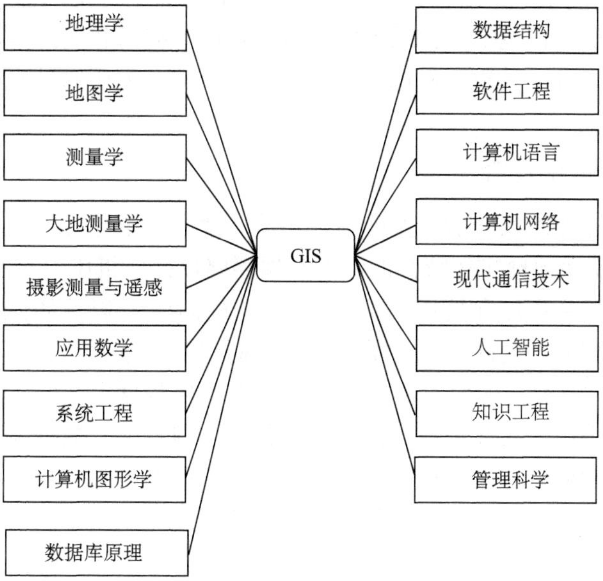

图 1.5　GIS 与相关学科和技术的关系

1.2　地理信息系统主要功能

地理信息系统包含了处理地理空间信息的各种基础和高级功能，其基本功能包括对数据的采集、管理、处理、分析和输出。同时，地理信息系统依托这些基本功能，通过利用空间分析技术、模型分析技术、网络技术和数据库集成技术等，更进一步演绎丰富的和深入应用的功能——高级功能，满足社会和用户的广泛需要。以信息为对象，地理信息系统的功能可分为：地理信息获取与处理、地理信息存储与管理、空间查询与分析以及空间信息可视化。

1.2.1　地理信息获取与处理

地理数据（地理空间数据或空间数据）是指表征地理圈或地理环境固有要素或物质的数量、质量、分布特征及其相互联系和变化规律的数字、文字、图像和图形等的总称。在地理信息系统中一般简称空间数据（本书后面如果不作特别说明，一般都指空间数据），它包括三类数据：几何数据、属性数据和关系数据。地理信息是对地理数据的加工、处理、解释和说明，是有关地理实体的性质、特征和运动状态的表征和一切有用的知识。从地理实体到地理数据，再到地理信息的发展，是人类认识地理事物的两次飞跃。地理环境是客观世界最大的信息源，随着现代科学技术的发展，地理科学的一个重要任务就是快速和适时地采集地理空间的几何信息、物理信息和人文信息，并识别、转换、存储、传输、再生成、显示、控制和应用这些信息。

空间数据获取主要指为构建面向某应用或任务的地理信息系统（或者地理数据库）而收集和采集数据的方式与方法。可以通过传统手段野外实测获取，也可通过航空航天遥感、航测，以及 GNSS 等现代技术获取；也可以直接从地图、遥感图像、测量报告、统计资料、文本、多媒体等中获取。

空间数据处理主要指在构建地理信息系统过程中为满足特定的需要而对数据进行的加工、编辑、转换等操作，也包括数据录入中对错误数据的编辑和更改等。例如，不同来源的数据集进行集成或融合时，其空间坐标系统很可能不一致，需要通过坐标变换，将其变成统一的坐标系。

1.2.2 地理信息存储与管理

地理信息系统的操作对象一般为空间地理实体。建立一个地理信息系统的首要任务是建立空间数据库（即将反映地理实体特性的地理数据存储在计算机中），这需要解决地理数据具体以什么形式在计算机中存储和处理（即空间数据结构问题），以及如何描述实体及其相互关系（即空间数据库模型）的问题。矢量数据结构、栅格数据结构和矢量栅格一体化数据结构是常用的空间数据组织方法。空间数据结构的选择在一定程度上决定了系统所能执行的数据分析功能。在地理数据组织与管理中，最为关键的是如何将空间数据与属性数据融为一体。空间数据库是面向地理要素特征，以一定的组织方式存储在一起的相关数据的集合。空间数据库具有数据量大，空间数据与属性数据不可分割的联系，以及空间数据之间具有显著的拓扑结构等特点。空间数据库管理系统（spatial data base management system，SDBMS）是一个软件模块。它利用底层的数据库管理系统（如面向对象数据库管理系统、对象关系数据库管理系统），支持多种空间数据类型、空间索引、高效的空间操作算法及用于查询优化的特定领域规则。地理信息系统可以作为 SDBMS 的前端，在地理信息系统对空间数据进行分析之前，先通过 SDBMS 访问这些数据。因此，利用一个高效的 SDBMS 可以大大提高地理信息系统的效率。

1.2.3 空间查询与分析

空间查询是地理信息系统以及许多其他自动化地理数据处理系统应具备的最基本的分析功能；而空间分析是地理信息系统的核心功能，也是地理信息系统的重要组成部分和评价地理信息系统软件的主要指标之一。空间分析是基于地理对象的位置和形态特征的空间数据分析技术，其目的在于提取和传输空间信息，是地理信息系统区别于一般信息系统的主要功能特征。地理信息系统的空间分析可分为几个不同的层次。

1. 空间检索

空间检索包括从空间位置检索空间实体及其属性和从属性条件检索空间实体。空间索引是空间检索的关键技术，一方面，如何有效地从大型的地理信息系统数据库中检索出所需要的信息，将影响地理信息系统的分析能力；另一方面，空间实体的图形表达也是空间检索的重要部分。

2. 空间分析

空间分析是指用于分析地理事件的一系列技术，其分析结果依赖于事件的空间分布，面向最终用户。空间分析的方法主要有：①对地图的空间分析，如缓冲区分析、叠加分析、DEM 分析等；②空间动力学分析，如水文模型、空间价格竞争模型、空间择位模型等；③基于地理信息的空间分析，或称空间数据分析，如空间统计分析等。

1.2.4　空间信息可视化

地理空间中的信息具有广阔的范畴，丰富的内容和复杂的结构。可视化技术是空间信息阅读、理解进而交互作用最重要的工具。

空间信息可视化是指运用地图学、计算机图形学和图像处理技术，将地学信息输入、处理、查询、分析以及预测的数据及结果采用图形符号、图形、图像，结合图表、文字、表格、视频等可视化形式显示并进行交互处理的理论、方法和技术。空间信息可视化主要有图表、地图、多媒体信息、动态地图、三维仿真地图、虚拟现实（virtual reality, VR）等形式。例如，图 1.6 用图表表示深圳某区街道人口老龄化和相关设施情况，图中第一排左 4（龙城）和右 1（华强北），通过圆圈大小（各街道设施数量）和颜色深度（老龄化人口占比）直观明显地反映出这两者的不同。

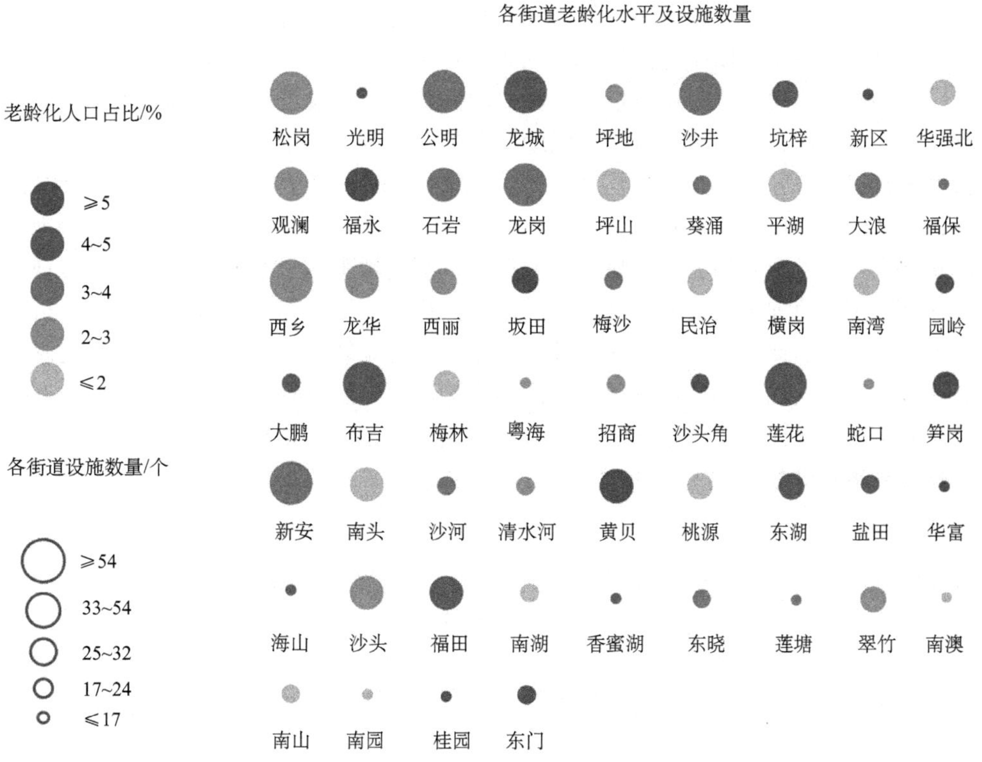

图 1.6　空间信息可视化的图表表示法

空间数据可视化的作用，主要在于发挥人在空间信息认知中的地位和作用。尽管计算机在距离、面积、坡度等计算方面比人脑精确而迅速，但人在拓扑关系把握、空间现象的联想能力、对事物和现象本质特性的抽象和内在规律的发现方面的思维能力，是计算机难以做到的。

空间信息可视化的目的可以概括为两层意思：

（1）将空间数据分析和应用（如地图制图、地理信息分析结果的输出等）的结果以可视化的方式传输给人，由人检验其正确性，正确则接受，错误则否定或修正。

（2）以可视化的图形图像这类可感知的方式显示或输出空间信息（如制成地图或提供可视的虚拟场景），人们以此为工具通过视觉传输和空间认知活动去探索空间事物的分布及其相互关系，以获取有用的知识，并进而发现规律。

1.3 地理信息系统应用

地理信息系统在最近几十年内取得了惊人的发展，它在国民经济、国防建设、人民生活等各个方面发挥着越来越重要的作用。目前，地理信息系统广泛应用于测绘、资源调查、环境评估、灾害预测、应急、国土管理、城市规划、邮电通信、交通运输、军事公安、水利电力、公共设施管理、农林牧业、统计、商业金融、石油石化等多个领域。

1.3.1 资源管理

地理信息系统最早应用在森林资源管理中，目前已广泛应用于资源环境（如森林、矿产、水利、农业、牧业等）的管理，自然资源（如林业、地质矿藏、水资源等）的调查，自然灾害（如水灾、旱灾、虫灾、震灾等）的监测、预报、评估等。各类资源都有其特有的空间分布特征，地理信息系统可以在这些领域中完成对各种资源（如土地、森林、草场）的分布、分级、统计、制图等问题。它还可以将各种来源的数据和信息汇集在一起，为用户提供数据的查询、显示、统计、制图与分析，并辅助资源的合理开发利用与规划。例如，可以基于地理信息系统编制农业区划。农业区划是根据各地区不同的农业自然资源条件、社会经济条件以及农业生产特征，按照区别差异性、归纳共同性的办法，把全国或一个省、一个地区、一个县划分成若干在生产结构上各具特点的农业区。利用地理信息系统技术，可以将现有的资源、经济数据库与地理背景数据结合并集成起来，快速完成所需要的数据处理与分析，形成各种农业区划统计图件；也可以将遥感技术和地理信息系统技术结合起来，利用遥感数据，结合地理信息系统软件提供的各种评判方法和区划建模方法进行不同区划方案的动态模拟与评价，并编绘出综合评价图、区划图，以直观定量地显示区划结果，从而保证区划方法的科学性、针对性和先进性。

1.3.2 环境保护

地理信息系统把地图这种独特的视觉化效果和地理分析功能同一般的数据库操作集成在一起，强调空间实体及其关系，因此它在环境管理、环境影响评价、污染源分析、污染监测、水资源管理和分析、环境绘图等方面得到了非常广泛的应用。利用地理信息系统技术，可以对实时采集的环境数据进行有效的存储、处理、分析、输出，为后期的决策以及预测预报提供有力的支持。

例如，地理信息系统和遥感技术结合可对环境污染和生态环境进行动态监测，提高环境信息获取和处理的技术水平。当污染事故发生时，根据事故发生地点的基本信息，如污染源排放强度、水文状况等，借助地理信息系统可迅速模拟预测污染物的时空分布特征，为采取紧急措施提供依据。利用地理信息系统中提供的详细地理地形信息和空间分析功能可以改进和加强各种不同尺度的大气环境问题研究，如分析三维立体的气象条件对大气环境的影响，进行大气扩散过程的数值模拟等。地理信息系统和遥感结合可用来分析植被覆盖率、土壤侵蚀、水土流失等的动态变化，也可以利用不同区域经济、社会及环境数据模拟地区乃至全球发展计划对生态环境的影响。

1.3.3 城市规划与管理

在城市管理过程中，存在信息量不足、实用性差、现有系统缺乏交互性、更新不及时等问题，利用现代地理信息系统技术，能为城市信息的准确、有效以及快速获取提供有效的手段（如互联网信息汇入、野外实测、航天航空遥感、航测、GNSS等），保证数据的全面性和现势性。而数据存储功能、要素查询功能、空间分析功能和可视化表达等，则能高效地管理规划数据，进行各种辅助决策，帮助规划师做出最佳的规划方案，如居民地、广场用地、公共设施的选址，从而达到更加科学合理地利用有限城市空间的目的。地理信息系统几乎可以应用到城市规划管理的每一环节中，如用地适宜性评价、公共设施布局、城市空间扩张研究、城市三维可视化等。图1.7所示为某区域公园选址分析案例，图（a）中根据现有公园的等级计算其服务能力，以及采用路径分析计算每个居民区到最近公园的距离，从而分析公园是否满足居民的日常需求；图（b）在不满足居民需求的区域根据空间分析中定位与分配等方法构建公园优化选址模型，分析计算出需要规划建立的各类型公园。

1.3.4 日常生活

地理信息系统与我们日常生活的衣食住行息息相关。利用地理信息系统我们可以准确定位自己需要到达的地方，无论是餐厅、商店、房屋或是出行路线。此外，我们生活中的交通、金融、水电网线、物流运输等的运转与管理也都离不开地理信息系统。

地理信息系统在日常生活的许多方面都发挥着十分重要的作用，并潜移默化地影响着我们的生活。“位置”与人们的生产生活息息相关，提供位置信息或位置服务是地理信息系统的基本功能。基于位置的服务（location-based service，LBS）是地理信息系统结合移动互联网在信息领域中的重要应用，它是指通过无线终端如手机、掌上电脑等，利用地理信息系统技术、空间定位技术和网络通信技术，获取终端的位置信息（经纬度坐标），利用与用户地址位置相关的信息为用户提供相应服务的一种增值业务，如地图显示、实时导航甚至三维地图服务等。早期的LBS系统主要用于在紧急情况下快速定位求助者的位置，以实施救援，如美国的E911系统和欧洲的E112系统。如今，LBS已经广泛应用在军事、交通、物流、医疗、民生等领域中。例如，司机可以利用内置GPS功能的智能手机查找最近的加油站，也可制定行车线路。在大型博物馆（如故宫博物院）内，游客可以借助一个能感知位置的语音导游器来聆听对各个景点的讲解。

基于位置的服务（如微信中的定位功能）可以方便地获知自己或他人目前所处的位置，并可方便地查询其附近场所的信息，如我在哪里、我周围有哪些银行、离我最近的医院在哪里、紧急救助、个人/车辆导航、车队调度。基于LBS的手机地图可以为我们提供公交路线查询等功能，将地图与公交路线图结合起来，如图1.8所示；基于LBS的众多APP可以搜索附近的店铺，将地图与店铺分布图结合起来，如图1.9所示。

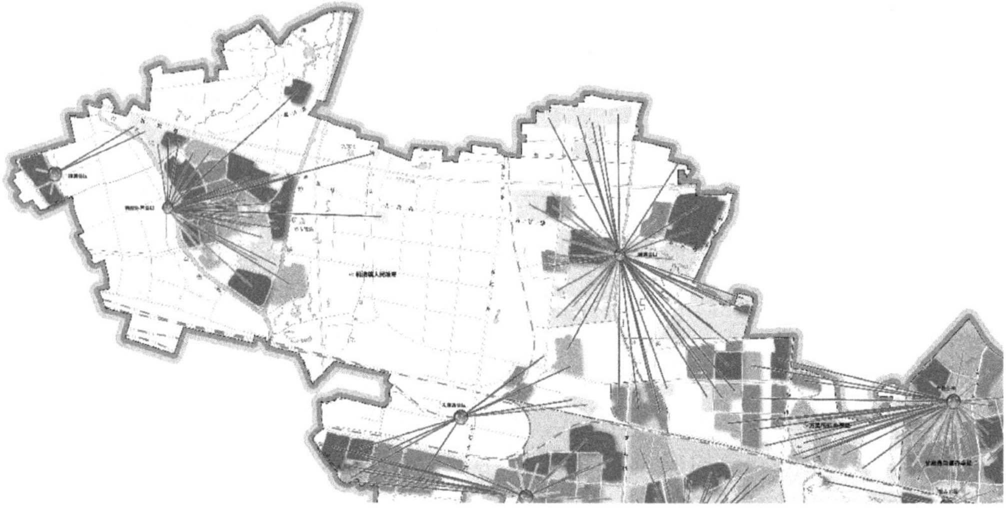

(a)现有公园服务能力分析

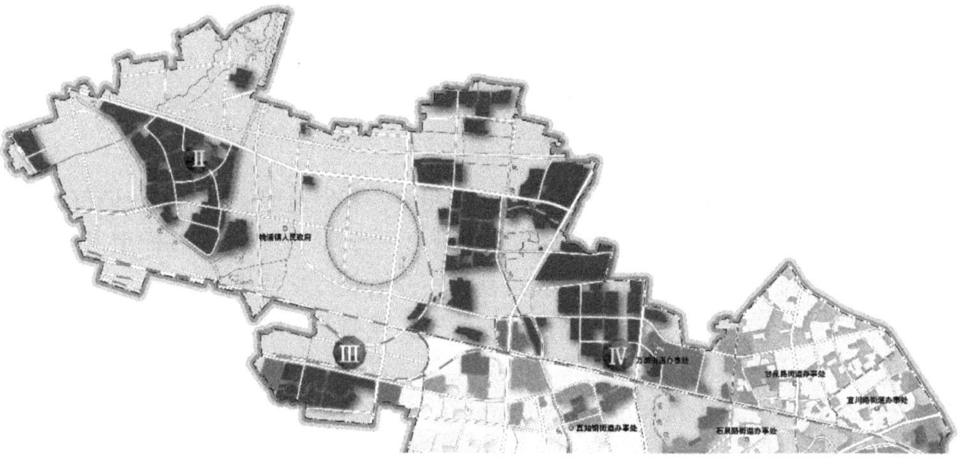

(b) 未来公园规划选址分析

图 1.7　某区域公园选址分析图

图 1.8　公交方案和步行路线

图 1.9　附近服务信息

思 考 题

1. 什么是地理信息系统？从功能上看，地理信息系统可以分为哪些类型？
2. 地理信息系统由哪些部分组成？
3. 地理信息系统的主要功能有哪些？
4. 举例说明地理信息系统的应用前景。
5. 举例说明地理信息系统的发展趋势。
6. 试述地理信息系统与空间数据库管理系统的关系。
7. 结合你的生活实际，阐述地理信息系统在日常生活中的应用和地位。

第 2 章　地理空间对象及数据模型

地理空间对象是现实世界中客观存在的实体或现象。模型是对现实世界中的实体或现象的抽象或简化，是对实体或现象中的重要构成及其相互关系的表达，能反映事物固有的特征或运动变化规律。而数据模型是现实世界数据特征的抽象，用于描述一组数据的概念和定义。空间数据模型是关于现实世界中的空间实体或现象及其相互间联系的概念表示，是提供描述空间数据组织的基本方法。

本章主要介绍地理空间对象及其基本特征，以及面向空间对象的空间数据模型。本章结构如图 2.1 所示。

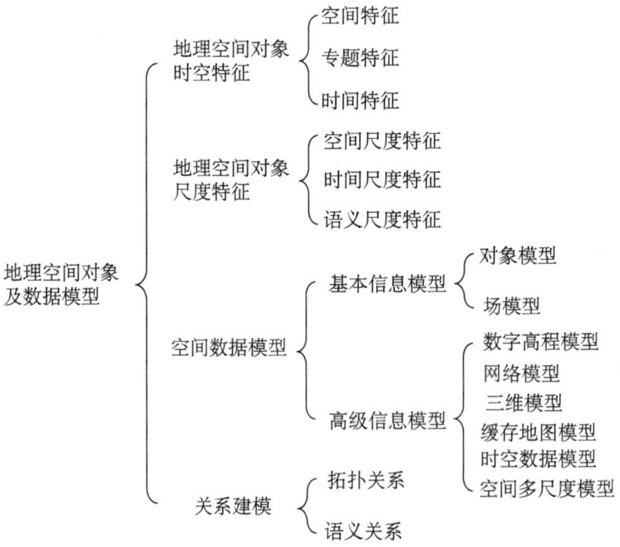

图 2.1　本章结构图

2.1　地理空间对象时空特征

地理空间对象（简称空间对象，也称地理要素）主要是指现实世界中客观存在的实体或现象。而空间数据是对空间对象的定量描述，主要表示空间对象的位置、形态、大小、分布、专题属性等各方面的信息。

空间数据来自并广泛应用于社会各行业、部门，如城市规划、旅游、林业、农业、水利、环境保护、交通、物流、导航等。空间数据表达的空间对象具有三个基本特征：空间特征（定位）、专题特征（非定位）、时间特征（时间），如图 2.2 所示。其中，空间与专题特征（也称为属性特征）通常作为空间对象的基本特征，而时间特征可认为是一种特殊的属性特征。例如，一座工厂的位置和形状可表示为空间特征，工厂的性质，如名称、所有制、规模大小、所在城市名称、地址、主要业务等，可表示为专题特征，而工厂的建厂时间可作为时间特征。

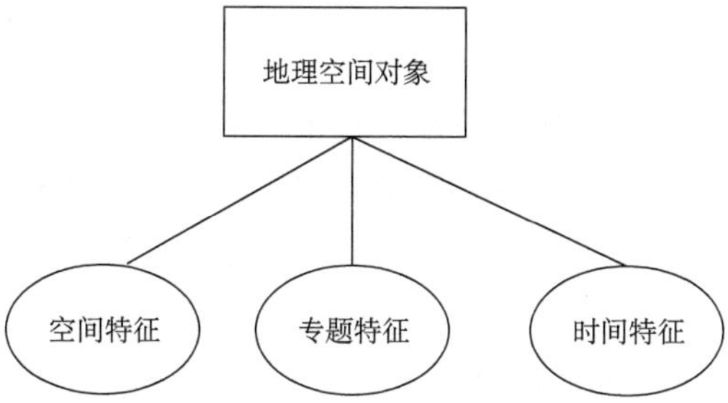

图 2.2　空间对象的三个基本特征结构图

2.1.1　空间特征

空间特征是指空间对象的位置、形状、大小和分布状况等几何特征，以及与相邻空间对象的空间关系，是空间对象的最基本特征。空间对象的几何特征可以用不同的空间维度来表达。而空间维度则是根据空间对象的实际分布特征以及图形表达的几何形式来确定的，对于三维空间，它包括四种类型：零维、一维、二维、三维，也即点状分布、线状分布、面状分布和体状分布，如图 2.3 所示。

点状分布：点状要素是零维的，其空间尺寸可以忽略不计，是一个地理要素最简单的图形表示。

线状分布：线状要素是一维的，只有长度，由至少两个点连接而成。

面状分布：面状要素是二维的，既有长度，也有宽度，由至少三条直线段依次连接形成封闭图形。

体状分布：体状要素是三维的，具有长度、宽度，以及高度，由至少四个平面封闭而成。

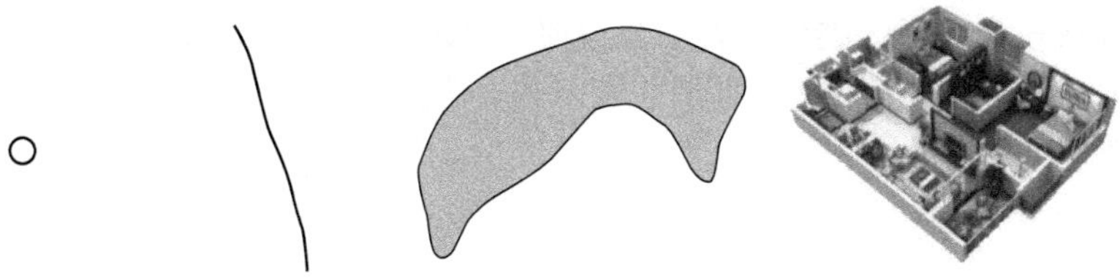

（a）点状　（b）线状　（c）面状　（d）体状

图 2.3　空间维度类型

空间对象的空间位置或几何定位，通常采用地理坐标的经纬度、空间直角坐标、平面直角坐标或极坐标等来表示。

空间对象的空间关系主要描述空间对象之间的距离关系、方向关系、拓扑关系等，其中，拓扑关系描述的是空间对象点、线、面、体之间的邻接、关联和包含等关系，用于表达空间对象之间的连通性、邻接性和区域性等。

在地理信息系统的空间数据文件或空间数据库中，通常直接存储空间对象的空间坐标。对于空间关系，一般直接存储基础性的空间关系，如相邻、连接等关系。而其他空间关系则是通过空间运算来获得，如包含关系、相交关系等。可以这样认为，空间对象的空间位置隐含了各种空间关系。

2.1.2　专题特征

专题特征也称为非空间特征或属性特征，是指与地理空间对象相联系的、表征空间对象本身性质的质量或数量，如土地利用现状图中，地块图斑的土地利用类型等（图 2.4）。

图 2.4　地理空间对象专题特征应用

专题特征通常分为定性和定量两种，定性属性包括名称、类型等；定量属性包括等级、数量等。其中，名称值可以是文本、数字等，通常用于识别不同的空间对象，如湖泊名称。类型值通常用于表示按照种类、性质划分的分类类别，如土地利用分类中的农用地、建设用地、未利用地。等级值通常用于表示按差异而定出的高低次序，如一个城市按照交通便捷度将所有地块划分成多个等级：类型 1 表示交通便捷度最优，类型 2 表示优，类型 3 表示良，类型 4 表示一般，类型 5 表示较差，类型 6 表示差。数量值可用于表示空间对象的数量特征，如地块图斑的面积等。

2.1.3　时间特征

时间特征是指地理空间对象随着时间变化而变化的特性。例如，区域国内生产总值（gross domestic product, GDP）的逐年变化。表示时间特征的时态数据根据空间对象变化的规律和时间的持续性，主要分为时刻、时段和周期三种数据类型。时刻是表示某个时间点的状态的数据，如 2019 年某市的 GDP 数据。时段又称时间间隔，是表示客观物质运动的两个不同状态之间所经历的时间历程的数据，如交通高峰时段。周期是表示事物在运动、变化过程中，某些特征多次重复出现，其连续两次出现所经过的时间的数据，如道路建设周期。时态数据可用于分析城市发展变化、监视交通拥堵状况、研究地区经济发展趋势等。

地理空间对象的空间位置和属性可能存在随时间变化而同时变化的情况，如土地利用现状调查中，一个农用地地块的一部分变更为建设用地；也可能存在空间位置和属性独立变化的情况，即实体的空间位置不变，但属性发生变化，如土地使用权转让，或者属性不变而空间位置发生变化，如公交线路的改道调整。

在大多数的地理信息系统应用中，由于一般仅关心并记录现状信息，而不是历史变化，因而时间因素往往被忽视。

目前的地理信息系统应用中，在需要记录历史信息时，通常将时间特征数据作为普通属性数据的一部分来处理，即通过在空间对象的属性集中增加时态属性，实现与空间特征的结合。但在时态特征比较重要的地理信息系统应用中，往往需要通过构建时空模型，来描述时态演化的规律，实现时间特征与空间特征的集成与统一。

空间对象的时间值可用固定或不固定的时间间隔内的某个采样时间点来表示。这些时间值存储在单独的属性字段中，并可用在时间轴线上的某些特定时间点来显示时态数据。例如，在固定间隔内的不同时间点上采集水文流量数据。但是有的空间现象数据适用于以不固定的间隔进行采集，如电力设备故障信息等。

因为时间值还能代表一段持续时间，如某个水污染事件在一段时间内持续发生，所以，在这种情况下，时间值将存储在两个字段中，一个字段代表事件的开始时间，一个字段代表事件的结束时间。

图 2.5 展示了共享单车路线图中某一时刻单车的位置及时间值。

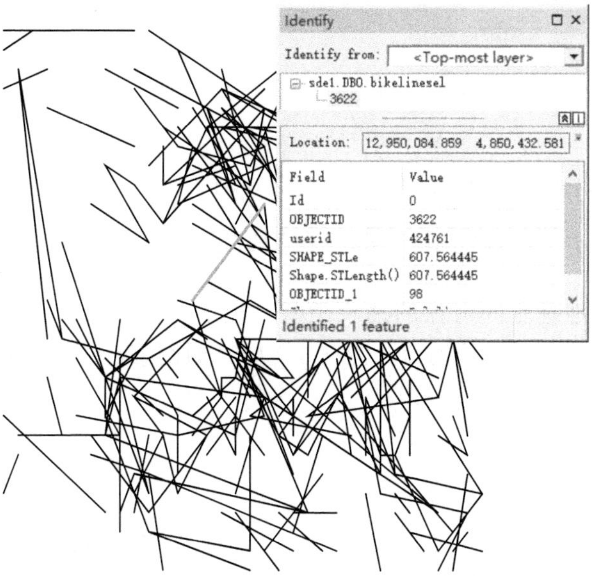

图 2.5　共享单车路线图的时间值应用

2.2　地理空间对象尺度特征

尺度是指衡量某一实体或现象时所采用的空间、时间、语义等测量单位。而多尺度通常是指同一实体或现象在多种不同尺度上的表达方式。

在地理信息系统语境下，地理空间对象的尺度含义一般是指地理空间对象被观察、表示、分析和传输的详细程度。地理空间对象的尺度特征是地理现象或地理数据所共有的重要特征之一，可表现为空间多尺度、时间多尺度和语义多尺度三个方面。

2.2.1　空间尺度特征

空间尺度是指按照地理空间中各地理空间对象大小以及对空间范围表达的不同，可将地理空间对象的表达划分为不同的层次，即地理空间对象的空间多尺度性。对于地理空间表达的载体——地图，空间尺度一般指地图比例尺，即图上距离和实地距离的比率。小比例尺地图往往表达较大的地理空间范围，具有较大的空间尺度，而大比例尺地图则往往表达较小的地理空间范围，具有较小的空间尺度。

由于同一地理空间对象在不同空间尺度上的几何抽象和简化程度不同，其几何类型可以相同或不同。例如，一种情况是地理空间对象图形的简化，但不改变其抽象几何类型，如图 2.6（b）湖泊面状图形是图 2.6（a）湖泊面状图形的简化。

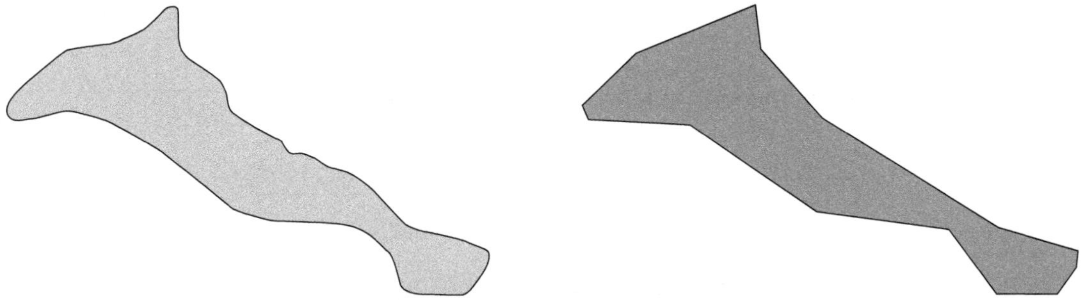

（a）1∶1 万比例尺地图（湖泊面状图形）　（b）1∶10 万比例尺地图（简化湖泊面状图形）

图 2.6　地理空间对象图形的相同几何类型简化

另一种情况就是地理空间对象的抽象类型发生了变化。如图 2.7 所示，一条河流，在 1∶1 万比例尺上绘制为一条双线河流，而在 1∶100 万比例尺上绘制为一条单线河流。

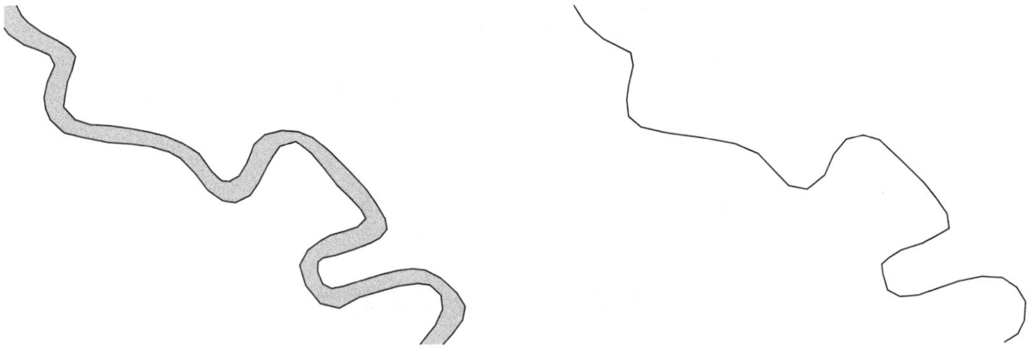

（a）1∶1 万比例尺地图（双线河流）　（b）1∶100 万比例尺地图（单线河流）

图 2.7　同一地理空间对象（河流）不同的数据抽象类型表达

2.2.2　时间尺度特征

时间尺度，一般是指完成某一种物理过程所花费时间的平均度量。地理信息系统中的时间尺度主要指记录或表达地理空间对象、现象或过程等在时间轴上的可分辨程度。时间多尺度是指用多种尺度记录或反映地理空间对象的时间特性。时间尺度可以以年、季、月、日、时、分和秒等常用的时间为单位时间，也可以把时间轴上任意一段时长作为单位时间。

地理信息系统中确定时间尺度的因素主要取决于地理空间现象本身的演化特征、考察现象的方式以及目的。从一定意义上讲，时间尺度往往与空间尺度一致，即较大的空间尺度对应较长的时间周期（王家耀和成毅，2004）。例如，在依托国土空间规划实施监督信息系统开展的国土空间规划实施监督过程中，省、市、县等各级政府，可根据本地实际，制定以年、季、月为尺度的规划实施监督机制。

2.2.3　语义尺度特征

语义通常指语言符号所蕴含的意义。符号是语言的载体，符号本身没有任何意义，只有被赋予含义的符号才能够被使用。它是词、短语、符号代表的事物或意念，是数据对应的客观世界中事物代表概念的含义以及这些含义之间的关系，也是数据在某个领域上的解释和逻辑表示。语义是对数据符号的解释，而语法则是对这些符号之间的组织规则和结构关系的定义。

在地理信息科学中，语义代表的是地理空间对象及其属性的具体含义，它通过概念和属性蕴含的语义描述地理空间对象的性质，使其具备区别于其他地理空间对象的语义特征。

语义尺度是指表述地理空间对象属性的详细程度。如图 2.8 所示，以土地利用类型为例，从上到下土地利用类型的划分逐渐详细，可首先分为农用地、建设用地和未利用地，再向下分类，农用地可细分为耕地、林地、园地、牧草地及其他农用地。同样，建设用地和未利用地也可以向下细分。类型的划分越详细语义分辨率越高，对地理空间对象的表达就越精确。

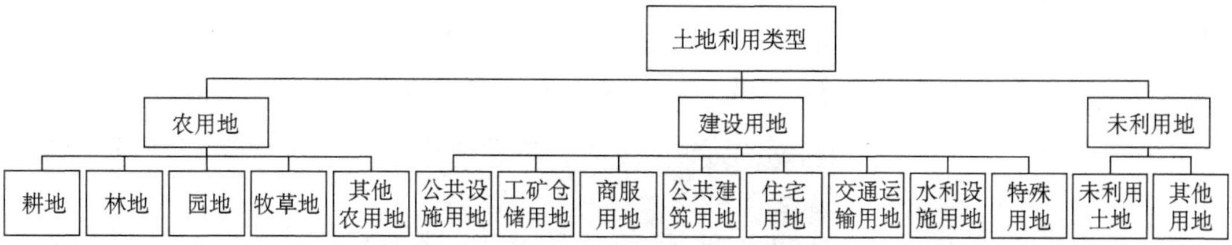

图 2.8　土地利用类型语义尺度应用

与地理空间对象的多空间尺度表达相对应，针对不同应用目的，地理空间对象的属性信息同样存在着多语义尺度表达的需求。例如，在省级土地利用形状图中，可以用农用地、建设用地和未利用地等大类类型值表示地块的土地利用类型，而在市级土地利用现状图中，通常需要表示地块的子类类型值，如耕地、林地、住宅用地、未利用土地等。

2.3　空间数据模型

空间数据模型是关于现实世界中空间实体或现象及其相互联系的概念表示，它为空间数据的组织和空间数据库的设计提供基本方法。对于现实世界，通常可通过对象模型或者场模型来表达，因此我们可称对象模型和场模型为基本信息模型。对象模型强调地理空间对象在空间分布上的离散特性，根据其边界线以及组成它们的对象，可以详细地描述离散对象。而场模型可以看作对连续变化的事物或现象的表示。对于很多类型的地理要素，根据其分布特征或应用需求，有时可被看作场，有时也可被看作对象。

而在基本信息模型之外，在地理信息系统领域还存在一些用于特定用途的空间数据模型，可称之为高级信息模型，如数字高程模型、网络模型、三维模型，以及缓存地图模型等；或者空间数据模型研究中的时空数据模型、空间多尺度模型等。

2.3.1　基本信息模型

1. 对象模型

对象模型是指将地理空间中的事物或现象视为独立的、具有明确边界的可区分对象进行数据建模的空间数据模型。这种模型的视角或观点主要关注地理空间对象，适合于具有明确边界的自然地物或现象，如河流、植被、行政区划、建筑物、道路等。

对象模型强调表征个体地物或现象，可通过单独的方式表示，也可通过与其他地物或现象之间的空间关系的方式表示。任何地物或现象都可以被确定为一个对象，而一个地物或现象也可以由不同的对象组成。

在二维地理信息系统应用中，对象模型按照所关注对象的几何特征可以分为三大类：点对象、线对象和面对象（面一般用多边形表示，因而面对象也称为多边形对象）。点对象是仅包含单个坐标对的零维要素，具有位置属性，通常用于表示单个的离散要素，如建筑物、电线杆、出租车等；线对象是由多个点连接而成的一维要素，具有长度属性，通常用于表示线状要素，如河流、道路、电力线等；而面对象是由多条线依次连接构成的、封闭的二维要素（多边形），多边形的首线段的起点与末线段的终点坐标一致，具有面积与周长属性，通常用于表示湖泊、果园、行政区划等。图 2.9 中的亭子、高速公路、湖泊等现实地理要素分别以点、线、面对象表达，如图 2.10 所示。

对象模型不仅以点、线、面形式记录现实世界中的要素对象的几何图形坐标，还同时记录要素的属性信息，如行政名称、类型等，以全面表达要素的空间及非空间信息。

（a）亭子　　（b）高速公路　　（c）湖泊

图 2.9　现实地理要素

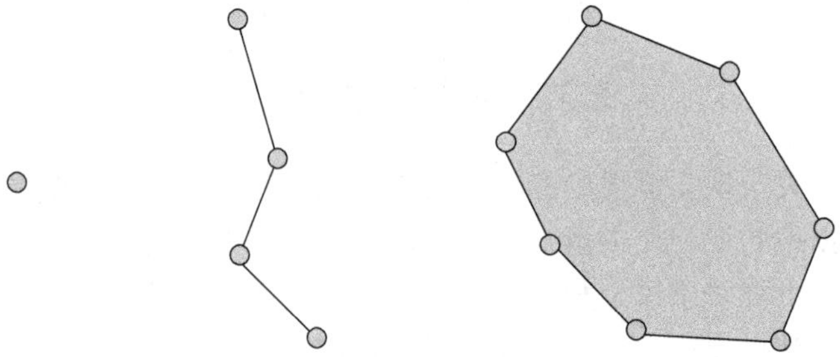

（a）点对象　　（b）线对象　　（c）面对象

图 2.10　对象模型的点、线、面表示

在三维地理信息系统应用中，描述三维空间中的对象，按其几何特征分为点、线、面、体四类。

2. 场模型

场模型是指将地理事物或现象作为连续变量来建模，适合表征布满整个区域，并且具有连续空间分布特点的事物或现象，例如，地表的高低起伏、降水量、空气质量、人口密度等。在场模型中，现象的值可在区域的任何位置测量，并且随着地理位置变化，现象值也可能发生变化。一般而言，相邻位置的值变化较为平稳，如图 2.11 所示的地形地貌场景。

图 2.11　地形地貌场景

（图片来源：http://www.dili360.com）

场模型表示方法如图 2.12 所示，主要包括以下六种（Longley et al., 2005）。

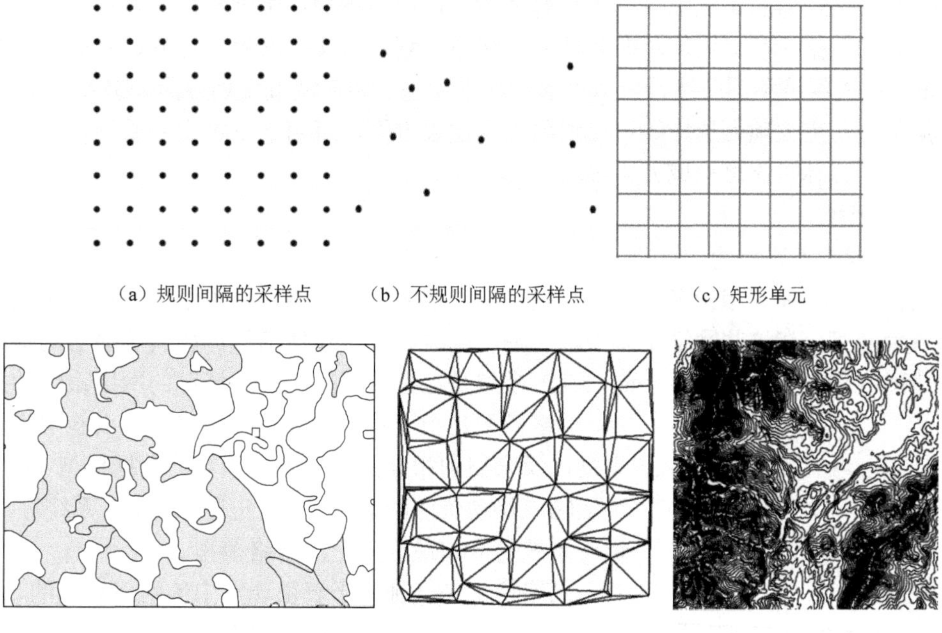

（a）规则间隔的采样点　（b）不规则间隔的采样点　（c）矩形单元

（d）不规则结构的多边形　（e）不规则三角网　（f）等值线

图 2.12　场模型的六种表示方法

（1）规则间隔的采样点。例如，数字高程模型（digital elevation model，DEM）中，通过每个格网单元采集高程值。

（2）不规则间隔的采样点。例如，通过记录气象站点采集的降水量值反映该区域的降水量分布情况。

（3）矩形单元。例如，遥感影像中每个像元的光谱值表征该区域的光谱特征。

（4）不规则结构的多边形。例如，土地利用现状图中每个多边形记录该地块类型值。

（5）不规则三角网（triangulated irregular network, TIN）。例如，通过不规则三角网记录区域中高程值的线性变化。

（6）等值线。例如，通过等高线表示该区域的地表起伏。

2.3.2　高级信息模型

1. 数字高程模型

数字高程模型（DEM）是一种表示地表空间连续起伏变化的重要方法，一般用一组有序数值阵列的形式表示地面高程。DEM可以派生为数字地形模型（digital terrain model，DTM）。数字地形模型是指地形表面某种现象的属性信息的数字表达，是带有空间位置特征和现象属性特征的数字描述，主要用于模拟现象在二维表面的连续变化，如坡度、坡向、人口密度、气温、降水量等，数字高程模型可以认为是一种特殊的数字地形模型。因为在数字高程模型中，每个平面位置仅能描述该位置的地表起伏，而无法同时记录多个高程值（Z值），即其维度特征介于二维与真三维之间，所以，数字高程模型也被称为2.5维模型。

因为DEM支持多种表面分析，如计算高程、坡度、坡向、体积，以及生成剖面图等，所以DEM在地理信息系统中得到了普遍使用，已成为各种地学分析、工程设计和辅助决策的重要基础性数据，在测绘、资源与环境、城市规划、水文、气象、林业、农业、交通、通信、军事等国民经济和国防建设领域有着广泛的用途。如在城市规划方面，DEM可用于城市规划三维仿真、重大项目选址等；在道路工程建设方面，可用于挖填土方量计算等；在林业方面，可用于森林防火可视域分析等。

2. 网络模型

1）网络模型基本概念

现实世界中，拥有相当多的网络系统，如交通网、电力网、供水系统、排水系统、通信网、燃气管网等，在这些网络系统中，车辆、电流、水、通信信号、燃气等沿着网络线路流动。在地理信息系统中，网络（network）模型是这些可运输或移动资源的网络系统的抽象表示。网络模型是指表示地理网络和城市基础设施网络等网状事物以及它们的相互关系和内在联系的数据模型，主要包含可运输或移动资源的道路系统、电网、供排水系统等。其中，道路系统是应用最为广泛的网络模型。

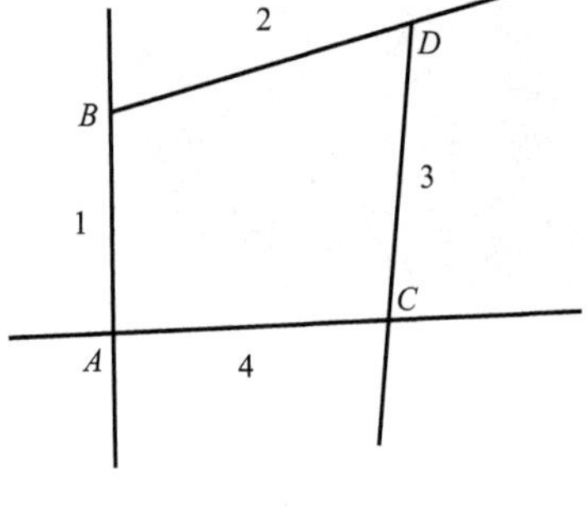

图2.13　网络模型

网络模型是一种用于表征现实中的网络系统的、由链及结点组成的数据模型，如图2.13所示，链包括线1，2，3，4，结点包括端点 A，B，C，D。其中，链是网络中的线状要素，构成了网络模型的框架。链代表用于实现运输和交流的相互连接的地理实体和现象，如运输网络的高速路、铁路，电网中的传输线和水文网络中的河流，等等。链在结点处相交。结点是指链的两个端点，即链的起始点和终止点。结点可以用来表示道路网络中道路交叉点、河网中的河流交汇点等。网络中的每个链和每个结点必须有一个唯一的标识符（ID），通过这些 ID，链和结点绑定，用以描述系统的连通性。

2）道路网络模型

道路网络模型是网络模型最为重要的应用模型之一，下面以道路系统为例描述网络模型组成及应用等。

道路网络是由链（道路）和结点（交叉点）组成的，带有环路，并伴随着一系列支配网络中地物或资源流动的约束条件的线网图形。

在道路网络模型中，道路被抽象为链，而道路的连接交汇点被抽象为结点，通过链与结点构成连通关系，形成有向图结构，如图 2.14 所示。道路网络模型主要用于处理地物或资源从一个地方流动到另一个地方，或者从中心或到中心的分配。

道路网络模型的链与结点包括图形与属性信息，其中，链的图形通过道路中心线表示，而链的属性可以包括阻碍强度、资源需求量、资源流动的约束条件等。如表 2.1 所示，道路网络中指定阻抗的属性可以是速度限制（限制）、通行时间成本（阻力）等。沿着道路系统中的一条线路可产生所有阻碍强度的累积，如从起始点到终止点的转移时间。

图 2.14　道路网络模型地图

表 2.1　记录链与结点的道路网络属性表

链	起结点	终结点	距离/km	限制/（km/h）	阻力/min
1	A	B	4	30	1
2	B	D	3	55	2
3	D	C	3	45	2
4	C	A	6	40	1

3）网络分析

网络分析是指利用网络模型进行地理分析的方法，是 GIS 空间分析的重要功能，通过研究地理网络（如交通网络）、城市基础设施网络（如各种电力线、电话线、供水管、排水管等）等网络的状态及模拟和分析资源在网络上的流动和分配情况，解决网络结构及其资源等的优化问题。网络分析方法主要包括：最短路径分析、最近设施查询、服务区分析、资源分配等。

最短路径分析：计算两点间花费的最短时间或最短距离的路线。这是网络分析最重要的应用之一。例如，计算某高等院校新、老校区之间的最短驾车路线。

最近设施查询：给定搜索半径，基于网络阻抗和连通规则，计算与事件点最近的设施点。例如，哪个医院的救护车可以最快地响应一个地点发生的紧急救援事件。

服务区分析：计算中心点所覆盖的区域，例如，一个大型超市所覆盖的 10km 驾驶距离范围内的服务区域。

资源分配：按网络阻抗和连通规则，计算结点的最近中心（资源发散或汇集地）。例如，为城市中的每一条街道上的适龄儿童确定最近的学校。

3. 三维模型

人类居住的地球是一个三维空间，我们可以利用三维模型将这个世界表征为三维场景。三维模型不仅可表示地形表面，也可用于建筑物、道路、管网、立交桥、大坝等所有的地物或现象数据。

地理信息系统中的三维模型是研究三维空间的几何对象的数据组织、操作方法以及规则约束条件等内容的集合。

近年来，很多学者都在致力于三维模型的研究，取得了众多成果，但三维地理信息系统理论仍不成熟，缺少一个有效的、易实现的、满足普遍应用的三维数据模型。

三维模型的表示方法从总体上可分为面模型与体模型两大类。面模型数据结构侧重于三维空间表面的表示，如地形表面、地质层面等，通过表面表示三维空间目标，其优点是便于显示和数据更新，不足之处是空间分析难以进行。体模型数据结构侧重于三维空间体的表示，如立交桥、建筑物等，通过对体的描述实现三维空间对象表示。其优点是适于空间操作和分析，但存储空间占用较大，计算速度也较慢。

与二维空间数据模型相比，三维模型可分为基于镶嵌的数据模型、基于矢量的数据模型、分析型数据模型，以及混合数据模型。

基于镶嵌的数据模型可以看作是二维栅格模型的扩展，是指将三维空间划分成一系列连通但不重叠的几何体素。它具有结构简单、便于空间分析的特点，但表达空间位置的几何精度低，难以表达和分析实体之间的空间关系，并且数据量较大、处理速度慢。

基于矢量的数据模型是指以三维实体边界为基础定义和描述几何形体的方法。

分析型数据模型也称为参数函数表示法，是指利用有限的空间数据寻求一个函数的解析式，并用这个解析式生成新的空间点，用以逼近原有实体。它可以描述三维空间中的线、面和体目标。

混合数据模型是指将两种或两种以上的数据模型加以综合，形成一种具有一体化结构的数据模型，以适应不同分辨率、不同背景条件、不同应用的要求。

4. 缓存地图模型

随着互联网技术的快速发展与广泛应用，互联网地理信息系统（如 WebGIS）及互联网电子地图应用需求高速增长。浏览器客户端渲染的地图来源于服务器端，在早期的 WebGIS 应用中，主要采用传统动态地图服务方式，例如，用户在浏览器客户端的每次地图缩放等交互操作，需要在服务器端实时进行空间数据选择、矢量地图渲染、矢量转栅格图片等处理，从而产生实时地图图片，过程较为耗时，由此带来较差的用户体验，响应速度成为制约互联网地理信息系统或互联网电子地图应用发展的主要瓶颈。为适应互联网地图应用对地图交互响应性能的需求，互联网电子地图厂商提出了缓存（或切片、瓦片）地图模型的概念。地图缓存是一个包含了不同级别地图瓦片的目录，互联网客户端程序可以通过虚拟目录使用地图服务中的瓦片缓存。

缓存地图模型是指在服务器端按照自定义的方案（比例尺级别、图片尺寸等）来绘制地图，将其转换为图片（也称为地图瓦片），并保存在缓存目录的预先生成地图的方法。当服务器接收到用户的地图请求时，将把预先生成的相应的地图瓦片发送给客户端。它是一种多分辨率层次模型，从瓦片金字塔底层到顶层，分辨率越来越低，但表示的地理范围不变。

缓存地图服务是一个能够利用预先生成的静态图片向浏览器客户端快速提供地图的服务。使用缓存地图服务最大的好处是可以有效地改进浏览器客户端用来显示复杂地图所花费的时间，一个客户端使用缓存地图服务获取和显示地图的时间仅仅受限于网络带宽。与传统的动态地图服务相比，缓存地图服务效率显著提升，给用户提供了良好的应用体验。高效的缓存地图服务已成为目前互联网地图应用的主流地图服务模式。

5. 时空数据模型

现实世界中，地理空间对象除了空间特征与非空间专题特征以外，还具有动态发展变化的特征。例如，一方面，对于土地利用数据，由于现有的土地地块的重新分割，将产生新的几何对象及其代表的新的土地地块。另一方面，大多数的土地变化与所有权有关，并伴随属性值的变化。因此，为了动态描述、表达和管理现实世界的动态地理现象，需要将时间信息引入到传统的地理信息模型中。时空数据模型是一种有效组织和管理时态地理空间数据，并且空间、专题、时间语义完整的地学数据模型。它不仅强调地理空间对象的空间和专题特征，而且强调这些特征随时间的变化，即时态特征。建立合理、完善、高效的时空数据模型是实现时态地理信息系统的基础和关键。

时空数据模型的核心是如何有效地表达、记录和管理现实世界的地理空间对象及其相互关系随时间不断发生的变化。这种时空变化表现为三种可能的形式，一是属性变化，其空间坐标或位置不变；二是空间坐标或位置变化，而属性不变，这里空间的坐标或位置变化既可以是单一实体的位置、方向、尺寸、形状等发生变化，也可以是两个以上的空间实体之间的关系发生变化；三是空间实体或现象的坐标和属性都发生变化。

实际上，创建一个能够包含所有可想象的变化的数据模型是十分困难的。目前最常用的处理时间的方法是将时间作为对象的一个属性，与其他属性一样。

在时态地理信息系统的发展过程中，人们提出了许多时空数据模型，如连续快照模型、基态修正模型、时空复合模型、时空立方体模型以及基于事件的方法和面向对象的方法。

6. 空间多尺度模型

空间数据的多尺度处理与表示是当今地理信息科学领域理论与方法研究的重要前沿性问题。随着数字地球和数字城市研究与应用的深化，多尺度空间数据模型已成为研究的热点之一。

关于多尺度数据模型，大体可以分为两类：基于空间规则或不规则划分的层次数据模型和基于数学逻辑的数据模型。由于多尺度表达本身的层次性，具有树状结构的层次数据模型最早引起重视，并得到广泛研究。

基于数学逻辑的数据模型主要是将具有多尺度处理性质的数学工具应用于空间数据的存储与表达，并进行一定的适应性修改。

总的来说，空间多尺度模型研究成果更多是从实验或验证的角度对数据模型进行探索，某些结构只适合于某类要素（如专门针对线状要素），或者面向某类应用（导航电子地图）。

2.4 关系建模

关系是信息组织中的一个重要元素，它描述了对象之间的逻辑关联。地理空间对象之间的关系主要包括空间关系与语义关系。其中，空间关系是指各地理空间对象之间在地理空间上的空间分布关系，包括拓扑空间关系，顺序空间关系和度量空间关系。语义关系是指地理空间对象之间与语义（或分类）有关的关系，包括分类关系、等级关系等。

2.4.1 拓扑关系

1. 拓扑空间关系的基本概念

拓扑空间关系（简称拓扑关系）是指满足拓扑几何学原理的地理空间对象间的相互关系，是一种对地理空间对象间的空间结构关系进行明确定义的描述方式。拓扑学是几何学分支，主要研究在拓扑变换（如平移、旋转、缩放等）下能够保持不变的几何属性——拓扑属性，即图形的形状、大小会随图形的变形而改变，但图形之间的相邻、包含、相交等关系不会发生改变。

在一个平面空间上，两个对象 A 和 B 之间的二元拓扑关系基于以下的相交情况：A 的内部（A°）、边界（∂A）和外部（A^-）与 B 的内部（B°）、边界（∂B）和外部（B^-）之间的交。两个对象构成九交（nine-intersection）矩阵，它定义了两个对象间的拓扑关系，称为九交模型：

$$\Gamma_9(A,B)=\begin{bmatrix} A^\circ \cap B^\circ & A^\circ \cap \partial B & A^\circ \cap B^- \\ \partial A \cap B^\circ & \partial A \cap \partial B & \partial A \cap B^- \\ A^- \cap B^\circ & A^- \cap \partial B & A^- \cap B^- \end{bmatrix} \tag{2.1}$$

矩阵中的每个元素，都有“空（0）”和“非空（1）”两种取值；因此，九交矩阵可以确定有 2^9=512 种情形。然而排除现实世界中不具有物理意义的关系后，通常认为具有实际意义的有：2 种点点关系、3 种点线关系、3 种点面关系、16 种线线关系、19 种线面关系、8 种面面关系。例如，两个面状地理空间对象之间，存在 8 种拓扑关系类型，即相离（disjoint）、邻接（meet）、相交（overlap）、重合（equal）、包含（contain）、在内部（inside）、覆盖（cover）和被覆盖（covered by），如图 2.15 所示。对于其他空间数据类型对，如（点，点）、（点，线）、（点，面）、（线，线）、（线，面），其拓扑关系可以用类似方式定义。通过对大量拓扑关系进行归纳和分类，得出以下几种基本的拓扑关系：邻接、相交、相离、包含、重合。

2. 拓扑空间关系的分类

拓扑关系一般指二维空间中元素间的关系。拓扑元素按（二维）几何特征分为三类：点、线、面。

面向二维空间中的拓扑关系，根据几何特征类型，拓扑关系可以分为如下六种：点点关系、点线关系、点面关系、线线关系、线面关系、面面关系。不同几何特征类型对应的基本拓扑关系如图 2.16 所示。

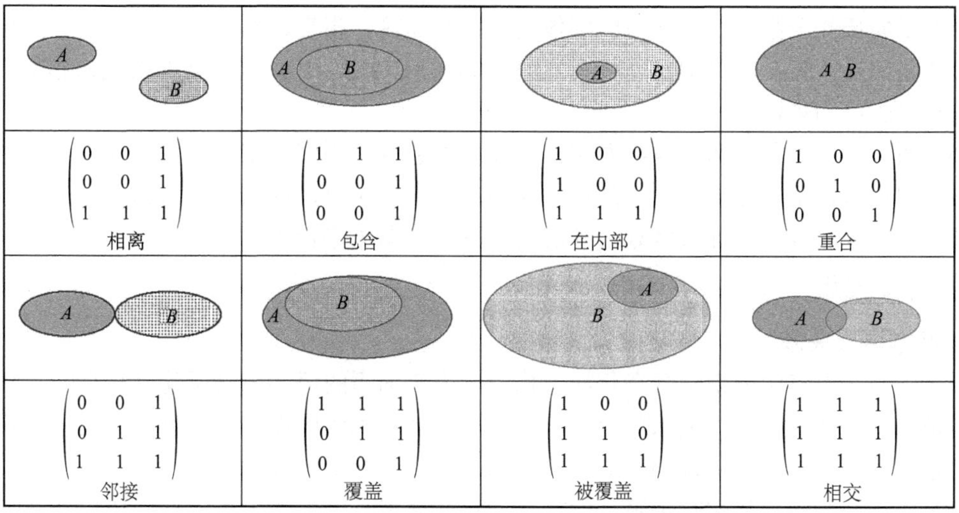

图 2.15　九交模型的 8 种拓扑关系（面面关系）

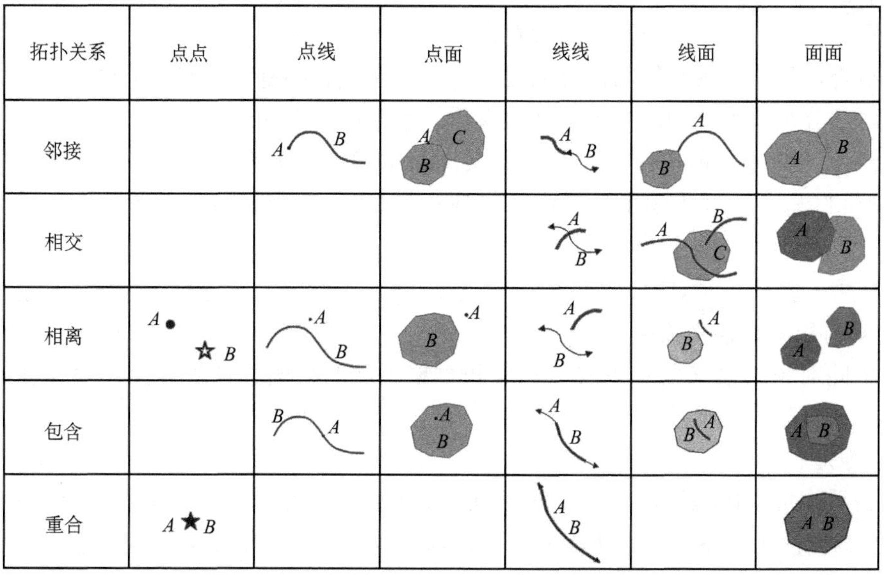

图 2.16　空间拓扑关系类型

（1）点点拓扑关系：点实体和点实体之间存在相离和重合两种关系，如某市市委与市政府所在地这两个不同地点的相离关系，同一位置上的不同公交路线站点的重合关系。

（2）点线拓扑关系：点实体和线实体间存在着邻接、相离和包含三种关系，如地铁站点与地铁线路邻接，某酒店与一环路相离，某水电站位于岷江流域上（包含关系）。

（3）点面拓扑关系：点实体与面实体间存在着邻接、相离和包含三种关系，如小区与多个出入口邻接，公园与某酒店相离，某市包含建设银行某分行。

（4）线线拓扑关系：线实体与线实体间存在着邻接、相交、相离、包含、重合关系，如高等级公路与低等级公路邻接（连通），二环路和某干道相交，河流和公路相离，高速公路中包含中间隔离线，某河流与省界线在平面上重合。

（5）线面拓扑关系：线实体与面实体间存在着邻接、相交、相离、包含关系，如某校园与城市道路邻接（连通），高速公路与穿越的行政区域相交，某公园与某地铁线路相离，某县包含其行政区内的县道。

（6）面面拓扑关系：面实体与面实体间存在着邻接、相交、相离、包含、重合关系，如绵阳与德阳相邻，某市行政区划与某世界自然遗产区域相交，绵阳与泸州相离，市级行政区包含多个县级行政区，某行政区划与经济统计图的某图斑重合等。

2.4.2　语义关系

1. 基本语义关系

语义关系在语言学中指隐含在句法结构中、由该词语的语义范畴所建立起来的关系。语义范畴是指对语法意义进行抽象所得出的范畴。在计算机程序设计和数据库建模领域的语义关系主要指对象及类间的某种约束或关联关系，一般包括以下六类：

（1）依赖，描述一种临时关系，例如，人与交通工具，人在上下班期间依赖交通工具。

（2）关联，描述一种比较固定的、长期的强依赖关系，例如，人与住址。

（3）聚合，描述一种整体和部分的关系，是强的关联关系，强调部分可脱离整体而存在，例如，公司和员工，员工可脱离公司而存在。

（4）组合，描述一种整体与部分的强聚合关系，代表的是对象和它的成员的从属关系，强调整体与部分是不可分的，例如，手与人体，手不可与人体分割。

（5）泛化，描述一种特殊与一般的关系，通常指继承关系，也是一种上下位的关系。例如，“学生”与“人”，“学生”继承了（或具有）“人”的属性，是“人”这一类中的一个群体。

（6）实现，描述一种具有或功能性的关系，例如，飞翔之于鸟，鸟具有飞翔能力。

2. 空间对象间的语义关系

地理空间对象的语义关系主要从对象和对象属性的层面描述地理空间对象间的非空间特征关系，一般分成如下几类。

1）分类关系

分类关系体现“IS-A”语义，反映对象语义的隶属关系或包含关系，它是一种“泛化”（或其反之“特化”）关系。分类从基本类开始涵盖最广泛的对象语义范围，逐步“特化”（或细化），分解成一系列子类，其对象的语义范围逐渐收窄，对象语义逐步明确。如表 2.2 中土地利用现状分类的一级类和二级类，此一级类中的“农用地”是二级类“耕地”的泛化，“耕地”类继承了“农用地”的所有属性。

2）行政（隶属）关系

行政关系是地理空间对象间由人类约定的一种隶属关系，反映部分与整体的关系，是一种“组合”关系，如表 2.3 所示。此表中反映对象实例间的“组合”，“绵阳”由“涪城区”、“游仙区”和“安州区”等 9 个县（区、市）组成。缺少这 9 个县（区、市）的任何一个就不能构成一个完整的“绵阳”对象实例。

表 2.2　土地利用现状分类表

一级类	二级类
农用地	耕地
	林地
	园地
	牧草地
	其他农用地
建设用地	公共设施用地
	工矿仓储用地
	商服用地
	公共建筑用地
	住宅用地
	交通运输用地
	水利设施用地
	特殊用地
未利用地	未利用土地
	其他用地

表 2.3　市级与县（区、市）关系表

市级	县（区、市）级
绵阳	涪城区
	游仙区
	安州区
	三台县
	梓潼县
	盐亭县
	平武县
	北川羌族自治县
	江油市
……	……

3）等级关系

等级关系反映地理空间对象类间的次序性语义，是一种上下位关系，不一定具有隶属的特征。如道路等级中的“高速路”与其他“公路”，在技术层面“一级道路”与“二级道路”不存在包含关系。

4）依附关系

依附关系反映地理空间对象间的依赖或依存关系，如“火车站”依附于“铁路”，没有铁路就不会有火车站；又如“水坝”依附于“水库”。

5）复合关系

地理空间对象类间的语义关系并不是相互排斥的，某些对象可以反映多种语义关系并存，如“境界”，既是等级关系：国界—省界—县界，同时也是一种隶属关系：省界也可以作为县界。

思考题

1. 什么是地理空间对象的时空特征？举例说明地理空间对象的时空特征。

2. 什么是地理空间对象的尺度特征？举例说明地理空间对象的尺度特征。

3. 什么是空间数据模型？简要说明其组成。

4. 什么是对象模型？什么是场模型？举例比较对象模型与场模型特征。

5. 什么是网络模型？举例说明网络分析应用。

6. 什么是空间关系？

7. 什么是拓扑空间关系？举例说明拓扑空间关系应用。

8. 什么是语义关系？其一般包括哪几类？

9. 什么是空间对象间的语义关系？其一般包括哪几类？

10. 使用 ArcGIS 等地理信息系统应用软件，开展 DEM 应用，如高程查询，坡度图、坡向图、山影图派生，以及 GRID 与 TIN 格式相互转换，并比较 GRID 与 TIN 格式特征。

11. 以校园为研究区域，分别从地理空间对象时空特征、地理空间对象尺度特征、空间数据模型以及关系建模等几方面，阐述其具体应用。

第 3 章　地理空间数据采集与处理

地理空间数据（或简称空间数据）是地理信息系统的核心和血液，也是地理信息系统操作的对象，是目前云计算和大数据时代中空间信息服务的核心。因此，设计和使用地理信息系统以及空间信息服务的首要任务就是获取空间数据并创建空间数据库。地理信息系统中的数据获取或采集是面向空间数据库的，其过程包括：从数据源中采集空间数据→空间数据的规范化处理→空间数据质量评价→将满足要求的空间数据存入数据库。该过程的每个环节都直接影响到地理信息系统应用的潜力、成本和效率。本章首先介绍数据源及其采集与处理的基本流程；其次，介绍空间数据的采集方式及其处理方法；最后，介绍数据质量评价与控制相关理论和数据入库流程。本章结构如图 3.1 所示。

- 地理空间数据采集与处理
  - 空间数据源
    - 空间数据源类型：地图、遥感影像
    - 空间数学基础：空间参考、投影、坐标
    - 空间数据采集与处理流程
  - 空间数据采集
    - 空间成分采集：野外数据采集、地图数字化、摄影测量
    - 属性数据采集：属性编码
    - 互联网数据采集：自发地理信息
  - 空间数据后处理
    - 数据编辑：图形和属性数据编辑
    - 数学基础变换：几何纠正、坐标变换
    - 数据转换：数据结构转换
    - 空间插值：整体插值、分块插值
    - 图形拼接：逻辑一致性处理
    - 拓扑生成
  - 空间数据质量评价与控制
    - 质量评价
    - 质量控制
  - 空间数据入库
    - 数据入库流程
    - 空间元数据

图 3.1　本章结构图

3.1　空间数据源

空间数据的采集方式与空间数据源（spatial data source）的类型有关。实际运行的空间数据库或地理信息系统中的空间数据来源并不是单一的，多源特性使空间数据在空间基准上存在差异，因此在空间数据的采集、处理与入库时需要考虑统一的空间数学基础（即地理空间参照系）。空间数据源的选择往往由特定的地理信息系统应用所决定，因此针对特定应用需要确定一整套空间数据采集与处理流程，包括空间数据源的选择、空间数据采集方式和处理方法的确定、空间数据质量的评价和入库等环节。

3.1.1　空间数据源类型

空间数据源顾名思义，即空间数据的来源，是指提供地理信息系统所需数据的方式、设备、原始媒介或形式，是产生空间数据的地方。常见的空间数据源有地图数据、遥感影像数据、实测空间数据、共享空间数据、统计数据、多媒体数据和文本资料数据等。

1. 地图数据

地图是空间数据存储和表达的传统方式，具有数据丰富、精度高的特点。各种类型的地图是地理信息系统最常见的数据源，尤其是纸质和数字形式的国家基本比例尺系列地形图以及各类专题地图。地图是经过系列制图综合的产物，具有内容丰富、可靠与完整等优点，在地理信息系统趋势分析、模式分析等方面具有非常重要的作用。但纸质地图作为数据源时，存在以下不足：

（1）纸质存储介质的缺陷。由于纸质地图在不同的存放条件下存在不同程度的变形，在实际应用中需要对其进行纠正。

（2）地图现势性较差。传统地图更新周期较长，造成现存地图的现势性不能完全满足实时的应用需要。

（3）地图投影的转换。不同投影的地图数据在集成时必须先进行投影类型的转换。

（4）可得性不足。地图，尤其是大比例尺地图往往不容易获取。

（5）易用性不够。纸质媒介的地图数据转换为地理信息系统能用的数字化编码数据需要经过人工数字化操作，这一过程费时费力，且容易带来定位误差。

2. 遥感影像数据

随着航空、航天和卫星遥感技术的发展，遥感影像数据以其现势性强、可得性高（如免费下载）等诸多优点迅速成为地理信息系统的主要数据源之一。通过遥感影像可以快速、准确地获得大面积、综合的各种专题信息，航天遥感影像还可以取得周期性的资料，这些都为地理信息系统提供了丰富的信息。摄影测量技术可以从立体像对中获取地形数据，对遥感影像的解译和判读还可以得到土地利用类型、植被覆盖类型等诸多数据信息。

3. 实测空间数据

随着测量技术的不断提高，野外测量技术也发生了重大变化，由原来单一、复杂、耗时的测量技术（如野外手工绘图）转变为多源、自动、简便的测量技术（如全站仪、激光测距仪、GNSS、摄影测量、三维激光扫描仪）。

实测空间数据主要指各种野外实验、实地测量所得数据，它们通过转换可直接进入地理信息系统的空间数据库。实测数据在精度、可靠性、完整性、现势性等方面具有优势，还可以根据应用需要灵活地进行补充，如地籍测量数据。实测数据也存在不足：消耗一定的人力、财力和物力，共享性不足；数据的完整性和易用性偏向某些具体应用，普适应用性不强，如面向某一比例尺地图制图目的的实测制图数据很难完全满足地理信息系统分析的要求。

4. 共享空间数据

地理信息系统在发展过程中，积累了大量的空间数据，包括利用采集的空间数据通过再次加工、分析、输出的数据。这些经过格式转换等处理的数据，能在不同系统、不同应用、不同时期重用和共享，从而降低系统成本和减少资源浪费。此外，大量历史数据往往是难以重新采集和恢复的，因而其共享在历史回放、时态分析和预测预报中具有重要价值。

共享空间数据指能被不同地理信息系统访问或处理的空间数据。数据共享就是让数据在不同地方、不同计算机、不同软件的用户能够读取、操作、运算和分析。通过数据共享，可以使更多用户充分地使用已有数据资源，减少资料收集、数据采集等重复劳动和相应费用，而把精力重点放在开发新的应用程序及系统集成上。由于不同用户提供的数据可能来自不同的途径，其数据内容、数据格式和数据质量千差万别，因而给数据共享带来了很大困难，有时甚至会遇到数据格式不能转换或数据转换格式后丢失信息的棘手问题，严重地阻碍了数据在各部门和各软件系统中的流动与共享。为了便于共享，通常要求空间数据具有开放格式、元数据、可得性和可用性等特征。

目前，互联网上出现了大量可供用户免费下载、在线共享的空间数据，虽其现势性、完整性、可靠性得不到保障，但并不妨碍人们的广泛应用。

5. 统计数据

统计数据是表示某一地理区域中自然经济要素的特征、规模、结构、水平等指标的数据，是定性、定位和定量统计分析的基础数据，如统计年鉴。统计数据是统计工作活动过程中所取得的反映国民经济和社会现象的数字资料以及与之相联系的其他资料的总称，是对现象进行测量的结果。例如，对省级区域的人口总量的测量可以得到人口统计数据（表 3.1）。统计数据是地理信息系统的数据源，尤其是属性数据方面。

表 3.1　部分省份人口统计数据

指标	地区	数据时间	数值	所属栏目
年末常住人口/万人	河北省	2012 年	7288	分省年度数据
年末常住人口/万人	山西省	2012 年	3611	分省年度数据
年末常住人口/万人	辽宁省	2012 年	4389	分省年度数据
年末常住人口/万人	吉林省	2012 年	2750	分省年度数据
年末常住人口/万人	江苏省	2012 年	7920	分省年度数据

数据来源：http://data.stats.gov.cn

统计数据通常以表格（如报表）的形式出现。官方发布的统计数据具有可靠、可得（公开）和易用（以表格形式呈现）等优点，但难以兼顾不同空间尺度，也不能覆盖空间对象的全部属性。

6. 多媒体数据

多媒体数据是指数据的成分涉及多种媒体，如文本、图形、图像、声音、视频和动画。多媒体数据具有数据量巨大，数据类型多、差异大，数据输入输出复杂等特点。多媒体数据的主要功能是辅助地理信息系统进行分析和查询，如智慧城市监控系统提供的实时监控音像能用于动态目标（如汽车、行人）的轨迹跟踪。视频数据具有可靠性、现势性，但由于涉及个人隐私，其可得性较差。

7. 文本资料数据

文本资料数据指的是文本型的数据，如各种文字报告、立法文件等。随着网络应用的不断发展，Web 页面的泛在文本资料数据越来越丰富，已经成为地理信息系统的重要数据来源。文本资料在地理信息系统中的作用可分为三类：①地理数据的一部分，如在土地资源管理、灾害监测、水质和森林资源管理等专题信息系统中，各种文字说明资料对确定专题内容的属性特征起着重要的作用；②元数据的一部分，用于研究各种类型地理信息系统的权威性、可靠程度和内容的完整性；③地理信息系统建立的主要依据。

上述不同的空间数据源存在各自的优缺点（表 3.2）。例如，遥感影像适用于可见地物，而实测和统计数据则涵盖可见和不可见地物；多媒体数据在数据类型和表达效果上优于文本数据，但文本数据的数据量小、传输速度快；地图数据具有完整性和高质量特点，而互联网上的共享数据大多是待确认的，但内容更加广泛且可得性更强。

表 3.2　不同数据源的对比

数据类型	优点	缺点
地图数据	适用于历史存档	原图扫描数字化工作量大、数据质量要求高
遥感影像数据	可以快速、准确、周期性地获得大面积的、综合的各种地形数据和专题信息	存在影像的纠正、分辨率、解译等方面的问题，对于文化、人口分布等不可见的地理信息无能为力
实测空间数据	精度高、质量好	成本高、数据的完整性和易用性偏向某些具体应用
共享空间数据	降低系统成本和防止资源浪费	现势性、完整性、可靠性不能得到保障
统计数据	适用于不可见的人口、经济、文化等空间信息获取	成本高、现势性弱
多媒体数据	多种媒体形态表达空间信息	依赖于空间信息载体、数据量巨大
文本资料数据	数据量小、传输速度快	空间位置解译和主题聚焦技术还不成熟

3.1.2　空间数学基础

地理空间数学基础是对在不规则地球表面上分布的某一地理要素进行统一和严格空间定位和定向的体系或框架，是多源空间数据进行量算、转换和空间分析的基准，涉及地球空间参考、空间数据投影、空间尺度及地理格网。地球空间参考解决地球的空间定位与数学描述问题；空间数据投影主要解决如何把地球曲面信息展布到二维平面；空间尺度规定以多大的详尽程度研究（或表现）空间信息；地理格网在于建立组织空间信息的空间区域框架方法，实现空间数据的科学有效管理。

1. 地球空间参考

（1）地球形状与地球椭球。地球是一个近似球体，其自然表面是一个极其复杂的不规则曲面。为了深入研究地理空间，有必要建立地球表面的几何模型，主要包括大地水准面与地球椭球面。

（2）坐标系统。坐标系统提供了确定空间位置的参照基准，常见的有地理坐标系和投影坐标系。地理坐标系是球面坐标，参考面是椭球面，坐标单位是经纬度；投影坐标系是平面坐标系，参考面是水平面，坐标单位是米、千米等。投影坐标系是从地球的近似椭球体投影得到的，它对应于某个地理坐标系，由两组参数确定：地理坐标系（由基准面确定，如北京 54、西安 80、WGS84）和投影方法（如高斯-克吕格投影、兰勃特投影、墨卡托投影）。

（3）高程基准。高程表示的是地球上一点至参考基准面的距离。人们通常所说的高程是以平均海水面为起算基准面，所以高程也被称作标高或海拔高。高程起算基准面和相对于这个基准面的水准原点（基点）高程就构成了高程基准（目前我国采用 1985 年黄海高程基准）。

2. 空间数据投影

在数学中，投影（projection）的含义是建立两个点集之间一一对应的映射关系。同样，在地理信息系统中，应用空间数据投影就是按照一定的数学法则，将地球椭球面上的经纬网转换到平面上，建立球面点位的地理坐标与平面上相对应的平面直角坐标之间一一对应的函数关系。空间数据投影的方法可分为几何透视法和数学解析法两种。

3. 空间尺度

尺度，在概念上是指研究者选择观察（测）世界的窗口。在不同的学科、不同的研究领域尺度会有不同的表述方式和含义。例如，在测绘学、地图制图学和地理学中通常用比例尺来表达尺度；在航空摄影、遥感技术中则往往用空间分辨率（spectral resolution）来代表尺度。从数据获取到数据处理、分析往往会涉及紧密联系的四种尺度含义，即观测尺度、比例尺、分辨率和操作尺度（图 3.2）。选择尺度时必须考虑观察现象或研究问题的具体情况。通常很难有一种确定的方法可以简便地选择一种理想的尺度，也不太可能以一种尺度就能全面而充实地研究复杂的地理空间现象和过程，或者各种社会现象。

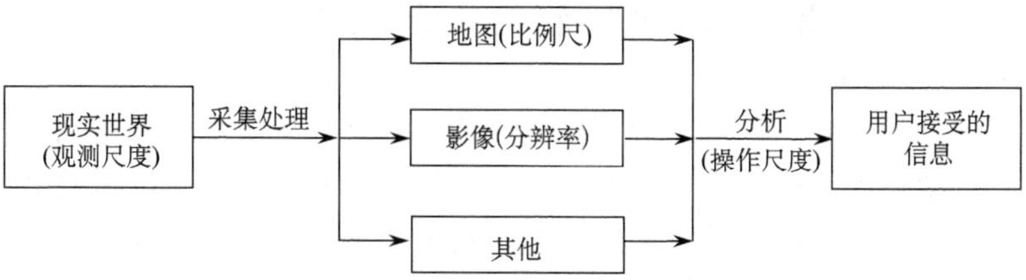

图 3.2　空间分析中的空间尺度

（1）观测尺度。指研究的区域大小或空间范围。通常，认识或观察地理空间及其变化可用大尺度或地理尺度（如一个国家、亚太地区），而研究城市分布及其扩展可用中尺度或小尺度。

（2）比例尺。当制图区域比较小、景物缩小的比率也比较小时，比例尺具体指的是图上长度与地面相应长度之间的比例。当制图区域相当大，制图时对景物的缩小比率也相当大时，地图上所注明的比例尺含义是在进行地图投影时对地球半径缩小的比率，通常称为地图主比例尺。

（3）分辨率。图像分辨率简单说来是成像细节分辨能力的一种度量，也是图像中目标细微程度的指标，它表示景物信息的详细程度。把图像目标的空间细节在图像中可分辨的最小尺寸称为图像的空间分辨率。

（4）操作尺度。操作尺度是指对空间实体、现象的数据进行处理操作时应采用的最佳尺度。不同操作尺度会影响处理结果的可靠程度或准确度。

4. 地理格网

地理格网是指按一定的数学规则对地球表面进行划分而形成的格网。国家基本地形图都是以地理格网作为储存和表达空间数据的基础区域框架。地理格网可以按经纬度坐标系统划分（称为地理坐标格网），也可以按直角坐标系统划分（称为直角坐标格网）。我国 2009 年发布的《地理格网》（GB/T 12409—2009）规定了我国采用的地理系统的划分规则和代码，形成了一整套科学的格网体系，系统性强。所规定的三种划分系统格网：10°×10°、4°×6°和直角坐标，为国际、国内与地理空间分布有关的信息资源的共享确定了一致的原则与统一的代码，是一项重要的国家基础标准，具有较高的科学性和合理性。

3.1.3 空间数据采集与处理流程

从信息流的角度，空间数据的采集与处理就是空间信息由现实世界流入空间数据库的过程。地理信息系统的应用需求，影响着空间数据源的选择，从而也影响着空间数据采集与处理方式的选择。

1. 数据源的选择

地理信息系统的具体应用在选择空间数据源时应注意以下几个方面：①是否能够满足系统功能的要求。②所选数据源是否已有使用经验。一般情况下，当两种数据源的数据精度差别不大时，宜采用有使用经验的传统数据源。③系统成本。数据成本占地理信息系统工程总体成本的 70%甚至更多，所以数据源的选择对于系统整体成本的控制至关重要。

2. 采集方法的确定

数据采集一般指从数据源获取数据的方式与方法。不同的数据源采集数据的方式往往不同，因此需要根据所选数据源的特征来选择合适的采集方法。

3. 数据的编辑与处理

数据的编辑与处理主要指采集的数据在进入地理信息系统之前，为达到某种目的或满足特定需求而进行的数据加工或操作的技术方法。采集的空间数据之所以需要进行编辑与处理是由于如下因素：①各种方法所采集的原始空间数据，都不可避免地存在着错误或误差，属性数据在建库输入时也难免会存在错误，所以有必要对图形数据和属性数据进行检查和编辑。②不同系统对图形的数学基础、数据结构等可能会有不同的要求，往往需要进行数学基础以及数据结构的转换。③根据系统分析功能的要求，需要对数据进行（图形）拼接、拓扑生成等处理。④如果考虑到存储空间和系统运行效率，往往需要对数据进行一定程度的压缩。

4. 数据质量控制与评价

无论何种数据源，使用何种方法进行采集，都不可避免地存在各种类型的误差，而且误差会在数据处理及系统的各个环节之中累积和传播。对数据质量进行控制和评价是系统有效运行和系统分析结果可靠的前提条件之一。

5. 数据入库

数据入库是按照空间数据管理的要求，把采集和处理的成果数据导入到空间数据库中。

3.2 空间数据采集

根据空间数据的特征，数据采集工作包括两方面：空间数据的采集和属性数据的采集。它们在过程上有很多不同，但也有一些具体方法是相通的。空间数据采集的方法主要包括野外数据采集、现有地图数字化、摄影测量方法、遥感图像处理方法等。属性数据采集主要是从观测与测量数据、各类统计数据、专题调查数据、文献资料数据等渠道获取属性数据并对这些数据实施分类和编码。此外，遥感图像解译也是获取属性数据的重要渠道。

3.2.1 野外数据采集

野外数据采集是地理信息系统数据采集的基本手段，对于大比例尺城市地理信息系统而言则是主要手段。下面介绍三种基本的野外采集方式：平板测量、全野外数字测图和空间定位测量。

1. 平板测量

平板测量获取的是非数字化数据。虽然现在已不是地理信息系统野外数据获取的主要手段，但由于它的成本低、技术容易掌握，少数部门和单位仍然在使用。平板测量的产品是纸质地图。在传统的大比例尺地形图生产过程中，一般在野外测量绘制铅笔草图，然后用小笔尖转绘在聚酯薄膜上，之后可以晒成蓝图提供给用户使用。当然也可以对铅笔草图进行手扶跟踪或扫描数字化使平板测量结果转变为数字数据。

2. 全野外数字测图

全野外数据采集设备是全站仪加电子手簿或电子平板配以相应的采集和编辑软件。采用全站仪进行观测，用电子手簿记录观测数据或经计算后的测点坐标。全野外空间数据采集与成图分为三个阶段：①数据采集阶段，在野外利用全站仪等仪器测量特征点，并计算其坐标，赋予代码，明确点的连接关系和符号化信息。②数据处理阶段，对采集的数据进行编辑、符号化、整饰等成图处理。③地图数据输出阶段，生成的地图数据通过绘图仪输出或直接存储成电子数据。数据采集和编码是计算机成图的基础，这一工作主要在外业完成。内业进行数据的图形处理，在人机交互方式下进行图形编辑，生成绘图文件，由绘图仪绘制地图。

3. 空间定位测量

空间定位测量也是地理信息系统空间数据的主要数据源。卫星导航定位系统自其建立以来，因其方便快捷和较高的精度，迅速在各个行业和部门得到了广泛应用。它从一定程度上改变了传统野外测绘的实施方式，并成为地理信息系统数据采集的重要手段，在许多应用型地理信息系统中都得到了应用，如车载导航系统。目前，常用的空间定位系统主要有美国的GPS，俄罗斯的格洛纳斯（global navigation satellite system，GLONASS）全球卫星导航系统，欧洲的伽利略（GALILEO）卫星导航系统和我国自主发展的北斗卫星导航系统。这些由卫星提供全球定位服务的系统统称全球导航卫星系统（GNSS）。它们为用户提供快速、高精度的定位服务，也必将给地理信息系统空间数据提供更为丰富、高效的空间定位数据。

3.2.2　地图数字化

纸质地图是以往空间数据的主要载体，因而对纸质地图进行数字化是历史空间数据最快捷、最有效的来源。地图数字化是指根据现有纸质地图通过手扶跟踪或扫描矢量化，生产出可在计算机上进行存储、处理和分析的空间数据的方法。

1. 手扶跟踪数字化

早期，地图数字化所采用的工具是手扶跟踪数字化仪，它由电磁感应板、游标和相应的电子电路组成。手扶跟踪数字化是利用手扶跟踪数字化仪将地图图形或图像的模拟量转换成离散的数字量的过程。它可以直接获取矢量数据，即用数字化仪跟踪纸介质图形中的点、线等信息，通过数字化软件实现图形信息向数字化信息的转换。

2. 扫描矢量化

目前，地图数字化一般采用扫描矢量化的方法。其工作流程可分为扫描和矢量化两个部分（图 3.3）。

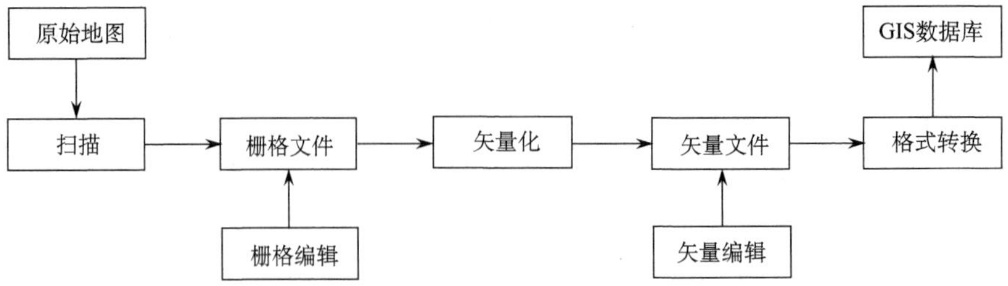

图 3.3　地图扫描矢量化的工作流程

第一，根据地图幅面大小，选择合适规格的扫描仪，对纸质地图扫描生成栅格图像。扫描获得的是栅格数据，数据量比较大，也存在噪声和中间色调像元的处理问题。噪声是指不属于地图内容的斑点污渍和其他模糊不清的东西形成的像元灰度值。噪声范围很广，没有简单有效的方法能完全消除，有的软件能去除一些小的脏点，但有些地图内容（如小数点）和小的脏点很难区分。对于中间色调像元，则可以通过选择合适的阈值选用一些软件（如 Photoshop）来处理。

第二，在经过几何纠正之后即可进行矢量化。对栅格图像的矢量化有软件自动矢量化和屏幕鼠标跟踪矢量化两种方式。软件自动矢量化工作速度较快、效率较高，但是由于软件智能化水平有限，其结果仍然需要再进行人工检查和编辑。屏幕鼠标跟踪方法的作业方式与数字化仪基本相同，仍然是手动跟踪，但是数字化的精度和工作效率得到了显著提高。

3.2.3　摄影测量

摄影测量是利用摄影机或其他遥感器采集地物的图像信息，经过加工处理和分析，获取有价值的可靠信息的理论和技术。它在大比例尺（如 1∶1 万和 1∶5 万）地形图生产过程中扮演着重要角色，在地理信息系统空间数据采集中，也起着越来越重要的作用。摄影测量，根据摄影时摄影机所处的平台可分为航天摄影测量、航空摄影测量和地面摄影测量。

1. 摄影测量方法

1）航天摄影测量

航天摄影测量指的是在航天运载工具（如气象卫星、侦察卫星、地球资源卫星、航天飞机和宇宙飞船，以及测图卫星等）上用摄影机或其他遥感探测器获取地球或其他星体的图像资料和有关数据，经过图像处理、像片量测、地形测绘、地物判读和解析计算等，确定地面（或其他行星）点坐标和完成测图。

2）航空摄影测量

航空摄影测量指的是在飞机上用航摄仪器对地面连续摄取像片，结合地面控制点测量、调绘和立体测绘等步骤，绘制出地形图的作业，其目的是将地面的中心投影（航摄像片）变换为正射投影（地形图）。航空摄影根据像片倾斜角（摄影机主光轴与通过透镜中心的地面铅垂线间的夹角）可分为垂直摄影（倾斜角一般不超过 3°，所获得的像片称为垂直影像）和倾斜摄影（倾斜角大于 3°，所获得的像片称为倾斜影像）。航空摄影也是三维地形数据的主要采集方式，其方法有立体像对影像、激光点云测量、倾斜摄影等。

（1）立体像对影像。指的是在同一时间对同一地区从不同角度拍摄的影像。利用像对的视差，立体像对影像数据可以构建出三维地形数据，其原理如图 3.4 所示。

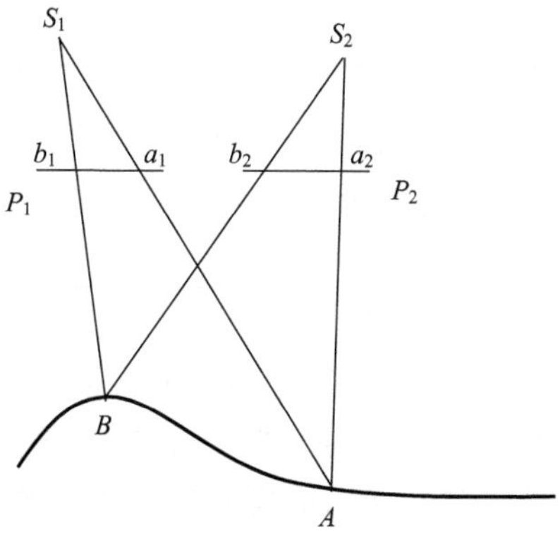

图 3.4　航空摄影获取三维数据原理示意图

这里，P_1和P_2是左、右像平面，代表立体像对；点 A、B 代表地面上的控制点；a_1和a_2分别为点 A 在左、右像平面上对应的同名像点；b_1和b_2分别为点 B 的同名像点；S_1和S_2分别是两幅影像的投影中心（即相机的投影中心位置）。S_1a_1和S_2a_2是一对同名光线，它们的交点就是对应的地面点 A；类似地，一对同名光线 S_1b_1和S_2b_2的交点对应于地面点 B。如果确定立体像对的内、外方位元素，就能够根据共线条件（即摄影中心、像点和地面点位于同一直线）和两幅影像上的像点坐标计算出对应地面点的三维坐标，这就是基于立体像对三维重建的原理。如果仅有一幅影像，就只能确定地面点（如 A）位于像点（如 a_1）和投影中心（如 S_1）所在的直线 S_1a_1上，无法得到准确位置。

（2）激光点云测量。三维激光扫描测距技术（light detection and ranging, LiDAR）是 20 世纪 90 年代中期开始出现的一种快速直接获取地物表面高分辨率航空影像数据的高新技术，是发射激光束探测目标的位置、速度等特征量的雷达系统。LiDAR 通过高速激光扫描测量的方法，大面积高分辨率地快速获取被测对象表面点的三维坐标数据、强度数据等，具有快速、实时、主动、不接触被测目标、穿透能力强、高密度、高精度、数字化、自动化等特性。相对于传统的单点测量，LiDAR 可以密集大量地获取目标对象的数据点，这推动了测量技术从单点测量到面测量的进化。LiDAR 与传统的摄影测量方法有很多相同方面，如属于遥感测绘技术；有相似的处理流程；要经过一系列的处理才能得到有用信息；使用时要结合通信、信号分析、数据压缩、图像处理、计算机视觉等多种专业技术（徐玉军，2013）。除此之外两者也有很多的不同点（表 3.3）。

表 3.3　LiDAR 与摄影测量的不同点

比较项	LiDAR	摄影测量
获取方式	主动获取	被动获取
采样方式	离散点采样	区域摄像采样
地面点坐标获取方式	直接获取	通过计算间接获取
飞行高度	较低，一般 2000m 以下	较高
飞行计划设计复杂程度	复杂	简单
采样带宽	同等高度下飞行带宽窄	同等高度下飞行带宽宽
费用	较低	较高

续表

比较项	LiDAR	摄影测量
工作环境	主动发射激光，全天候采集	易受天气影响
数据处理周期	容易实现自动化处理、周期短	自动化程度较低、处理周期长
技术成熟度	新技术，有很大发展空间	已经较为成熟

LiDAR 把三维激光扫描仪和定位定姿系统（position and orientation system，POS）（如北斗接收仪或 GPS，或者其他具有推定位置的仪器，如惯性导航 IMU）相连接，并固定安装在平台上（如飞机、车辆或船），使三维激光扫描仪能在移动的情况下利用激光测距原理测量数据，最终获得反映目标物体表面采样结果的三维激光扫描数据（也称为点云）。其中，POS 系统包括动态差分 GNSS 系统和惯性导航系统，分别用来获取扫描投影中心瞬时空间三维坐标和扫描测量装置主光轴的瞬时姿态角度；激光扫描测距系统用以确定装置发射激光的原点至地面反射激光脚点之间的距离。利用 LiDAR 可以快速准确地获取被扫描物体的三维轮廓特征（图 3.5），因此常被用于三维对象建模。按照载体的不同，LiDAR 又可分为机载、车载、地面和手持型几类。

图 3.5　三维激光扫描数据（街景）

相比于手工建模方法，LiDAR 生产城市三维模型的精度和准确性有了很大提高，但也存在不足：点云数据量大、密度高，数据冗余量大，数据处理复杂且效率低。总体上，LiDAR 在构建单个不规则的雕塑、模型等方面有形状描述准确的优势，但在应对成百上千平方千米的城市区域时会出现数据获取速度太慢和数据处理效率太低等不足（邬伦等，2001）。

（3）倾斜摄影。以双目立体视觉为基础的倾斜摄影技术是国际测绘领域近些年发展起来的一项新技术，它颠覆了以往正射影像只能从垂直角度拍摄的局限，通过在同一飞行平台上搭载多台传感器，同时从一个垂直、四个倾斜等五个不同的角度采集影像，将用户引入符合人眼视觉的真实直观世界（图 3.6）。

图 3.6　五目相机倾斜摄影工作示意图

航空倾斜影像有如下功能：①通过低空云下摄影，从一个垂直和四个以上 45° 倾斜的方向获取高清晰度的地物影像，能获取建筑物顶面及侧视的高分辨率纹理，可供多角度观察。②在高精度定位定姿（POS）系统的辅助下，影像上每个点都具有三维坐标，基于影像可进行任意点线面的量测，获得厘米级到分米级的量测精度。相比正射影像，倾斜影像有三方面优势：①可以获得更精确的高程精度，对建筑物等地物的高度可以直接量测。②包含真实的环境信息，信息量丰富，可进行影像信息的数据挖掘。③通过专门软件处理能较高效率地完成城市三维建模。

相对于传统人工建模和基于 LiDAR 的建模方式，基于倾斜摄影的三维重建方式具有一次性完成数据获取、人工干预少、纹理影像真实感强及模型可读性强等优势，解决了城市高楼林立和建筑密集的环境存在大量相机死角、影像信息丢失量大等问题，因而能够更快速、更低成本、更高效、更准确地重建城市三维模型。

3）地面摄影测量

地面摄影测量指的是利用安置在地面上基线两端点处的摄影机向目标拍摄立体像对，对所摄目标进行测绘的技术。它能用于险阻高山区、小范围山区和丘陵地区测图，还能用于地质、冶金、采矿、水利、铁道等方面的勘察。

2. 遥感图像处理

遥感图像处理是对遥感图像进行辐射校正和几何纠正、图像整饰、投影变换、镶嵌、特征提取、分类以及各种专题处理等一系列操作。

1）遥感图像处理的一般内容

遥感数据的处理，与具体的数据类型（如卫星影像、雷达影像）、存储介质等因素相关，涉及的内容主要有图像恢复、数据压缩、影像增强和信息提取。①图像恢复：即校正在成像、记录、传输或回放过程中引入的数据错误、噪声与畸变，包括辐射校正、几何校正等。②数据压缩：以改进传输、存储和处理数据的效率。③影像增强：突出数据的某些特征，以提高影像目视质量，包括彩色增强、反差增强、边缘增强、密度分割、比值运算、去模糊等。④信息提取：从经过增强处理的影像中提取有用的遥感信息，包括采用各种统计分析、集群分析、频谱分析等自动识别与分类。通常利用专用数字图像处理系统（如 ERDAS Imagine）来实现，且根据不同目的采用不同的算法和技术。

2）激光点云数据处理的内容

点云数据处理通常包括以下内容：预处理、特征提取、分割与曲面拟合。

（1）预处理，包括①点云数据滤波（去噪），用来剔除数据集合中不相关的数据和误差数据等。②点云数据精简，用来减小冗余的点云数据量。③点云数据配准，是将不同视角采集的点进行多视拼合，合并到统一的坐标系。

（2）特征提取，是基于点云的几何、光谱、反射率等信息提取点云特征点、线、面的过程，用于优化和约束点云数据处理各个阶段的处理过程，并非一个完全独立的过程。

（3）分割与曲面拟合，是指通过融合特征分析的点云分割技术对点云数据进行分割，然后再根据曲面拟合的原理和方法构建出三维的曲面模型，完成三维模型的重建工作。

3）倾斜影像处理的内容

倾斜摄影测量的数据处理内容包括：影像预处理、区域网联合平差、多视影像匹配、TIN构模与纹理映射等。

（1）因为物镜边缘畸变等原因，倾斜摄影获取的影像往往会发生几何位置、形状、大小方位等要素的异常，从而影响后期加密处理的精度，所以在对影像进行平差前需要对影像进行预处理，包括影像去噪、增强、畸变纠正、匀光匀色处理等。

（2）影像区域网平差，即空中三角测量，是立体摄影测量中根据少量的野外控制点，在室内进行控制点加密，求得加密点的高程和平面位置的测量方法。主要目的是为缺少野外控制点的地区测图提供绝对定向的控制点。

（3）影像匹配，即同名像点提取及匹配。对同一地物在不同影像上的匹配得到精确的地物像点坐标，使不同相机、不同视角拍摄的多幅影像之间经过变换后在空间位置上保持一致。其基本原理是在各侧方视角与正射视角影像重叠区域之间通过对其内容、特征、结构及灰度等的对应关系来识别同名像点，并根据立体像对中两张航片的内、外方位元素和像点坐标通过空间前方交会确定对应的地面点坐标。

（4）经过多视影像密集匹配提取稠密点云数据，将点云数据抽稀后连接构建不规则三角网，生成多级分辨率的数字表面模型，最后从影像中提取最佳的纹理信息并映射到模型中。

上面提到了三种不同的空间数据采集方式，即野外数据采集、地图数字化和摄影测量，它们为空间数据提供野外实测数据、地图数据、影像数据、三维数据等数据源。对于大比例尺或高精度的城市地理信息系统而言，野外数据采集更是主要手段，但采集成本高。摄影测量可以快速、准确、周期性地获得大面积的、综合的各种地形数据和专题信息。

3.2.4　属性数据采集

属性数据即描述实体质量和数量特征的数据，一般包括名称、等级、数量、代码等多种形式，因此属性数据有时又称为非空间数据或专题数据（这些用数字和文字描述对象特征的数据，有时也称语义数据）。属性通常分为定性和定量两类：定性属性包括名称、类型、特性等，是定名量表的结果；定量属性包括数量、等级等，是顺序、间隔（等差）、比率（等比）等量表方法的结果。在空间数据库中，属性数据不是孤立的，而是与空间位置相联系的；属性数据的输入方法有键盘输入、文件导入和数据提取。

1. 属性数据的分类

空间数据的分类，是根据系统的功能以及相应的国际、国家和行业空间信息分类规范和标准，将具有不同空间特征和语义的空间要素区别开来的过程。空间数据的属性分类可用于空间数据的分层组织和空间要素类别的标识。

空间数据的分类一般采用线分类法，也称等级分类法、层级分类法、树状分类法。我国《基础地理信息要素分类与代码》（GB/T 13923—2006）将地球表面的自然和社会基础信息分为 8 个大类（定位基础、水系、居民地及设施、交通、管线、境界与政区、地貌、植被与土质）以及 46 个中类，在每个中类下又依次细分为小类和子类（图 3.7）。

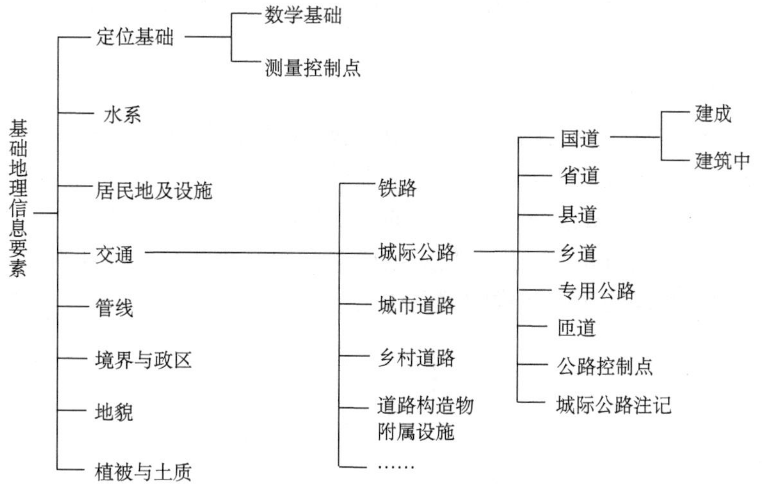

图 3.7　基础地理信息要素分类体系

2. 属性数据编码

属性数据编码是指确定属性数据的代码的方法和过程。代码是一个或一组有序的易于被计算机或人识别与处理的符号，是计算机鉴别和查找信息的主要依据和手段。编码的直接产物就是代码，而分类分级则是编码的基础。属性数据编码一般基于以下几个原则：①编码的系统性和科学性。②编码的一致性和唯一性。③编码的标准化和通用性。④编码的简捷性。⑤编码的可扩展性。

1）*属性数据编码方案的制定*

在属性数据分类编码的过程中，应力求规范化、标准化，有可遵循标准的尽量依据标准。例如，交通地理信息系统的数据编码有许多规范及行业标准（表 3.4）。

表 3.4　与交通地理信息系统相关的规范及行业标准

标准编号	标准名称
GB/T 2260—2007	中华人民共和国行政区划代码
GB/T 12409—2009	地理格网
GB/T 917—2017	公路路线标识规则和国道编号
JT/T 0022—1990	公路管理养护单位代码编制规则
JTG H10—2009	公路养护技术规范
GB/T 920—2002	公路路面等级与面层类型代码
GB 11708—1989	公路桥梁命名编号和编码规则
GBJ 124—1988	道路工程术语标准

如果没有适用的标准可遵循，可依照以下编码的一般方法，制定出有一定适用性的编码标准：①列出全部制图对象清单。②制定对象分类、分级原则和指标，将制图对象进行分类、分级。③拟定分类代码系统。④确定代码及其格式，如设定代码使用的字符和数字、码位长度、码位分配等。⑤建立代码和编码对象的对照表，这是编码最终成果档案，是数据输入计算机进行编码的依据。

我国《基础地理信息要素分类与代码》（GB/T 13923—2006）的代码结构，采用 6 位十进制数字码，分别为按数字顺序排序的大类（1 位）、中类（1 位）、小类（2 位）和子类（2 位）。

2）*属性数据分类编码方法*

属性的科学分类体系无疑是地理信息系统中属性编码的基础。目前，较为常用的编码方法有层次分类编码法与多源分类编码法两种基本类型。

（1）层次分类编码法，是按照分类对象的从属和层次关系为排列顺序的一种代码，它的优点是能明确表示出分类对象的类别，代码结构有严格的隶属关系。图 3.8 以河流类型的编码为例，说明层次分类编码法所构成的编码体系。

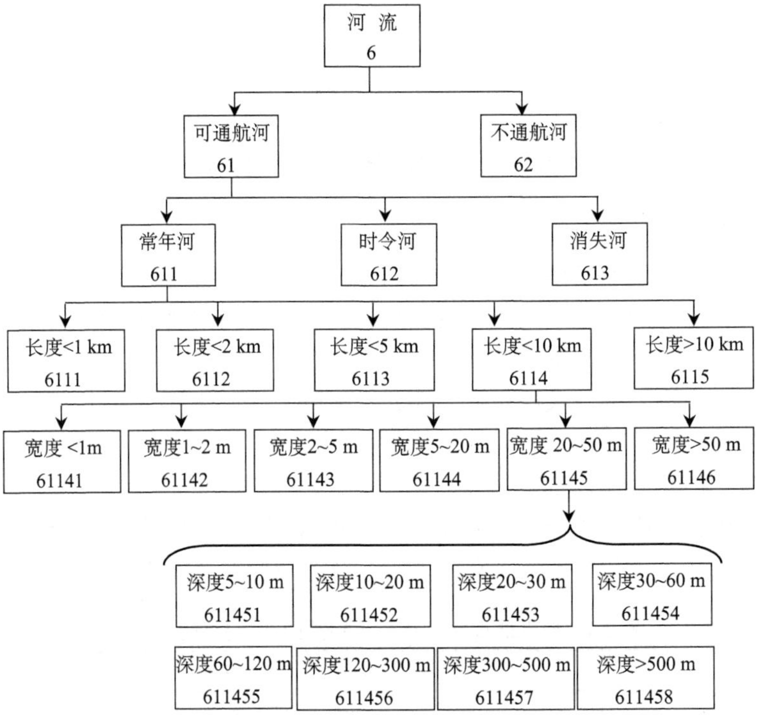

图 3.8　河流类型的层次分类编码方案

（2）多源分类编码法，又称独立分类编码法，是指对于一个特定的分类目标，根据诸多不同的分类依据分别进行编码，各位数字代码之间并没有隶属关系。表 3.5 以河流为例说明了属性数据多源分类编码法。

表 3.5　河流编码的标准分类方案

通航情况	流水季节	河流长度	河流宽度	河流深度
通航：　1	常年河：1	<1 km：　1	< 1 m：　1	5～10 m：　1
不通航：2	时令河：2	<2 km：　2	1～2 m：　2	10～20 m：　2
	消失河：3	<5 km：　3	2～5 m：　3	20～30 m：　3
		<10 km　4	5～20 m：　4	30～60 m：　4
		>10 km　5	20～50 m：5	60～120 m：　5
			>50 m：　6	120～300 m：6
				300～500 m：7
				>500 m：　8

例如，常年河，通航，主流长 7km，宽 25m，平均深度 50m，可表示为：11454。由此可见，该种编码方法一般具有较大的信息承载量，有利于空间信息的综合分析。在实际工作中，也往往将以上两种编码方法结合使用，以达到更理想的效果。

3.2.5　互联网数据采集

互联网作为现代社会最重要的信息发布、传播和交流的载体，蕴含着丰富的地理空间信息，已成为 GIS 领域重要的数据源和传统地理信息采集方式的有效补充（杜中波，2017）。在互联网数据中，部分数据可以直接共享，如通过地图服务或 API；部分数据则具有大数据特点，需要对空间位置信息进行感知和提取。

1. 地图 API

地图应用程序编程接口（application programming interface，API）是一种通过 JavaScript（或其他语言）将地图嵌入到网页的 API，它提供了大量实用工具用以处理地图，并通过各种服务向地图添加内容，从而使用户能够在网站上创建功能全面的地图应用程序。例如，OSM（open street map）API 允许原始地理数据被检索和/或被存储到 OSM 的数据库。地图 API 不仅仅可以获得地图数据，还可以获得地图上的属性数据，如地图标注点或 POI。通过地图 API，可以快速简便地获取地理数据，包括矢量数据（如 OSM）、栅格数据、遥感影像数据，同时还可以完成数据的预处理功能。

2. 网络抓取

随着网络的迅速发展，万维网成为大量信息的载体，如何有效地提取并利用这些信息成为一个巨大的挑战。搜索引擎（search engine），如百度，作为一个辅助人们检索信息的工具成为用户访问万维网的入口和指南。但是，这些通用性搜索引擎也存在着一定的局限性，主要有以下几点：

（1）不同领域、不同背景的用户往往具有不同的检索目的和需求，通用搜索引擎所返回的结果包含大量用户不关心的网页。

（2）通用搜索引擎的目标是尽可能大的网络覆盖率，有限的搜索引擎服务器资源与无限的网络数据资源之间的矛盾将进一步加深。

（3）万维网数据形式的丰富和网络技术的不断发展，图片、数据库、音频、视频多媒体等不同数据大量出现，通用搜索引擎往往对这些信息含量密集且具有一定结构的数据无能为力，不能很好地发现和获取。

（4）通用搜索引擎大多提供基于关键字的检索，难以支持根据语义信息提出的查询。

为了解决上述问题，定向抓取相关网页资源的“聚焦爬虫”应运而生。聚焦爬虫是一个自动下载网页的程序，它根据既定的抓取目标，有选择地访问万维网上的网页与相关的链接，获取所需要的信息。聚焦爬虫并不追求大的覆盖，而将目标定为抓取与某一特定主题内容相关的网页，为面向主题的用户查询准备数据资源。当前，开源的网络爬虫软件很多，如crawlzilla、Ex-Crawler、ItSucks 等。

网络爬取的数据蕴含着丰富的地名地址空间信息，但因其描述的随机性、多样性，信息很难被快速、准确地识别出来。文本地名识别技术涉及文本分词、地名感知、地名消歧等，识别后的地名地址还可以通过地理编码技术实现到经纬度的映射。

3.3 空间数据后处理

针对地理信息系统的具体应用，原始空间数据往往由于来源广、范围大、时间跨度大等特点而呈现出较大的差异，包括多时空性（同一空间在不同时间采集的数据）、多尺度性（同一地理对象采集时的空间尺度不同）、获取手段多源性（如遥感手段、GNSS 手段、统计调查、实地勘测等）、存储格式多样性（如栅格、矢量）、地域分布性、自治性及异构性（如平台异构性、系统异构性和语义异构性），以及与用户已有数据和系统的不一致性。这在客观上要求在地理信息系统进一步分析和应用之前对原始空间数据进行规范化处理。空间数据处理涉及的内容很广泛，主要取决于原始数据的特点和应用的具体要求，一般包括数据编辑、数学基础变换、数据转换、空间插值、图形拼接、拓扑生成等。

3.3.1 数据编辑

由于各种空间数据源本身的误差，以及数据采集过程中不可避免的错误，原始空间数据不可避免地存在错误。为了“净化”数据，满足地理信息系统的应用需要，必须对外来采集的数据进行必要的校验和检查，包括空间实体是否遗漏、是否重复录入、图形定位是否错误、属性数据是否准确、与图形数据的关联是否正确等，以及随之而来的数据修改、重新编排、组织等操作。数据编辑（data edit）是数据处理的主要环节，并贯穿于整个数据采集与处理过程。

1. 图形数据编辑

空间数据采集过程中，人为因素是造成图形数据错误的主要原因。例如，在数字化过程中，手的抖动，两次录入之间图纸的移动，都会导致位置不准确。常见的数字化错误类型如下（图 3.9）：

（1）伪结点（pseudo node）：当一条线没有一次录入完毕时，就会产生伪结点。伪结点使一条完整的线变成两段。

（2）悬挂结点（dangling node）：当一个结点只与一条线相连接，那么该结点称为悬挂结点。悬挂结点有过头和不及、多边形不封闭、结点不重合等几种情形。

（3）碎屑多边形（sliver polygon）：也称条带多边形，产生的原因是前后两次录入同一条线的位置不完全一致，或者采用不同比例尺的地图进行数据更新。

（4）不正规多边形（weird polygon）：在输入线的过程中，点的次序倒置或者位置不准确会产生不正规多边形。

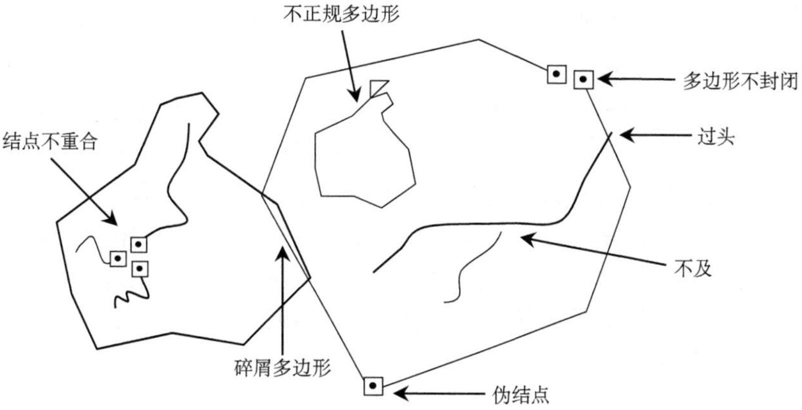

图 3.9　数据错误示意图

上述错误一般会在建立空间拓扑的过程中被发现，其他图形数据错误（包括某些实体的遗漏或重复录入、图形定位错误等）的检查一般可采用如下方法进行：

（1）叠合比较法，把成果数据打印在透明材料上，然后与原图叠合在一起，在透光桌上仔细地观察和比较。叠合比较法是空间数据数字化正确与否的最佳检核方法，对于空间数据的比例尺不准确和空间数据的变形马上就可以观察出来；对于空间数据的位置不完整和不准确则须用粗笔把遗漏、位置错误的地方明显地标注出来。如果数字化的范围比较大，分块数字化时，除检核一幅（块）图内的差错外，还应检核已存入计算机的其他图幅的接边情况。

（2）目视检查法，指在屏幕上用目视检查的方法，检查一些明显的数字化误差与错误。

（3）逻辑检查法，根据数据拓扑一致性进行检验，如将弧段连成多边形，数字化结点误差的检查等。

对于检查出的错误，是通过向系统发送编辑命令来完成编辑处理的。编辑命令可分为三类：增加数据、删除数据和修改数据。编辑的对象是点元、线元、面元及目标，编辑工作的完成主要是利用地理信息系统的图形编辑功能来实施（表 3.6）。

表 3.6　地理信息系统的图形编辑功能

点编辑	线编辑	面编辑	目标编辑
删除	删除	弧段加点	删除目标
移动	移动	弧段删点	旋转目标
拷贝	拷贝	弧段移动	拷贝目标
旋转	追加	删除弧段	移动目标
追加	旋转（改向）	移动弧段	放大目标
水平对齐	剪断	插入弧段	缩小目标
垂直对齐	光滑	剪断弧段	开窗口
	求平行线		

2. 属性数据编辑

对属性数据进行校核很难，因为其不准确性可能归结于许多因素，如观察错误、数据过时和数据输入错误等。属性数据校核包括：①属性数据与空间数据是否正确关联，标识码是否唯一，不含空值。②属性数据是否准确，属性数据的值是否超过其取值范围等。属性数据错误检查可通过以下方法完成：

（1）利用数据本身的逻辑性检查属性数据的值是否超过其取值范围，属性数据之间或属性数据与地理实体之间是否有荒谬的组合。在许多数字化软件中，这种检查通常使用程序来自动完成。例如，有些软件可以自动进行多边形结点的自动平差、属性编码的自动查错等。

（2）把属性数据打印出来进行人工校对，这和用校核图来检查空间数据准确性相似。

为了便于检查实体属性与其几何图形的关系，通常在图形编辑系统中设计属性数据的编辑功能，将一个实体的属性数据关联到相应的几何目标上，从而进行交叉检查。一个功能强大的图形编辑系统可提供删除、修改、拷贝属性等功能。

3.3.2　数学基础变换

数学基础，作为定位和定向地物的框架，是空间数据进行量算、转换和空间分析的基准。多源空间数据往往具有差异化的数学基础，因而只有通过数学基础变换才能充分发挥多源空间数据各自的价值，并正确应用地理信息系统完成各种空间分析与应用。数学基础变换涉及几何纠正、坐标变换等。扫描得到的图像数据和遥感影像数据往往会有变形，与标准地形图不符，这时需要进行几何纠正。不同空间参考系统（投影方式和坐标系统）数据的融合需要进行坐标变换。其中，坐标系转换主要解决地理信息系统中设备坐标同用户坐标不一致、设备坐标之间不一致问题；投影变换主要解决地理坐标到平面坐标之间的转换问题。

1. 几何纠正

造成扫描获得的地形图数据和遥感数据发生变形的原因，涉及如下因素：①地形图的实际尺寸发生变形。②扫描时地形图或遥感影像没被压紧、产生斜置或扫描参数的设置不恰当等。③遥感影像本身就存在着几何变形。④地图图幅的投影与其他资料的投影不同，或需将遥感影像的中心投影或多中心投影转换为正射投影等。⑤一幅地形图或遥感影像被分成几块扫描，不同块之间的拼接难以保证精度。对扫描得到的图像进行纠正，主要是建立要纠正的图像与标准的地形图（或地形图的理论数值或纠正过的正射影像）之间的变换关系，消减图形变形误差。目前，主要的变换函数有：仿射变换、双线性变换、平方变换、双平方变换、立方变换、四阶多项式变换等，具体采用哪一种，则要根据纠正图像的变形情况、所在区域的地理特征及所选样点数目决定。

1）地形图的纠正

对地形图的纠正，一般采用四点纠正法或逐网格纠正法。

（1）四点纠正法，一般是根据选定的数学变换函数，输入需要纠正地形图的图幅行列号、地形图的比例尺、图幅名称等，生成标准图廓，分别采集四个图廓控制点坐标来完成。

（2）逐网格纠正法，是在四点纠正法不能满足精度要求的情况下采用的。这种方法和四点纠正法的不同点就在于采样点数目不同，它是逐方里网进行的，也就是说，对每一个方里网，都要采点。具体采点时，一般要先采源点（需纠正的地形图），后采目标点（标准图廓）；先采图廓点和控制点，后采方里网点。

2）遥感影像的纠正

遥感影像的几何纠正，一般是指通过一系列的数学模型来改正和消除遥感影像成像时因摄影材料变形、物镜畸变、大气折光、地球曲率、地球自转、地形起伏等因素导致的原始图像上各地物的几何位置、形状、尺寸、方位等特征与在参照系统中的表达要求不一致时产生的变形（图3.10）。

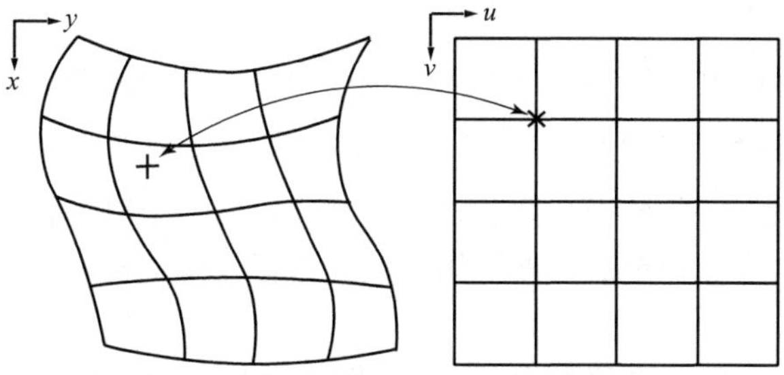

(a) 校正前　　(b) 校正后

图3.10 遥感影像的纠正

在遥感影像几何纠正时，一般选用和遥感影像比例尺相近的地形图或正射影像图作为变换标准，选用合适的变换函数，分别在要纠正的遥感影像和标准地形图或正射影像图上采集同名地物点。具体采点时，要先采源点（影像），后采目标点（地形图）。选点时，要注意点的均匀分布，点不能太多；点位应选由人工建筑构成的且不会移动的地物点，如渠或道路交叉点、桥梁等，尽量不要选河床、易变动的河流交叉点，以免点的移位影响配准精度。

2. 坐标变换

坐标转换是空间实体的位置从一种坐标系统变换到另一种坐标系统的过程，其实质是建立两个空间参考系之间点的一一对应关系，是各种比例尺地图测量和编绘中建立地图数学基础必不可少的步骤。在地理信息系统中坐标转换可分为两类：一类是地图投影变换，即从一种地图投影转换到另一种地图投影，地图上各点坐标均发生变化；另一类是量测系统坐标转换，即从大地坐标系到地图坐标系、数字化仪坐标系、绘图仪坐标系或显示器坐标系之间的坐标转换。

1）投影变换

投影变换必须已知变换前后的两个空间参考的投影参数，然后利用投影公式推算两个空间参考系之间点的一一对应函数关系。投影变换是坐标变换中精度最高的变换方法。但是，有时在一些特殊情况下，即便知道变换前后的两个空间参考的投影参数、投影方式，投影变换仍难以直接推求，此时往往采用投影变换的综合算法。

假定原图上点的坐标为（x, y），投影变换后的新坐标为（x', y'），则坐标变换公式为

$$\begin{cases} x' = f_1(x, y) \\ y' = f_2(x, y) \end{cases} \tag{3.1}$$

式中，f_1、f_2为定义域内的单值、连续函数。投影变换实质就是找出f_1、f_2所表示的数学模型。常用的投影变换方法有解析变换、数值变换等。

（1）解析变换，是找出两投影进行变换时的解析式。根据计算方法的不同，解析变换又可分为正解变换与反解变换。其中，正解变换是将坐标（x, y）转换为（x', y'），即（x, y）→（x', y'）；反解变换是将坐标（x, y）通过经纬度坐标（φ, λ）转换为（x', y'），即（x, y）→（φ, λ）→（x', y'）。解析变换适用于原图投影已知的情况。

（2）数值变换。在资料图投影方程式未知，或不易求得资料图与新编图两投影间解析关系式的情况下，可以采用多项式来建立它们之间的联系，用数值逼近的理论和方法来建立两投影间的关系。以三次多项式为例：

$$\begin{cases} x' = a_{00} + a_{10}x + a_{20}x^2 + a_{01}y + a_{11}xy + a_{02}y^2 + a_{30}x^3 + a_{21}x^2y + a_{12}xy^2 + a_{03}y^3 \\ y' = b_{00} + b_{10}x + b_{20}x^2 + b_{01}y + b_{11}xy + b_{02}y^2 + b_{30}x^3 + b_{21}x^2y + b_{12}xy^2 + b_{03}y^3 \end{cases} \tag{3.2}$$

为了确定多项式系数，要分别在两种投影上，确定 10 个以上特征点的平面直角坐标，然后将其代入多项式。系数确定后，便可用多项式进行投影变换。

2）仿射变换

仿射变换只考虑地理实体在平面上的变形（图 3.11），是在不同的方向上进行不同的压缩和扩张，可以将球变为椭球，将正方形变为平行四边形。其公式为

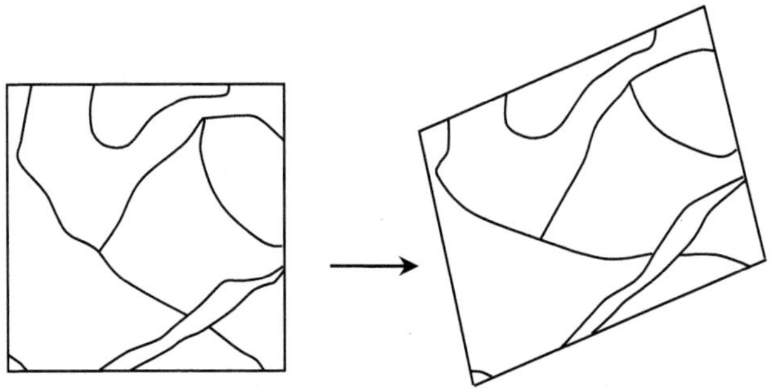

图 3.11　仿射变换

$$\begin{cases} X' = AX + BY + C \\ Y' = DX + EY + F \end{cases} \tag{3.3}$$

式中，X、Y 为当前坐标；X'、Y'为理论值；A、B、C、D、E、F 为待定系数。因此，只需要知道不在同一直线上的 3 个控制点在当前坐标系统中的坐标及其实际的理论值，即可求得待定系数。这样，其他地理实体纠正后的坐标值即可求得。不在同一直线上，是保证所列方程组有解。仿射变换适用于图件存在线性变形的情况，其主要特征是：直线变换后仍为直线；平行线变换后仍为平行线；不同方向上，线段长度比发生改变。

3）相似变换

相似变换是由一个图形变换为另一个图形，在改变的过程中保持形状不变（大小可以改变）。在二维坐标变换过程中，经常遇到的是平移、旋转和缩放三种基本的相似变换操作。

（1）平移：是将图形的一部分或者整体移动到笛卡儿坐标系中另外的位置（图 3.12），其变换公式为

$$\begin{cases} X' = X + T_x \\ Y' = Y + T_y \end{cases} \tag{3.4}$$

式中，X、Y 为原坐标；X'、Y'为变换后的坐标；T_x、T_y 分别为点在 X 方向和 Y 方向的偏移量。

（2）旋转：在地图投影变换中，经常要应用旋转操作（图 3.13）。实现旋转操作要用到三角函数，假定顺时针旋转角度为θ，其公式为

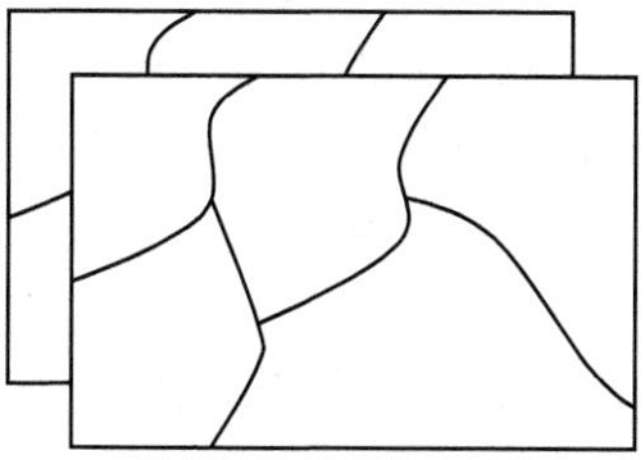

图 3.12　平移

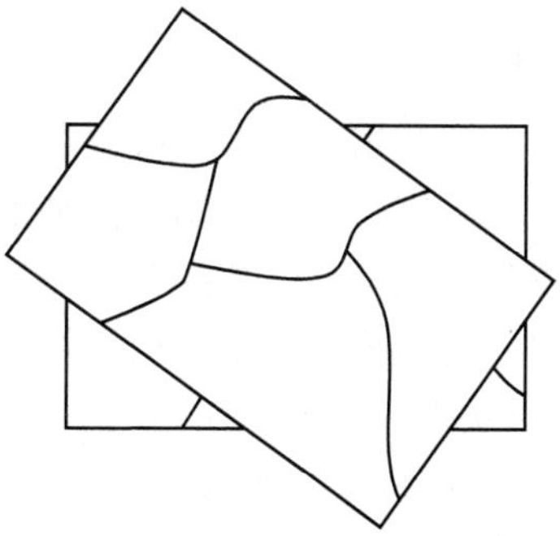

图 3.13　旋转

$$\begin{cases} X' = X\cos\theta + Y\sin\theta \\ Y' = -X\sin\theta + Y\cos\theta \end{cases} \tag{3.5}$$

（3）缩放：可用于输出大小不同的图形（图 3.14），其公式为

$$\begin{cases} X' = XS_x \\ Y' = YS_y \end{cases} \tag{3.6}$$

式中，S_x、S_y 分别为点在 X 方向和 Y 方向的缩放量。

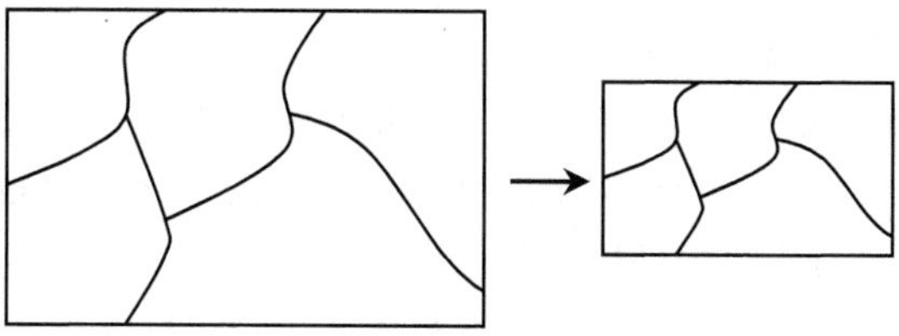

图 3.14　缩放

4）橡皮拉伸

橡皮拉伸是通过坐标几何纠正来修正原图的几何变形缺陷。这些变形产生的原因包括地图编绘中的配准缺陷、缺乏大地控制等。在图 3.15 中，原图层（实心线）被纠正成更精确的目标（虚线）。类似于变换，位移关联点在橡皮伸缩中被用于确定要素移动的位置。

目前，大多数地理信息系统软件采用正解变换法来完成不同投影之间的转换，并直接在地理信息系统软件中提供常见投影之间的转换。

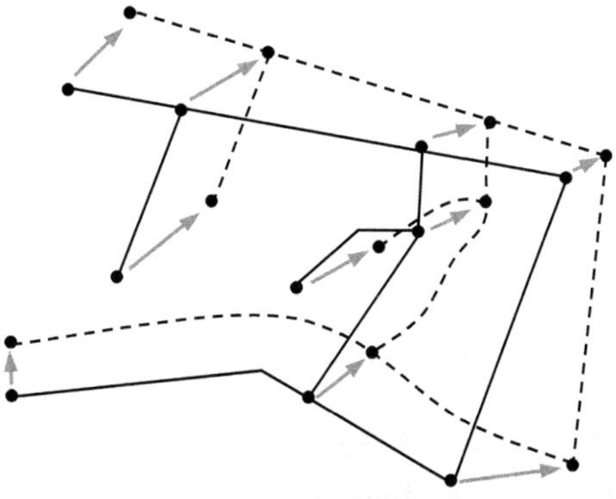

图 3.15　橡皮拉伸示意图

3.3.3　数据转换

多源性使得空间数据之间存在数据结构、格式、类型等方面的差异，数据转换是解决这一差异的主要方法。广义上，数据转换是指如何通过观测得到的部分数据来表示、恢复或重构完整数据的操作。狭义上，数据转换是指数据从一种几何形态到另一种几何形态或从一种格式到另一种格式的转换，包括结构转换、格式转换、类型替换等（数据拼接、数据裁剪、数据压缩等），以实现空间数据在结构、格式、类型上的统一和多源异构数据的连接与融合，有助于消除“信息孤岛”，减小数据重复采集，提高经济效益和社会效益。

1. 数据转换的模式

实现数据转换的模式大致有四种，即外部数据转换模式、直接数据访问模式、数据互操作模式和空间数据共享平台模式。后三种模式提供了较为理想的数据共享方式，但是对大多数普通用户而言，外部数据转换模式在具体应用中更具可操作性和现实性，与现实的技术、资金条件更相符（符海芳等，2002）。数据转换可直接利用软件商提供的交换文件（如 DXF、MIF、E00 等），也可以采用中介文件转换方式，即在数据加工平台软件支持下，把空间数据连同属性数据按自定义的格式输出为文本文件；作为中介文件，该数据文件的要素和结构符合相应的数据转换标准，然后在地理信息系统平台下开发数据接口程序，读入该文件，自动生成基础地理信息系统支持的数据格式。

1）基于交换格式的数据格式转换

外部数据转换方式是目前空间数据转换的主要方式。大部分商用地理信息系统软件定义了外部数据交换文件格式，一般为ASCII码文件，如ArcInfo的E00，MapInfo的MID，AutoCAD的 DXF 等。一个系统（如 *A*）的内部数据转换到另一系统（如 *B*）的内部数据，一般要通过2～3 次转换（图 3.16）。如果 *B* 系统能够直接读 *A* 系统的交换文件，则从 *A* 的内部文件转换到 *A* 的交换文件再到 *B* 的内部文件，即转换 2 次；否则从 *A* 的内部文件转换到 *A* 的交换文件再到 *B* 的外部文件、*B* 的内部文件，即转换 3 次。

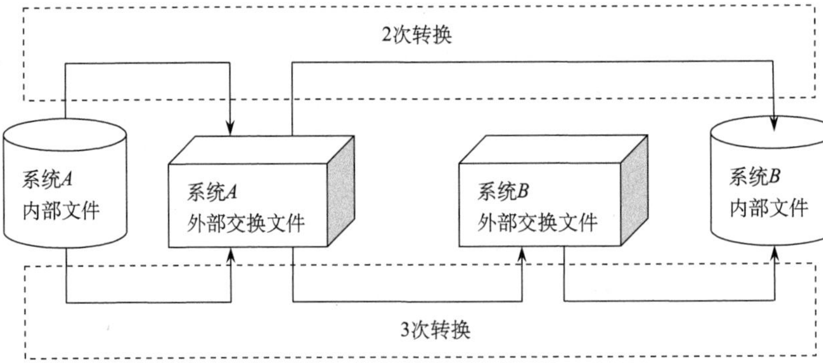

图 3.16　通过外部交换文件的数据转换方式

2）基于标准格式的数据格式转换

如果系统 *A*、*B* 的外部交换格式共同遵循同一空间数据交换标准，则格式转换只需要两步：*A* 的内部文件经过空间数据交换标准格式转换为 *B* 的内部文件。这种方式减少了转换的次数，从而减小了空间数据格式交换造成的信息损失。我国国家标准化管理委员会发布了《地理空间数据交换格式》(GB/T 17798—2007)、《导航地理数据模型与交换格式》(GB/T 19711—2005)。有了空间数据交换的标准格式后，每个系统都提供读写这一标准格式的接口，避免了大量的编程工作，而且数据转换只需两次（图 3.17）。

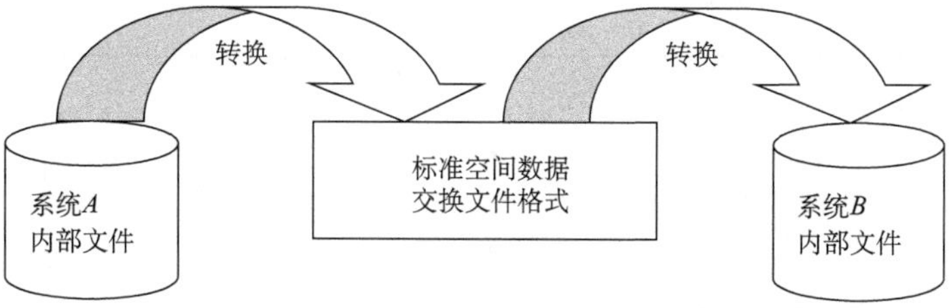

图 3.17　通过标准格式完成不同系统的数据转换

3）基于 XML 的数据格式转换

开放地理空间信息联盟（Open Geospatial Consortium, OGC）制定了基于 XML 的地理标记语言 GML(geography markup language)，能用于地理空间数据的网络共享和交换(图 3.18)。这样，一个系统只需要将内部格式转换到 GML，其他系统再将 GML 转换为自己的内部格式即可。此外，由于 XML 具有自定义功能，因而一个系统能自定义私有格式，并能通过对应的模式定义让另一系统理解该格式及获取基于该格式的数据。

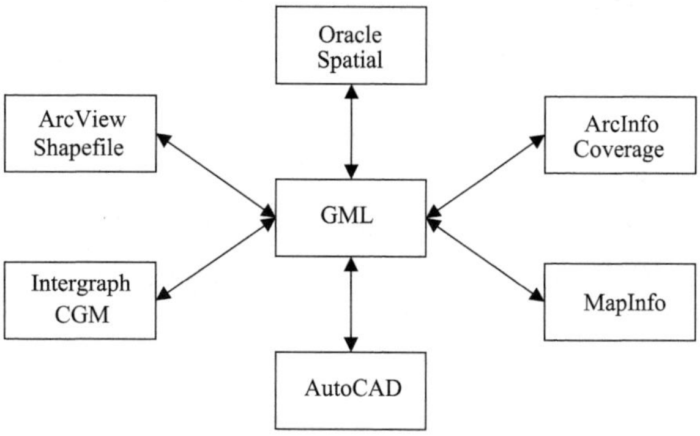

图 3.18　基于 GML 的空间数据格式交换

上述三种转换模式存在一定的联系：标准格式属于交换格式，是交换格式的标准化定义；GML 是一种标准格式，又较标准格式灵活，主要是能自定义格式和语义。

2. 空间数据的重分类

存储在空间数据库中的数据，是为多种目标服务的（黄杏元和马劲松，2008）。当需要进行特定的数据分析时，常常需要对空间数据做属性的重新分类和空间图形的化简，以构成数据新的使用形式（图 3.19）。

经过属性的重新分类，具有相同某一属性的相邻多边形的共同边界需要删除。

3. 栅格数据重采样

当将不同栅格分辨率（或不同尺寸栅格单元）的栅格数据统一到栅格分辨率一致的栅格结构数据时，因其栅格单元尺寸和栅格中心的改变，需要对栅格数据进行重采样操作。引起

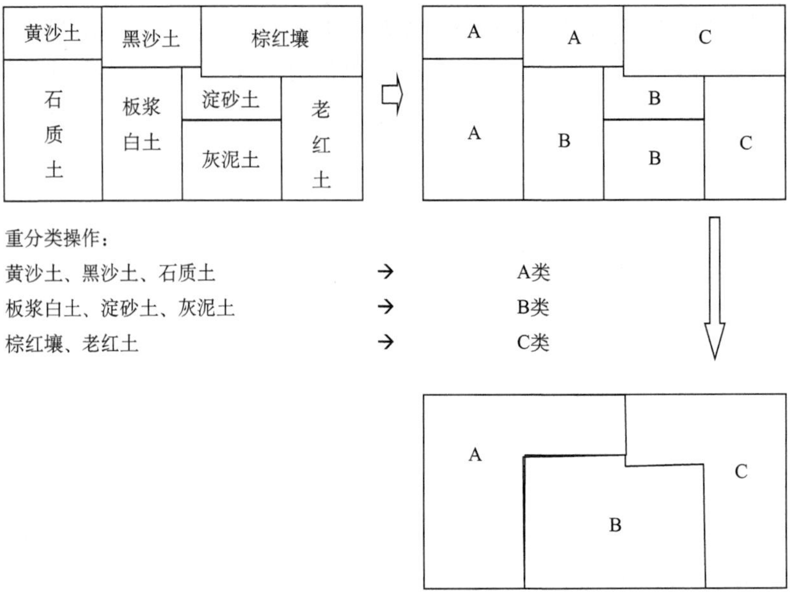

图 3.19　空间数据重分类的过程

栅格数据分辨率差异的原因包括图像的几何纠正或坐标变换。重采样是栅格数据空间分析中处理栅格分辨率匹配问题常用的数据处理方法，它将栅格调整为新的分辨率（图 3.20）；本质上，栅格重采样是将输入图像的像元值或推导值赋予输出图像中的像元的过程。

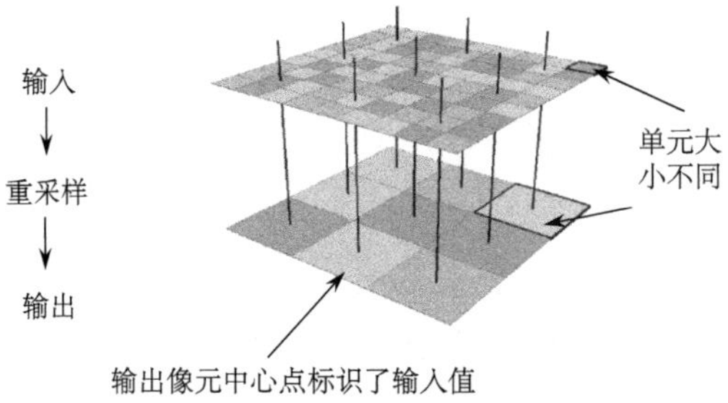

图 3.20　栅格数据重采样

栅格重采样主要包括三种方法：最邻近法、双线性插值法和三次卷积插值法。最邻近法是把原始图像中距离最近的像元值填充到新图像中；双线性插值法和三次卷积插值法都是把原始图像附近的像元值通过距离加权平均填充到新图像中。通常情况下，最邻近法同时适用于离散和连续值类型，而其他重采样方法只适用于连续数据。

1）最邻近法

将输出栅格数据集中单元中心的位置定位到输入栅格后，最邻近法将确定输入栅格上最近的单元中心位置并将该单元的值分配给输出栅格上的单元。最邻近法不会更改输入栅格数据集中单元的任何值。输入栅格中的值 2 在输出栅格中仍将为 2，绝不会为 2.2 或 2.3。因为输出单元值保持不变，所以最邻近法应该用于定名数据或顺序数据，其中每个值都表示一个类、一个成员或一个分类（分类数据，如土地利用、土壤或森林类型）。该方法的优点是方法简单，处理速度快，且不会改变原始栅格值，但该方法会产生最大至半个像元大小的位移。

考虑到根据输入栅格创建的输出栅格会在操作中平移和旋转 45°，因此需要进行重采样。对于每个输出单元，都要从输入栅格中获取值。在图 3.21 中，输入栅格的单元为线框图，输出单元为填充图。在最邻近法中，确定与输出单元中心最邻近的输入栅格单元中心，并将其指定为输出单元的值。对输出栅格中的每个单元都重复此过程。

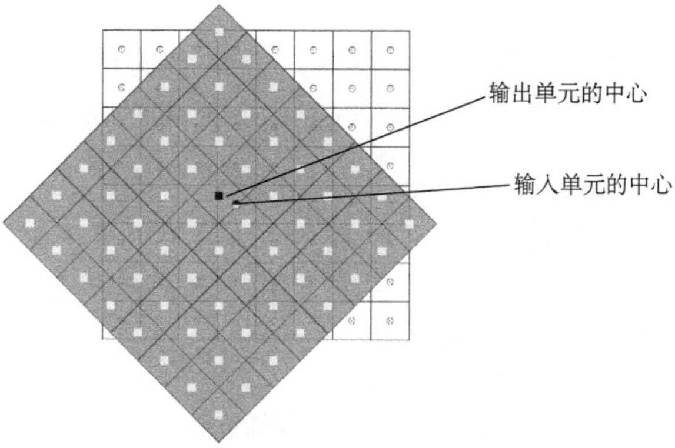

图 3.21　最邻近法示意图

2）双线性插值法

双线性插值法使用 4 个最邻近输入单元中心的值来确定输出栅格上的值。输出单元的新值是这 4 个值的加权平均值，将根据它们与输出单元中心的距离进行调整。与最邻近法相比，此插值法可生成更平滑的表面，但会改变原来的栅格值，丢失一些微小的特征。这种方法适用于表示某种现象分布、地形表面的连续数据，如 DEM、气温、降水量分布、坡度等。图 3.22 与最邻近法的图例一样，输入栅格的单元为线框图，输出单元为填充图。对于双线性插值法，先确定与输出单元中心最邻近的 4 个输入单元中心，然后计算其加权平均值，再将所得的值指定为输出单元的值。

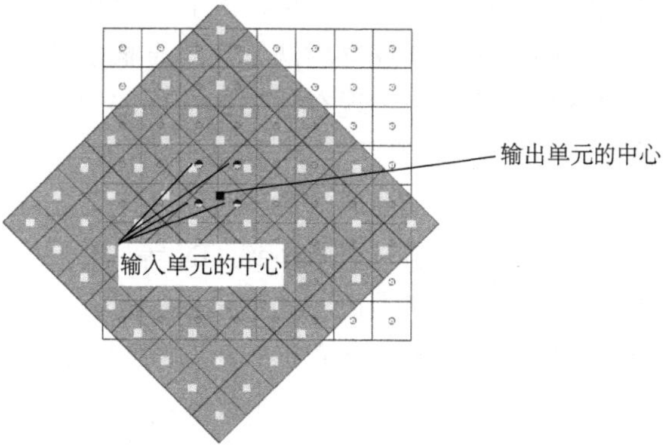

图 3.22　双线性插值法示意图

3）三次卷积插值法

三次卷积插值法与双线性插值法类似，通过 16 个最邻近输入单元中心及其值来计算加权平均值。该方法会加强栅格的细节表现，但是算法复杂，计算量大，同样会改变原来的栅格值，且有可能会超出输入栅格的值域范围。三次卷积法插值适用于航片和遥感影像的重采样，其基本思路：先确定与输出单元中心最邻近的 16 个输入单元中心，然后计算其加权平均值，再将所得的值指定为输出单元的值（图 3.23）。

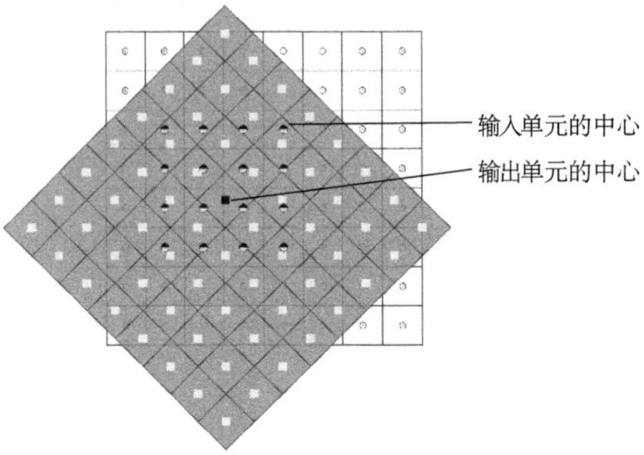

图 3.23　三次卷积插值法

值得一提的是，栅格数据重采样也与 3.3.2 节、3.3.4 节密切相关。一方面，栅格数据的分辨率差异可能因 3.3.2 节的几何纠正、坐标变换等数学基础变换引起；另一方面，栅格数据的重采样在原理上属于 3.3.4 节空间插值的范畴。

3.3.4　空间插值

空间插值是指根据一组已知的离散数据，按照某种数学关系推求其他未知点或未知区域的数据的方法（张子昕和周强波，2015）。内插的理论基础是地理要素的空间分布往往具有连续性或者存在空间自相关，是基于“地理学第一定律”的基本假设，即假设空间位置上越靠近的点越可能具有相似的特征值。常见的插值方法有很多，分类并没有统一的标准。从插值点的分布范围来看，插值方法分为整体插值法、分块插值法和逐点插值法。其中，整体插值法、分块插值法（线性插值法、双线性多项式插值法）和逐点插值法（移动拟合法）基于空间分布的连续性假设，而逐点插值法（加权平均法、克里金插值法）基于空间自相关性。

空间插值通常应用于如下几种情况：①现有的离散曲面的分辨率、像元大小或方向与所要求的不符，需要重新插值（或栅格数据重采样），如将一个扫描影像从一种分辨率或方向转换到另一种分辨率或方向。②现有的连续曲面的数据模型与所需的数据模型不符，需要重新插值，如将一个连续的曲面从 TIN 到栅格、从栅格到 TIN 等。③现有的数据不能完全覆盖所要求的区域范围，需要通过插值来估计缺损值，如将离散的采样点数据内插为连续的数据表面。④把非规则分布的空间数据插值为规则分布形式，如将野外测量所获得的在空间分布上通常为散乱、无规则的数据转换为均匀网格的 DEM 数据。

1. 整体插值法

整体插值法就是先用已知采样点数据在整个区域拟合出一个平滑的数学方程 $Z=f(x,y)$ 来表达地形曲面（图 3.24），再根据该方程计算无测量值的点上的数据。当数据为二维的二元二次时，可以令曲面函数为 $Z = a_0+a_1X+a_2Y+a_3Y^2+a_4XY+a_5Y^2$，其中 a_0、a_1、a_2、a_3、a_4、a_5 为待定系数，X、Y 为二维空间的二元变量。整体插值函数通常是高次多项式，要求地形采样点的个数大于或等于多项式的系数数目。当地形采样点的个数与多项式的系数相等时，能得到一个唯一的解；多项式曲面通过所有的地形采样点，属纯二维插值。当采样点个数多于多项式系数时，没有唯一解；这时一般采用最小二乘法求解，即要求多项式曲面与地形采样点之间差值（误差）的平方和为最小，属曲面拟合插值或趋势面插值。

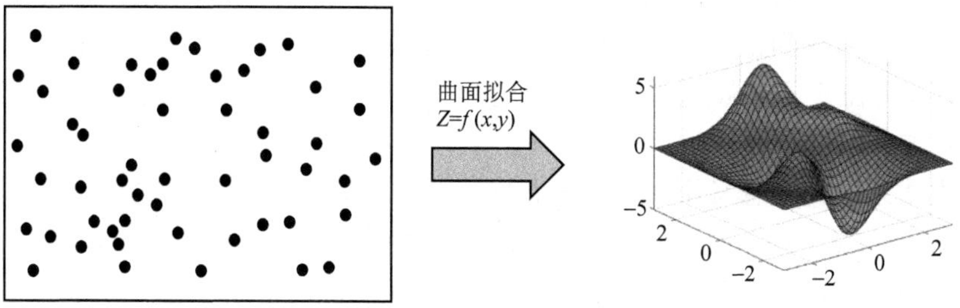

图 3.24　整体插值法

最小二乘法（又称最小平方法）是一种数学优化技术。它通过最小化误差的平方和寻找数据的最佳函数匹配。利用最小二乘法可以简便地求得未知的数据，并使得这些求得的数据与实际数据之间误差的平方和为最小。最小二乘法还可用于曲线拟合。其他一些优化问题也可通过最小化能量或最大化熵用最小二乘法来表达。

通常情况下，一阶线性平面可模拟具有单一坡度的斜坡地形表面，二次曲面方程可表达山头、洼地区域，而三次曲面则能描述较为复杂的地形曲面。图 3.25（a）和 3.25（b）分别为江苏某地区 GDP 二次拟合及三次拟合的全局多项式曲面图。显然，次数越低，拟合的表面越粗糙，实际表面拟合的效果越差，大致代表了此区域的宏观趋势；次数越高，拟合面越光滑，拟合的结果更接近实际的表面。但次数并不是越高越好，次数过高使得计算量大大增加而精度提高不大，一般选用到三次即可。整体插值由于在整个区域上函数具有唯一性，能得到全局光滑连续的空间曲面，能充分反映宏观地形特征，因此常常用来揭示整个区域内的地形宏观起伏态势，并可用于去掉不符合总体趋势的宏观地物特征。

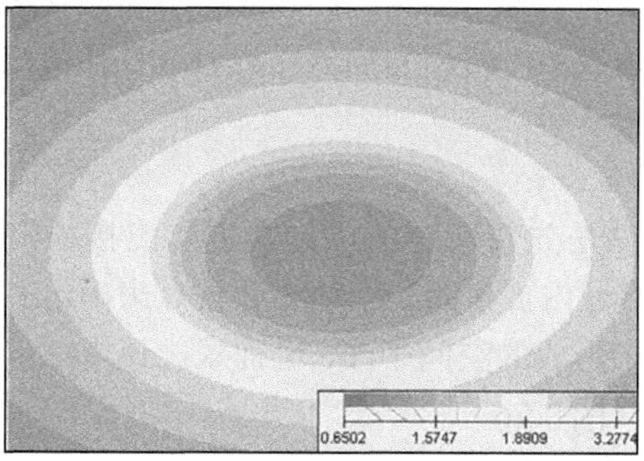

(a) 二次趋势拟合

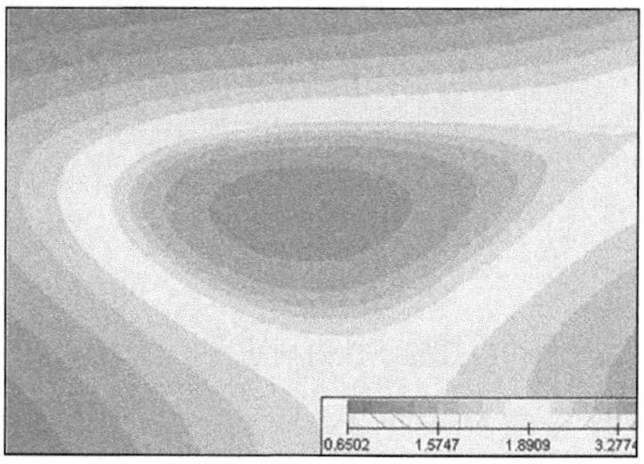

(b) 三次趋势拟合

图 3.25　江苏某地区 GDP 全局多项式趋势拟合

由于以下原因，在空间插值中整体插值法并不常用：

（1）整体插值函数保凸性较差。高次多项式虽然能在任意精度上逼近地形曲面，并且能使数学曲面与实际地形曲面有更多的重合点，但由于多项式是自变量幂函数的和的形式，采样点的增减或移动都需要对多项式的系数做全面调整，从而使采样点之间会出现难以控制的振荡现象，函数极不稳定，从而导致保凸性较差。

（2）不容易得到稳定的数值解。高次多项式的系数求解一般要解算较高阶的线性方程组，计算的舍入误差和数据采样误差（平面位置误差）都有可能引起多项式系数发生较大变化，使高次多项式不容易得到稳定的数值解。而且这种微小的数据扰动影响，在二元高次多项式中更为严重，因为在一元函数插值时，自变量误差仅在一个方向上（x 轴），而在二维平面上，采样点的偏移方向却是无限的。

（3）多项式系数物理意义不明显。在低阶多项式中，各个系数的物理意义非常明确，例如，线性多项式 $f(x, y) = ax + by + c$ 中，a、b 分别为两个坐标轴方向的斜率；而在高次多项式中，各个系数的物理意义一般不明确，容易导致无意义的地形起伏现象。

（4）不能提供插值区域的局部地形特征。整体插值方法通常不直接用于空间插值，而是用来检测不同于总趋势的最大偏离部分。由于整体插值方法将小尺度的、局部的变化看作随机的和非结构的噪声，从而丢失了这一部分信息。局部插值法（包括分块插值和逐点插值）恰好能弥补整体插值法的缺陷，可用于局部异常值，而且不受插值表面上其他点的内插值影响。

2. 分块插值法

现实地理环境由于常常包含各种复杂的地理形态，因而难以通过整体插值的单一数学曲面进行模拟。这就需要引入分块插值，即，采取分而治之的策略，将复杂的地形地貌按一定方式分解成一系列具有单一结构的局部单元，然后对每一局部单元根据地形曲面特征单独进行曲面拟合和高程插值。区域分块简化了地形的曲面形态，使得每一块都可用不同的曲面进行表达，但随之而来的是如何进行分块和如何保证各个分块之间的曲面的连续性。一般情况下，可按地形结构线或规则区域进行分块，而分块大小取决于地形的复杂程度、地形采样点的密度和分布；为保证相邻分块之间的平滑连接，相邻分块之间要有一定宽度的重叠。不同的分块单元可用不同的插值函数，常用的插值函数有线性插值法、双线性多项式插值法等。

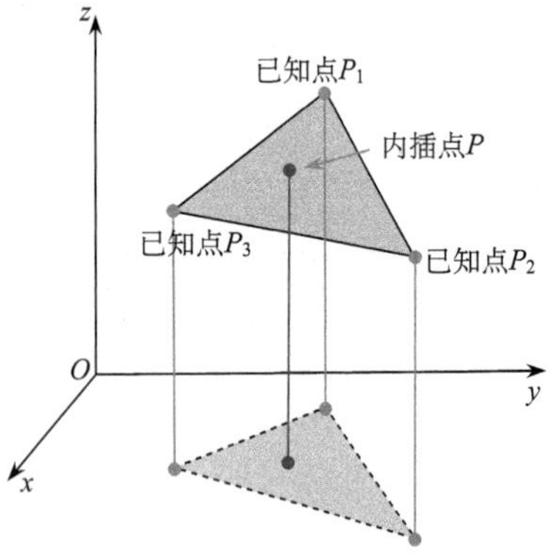

图 3.26　分块内插的线性内插法

1）线性插值法

线性插值法是先将所有的已知数据点连接成三角网的形式，使用靠近内插点的三个已知数据点来确定三角网中的一个三角形形成的空间平面，继而求出该内插点在平面中的高程值（图 3.26）。

设所求的线性内插函数形式为（黄杏元和马劲松，2008）：

$$z = a_0 + a_1 x + a_2 y \tag{3.7}$$

待定系数 a_0，a_1 和 a_2 可以根据三个已知数据点 $P_1(x_1, y_1, z_1)$，$P_2(x_2, y_2, z_2)$ 和 $P_3(x_3, y_3, z_3)$ 计算求得。即把三个已知点的坐标数据代入平面方程，从而求出待定系数。进而代入内插点平面坐标 (x_p, y_p) 之后，即可求出内插高程 z_p。

$$\begin{bmatrix} z_1 \\ z_2 \\ z_3 \end{bmatrix} = \begin{bmatrix} 1 & x_1 & y_1 \\ 1 & x_2 & y_2 \\ 1 & x_3 & y_3 \end{bmatrix} \begin{bmatrix} a_0 \\ a_1 \\ a_2 \end{bmatrix}，则 \begin{bmatrix} a_0 \\ a_1 \\ a_2 \end{bmatrix} = \begin{bmatrix} 1 & x_1 & y_1 \\ 1 & x_2 & y_2 \\ 1 & x_3 & y_3 \end{bmatrix}^{-1} \begin{bmatrix} z_1 \\ z_2 \\ z_3 \end{bmatrix} \tag{3.8}$$

2）双线性多项式插值法

在已知数据点呈规则分布时，双线性多项式插值法使用最靠近内插点的四个已知数据点组成一个四边形，确定一个双线性多项式内插其中点的高程（图 3.27）。

设确定的函数形式为

$$z = a_0 + a_1 x + a_2 y + a_3 xy \tag{3.9}$$

待定系数 a_0，a_1，a_2 和 a_3 可以根据四个已知数据点 $P_1(x_1, y_1, z_1)$，$P_2(x_2, y_2, z_2)$，$P_3(x_3, y_3, z_3)$ 和 $P_4(x_4, y_4, z_4)$ 计算求得：

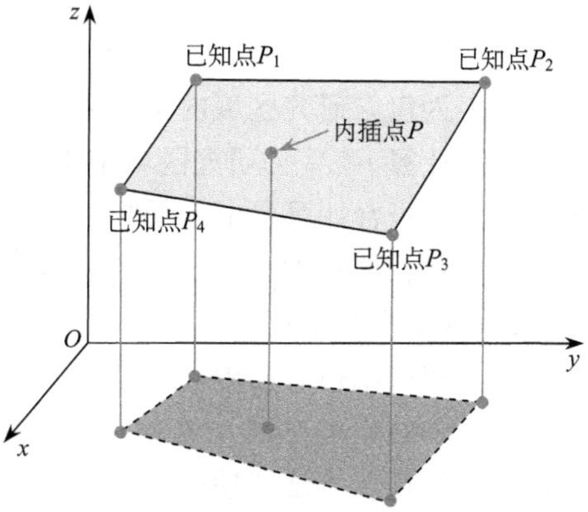

图 3.27　分块内插的双线性多项式插值法

$$\begin{bmatrix} a_0 \\ a_1 \\ a_2 \\ a_3 \end{bmatrix} = \begin{bmatrix} 1 & x_1 & y_1 & x_1 y_1 \\ 1 & x_2 & y_2 & x_2 y_2 \\ 1 & x_3 & y_3 & x_3 y_3 \\ 1 & x_4 & y_4 & x_4 y_4 \end{bmatrix}^{-1} \begin{bmatrix} z_1 \\ z_2 \\ z_3 \\ z_4 \end{bmatrix} \tag{3.10}$$

3. 逐点插值法

逐点插值是以内插点为中心，确定一个邻域范围，用落在邻域范围内的采样点计算内插点的高程值。逐点插值在本质上是局部插值，但与局部分块插值有所不同：局部插值中的分块范围一经确定，在整个插值过程中其大小、形状和位置是不变的，凡是落在该块中的内插点，都用该块中的内插函数进行计算；逐点插值法的邻域范围大小、形状、位置乃至采样点个数随内插点的位置而变动，一套数据只用来进行一个内插点的计算，因此又称为移动曲面法。逐点内插法主要有两种基本的插值方法：移动拟合法和加权平均法。此外，克里金法也是一种加权插值方法，只是在计算权重的方法上与加权平均法不同。

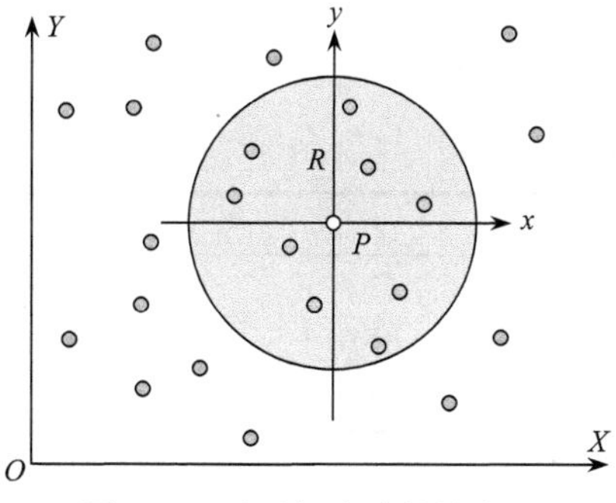

图 3.28　移动拟合法的搜索圆

1）移动拟合法

移动拟合法是指对每一个待插值点 P 用一个多项式曲面拟合该点附近的表面，从而计算出该点的高程值。即取 P 为圆心，R 为半径的圆（称为搜索圆）内各数据点来计算多项式的待定系数（图 3.28）。

设：取二次多项式来拟合曲面，则待插值点的高程可以写为

$$z = Ax^2 + Bxy + Cy^2 + Dx + Ey + F \tag{3.11}$$

式中，A、B、C、D、E、F 为待定系数，它们可由落在搜索圆中的 n 个数据点用最小二乘法进行求解。所以，运用移动拟合法的关键就在于如何确定待插值点的最小邻域范围（搜索圆

的半径 R），以保证邻近数据点的数量足够计算 6 个待定系数。为此，可以采用动态搜索圆的方法，其思路是从数据点的平均密度出发，确定圆内数据点 n（一般取 7），以计算搜索圆的半径 R，即

$$\pi R^2 = n\left(\frac{A}{N}\right)，则 R = \sqrt{\frac{nA}{\pi N}} \tag{3.12}$$

式中，A 为包含研究区域内所有采样点数据的区域面积（近似值，可按最大最小坐标定义的矩形范围计算）；N 为研究区域中采样点数据总个数。若落在以 R 为半径的搜索圆内的点数大于 n，则符合计算要求；否则，动态扩大搜索圆的半径 R，继续搜索，直到落在圆内的数据点个数符合要求为止。

2）加权平均法

在上述移动拟合法中，往往需要求解复杂的误差方程组来求取曲面函数的待定系数（最小二乘法中的误差方程）。在实际应用中，更为常用的是加权平均法，它可以看作移动拟合法的特例。加权平均法在使用搜索圆寻找附近数据点的方法上和移动拟合法相同，但加权平均法在计算待插值点的高程时，使用加权平均值代替误差方程求解出的曲面函数：

$$z = \sum_{i=1}^{n} p_i z_i \Big/ \sum_{i=1}^{n} p_i \tag{3.13}$$

式中，n 为落在搜索圆中的数据点的数目；z_i 为落在搜索圆中的第 i 个数据点的高程值；p_i 为第 i 个数据点的权重。权重的计算一般采用与距离相关的权函数：

$$p_i = \frac{1}{d_i^2} 或 p_i = \left(\frac{R-d_i}{d_i}\right)^2 \tag{3.14}$$

式中，R 为搜索圆半径；d_i 为数据点 i 与待插值点间的距离。所以，这种加权平均法又被称为反比距离加权（inverse distance weighting, IDW）。例如，给定围绕未知数值的 0 号点的 5 个已知数据（表 3.7），利用 IDW 求 0 号点的未知值。

首先，计算 0 号点分别到周围 1、2、3、4 和 5 号点的距离 $\{d_1 = 18.000, d_2 = 20.880, d_3 = 32.310, d_4 = 36.056, d_5 = 47.202\}$。

表 3.7　空间数据列表

站点	x	y	z 值	站点	x	y	z 值
1	69	76	20.820	4	86	73	14.600
2	59	64	10.910	5	88	53	10.560
3	75	52	10.380	0	69	67	?

然后，根据公式 $z = \sum_{i=1}^{n} \frac{z_i}{d_i^2} \Big/ \sum_{i=1}^{n} \frac{1}{d_i^2}$ 计算如下：

分子 = （20.820）（1/18.000）^{2} +（10.910）（1/20.880）^{2} +（10.380）（1/32.310）^{2} +（14.600）（1/36.056）^{2} +（10.560）（1/47.202）^{2} = 0.1152

分母 = （1/18.000）^{2} +（1/20.880）^{2} +（1/32.310）^{2} +（1/36.056）^{2} +（1/47.202）^{2} = 0.0076

$z = 0.1152/0.0076 = 15.158$

3）克里金法

前面介绍的空间插值方法对影响插值效果的一些问题没有得到很好地解决。例如，IDW 中有很多人为的因素影响最终的插值效果，即需要人为地设定搜索圆中数据点的数目、搜索圆的大小、计算权重的方法等。此外，插值的精度或误差难以确定。

克里金(Kriging)法是以南非矿业工程师 Krige 的名字命名的一种插值方法，最早于 1951 年由 Krige 提出，1962 年在法国地理数学家 Gerges Matheron 引入区域化变量概念后得到进一步推广和完善。区域化变量就是介于完全随机的变量和完全确定的变量之间的一种变量，它随所在区域位置的改变而连续地变化，因此彼此离得近的点之间有某种程度上的空间相关性；而相隔比较远的点之间在统计学上看是相互独立无关的。克里金法假定采样点之间的距离或方向表现出一定的空间相关性，它不仅考虑了插值点与采样点之间的空间位置关系，同时也考虑了各采样点之间的空间位置关系，从而建立包括采样点与插值点在内的宏观数据模型，使得全体数据具有无偏性和估计方差最小性。克里金插值与 IDW 插值的区别在于权重的选择，IDW 仅仅将距离的倒数作为权重，而克里金法考虑到了空间相关性的问题。

对于相同的数据集，不同的插值方法将生成不同的插值结果。对空间数据插值而言，各种方法均有其优点和不足，没有绝对最佳的方法。只能在特定的条件环境下，选择更为合理的、适用于数据空间分布特点的插值算法，找到一个相对的最佳算法。这也是空间插值的关键。在运用空间插值方法时，要得到理想的空间插值效果，必须针对不同研究区的实际情况，对实测数据样本点进行充分分析，反复实验比较，以选择最佳的方法。最重要的是在运用一般插值方法的基础上，依据自身需要，对插值方法进行改进，进而提出最优的空间数据插值方法。

3.3.5　图形拼接

在地理信息系统分析中，为了将相邻多幅数据拼接成更大范围的空间数据，需要进行图形拼接（图 3.29）。拼接前的相邻两图幅，在图幅边缘部分往往存在如下问题：同一实体分布

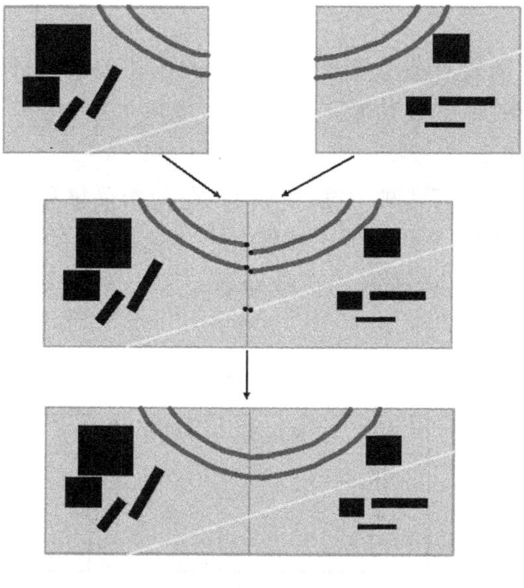

图 3.29　图幅拼接

在两图幅中的线段或弧段的坐标数据不能相互衔接，坐标系统、编码方式等不统一；同一实体分布在两图幅中的属性编码不统一。要将相邻两图幅之间的数据无缝拼接在一起，就需要进行图幅数据边缘匹配处理，以解决上述问题。图形拼接的具体步骤如下：

（1）逻辑一致性处理。由于人工操作的失误，相邻图幅的空间数据在接合处可能出现逻辑裂隙，如一个多边形在一图幅中的属性为 A，而在相邻图幅中的属性为 B。此时，必须使用交互编辑的方法，使两相邻图斑的属性相同，取得逻辑一致性。

（2）相邻图幅的识别和提取。图幅数据的边缘匹配处理主要是针对跨越相邻图幅的线段或弧而言的。为了减少数据容量，提高处理速度，一般只提取图幅边界一定距离范围内的数据作为匹配和处理的目标。在处理前，图幅内空间实体的坐标数据要求进行过投影转换。

（3）相邻图幅边界点坐标数据的匹配。相邻图幅边界点坐标数据的匹配采用追踪拼接法，即从活动图幅（拼接基准图幅）向待拼接图幅追踪，查找弧段在相邻图幅中的对应弧段。匹配衔接时是以一条弧或线段作为处理的单元。当边界点位于两个结点之间时，必须分别取出相关的两个结点，然后按照结点之间线段方向一致性的原则进行数据的记录和存储。

（4）相同属性多边形公共边界的删除。当图幅内图形数据完成拼接后，相邻图斑会有相同属性。此时，应将相同属性的两个或多个相邻图斑组合成一个图斑，即消除公共边界，并对共同属性进行合并。

由上可知，图形拼接涉及 3.3.1 节的数据编辑和 3.3.2 节的数学基础变换以及 3.3.4 节的空间插值。

3.3.6　拓扑生成

在地理信息系统中，拓扑常用来表示空间对象的包含、连接或邻接关系，因为它们不随图形的变换（连续函数）而改变；一般将描述拓扑关系的数据简称为拓扑数据。例如，将空间对象投影到具有橡皮特征的表面上，考察两个对象的相邻、相交，或者包含关系：无论图形如何连续变换（即无论橡皮如何伸缩），只要橡皮表面不粘连，则两个对象的上述关系都不会发生变化。

1. 拓扑关系建立

在图形修改完毕后，需要对图形要素建立正确的拓扑关系。目前，大多数地理信息系统软件都提供了完善的拓扑关系生成功能。

1）点线拓扑关系的建立

点线拓扑关系的建立方法有两种方案。一种是在图形采集和编辑中实时建立，此时有两个文件表：一个记录弧段两端点的结点，如图 3.30 中弧段 A_1 的起止结点为 N_1、N_2；一个记录结点所关联的弧段，如图中 N_1 关联的弧段为 A_1。第二种方案是在图形采集与编辑之后，系统自动建立拓扑关系。

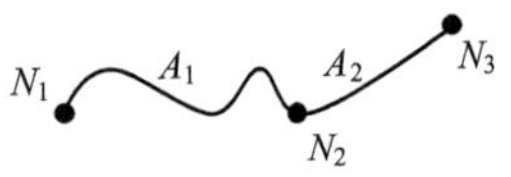

弧段-结点表

ID	起结点	终结点
A_1	N_1	N_2
A_2	N_2	N_3

结点-弧段表

ID	关联弧段
N_1	A_1
N_2	A_1，A_2
N_3	A_2

图 3.30　结点与弧段拓扑关系的实时建立

2）多边形拓扑关系的建立

拓扑多边形有三种情况（图 3.31）：①独立多边形，它与其他多边形没有共同边界，如独立房屋，这种多边形可以在数字化过程中直接生成，因为它仅涉及一条封闭的弧段。②公共边多边形，具有公共边界的简单多边形，在数据采集时仅输入了边界弧段数据，然后通过算法自动将多边形的边界聚合起来以建立多边形文件。③嵌套的多边形，除了要按第二种方法自动建立多边形外，还要考虑多边形内的多边形（也称作内岛）。

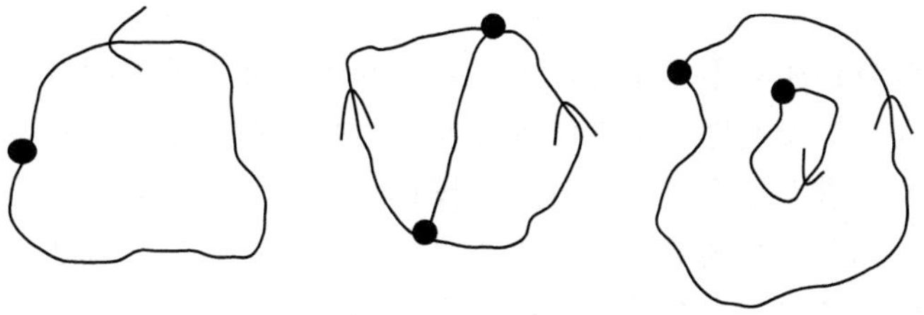

(a) 独立多边形　　(b) 公共边多边形　　(c) 嵌套的多边形

图 3.31　拓扑多边形的三种类型

3）网络拓扑关系的建立

在输入道路、水系、管网、通信线路等信息时，为了进行流量、连通性、最佳线路分析，需要确定实体间的连接关系。网络拓扑关系的建立主要是确定结点与弧段之间的拓扑关系，这一工作可以由地理信息系统软件自动完成，其方法与建立多边形拓扑关系时相似，只是不需要建立多边形。但在一些特殊情况下，两条相互交叉的弧段在交点处不一定需要结点，如地下公路隧道与地面公路，在平面上相交但实际上不连通，这时需要手工修改以将在交叉处连通的结点删除（图 3.32）。

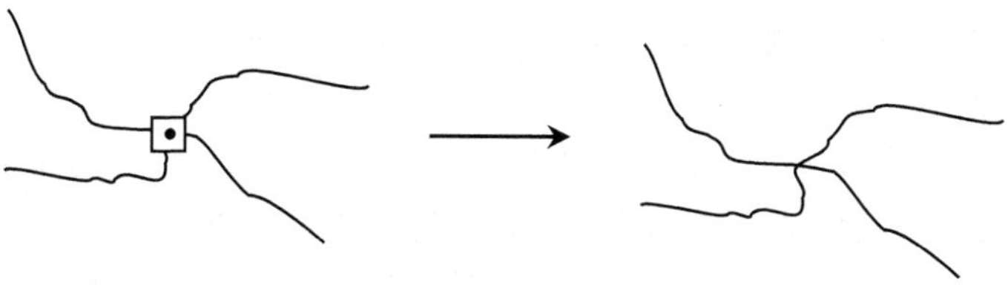

图 3.32　删除不需要的结点

2. 拓扑关系的意义

拓扑关系对地理信息系统的数据处理和空间分析具有重要意义。

（1）根据拓扑关系，不需要利用坐标或距离计算，可以确定一种地理空间对象相对于另一种地理空间对象的空间位置关系，如两个行政区域是否相邻。因为拓扑数据已经清楚地反映出地理空间对象之间的逻辑结构关系。

（2）利用拓扑数据有利于空间要素的查询。如某条河流经过的城市、某中学所属行政区域等。

（3）可以利用拓扑数据作为工具，重建地理对象实体。例如，将具有相同属性值的相邻多边形合并。

（4）可以利用拓扑信息进行几何数据一致性错误检测。一致性错误检测包括：检测图斑多边形边界之间是否存在重叠或空隙；判断等高线是否自相交。

（5）利用拓扑关系实现高级空间分析。例如，网络分析依赖于到和从结点的概念，并且使用该信息以及属性信息计算距离、最短路线、最快路线等。拓扑也利于复杂的邻域分析，如确定邻近性、聚类、连接性、连续性、最近邻域等。

3.4　空间数据质量评价与控制

由于空间现象自身存在的不稳定性、人类认识和表达能力的局限性以及空间数据在处理和使用中的变异，人们对现实地理世界的抽象和表达总是存在误差。数据误差的大小直接影响着数据质量的好坏，进而关系到空间分析和操作准确度，关系到各种空间决策支持的正确性和可靠性。因此，如何对空间数据质量进行全面、准确、科学的描述、度量和评价是摆在所有数据生产者和使用者面前一个亟待解决的重要问题（朱庆等，2004）。

3.4.1　空间数据质量评价

1. 空间数据质量的相关概念

1）*误差与准确度*

测量值与真实值接近的程度称为准确度（accuracy），两者之差称为误差（error）。准确度不等于误差，它只是一个定性概念而无定量表达，诸如高与低、大与小、合格与不合格等类表述。误差与错误不同，错误是应该而且可以避免的，而误差是不可能绝对避免的。准确度的高低常用误差表示，误差越小，测量值的准确度越高。例如，对于真值为 1001.3m 的地面某点高程，第一次测量的值为 1002.4m，则误差为 0.9m；第二次的量测值为 1002.1m，则此次量测值的准确度更高。

2）*偏差与精密度*

多次重复测定同一量时各测定值之间的离散程度称为精密度（precision）；一个测定值与全部测定值的平均值之差称为偏差（bias），通常用以衡量测量结果的精密度。误差是以真实值为标准，偏差是以多次测量结果的平均值为标准。一般说来，精密度是保证准确度的先决条件，但不能绝对认为精密度高，准确度也高，因为系统误差的存在并不影响测定的精密度。相反，如果没有较好的精密度，就较难获得较高的准确度。因此，准确度和精密度这两个不同的概念存在一定的关系，故常把二者结合在一起称为精确度，简称精度，它包含精密度和准确度两个方面。据此，精度可划分为四种基本类型：精确-不准确、不精确-不准确、准确-不精确、精确-准确（图 3.33）。这里，圆心表示真值，离圆心距离越近表示准确度越高，测量值越集中表示精密度越高。

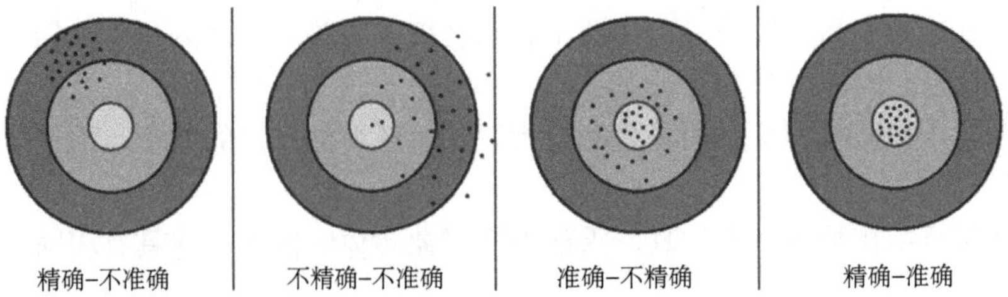

图 3.33　精度的四种基本类型示意图

又如在图 3. 34 中，①不精确-不准确型：A 组只有一个距离圆心较近，准确度较低，整体值比较分散数据偏差大、精密度较差；②不精确-不准确型：B 组偏差较大，精密度较低，数据整体准确度较低；③精确-不准确型：C 组值偏差较小，具有较高的精密度，整体准确度较低；④精确-准确型：D 组值偏差小，具有很高的精密度，数据整体准确性较高。虽然 A 组和 B 组属于同一类型，但存在一定的差异，这种差异可通过误差、偏差进行量化。

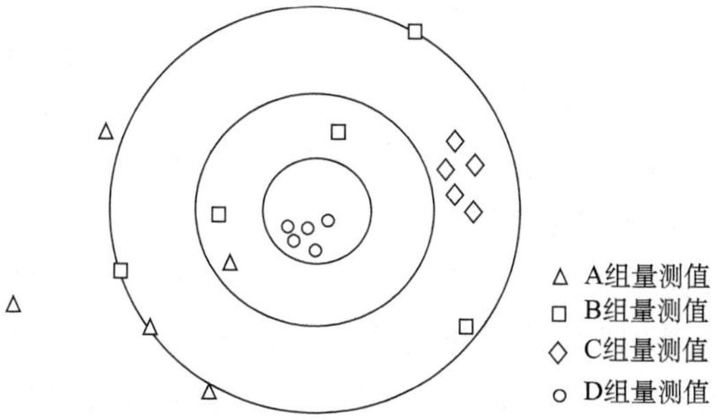

图 3.34　数据质量相关概念示意图

3）不确定性

不确定性（uncertainty）是指事先不能准确知道某个事件或某种决策的结果。或者说，只要事件或决策的可能结果不止一种，就会产生不确定性。因此，不确定性是指对真值的认知或肯定的程度，是更广泛意义上的误差，包含不完整性、不精确性、随机性和模糊性。空间数据和空间分析模型往往是在对自然现象认识的基础上建立的，而真值一般无从量测，因此地理信息系统数据和分析结果具有不确定性，包括位置不确定性（如气候带边界的模糊性）、属性不确定性（非数值型属性值表达的不精确性）、时域不确定性（如全球气候变暖是从哪个年份开始的）以及逻辑不一致性和空间数据不完整性等，其中位置不确定性与属性不确定性对数据质量的影响最大。

2. 空间数据的质量

1）狭义定义

由于现实世界的复杂性和模糊性，以及人类认识和表达能力的局限性，空间数据在抽象表达地理世界时总是不可能完全达到真值，而只能在一定程度上接近真值。从这种意义上讲，数据质量发生问题是不可避免的；另外，对空间数据的处理（如化简）也会导致一定的质量问题。空间数据质量是空间数据在表达空间实体时所能够达到的准确性、一致性、完整性，以及它们三者之间统一性的程度。

2）广义定义

空间数据质量是指数据适用于特定应用的能力。在很长一段时间内，数据质量的概念主要是指在数据生产过程中形成的质量指标，如精度、一致性、完整性等，也称本征质量。随着数据资源的积累与广泛应用，数据质量的概念有所扩展。用户使用数据时的满意程度成为衡量数据质量的重要指标。从这种意义上，数据质量可以说是满足使用要求的相对状态，也称为广义数据质量，强调用户评价或数据共享的视角。因此，除本征质量外，可得性（即获取的难易程度）、满足用户要求的程度、表达得是否清晰易懂以及动态质量等也成为衡量数据质量的重要方面。

与应用相关，是空间数据质量的广义区别于狭义的重要方面。例如，适合于小比例尺制图的空间数据，不一定适合于大比例尺制图或应用，如导航；对于小比例尺制图，过高精度的空间数据会增加数据购买、计算和分析的成本，从而会降低制图的效率及用户对数据的满意度。这样，空间数据质量侧重于两个方面：数据的可信度，是在数据生产过程中形成的质量，为本征质量；数据的可用度，是从用户或数据共享的角度出发所形成的质量。可用度包括三个子类：①与应用有关的质量，即与具体任务的环境有关的数据质量，包括增值、关联、适时、完整、合适的数据量；②表达方面的质量，即计算机系统存储与表达信息的质量，包括可解释性、易懂性、一致性、简明性；③可访问方面的质量，即强调计算机系统必须可访问且安全，包括可访问性及访问的安全性（符海芳等，2002）。

3. 空间数据误差的来源及其传播

空间数据质量在很大程度上可以看作数据误差的问题。空间数据是通过对现实世界中空间实体所进行的解译和量测及其结果数据的输入、处理和表示来完成的。其中每一个环节均可能产生误差，并传给下一个环节。围绕空间数据库，空间数据误差的来源可分为三个阶段：入库前的数据误差、入库过程中引入的误差和空间数据库的应用所引入的误差。表 3.8 是地图及其在数字化采集、处理和数据应用等方面的误差类型。

表 3.8　地图数字化误差

误差类型	具体内容
地形图本身的误差	地形图的位置误差
	地形图的属性误差
	时间误差
	逻辑不一致性误差
	不完整性误差
数据采集和处理的误差	数字化误差
	格式转换误差
	投影变换误差
	数据抽象误差
应用分析时的误差	数据叠加操作与更新
	数据应用时由应用模型引进的误差

（1）入库前的数据误差。原始数据的误差可分为三部分：①数据源误差，即地理信息系统的各类空间数据源本身存在的误差，如航片和卫片的误差、地图变形引起的误差。②数据采集误差，即在数据采集时会存在因采样方法、仪器设备等引起的系统误差（如地图数字化精度）以及一些无法避免的偶然误差。③数据处理误差，即在数据编辑、数学基础变换、数据重构、空间插值、图形拼接、图形化简（数据压缩和曲线光滑）等过程中产生的误差，如同一空间对象在不同投影下的位置、面积和方向会有差异。

（2）入库过程中引入的误差。采集与处理过的空间数据入库过程中还会引入新的误差，主要是由计算机字长引起的舍入误差。计算机在字长不够的情况下，不能按需要的精度存储和处理数据，从而会出现较大的舍入误差。

（3）空间数据库的应用所引入的误差。空间数据库在应用过程中也会引入新的误差。①由拓扑叠加分析引起的误差：通过同一地区不同内容的多幅地图的叠加组合，可以产生新的图形和属性信息，也会带来拓扑匹配、位置和属性方面的数据质量问题。由于叠加时多边形的边界可能不完全重合，从而新多边形的边界线不同于原多边形；新多边形的属性值的确定也可能存在属性组合带来的误差。②由数据抽象引起的误差：在数据发生比例尺度变换时，对数据进行的聚类、归并、合并等操作所产生的误差。③地理信息系统空间操作中的误差传播问题：因为误差是累积和扩散的，所以前一过程的累积误差可能成为下一个阶段的误差起源，从而导致新误差的产生。

总之，空间数据的误差源蕴涵在整个地理信息系统运行的每个环节，并且往往会随系统的运行不断传播，从而导致相当数量的误差累积。因此，空间数据的误差来源是多方面的，又是累积的。

4. 空间数据质量的评价

1）评价指标

为了评价空间数据质量，许多国际组织和国家制定了相应的空间数据质量标准和指标。我国也制定了相应的标准（表 3.9），其中《数字测绘成果质量检查与验收》（GB/T 18316—2008）提出了质量元素、质量子元素、检查项三级质量模型，其中质量元素包括空间参考系、位置精度、属性精度、完备性、逻辑一致性、时间精度、影像/栅格质量、表征质量和附件质量（表 3.10）。

表 3.9　地理信息质量评价的相关标准

标准侧重点	标准名称	标准编号
质量元素	地理信息 质量评价过程	GB/T 21336−2008
	地理信息 质量原则	GB/T 21337−2008
	数字测绘成果质量要求	GB/T 17941—2008
成果与产品检验	测绘成果质量检查与验收	GB/T 24356−2009
	公开版纸质地图质量评定	GB/T 19996—2017
	数字测绘成果质量检查与验收	GB/T 18316—2008
	1∶500、1∶1 000、1∶2000 地形图质量检验技术规程	CH/T 1020—2010
	1∶5000 1∶10000 1∶25000 1∶50000 1∶100000 地形图质量检验技术规程	CH/T 1023−2011
	高程控制测量成果质量检验技术规程	CH/T 1021—2010
	平面控制测量成果质量检验技术规程	CH/T 1022—2010
	影像控制测量成果质量检验技术规程	CH/T 1024−2011
	数字线划图（DLG）质量检验技术规程	CH/T 1025−2011
	数字高程模型质量检验技术规程	CH/T 1026—2012
	数字正射影像图质量检验技术规程	CH/T 1027—2012
	变形测量成果质量检验技术规程	CH/T 1028—2012

续表

标准侧重点	标准名称	标准编号
成果与产品检验	航空摄影成果质量检验技术规程	CH/T 1029—2012
	测绘产品检查验收规定	CH 1002—1995
	测绘产品质量评定标准	CH 1003—1995
	导航电子地图检测规范	CH/T 1019—2010
一致性测试	地理信息 一致性与测试	GB/T 19333.5—2003/ISO 19105：2000

表 3.10　不同标准中的质量指标和质量参数

STDS①（1992）	ICA②（1996）	CEN/TC287③（1997）	ISO/TC211④（1997）
数据渊源	数据渊源	数据渊源	数据总览（数据渊源、数据目的、数据用途）
		（潜在的）用途	
分辨率	分辨率		分辨率
几何精度	几何精度	几何精度	数据精度
属性精度	属性精度	属性精度	专题精度
完整性	完整性	完整性	完整性
逻辑一致性	逻辑一致性	逻辑一致性	逻辑一致性
	语义精度	元数据质量	
	时态精度	时态精度	时态精度
		数据同质性	
			数据测试和一致性

（1）空间参考系：空间参考系使用的正确性，包括大地基准、高程基准、地图投影三个子元素。

（2）位置精度：要素位置的准确程度，包括平面精度、高程精度两个子元素。

（3）属性精度：要素属性值的准确程度、正确性，包括分类正确性、属性正确性两个子元素。

（4）完备性：包括要素的多余和遗漏等两个子元素。

（5）逻辑一致性：对数据结构、属性及关系的逻辑规则的遵循程度，包括概念一致性、格式一致性、拓扑一致性三个子元素。

（6）时间精度：要素时间属性和时间关系的准确程度，包括现势性一个子元素。

（7）影像/栅格质量：影像、栅格数据与要求的符合程度，包括分辨率、格网参数、影像特性三个子元素。

（8）表征质量：对几何形态、地理形态、图式及设计的符合程度，包括几何表达、地理

① 美国空间数据交换标准，Spatial Data Transformation Standard, STDS

② 国际制图协会，International Cartographic Association, ICA

③ 欧洲标准化委员会/地理信息技术委员会 287，Comité Européen de Normalisation/Technical Committee 287，CEN/TC287

④ 国际标准化组织地理信息技术委员会，International Organization for Standardization/Technical Committee 211，ISO/TC211

表达、符号、注记、整饰五个子元素。

（9）附件质量：各类附件的完整性、准确程度，包括元数据、图历簿、附属文档三个子元素。

2）评价方法

空间数据质量评价方法，是依据空间数据质量模型的各检查项逐一对空间数据进行评价的方法。评价方法可分为两种：

（1）直接评价，即通过对数据集进行全面检测或抽样检测来评价数据集质量的方法，又称验收度量。

（2）间接评价，即通过外部知识或信息进行推理来确定空间数据质量的方法，又称预估度量。用于推理的外部知识或信息包括用途、数据历史记录、数据源的质量、数据生产的方法、误差传递模型等。

这两种方法本质区别是面向的对象不同，直接评价方法面对的是数据集本身，而间接评价方法则面对的是数据集的外围信息。

3.4.2　空间数据质量控制

空间数据质量控制是指在分析空间数据误差来源、性质和类型的基础上，寻找控制或削弱误差的数据处理技术，以确保空间数据成果符合质量指标要求。在进行空间数据质量控制时，必须明确数据质量是一个相对的概念，除了可度量的空间和属性误差外，许多质量指标是难以确定的。因此空间数据质量控制主要是针对其中可度量和可控制的质量指标而言的。数据质量控制是个复杂的过程，要从数据质量产生和扩散的所有过程和环节入手，分别采取一定的方法和措施来减少误差。

1. 空间数据质量控制方法

空间数据质量控制常见的方法有以下几种。

（1）传统手工方法：主要是将数字化数据与数据源进行比较，图形部分的检查包括目视方法、绘制到透明图上与原图叠加比较，属性部分的检查采用与原属性逐个对比或其他比较方法。

（2）元数据方法：数据集的元数据中包含了大量的有关数据质量的信息，通过它可以检查数据质量。同时元数据也记录了数据处理过程中质量的变化，通过跟踪元数据可以了解数据质量的状况和变化。

（3）地理相关法：用空间数据的地理特征要素自身的相关性来分析数据的质量。例如，从地表自然特征的空间分布着手分析，山区河流应位于微地形的最低点，因此，叠加河流和等高线两层数据时，若河流的位置不在等高线的汇水线上且不垂直相交，则说明两层数据中必有一层数据有质量问题，如不能确定哪层数据有问题，可以通过将它们分别与其他质量可靠的数据层叠加来进一步分析。因此，可以建立一个有关地理特征要素相关关系的知识库，以备各空间数据层之间地理特征要素的相关分析之用。

2. 空间数据质量控制策略

空间数据采集和处理过程中，可以采用以下数据质量控制策略（汤国安，2019）。

（1）完善质量保证体系。完善质量责任制，制定良好的质量工作计划，明确各部门与各个岗位的任务、责任、权限，使各项工作系统化、标准化、程序化和制度化。

（2）建立并健全“二级检查、一级验收”制度。一级检查是由数据生产单位内的质量检查人员承担的过程检查。二级检查由数据生产单位内质量管理机构负责实施。数据验收由权威部门组织专家对数据质量进行抽样检验、评价和验收。

（3）恰当设置质量控制点。有效选择和管理质量控制点，是实行质量控制的前提。

（4）制定适合地理信息产品的抽样检验方案。我国国家标准《数字测绘成果质量检查与验收》（GB/T 18316—2008）规定了对 DLG、DRG、DOM 和 DEM 几种基础地理信息数据检查验收工作的要求、内容、验收比例尺、抽样样本量及质量检测和评定方法。

3. 数据质量控制技术

GIS 数据质量控制的重点是对采集过程和结果进行控制，因此质量控制可分为过程控制和结果控制。过程控制包括数据采集前期和采集过程中的质量控制，结果控制则为数据采集完成后即将入库时的质量控制。数据质量控制的基本手段有数据的检验、测试和质量评价，其环节包括数据采集计划、使用资料、采集手段、处理过程、加工过程到数据产品生产等。

（1）设计阶段的质量控制，是在系统调查、了解数据产品目的、用途和用户需求的前提下，确定数据质量应达到的指标，制定详细的数据获取、采集、处理技术设计方案；以质量为目标，在对技术方案进行论证、评议和审查的基础上，才能付诸实施。

（2）对基础质量的质量控制。应根据数据产品的设计要求，选择质量能满足要求的数据源，通常数据源本身的误差至少不能大于最终数据产品的误差。

（3）对数据采集手段的选择。需要根据数据产品的应用目标，合理地选择不同的数据采集手段，满足数据质量及经济性的双重需求。

（4）对软、硬件配置的需求。用于内外业数据采集的各种软、硬件，其性能和技术指标必须满足数据采集的质量标准和技术设计方案的要求，作业前后必须对其进行检校，定期检修使其符合数据采集的技术要求。

（5）数据采集前的准备工作，包括让所有数据采集人员学习和理解相关技术文件，如技术设计方案、数据质量标准、数据分类编码方案、设备和软件操作技术规程等。

（6）数据采集过程中的监控。在数据采集的整个过程中，采取必要措施，实时地检验并预防和纠正误差及错误。该项质量控制是在建立数据精度文件和各项档案文件的制度下，按规定的各项质量指标全面检验采集的数据；利用各种统计图表工具经常而准确地掌握质量动态，以便发现问题，采取措施，防止或减少废次品的产生。

（7）数据产品质量控制。对数据生产完成后的产品进行数据质量抽样检验和评价，对评价为不合格的数据退回给数据生产者，再对其全面整改后的结果进行抽样检验和评价，直到达到合格要求，才能将这些数据纳入空间数据库。

3.5　空间数据入库

空间数据的采集以及采集后的处理、质量评价与控制是为了将现实的地理信息录入到空间数据库中，为地理信息系统进行空间数据的查询、管理和分析提供基础。

3.5.1　数据入库流程

空间数据库是空间数据的集合，是一类以空间目标作为存储对象的专业数据库，是地理信息系统在计算机物理存储介质上存储的与应用相关的空间数据的集合。作为空间数据的存储场所，空间数据库是空间数据应用的基础和关键。空间数据建库是一个复杂的工程，涉及建库方案设计、环境准备、数据生产、数据入库、安全设置、数据库维护等多方面的内容（图 3.35）。各个环节的具体实现已有许多的资料，这里主要对地理信息系统数据的入库做详细说明。

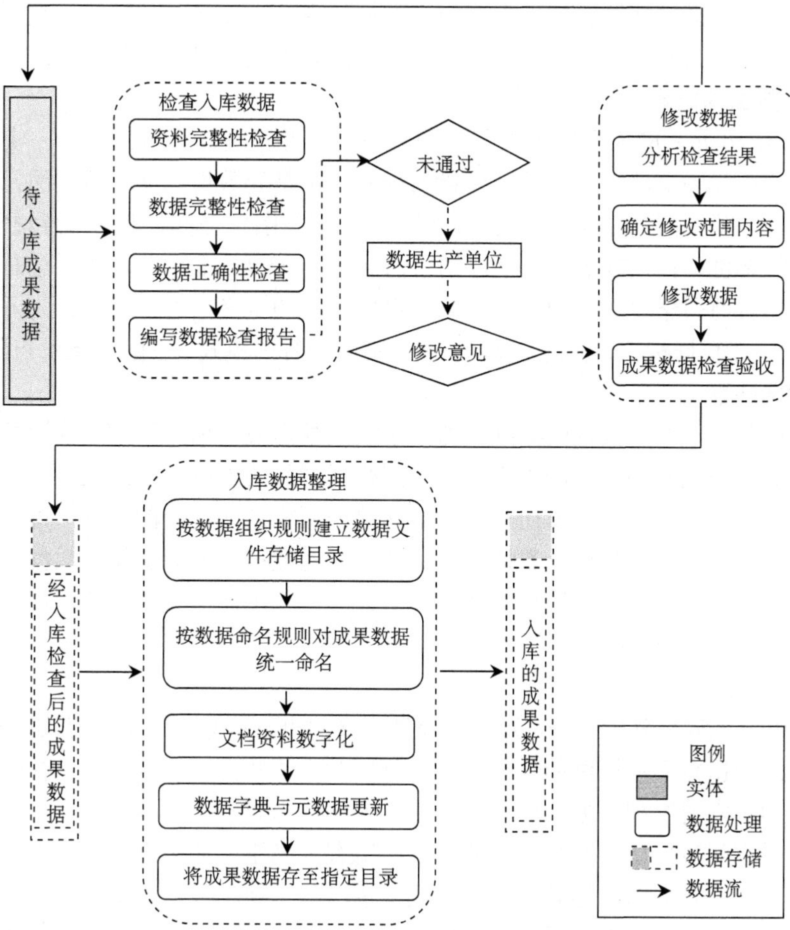

图 3.35　数据入库流程图

入库流程一般在数据库建库设计阶段就基本确定，不同的数据源和不同的空间数据库库体在入库过程中需要完成的工作各不相同，但主要工作如下：

首先，对待入库数据进行全面质量检查。包括资料完整性检查、数据完整性检查、数据正确性检查，并完成检查报告。如果质量不合格，则将数据返回生产单位进行修改，修改后重新进行质量检查直至满足入库要求方可进入下一步。

然后，对检查合格的数据进行整理。包括以下工作：①按数据组织规则建立数据文件存储目录；②按数据命名规则对成果数据统一命名；③文件资料数字化；④根据入库内容对数据字典及元数据进行相应更新；⑤将成果数据存入指定目录。

最后，将数据入库，完成全部入库工作。

3.5.2 空间元数据

随着海量空间数据的日益增长，管理和访问大型空间数据集的复杂性也成为数据生产者和用户面临的突出问题。生产者需要有效的数据管理和维护方法；用户需要找到更快、更加全面和有效的方法，以便从空间数据库中发现、访问、获取和使用现势性强、精度高、易管理和易访问的空间数据。在这种情况下，空间数据的内容、质量、状况等元数据信息就变得更加重要，它已经成为空间信息资源管理和应用的重要手段，日益受到重视。

1. 空间元数据的概念

元数据（metadata）应主要归于数据管理范畴，它并不是一个新的概念。实际上，传统的图书馆卡片、出版图书的版权说明、磁盘的标签等都是元数据。纸基地图的元数据主要表现为地图类型、地图图例，内容包括图名、空间参照系、图廓坐标、地图内容说明、比例尺、精度、编制出版单位、日期或更新日期、销售信息等。“metadata”一词的原意是关于数据变化的描述，虽然目前科学界对元数据的概念还没有公认的定义，但一般都认为元数据是“关于数据的数据”，即数据标识、覆盖范围、质量、空间和时间模式、空间参照系和分发等信息，目的是实现数据共享。

空间元数据是关于空间数据的数据，即关于空间数据及其信息资源的描述性信息，可看作空间数据集的使用说明书，有助于用户对空间数据产品的理解。空间元数据标准是实现空间数据共享的核心标准之一。一般而言，针对元数据所描述的数据的情况，可以把元数据分为数据库元数据、数据集元数据、数据层（特征层）元数据、空间实体元数据等层次，它们分别用于描述数据库、数据集、数据层和空间实体。建立不同层次的元数据可以适应不同层次的用户需求（边馥苓，2006）。

2. 空间元数据的作用

（1）帮助用户了解和分析数据。元数据提供丰富的引导信息，以及由纯数据得到的分析、综述和索引等。根据元数据提供的信息，用户可以对空间数据库进行浏览、检索、研究、分析，了解数据的基本情况和数据的可用性、获取方法等内容。

（2）能用于空间数据质量控制，主要包括：①有准确定义的数据字典，以说明数据的组成、各部分的名称、表征的内容等；②保证数据逻辑科学地集成，如植被数据库中不同亚类的区域组合成大类区，这要求数据按一定逻辑关系有效地组合；③有足够的说明数据来源、数据加工处理过程、数据解译的信息。

（3）能应用于空间数据集成。元数据所记录的数据格式、空间坐标体系、数据的表达形式、数据类型、数据使用软硬件环境、数据使用规范、数据标准等信息，在数据集成的一系列处理中（如数据空间匹配、属性一致化处理、数据交换等）是必需的。

（4）能用于空间数据存储。元数据系统用于数据库的管理，可以避免数据的重复存储，缩短数据库建库及更新周期，实现系统资源的合理利用和分配，并可以高效查询检索分布式数据库中任何物理存储的数据。

（5）帮助数据生产单位有效地组织、管理和维护空间数据，建立数据档案。元数据一方面可以保证即使主要工作人员离开，后续工作人员仍然能对数据集有较全面的了解，以实现对数据集的维护、更新，确保数据生产者对数据的持续投资；另一方面可以避免数据的重复性建设，协调不同数据部门之间的资源共享。

3. 空间元数据的实例

研究空间元数据标准的机构，国际上主要有美国联邦地理数据委员会（Federal Geographical Data Committee, FGDC）、国际标准化组织地理信息/地球信息技术委员会（ISO/TC211）和开放地理空间信息联盟（OGC）等。近年来，我国也提出了相关元数据标准，如《地理信息元数据》（GB/T 19710—2005/ISO 19115:2003, MOD）、《基础地理信息数字产品元数据》（CH/T 1007—2001）、《地理信息 元数据 XML 模式实现》（GB/Z 24357—2009）、《地理信息网络分发服务元数据内容规范》（CH/Z 9018—2012）、《地理信息元数据服务接口规范》（CH/Z 9019—2012）。

FGDC于1994年8月通过并发布第一版地理空间数据的元数据内容标准（content standard for digital geospatial metadata, CSDGM）。该标准获得了行业（包括ArcGIS）较为广泛的认可，成为具有普遍应用价值的元数据标准。CSDGM 说明一组数字地理空间数据的元数据的信息内容，提供与元数据有关的术语和定义，说明哪些元数据元素是必需的、可选的、重复出现的，或者是按CSDGM产生规则编码的。CSDGM是参照文件，它说明当用户在评价数据集的用途、获得该数据或有效使用数据时，需要知道的事情。1997 年 FGDC 发布了第二版CSDGM，包含七个主要子集和三个次要子集（表3.11），共有460个元数据实体（含复合实体）和元素。

表3.11　FGDC元数据标准的主要内容

主要子集	次要子集
标识信息	引用文献（引证）信息
数据质量信息	时间信息
空间数据组织信息	联系信息
空间参照系统信息	
实体和属性信息	
发行信息	
元数据参考信息	

元数据按层状结构进行组织，包括子集、实体和元素等三个层级。①元素是不可再分的基本单元，说明地理空间数据的某一方面特征；②实体是同类元素的集合，复合实体则由元数据实体、元数据元素和/或其他复合实体构成；③子集是相互关联的实体和元素的集合。每个元数据子集、实体和元素的八个特征包括：名称、标识码、定义、性质、约束条件、最大出现次数、数据类型和值域。

思考题

1. 空间数据来源有哪些？简要分析各自的优势。
2. 空间数据的数学基础有哪些？它们在地理信息科学中有何功用？
3. 列举空间尺度在不同学科、领域中的含义。
4. 空间数据采集与处理的基本流程有哪些？
5. 空间数据采集主要涉及哪两个方面内容？

6. 野外数据采集有哪些基本类型和特点?

7. 地图数字化有哪两种基本方法?

8. 摄影测量根据摄影时摄影机所处的平台可分为哪几种类型?

9. 航空摄影在三维地形数据采集中有哪些基本方式?

10. 属性数据分类编码方法有哪些?

11. 空间数据采集后为什么需要进一步处理?

12. 地理信息数据的编辑涉及哪两个方面?

13. 造成扫描获得的地形图数据和遥感数据变形的原因有哪些?

14. 坐标变换的方式有哪些?

15. 实现数据转换的模式有哪几种?

16. 从插值点的分布范围来看空间插值有哪些方法?

17. 拼接前的相邻两图幅在图幅边缘部分往往存在哪些问题?

18. 举例说明拓扑关系对地理信息系统的数据处理和空间分析具有哪些重要的意义。

19. 简要分析误差与准确度,偏差与精密度的差异。

20. 空间数据入库流程需要完成的主要工作包括哪些?

21. 简述空间元数据的作用。

22. 以表 3.12 数据为例,利用线性插值法以站点 1～3 号数据计算 0 号站点的 z 值;利用双线性多项式插值法以站点 1～4 号数据计算 0 号站点的 z 值;利用反比距离加权以站点 1～5 号数据计算 0 号站点的 z 值。

表 3.12 数据

站点	x	y	z 值
1	69	76	20.820
2	59	64	10.910
3	75	52	10.380
4	86	73	14.600
5	88	53	10.560
0	69	67	?

23. 利用开源的网络爬虫软件爬取湖北省在最近一天发布的微博数据,或者爬取最近一天包含有“湖北省”关键字的微博数据。

第 4 章　地理空间数据结构与组织

作为 GIS 应用的核心要素，空间数据与传统的非空间数据相比，具有非常显著的空间特征，难以完全采用传统的非空间数据结构进行组织与管理。空间数据结构是地理空间数据模型的具体实现，它为空间数据的组织提供了基本方式与方法，使得空间数据能够在计算机中以文件或数据库的方式存储、组织和管理，并有利于实现对空间数据的存取、修改、查询、检索、计算等 GIS 任务。本章首先介绍矢量和栅格这两种基本空间数据结构，然后介绍面向这两种数据结构的数据存储与管理方法，最后介绍面向数据集的数据组织方式。本章结构如图 4.1 所示。

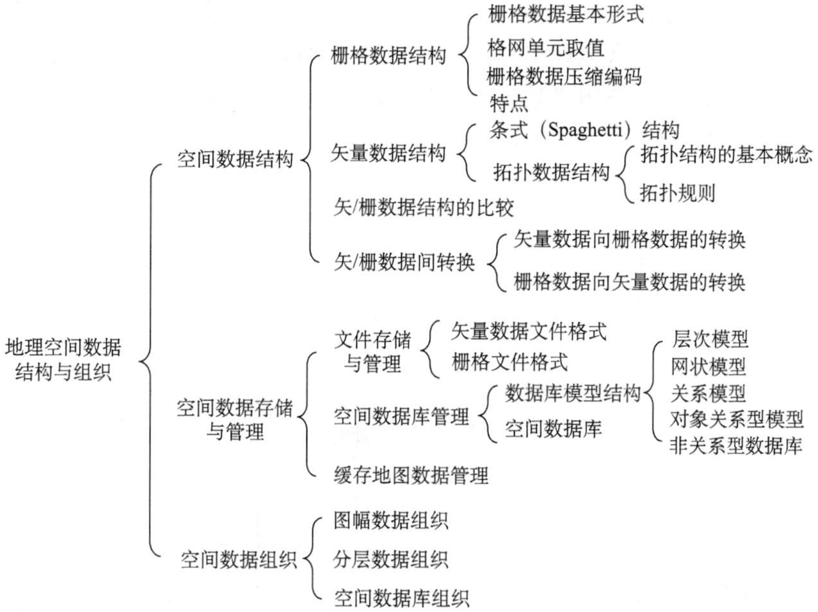

图 4.1　本章结构图

4.1　空间数据结构

空间数据结构是指空间数据在计算机内的组织和编码形式，是一种适合于计算机系统存储、管理和处理地理空间对象的逻辑结构，也是对地理空间对象的空间分布和相互关系的抽象描述。在 GIS 中，空间数据结构对于空间数据采集、存储、更新、查询、检索和分析等操作方式具有重要的影响。

空间数据结构主要有矢量数据结构、栅格数据结构两种基本形式。矢量数据结构适用于表达按照对象模型抽象的地理空间，可能包含对象之间的拓扑关系。然而，矢量数据的几何部分仅记录一些离散点的坐标，并没有直接建立平面空间任一位置与地理空间对象的关系。

与此相反，栅格数据结构通常用于表达按照场模型抽象的地理空间，以格网单元为单位，平面空间上的任何一点表示某个地理空间对象的属性值，缺少地理空间对象及其相互间空间关系的直接描述。

原则上，矢量结构和栅格结构都可以用于对对象模型和场模型进行编码，但是在实际应用中，矢量和对象之间，栅格和场之间分别存在强关联。当需要表示区域中由离散的几何对象构成的场景（如道路），通常采用矢量数据结构；而栅格数据结构更适用于表示布满整个区域的地理现象，如地形起伏。

4.1.1　栅格数据结构

1. 栅格数据基本形式

栅格数据结构一般利用规则的二维阵列图案来表达现实世界，即将地表空间划分成多个大小一致、形状相同、紧密相邻的规则格网单元，每个格网单元赋予相应地理空间对象的某种属性值。这些格网单元构成的规则网格（GRID）表示地理空间对象的空间位置和属性特征。

栅格结构通常采用最简单的几何结构——正方形结构作为格网单元形状，也可采用三角形、六边形或者八边形等，将地理空间区域划分为网格阵列。

栅格结构中的格网单元是栅格数据中最基本的存储单位，其坐标位置由行、列号确定。因为栅格数据按照一定规则有序排列，所以格网单元表示的空间对象位置可由其行号、列号隐含决定，如图 4.2 所示。

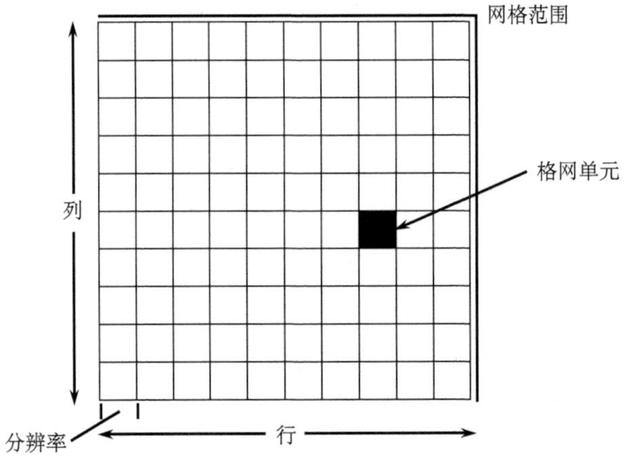

图 4.2　栅格数据结构

每个格网单元都有一定的尺寸大小，对应于一定的地理空间范围，也称为栅格数据的空间分辨率。例如，格网单元的尺寸（如 1m×1m）表示栅格数据的空间分辨率。格网单元尺寸越小，分辨率越高；反之越低。一般而言，一个规则网格数据的格网单元大小一致，即规则网格数据具有统一的空间分辨率，这意味着较少变化的地区与较多变化的地区所表示的详细程度一样。

每个格网单元记录一个简单的数据值，表示该地理位置的空间对象或现象的某种专题特征。例如，图 4.3 的栅格图层中，每个格网单元值代表该位置的土地利用类型，如耕地、园地、林地等。

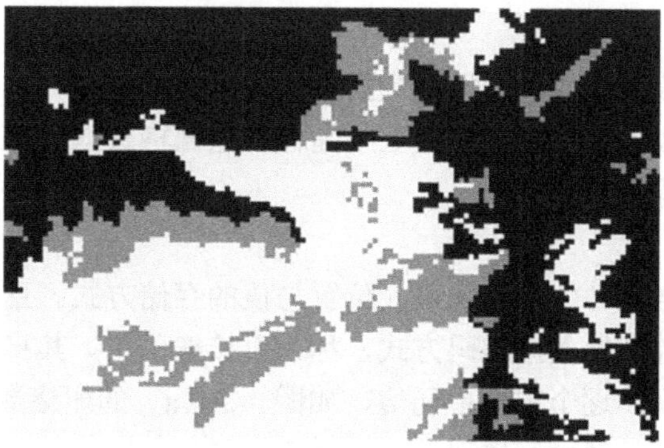

图 4.3　土地利用现状分类栅格数据

2. 格网单元取值

在 GIS 实际应用中，栅格数据文件（也称网格文件）中的单个格网单元可能覆盖两个以上地物或现象，该单元值可以采用以下几种方式取值（邬伦等, 2001）：①单元覆盖范围内面积最大的地物或地理现象特征值；②位于单元中心处的地物或地理现象特征值；③根据单元覆盖范围内地物或地理现象的重要性来确定的单元值；④所有地物或地理现象特征值的平均值。显然，每个单元覆盖面积越小，其数据值精度越高；反之越低。

栅格数据的空间分辨率过低将导致信息丢失较多，而分辨率过高又会导致文件太大以及计算机处理需求的急剧增加，因此，在 GIS 实际应用中，应该顾及所关注区域范围、数据处理的精度、用户对 GIS 功能相应的要求以及其他相关数据的最小单位等因素，综合权衡选择一个合理的空间分辨率，即格网单元大小。

GIS 对现实世界的描述通常以地理空间位置为基础，按植被覆盖、人口分布、行政区域、土地利用、自然地形等不同专题属性来组织地理信息。多重属性的地物或地理现象或者不同类型的地物或地理现象可以采用多层栅格数据来表示，每层栅格数据表示一种专题层，记录单一的属性数据或专题信息。如图 4.4 所示，在同一个区域，可以建立农田、道路、建筑物等专题层，分别记录相应的专题属性值。

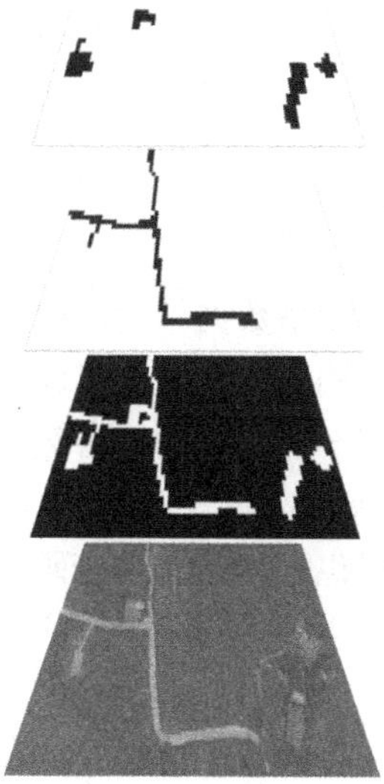

图 4.4　现实世界的多栅格图层表示

栅格结构数据可由以下多种途径获得（Longley et al., 2005）：

（1）栅格法。在传统媒质地图上均匀划分格网单元，逐个单元地人工取值，最后形成栅格数据文件。

（2）扫描数字化。逐行或逐点扫描待输入的传统媒质专题地图，对扫描数据重采样和再编码，从而得到栅格数据文件。

（3）矢栅转换。将矢量数据转换为栅格数据结构。例如，将土地利用现状多边形矢量数据文件转换为栅格数据文件。

（4）影像分类。将卫星或航空遥感影像数据经过分类解译获取的分类数据直接或重采样后作为栅格数据文件。

（5）计算。例如，利用数字高程模型栅格数据文件计算生成坡度、坡向、山影图等栅格数据文件；利用高程点矢量数据文件内插生成数字高程模型栅格数据文件；利用出租车位置矢量数据文件生成热力图；等等。

3. 栅格数据压缩编码

栅格数据编码是指在栅格文件中的格网单元位置与值的存储方式。直接对每个格网单元编码是最简单、最直观的一种栅格数据编码方式，称为直接编码法。其将栅格数据看作一个二维数据矩阵，逐行（或逐列）逐个记录单元值，如图 4.5（a）的栅格数据可以通过图 4.5（b）所示的直接编码方法表示。然而，地理数据往往有较强的空间相关性，即相邻格网单元的值往往是相同的，例如，相邻格网单元都属于同一种植被覆盖类型。直接编码的栅格文件中，一个栅格文件内的编码就需要 m（行）×n（列）个存储单元。如果一个区域内的每个格网单元都具有相同的值，就有可能通过一定的编码方式对其进行压缩，这样可以大大节省栅格存储空间。栅格结构不论采用何种压缩方式或方法，其逻辑原型都是直接编码的栅格文件。

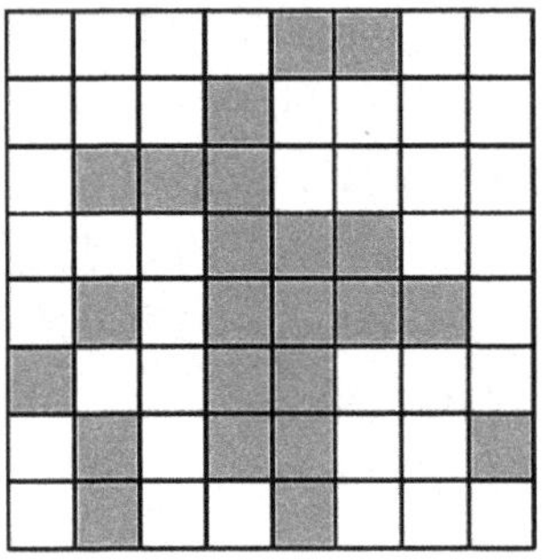

(a) 栅格数据

行号	直接编码
1	00001100
2	00010000
3	01110000
4	00011100
5	01011110
6	10011000
7	01011001
8	01001000

(b) 直接编码表示

图 4.5　直接栅格编码方法

为了保持栅格数据精度，栅格文件一般采用无损压缩方式，也即压缩文件解压为直接栅格编码数据结构后，保持与其原始的直接栅格编码数据完全一致。

下面介绍一些重要的栅格数据压缩编码方法。

1）链式编码

链式编码也称为弗里曼链码或边界链码，主要记录线状地物和面状地物的边界，用从某一起点开始沿 8 个基本方向前进的单位矢量链来表示线状地物或面状地物的边界，如图 4.6 所示。

图 4.7 展示了一个线状要素的链式编码，其起始点位于单元（7, 4），链式编码为

7，4，7，7，6，5，4，4，3，4，1，2，3，0

链式编码由两部分组成，第一部分即前两个数字表示起点的行、列数，第二部分即从第三个数字开始的每个数字表示单位矢量的方向，八个方向分别以 0～7 的整数代表。

链式编码对多边形的表示简洁紧凑，具有较强的数据压缩能力，便于计算面积和周长，可检测图形旋转。但是，其存在难以叠加、边界冗余等缺点。

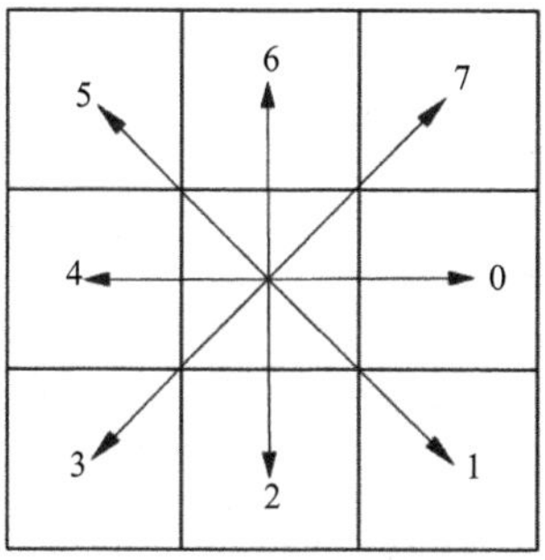

图 4.6　链式编码的方向代码

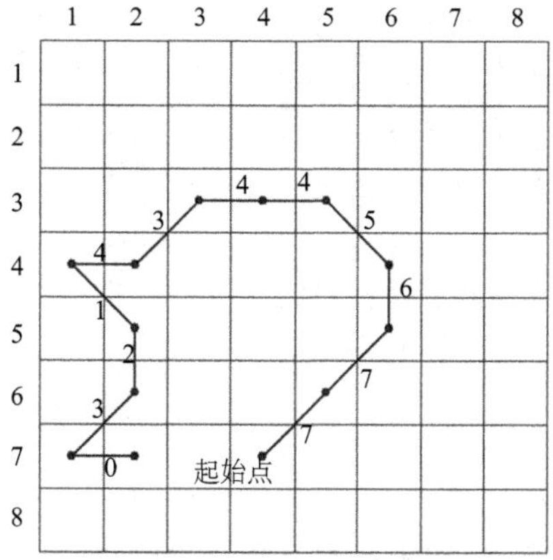

图 4.7　链式编码示意图

2）行程编码

行程编码也称为游程编码或运行长度编码，是指将原始栅格阵列的每个行程中值相同的连续若干个格网单元映射为一个行程，即只在各行（或列）数据的值发生变化时依次记录该值以及相同值重复的个数，这样，按（单元值，重复个数）编码每个行程的数据结构为（A，P）整数对。其中，A 代表单元值，P 代表该行程重复个数。例如，对于图 4.8（a）表示的栅格数据，在第一行中，通过用（C,2）、（D,3）、（A,3）整数对表示第一行的格网单元值，如图 4.8（b）所示。

C	C	D	D	D	A	A	A
A	A	A	D	D	D	B	B
C	C	C	C	A	A	A	A
C	C	C	B	B	C	C	C
B	B	B	B	D	D	A	A
A	A	C	C	C	C	B	B
C	C	C	C	D	D	A	A
C	C	C	A	A	A	B	B

(a) 栅格数据

行号	游程编码
1	C, 2, D, 3, A, 3
2	A, 3, D, 3, B, 2
3	C, 4, A, 4
4	C, 3, B, 2, C, 3
5	B, 4, D, 2, A, 2
6	A, 2, C, 4, B, 2
7	C, 4, D, 2, A, 2
8	C, 3, A, 3, B, 2

(b) 行程编码

图 4.8　行程编码

3）块式编码

块式编码是行程编码的二维扩展，采用正方形区域作为记录单元，每个记录单元包括正方形区域内的若干格网单元，数据结构由初始位置（行，列号）和半径，再加上记录单元的值组成。例如，如图 4.9（a）表示块式编码结构，从栅格数据第一行开始，分别用（1,1,1,2），（1,2,2,2），（1,4,2,1）等依次表示各块状记录，如图 4.9（b）所示。

一个多边形所能包含的正方形越大，多边形的边界越简单，块式编码的压缩效率就越高。块式编码易于多边形之间求并或求交，以及探测多边形的延伸特征。

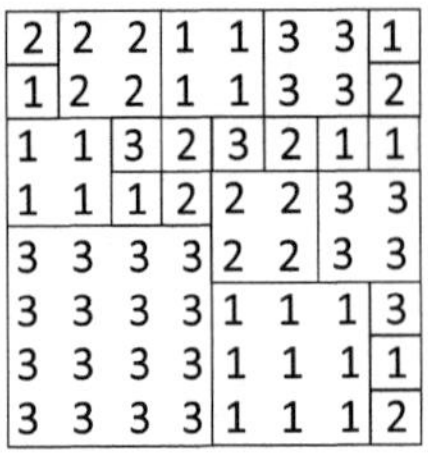

(a) 块式编码结构

(1,1,1,2), (1,2,2,2), (1,4,2,1), (1,6,2,3), (1,8,1,1);
(2,1,1,1), (2,8,1,2);
(3,1,2,1), (3,3,1,3), (3,4,1,2), (3,5,1,3), (3,6,1,2), (3,7,1,1), (3,8,1,1);
(4,3,1,1), (4,4,1,2), (4,5,2,2), (4,7,2, 3);
(5,1,4,3);
(6,5,3,1); (6,8,1,3);
(7,8,1,1);
(8,8,1,2)。

(b) 块式编码

图 4.9　块式编码

4）四叉树编码

四叉树编码的基本思想是将二维网格按四个象限递归等分为四部分，每次逐块检查其格网单元值，如果某个子块的所有格网单元值都含有相同的值，则这个子块就不再往下继续分割，否则，还要将这个子块再分割成四个子块。这样依次递归分割，直到每个子块都只含有相同的值为止。图 4.10（a）与（b）分别展示了栅格数据的四叉树分块过程与四叉树分块的四叉树结构表示。

四叉树结构，是指把整个网格阵列作为树的根结点，树的高度为 n 级（最多为 n 级），每个结点有分别代表西南（SW）、东南（SE）、西北（NW）、东北（NE）四个象限的四个分支。四个分支或者是树叶，或者是树杈。树叶不能继续划分，即该四分之一范围或者全属某个多边形，或者全不属多边形范围，该结点代表子象限具有单一的值；树杈不只包含一种值，说明该四分之一范围内，一部分在某个多边形内，另一部分在该多边形外，因而必须继续划分，直到变成树叶为止。

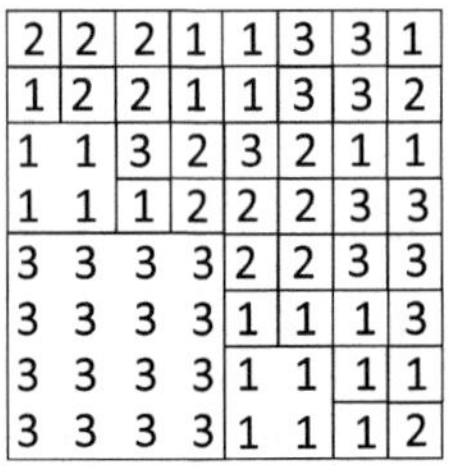

(a) 四叉树分块过程

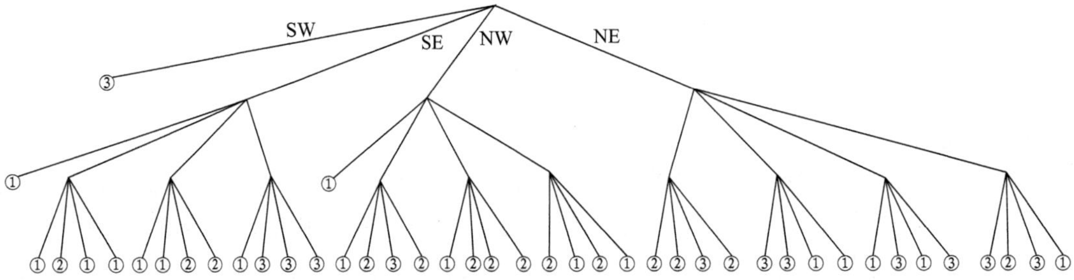

(b) 四叉树结构(自下而上)

图 4.10　四叉树编码

四叉树编码法有如下优点：①四叉树编码的分辨率可以灵活改变，边界复杂部分可以提高分辨率，而边界简单部分可以降低分辨率，因而既可精确表示图形结构又可减少存储量；②直接栅格编码与四叉树编码的相互转换比其他压缩方法容易；③结构灵活，压缩后也可进行多种运算分析。

然而，四叉树编码也存在一些缺点：当栅格数据较为复杂时，为了维持精度要求，建立四叉树结构耗时较长，而且导致压缩比较低。

上述压缩数据的方法特点各异，可根据图形的复杂情况或者应用目的合理选用。

4. 特点

栅格数据结构简单、规则，便于叠置分析等处理，同时还具备以下特点。

1）格网单元值的复杂性

栅格数据结构由同等大小的格网单元组成，每个格网单元分配一个简单的数据值，用以表示该地理位置的地理空间对象的某种特征。单元值的数据类型一般是整型或浮点。

依据单元值性质，栅格文件可分为定量与定性两种类型。例如，在一个表示高程的定量栅格文件中，每个单元的数据表示以英尺或米为单位的高程。而在定性的数据集里，数据值可能代表某种类型。例如，土地利用或土地覆盖栅格文件中，1=林地，2=草地，3=耕地，4=建设用地，等等。

在栅格数据文件中，无论较少变化的地理区域还是较多变化的地理区域，都具有统一的空间分辨率。

栅格数据文件的每个格网单元必须拥有一个值，即使其值为 0。对于无值（Nodata）的单元（如无法进行高程测量的湖泊所在的位置），通常赋给一个任意的并且容易识别的值（如–9999），也称为数值占位符。

2）多个属性值的存储

创建栅格数据文件时，将每个格网单元所表示的现实世界中地理要素的值分配给该单元。因为每个单元仅仅存储一个单元值，所以只能将地理要素的一个属性值分配给该单元。为表达对象的多个属性值，可创建多个栅格数据文件，即多个栅格图层。每个栅格数据文件的格网单元值对应一种属性值。

3）坐标计算

格网单元位置，按照栅格矩阵行列关系，可以转换为地面坐标，利用格网单元行列号与格网单元尺寸可以计算该单元的坐标。

4.1.2　矢量数据结构

矢量，也称为向量，是在数学上和物理上具有一定大小和方向的量。平面上绘制的有向线段是一个直观的矢量，线段长度表示大小，线段端点的顺序表示方向。有向线段由一系列有序顶点表示。现实世界可认为由明确定义的、离散的地物或地理现象（如建筑物、河流、道路等）组成，矢量数据结构是利用欧几里得几何学中点、线、面及其组合体来表示地物或地理现象空间分布的一种数据组织方式，是一种最常见的图形数据结构，主要用于表示图形元素的几何数据与属性数据，以及图形之间的相互关系。矢量数据结构通过记录几何坐标的方式，尽可能精确地表示点、线、面地表要素。其几何坐标空间假定为连续空间，不必像栅格数据结构那样进行离散化的量化处理，因此矢量数据更能精确地记录实体的空间位置。

二维地理空间中，矢量数据结构的数据元素按所表达的空间对象的几何特征，可以分为点、线与面三种类型。

点元素（简称点）是仅仅包含一个简单坐标对的零维要素（或称点状要素）。点常用于表示简单、离散的地物或地理现象，如加油站、酒店、超市、医院、采样点位置等。

线元素（简称线）是一维要素（或称线状要素），由多个点依次连接构成。它用于表示线型要素，如道路、河流、输电线路等。线也称为弧段、边等。

面元素（简称面）是二维要素，由多条线依次连接构成封闭区域的边界，即用其封闭的边界线表示其围成的面（或称面状要素）。如绿地、公园、湖泊、行政区划等。因为其边界线一般是由多段折线组成，所以在矢量数据结构中，面也称为多边形。

矢量数据结构通过记录空间对象的坐标、属性及相互之间的空间关系来表达该地理要素，数据的存储与管理以单个地理空间对象为单位。这种数据组织方式定位明显，能最好地逼近地理空间对象的空间分布特征，数据精度高，数据存储的冗余度低，适于单个地理空间对象的分析处理，也便于进行地理空间对象的网络分析。但在多个空间数据（层）的叠加分析中，需要逐个判断不同地理空间对象（如多边形）之间的相交关系，因此计算较为困难。

同种类型的矢量数据通常构成一个专题，也称为图层。例如，土地利用、森林资源分布、水系或行政区划等专题或图层。一个图层中的所有要素应拥有相同的几何类型，因此图层可以分为点、线、面等多种几何类型，如图 4.11（a）、（b）与（c）分别表示泉、河流、湖泊等点、线、面水体。

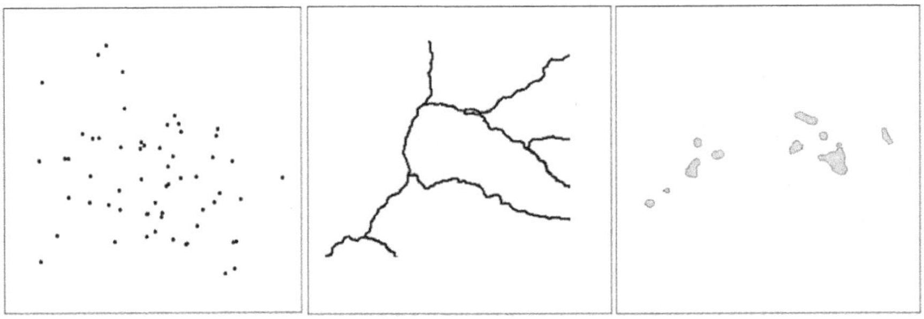

(a) 泉　　(b) 河流　　(c) 湖泊

图 4.11　水体的点状、线状、面状图层

现实世界中的同样一个地物或地理现象，由于地图比例尺、制图目的等的不同，在不同的矢量地图中，可表示为不同的几何类型。例如，在小比例尺矢量地图上，一所高校可能用点状图形表示，而在大中比例尺矢量地图上，可能表示为一个多边形图形。

除了几何数据，属性数据也是矢量数据的重要组成部分。属性数据可用于记录地理要素的属性特征，一般为文本或数字。与栅格数据文件不同，矢量数据文件中可以记录多个属性，例如，土地利用现状图中，可同时记录土地地块的类型、面积等信息。属性数据在进行空间分析时非常有用。

在 GIS 中矢量数据结构包括以下两种主要的数据记录形式。

1. 条式（Spaghetti）结构

条式（Spaghetti）结构（也称实体式编码）是最简单的一种矢量数据结构，主要用于表示面状要素。每个多边形由其独立的坐标对集合组成，在数据文件（或数据库）中相互独立、分开存储。

Spaghetti 结构中，只记录空间对象的坐标位置和属性信息，不记录空间关系（或拓扑信息）。

图 4.12 展示了 3 个多边形的条式结构：

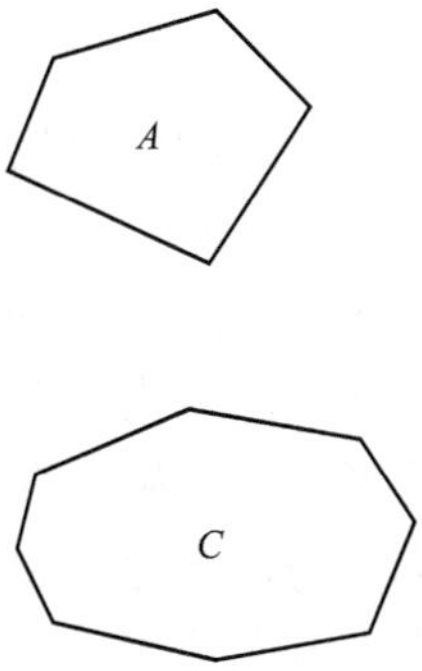

图 4.12　Spaghetti 多边形编码示意图

A:（3.2,28.9），（5.2,34.7），（15.1,37.2），（20.2,31.3），（14.6,24.8），（3.2,28.9）；

B:（32.2,26.6），（35.8,28.2），（44.1,26.2），（51.5,23.5），（47.1,18.2），（39.8,18.3），（23.7,21.2），（32.2,26.6）；

C:（4.9,10.6），（6.1,15.3），（12.6,17.5），（22.3,17.2），（26.3,12.6），（21.5,7.2），（15.1,5.2），（6.9,7.3），（4.9,10.6）。

这种数据结构的主要特点是：

（1）数据以点、线或多边形为单元进行组织，直观简单，便于进行实体运算。

（2）每个多边形都以闭合线段存储，相邻多边形的公共边被数字化和存储两次，存在公共边数据冗余，难以保证数据独立性和一致性。

（3）只记录地理空间对象的位置坐标和属性值，缺少拓扑关系，空间对象间无关联。

（4）主要用于显示、输出及简单查询，复杂的空间分析运算成本高。

2. 拓扑数据结构

与条式编码数据结构相反，拓扑数据结构具有在其数据集中包含拓扑信息的特征。“拓扑”（topology）一词源自希腊文，它的原意是“形状的研究”。拓扑学是几何学的一个分支，它研究在拓扑变换下能够保持不变的几何属性——拓扑属性。例如，一块橡皮，其表面为欧几里得平面，如图 4.13（a）所示，假定橡皮表面有一个多边形，多边形里面有一个点。当拉伸、压缩橡皮时，点依旧在多边形中，点和多边形的位置关系不会发生变化，但是多边形的面积会发生变化，如图 4.13（b）所示。因此点与多边形的位置关系是拓扑属性，而多边形面积不是拓扑属性，拉伸和压缩就是拓扑变换。

（a）橡皮擦原状 （b）橡皮擦压缩

图 4.13 橡皮变换

1）拓扑结构的基本概念

在 GIS 技术发展过程中，出现过多种拓扑数据结构，包括对偶独立地图编码法（dual independent map encoding,DIME）、多边形转换器（polygon convertor, POLYVRT）、地理编码和参照系统的拓扑集成（topologically integrated geographic encoding and referencing，TIRER）等。它们共同的特点是：点是相互独立的，点连成线，线构成面。每条线始于起始结点，止于终止结点，并与左右多边形相关联。构成多边形的线又称为链段或弧段，两条以上的弧段相交的点称为结点，由一条弧段组成的多边形称为岛，多边形图中不含岛的多边形称为简单多边形，表示单连通区域；含岛区的多边形称为复合多边形，表示复连通区域。

矢量拓扑数据结构记录地理空间对象的有关信息，包括位置信息、属性信息和空间关系信息。地理空间对象之间的邻接关系和包含关系，可在计算机中按拓扑结构进行定义。为了真实反映地物，不仅包括实体的大小、形状及属性，而且要反映出实体之间的相互关系。例如，行政分区、加油站分布及交通网等，都存在结点、弧段和多边形之间的拓扑关系。

在矢量拓扑数据结构中，弧段或链段是数据组织的基本对象，一般由结点文件、弧段文件及多边形文件组成。弧段文件由弧段记录组成，每个弧段记录包括弧段标识码、起始结点（FN）、终止结点（TN）、左多边形（LP）和右多边形（RP）。结点文件由结点记录组成，包括每个结点的结点号、结点坐标及与该结点连接的弧段标识码等。多边形文件由多边形记录组成，包括多边形标识码、组成该多边形的弧段标识码以及相关属性等。

拓扑关系是一种对空间结构关系进行明确定义的数学方法，指在连续改变图形形状后还能保持图形关系不变的性质。在原理上，拓扑指几何图形变换中的不变性，在 GIS 中常用来表示空间对象的包含、相交或邻接等关系，因为这种关系不随图形的变换（连续函数）而改变。例如，两个相邻的区域或一个区域包含另一个区域，无论其图形如何连续变换，其相邻性或包含性都保持不变。对于两个相邻多边形，在条状结构中，公共边将表达为两条独立的、同样的线，而在拓扑数据结构中，则采用一条线表示。当形状被弯曲、拉伸，或者进行投影或地图文件再投影等类似的几何变换时，拓扑意味着保持空间关系特征。拓扑数据可用于检测和纠正多边形裂隙错误等数字化错误（图 4.14）；也用于构建网络分析所需的网络结构（图 4.15），等等。

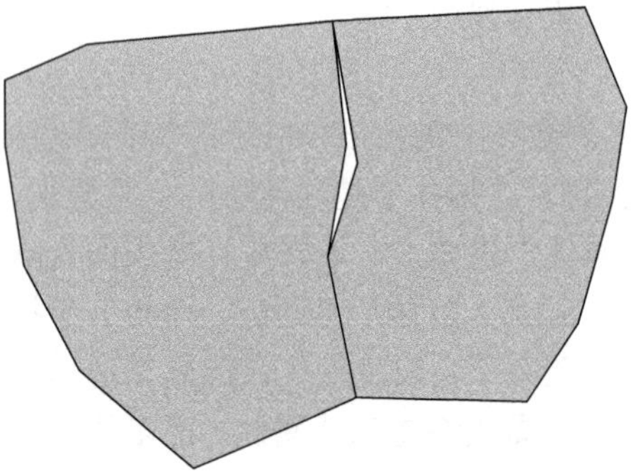

图 4.14 拓扑检查示意图
（多边形间裂隙错误检查）

图 4.15　道路网络图

2）拓扑规则（Campbell and Shin, 2011）

在拓扑数据结构中，二维地理空间中每个多边形由一条或若干条弧段组成，每条弧段独立记录，由一串有序的坐标对组成，每条弧段的两端点称为结点，每个结点连接两条以上的弧段，如图 4.16（d）所示。一般需要记录连接性、面定义与邻近性等三个基本拓扑规则，例如，分别通过图 4.16（b）、（c）与（d）表达图 4.16（a）中的多边形数据拓扑规则。第一个基本规则是连接性。连接性描述了每条弧段的起始结点，也称为弧段—结点拓扑。在拓扑数据结构中，结点是两条以上弧段相遇的交点，弧段有起始结点（弧段开始）与终止结点（弧段结束）。此外，每个结点对之间是一条弧段。图 4.16（b）中，由于拥有共同的结点 9，弧段Ⅰ、Ⅱ、Ⅴ、Ⅷ连接（或邻接）。由此，可以确定沿着弧段Ⅰ移动转入弧段Ⅱ是可能的，而由于没有公共结点，从弧段Ⅰ转入弧段Ⅳ是不可能的。

第二个基本拓扑规则是面定义。面定义描述了围成一个面的首尾相连的弧段构成一个多边形，也称为多边形-弧段拓扑。就多边形-弧段拓扑而言，弧段用于建立多边形，并且每条弧段仅存储一次。这样存储的数据量减少，并且确保相邻多边形边界不重叠。图 4.16（c）中，多边形-弧段拓扑清楚地表明多边形 *C* 由弧段Ⅵ、Ⅶ、Ⅳ构成。

第三个拓扑规则是邻近性。邻近性定义了每条弧段的左右多边形，也称为弧段-多边形拓扑。左右多边形信息显性地存储在拓扑数据结构的属性信息中。依据共享一条边界的多边形认为是相邻的概念，可以判断两个多边形是否相邻。图 4.16（d）中，多边形 *A* 与 *B* 通过公共边Ⅱ相邻。

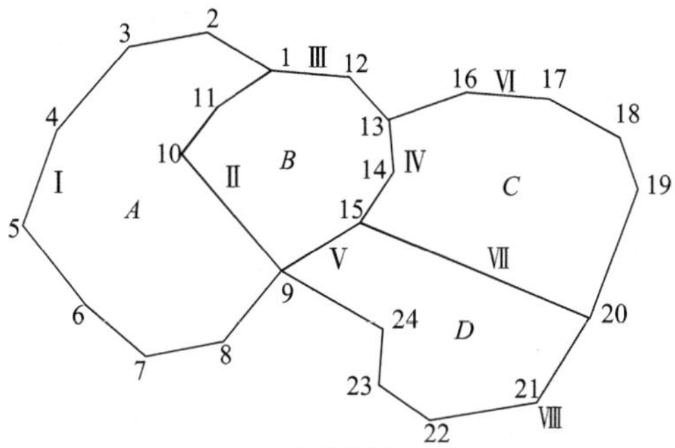

(a) 示意图

弧段	起始结点	终止结点
Ⅰ	1	9
Ⅱ	9	1
Ⅲ	1	13
Ⅳ	13	15
Ⅴ	15	9
Ⅵ	13	20
Ⅶ	20	15
Ⅷ	20	9

（b）弧段-结点拓扑

图 4.16　拓扑编码示意图

多边形	弧段列表
A	Ⅰ,Ⅱ
B	Ⅱ,Ⅲ,Ⅳ,Ⅴ
C	Ⅵ,Ⅶ,Ⅳ
D	Ⅷ,Ⅴ,Ⅶ

（c）多边形-弧段拓扑

弧段	左多边形	右多边形
Ⅱ	*A*	*B*
Ⅳ	*B*	*C*
Ⅴ	*B*	*D*
Ⅶ	*C*	*D*

（d）弧段-多边形拓扑

图 4.16（续）

4.1.3　矢/栅数据结构的比较

在基本的空间数据结构中，栅格图形相对简单，便于进行栅格数据空间分析，如 DEM 等连续的地表空间分析与运算。

但栅格数据结构也有几个缺点，例如，栅格文件数据量通常非常大，对于覆盖范围大的地区，采用直接编码方法并且拥有精细分辨率的栅格文件，很容易达到上百兆数据。例如，对于一个空间分辨率为 1m×1m、范围为 10km×10km 的地理区域，假定相应的 DEM 栅格文件由 10000 行×10000 列个格网单元组成，记录 float 类型高程值的格网单元占用字节数为 4，根据直接编码栅格文件存储量计算方法，其文件大小=m 行×n 列×字节数（格网单元），文件大小约为 10000×10000×4，即约 400MB 的数据量。

栅格数据与分辨率有关，低分辨率的栅格数据图形质量较低，图形输出不美观，随着栅格图像的放大，可能会产生明显的锯齿现象。需要通过增加栅格数据量来克服，但这样一来栅格数据分辨率升高的同时也会急剧增加数据量。矢量数据与分辨率无关，矢量数据表达精度较高，数据存储量小，输出图形美观。

由于栅格数据的规则特性，同一区域不同栅格层数据的叠置和组合方便，地图代数计算等空间分析易于进行。例如，将某区域坡度栅格层与土地利用分类栅格层叠置，计算获得所有满足坡度大于 25° 且土地利用类型为耕地的格网单元，作为退耕还林的决策依据。然而，栅格数据结构不适合某些类型的空间分析。例如，适用于矢量计算的最短路径分析等网络空间分析方法在栅格数据上难以完成。

与栅格数据结构的规则间隔的格网单元相比，矢量数据结构的点、线、面能更好地记录地理空间对象坐标位置，因此，矢量数据结构比栅格数据结构能更精细地表达现实世界。

因为矢量数据仅需离散地记录区域内需要表示的地理空间对象，而栅格数据则需以二维矩阵形式记录该区域内所有格网单元值，所以矢量数据在数据结构上更紧密，文件大小通常远远小于对应的栅格数据。

拓扑关系是矢量数据的固有特征，可简化错误检测、网络分析、邻近分析等空间分析。

矢量数据结构有两个主要的劣势。首先，矢量数据结构比栅格数据结构复杂得多。其次，空间分析处理相对复杂。

栅格数据与矢量数据是两种表示地理信息的方法，前者属性明显，位置隐含；而后者位置明显，属性隐含。它们都有自己独特的优势，都是表示地理信息的基本方法。栅格数据结构和矢量数据结构的优缺点如下（Fazal,2008）。

1. 栅格数据结构

优点：①结构简单；②空间数据的叠加方便；③空间分析简单；④数学模拟方便。

缺点：①数据量大；②线性要素难以表示，网络分析难以实现；③地图输出不精美。

2. 矢量数据结构

优点：①结构严密，数据量小；②能完整地表达拓扑关系；③图形数据和属性数据的恢复、更新和综合易于实现；④图形输出精确美观，尤其地图放大输出质量不变。

缺点：①结构复杂，处理技术也复杂；②图形叠加困难；③绘图成本高，尤其是高质量绘图；④数学模拟和空间分析困难。

由上述比较可知，栅格结构和矢量结构在表示地理信息方面是同等有效的，它们各具特色，互为补充，所以有些大型空间数据库既存储栅格结构数据，又存储矢量结构数据，根据需要来调用某种结构的数据，以获取最强的分析能力并提高效率。

4.1.4　矢/栅数据间转换

1. 矢量数据向栅格数据的转换

在 GIS 中一些空间分析（如多个专题数据的复合分析）用矢量数据实现较栅格数据更为复杂，这意味着需要将矢量数据转变为栅格形式。

矢量数据的基本坐标是直角坐标（x,y），其坐标原点一般取矢量数据的左下角。栅格数据的基本坐标是格网单元行号和列号（i,j），其坐标原点一般取图的西南角。两种数据变换时，令直角坐标 x 和 y 分别与行 i 和列 j 平行，按确定的格网单元大小采样。由于矢量数据的基本要素是点、线、面，因而只要实现点、线、面的转换，各种矢量图形的变换问题基本上都可以得到解决。矢量数据转换为栅格数据的原理如下：

（1）点的转换原理较为简单，仅需计算出点所在的格网单元行列号即可，然后将该行列号对应的格网单元赋予点的属性值。

（2）线的转换基本原理是计算出线所经过的所有格网单元，然后将其赋予线的属性值（图 4.17）。

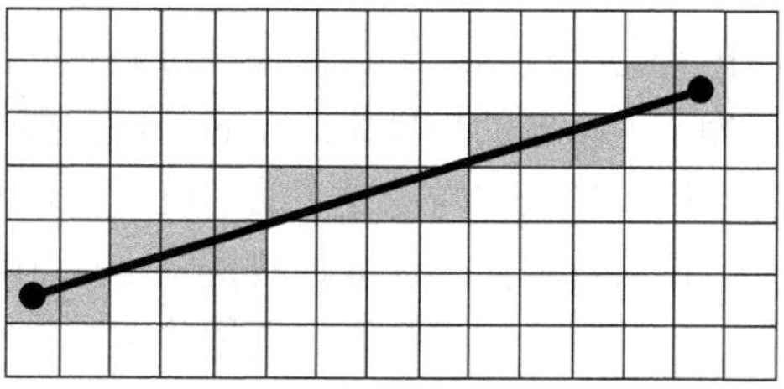

图 4.17　线的栅格化转换

（3）面的转换相对复杂。在矢量结构中，多边形面用组成面边界的线段表示，而在栅格结构中，整个面域所在的格网单元都要用属性值充填。因此，要完成面域的栅格化，首先需要完成多边形边界线段的栅格化，如图 4.18（a）的多边形边界栅格化为 4.18（b）；然后，用面域属性值充填，如图 4.18（c）所示。所以，矢量的面域向栅格转换又称为多边形填充。常用的多边形填充算法有内部点扩散法、射线法、扫描线法、边界代数算法、复数积分算法等。

在计算机图形学中，线的生成算法（如 DDA 算法、Bresenham 算法）、多边形的生成算法分别适用于线、面的栅格化转换。

面的栅格化转换主要包括以下几种方法（张宏等，2010）。

（1）内部点扩散法：由每个多边形一个内部点（也称种子点）开始，向其八个方向的邻点扩散，判断各个新加入的邻点是否在多边形的边界上。如果是，则该邻点不作为种子点；否则把非边界的邻点作为新的种子点，并与原有种子点一起进行新的扩散运算，同时将多边形的编号赋予该邻点。重复上述过程，直到所有种子点填充满该多边形并遇到边界为止。

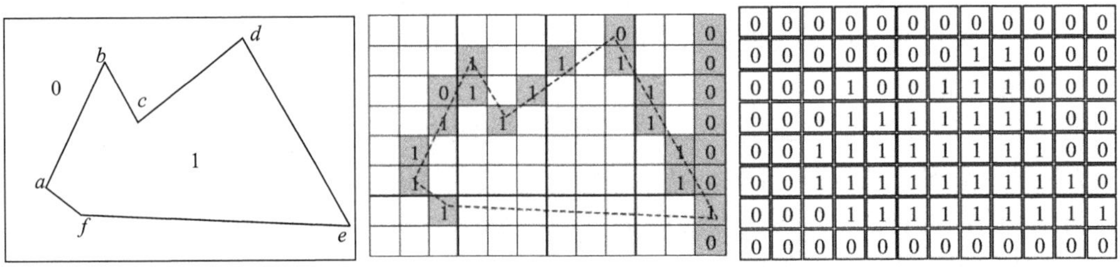

(a) 多边形　　(b) 边界线栅格化　　(c) 面域属性值填充

图 4.18　面的栅格化转换

（2）射线法：又称检验交点数，是通过逐点判别数据格网单元在某多边形内部或在多边形外部来决定是否记录（或填充）该点。具体实现是由待判点向图外某点引射线，判断该射线与某多边形所有边界相交的总次数。次数如果为偶数，则待判点在该多边形外；否则在内。

（3）扫描线法：是射线算法的改进算法，将射线改为沿栅格阵列的行方向的扫描线。

（4）边界代数法：基于积分求多边形的思想，根据边界的拓扑信息，通过简单的加减代数运算将边界位置信息动态地赋给各格网单元，实现多边形的矢栅转换。该算法简单可靠，被大量使用。

（5）复数积分算法：又称检验夹角之和，即对全部栅格阵列，逐个格网单元判断格网单元归属的多边形及编码。

2. 栅格数据向矢量数据的转换

栅格数据向矢量数据转换的目的：①为了将栅格数据分析的结果通过矢量绘图装置输出；②为了数据压缩的需要，将大量的面状栅格数据转换为由少量数据表示的多边形边界；③为了能将自动扫描仪获取的栅格数据加入矢量形式的数据库；④为了在栅格矢量化后的矢量数据属性表中增加更多的字段，以记录更多的属性信息。

栅格数据向矢量数据转换的过程比较复杂，通常有以下两种转换处理算法。

（1）基于图像数据的矢量化方法，即本身为遥感影像或已栅格化的分类图，通过边界提取、二值化、细化、跟踪等过程转换成矢量数据（图 4.19）。一幅图像包括目标物体，背景还有噪声，要想从多值的数字图像中直接提取出目标物体，最常用的方法就是设定一个阈值 T，用 T 将图像的数据分成两部分：大于 T 的像素群和小于 T 的像素群。这是研究灰度变换的最特殊的方法，称为图像的二值化。例如，将图 4.19（a）灰度图转换为图 4.19（b）二值图。二值化的本质是将栅格数据由 256 或 128 级不同灰阶压缩至 2 个灰阶，即 0 和 1。图像细化一般作为一种图像预处理技术出现，目的是提取源图像的骨架，即将原图像中线条宽度大于 1 个像素的线条细化成只有 1 个像素宽，形成“骨架”。细化基本思想是“层层剥夺”，即从线条边缘开始一层一层向里剥夺，直到线条剩下一个像素为止，从而消除线划横断面栅格数的差异。图像细化大大地压缩了原始图像的数据量，并保持其形状的基本拓扑结构不变，从而为文字识别中的特征抽取等应用奠定了基础。例如，将图 4.19（b）二值图细化为图 4.19（c）细化图。跟踪的目的是将写入数据文件的细化处理后的栅格数据，整理为从结点出发的线段或闭合的线条，并以矢量形式存储位于特征栅格点中心的坐标。例如，跟踪图 4.19（c）

栅格获得图 4.19（d）跟踪图中的矢量线段。

（2）基于再生栅格数据的矢量化方法，即从原来的线划图扫描得到栅格图（再生栅格数据），二值化后的线划宽度往往占据多个栅格，这时需要进行细化处理后才能矢量化，其主要目的是通过矢量绘图装置输出。例如，将图 4.20（a）栅格数据矢量化为图 4.20（b）矢量数据。具体的矢量化算法：首先，在栅格数据中搜索多边形边界弧段相交的结点位置；然后，建立对类型边界格网单元的追踪算法，寻找同质区的闭合界限，同时计算其坐标，并整理成有序的坐标数组；最后，将跟踪得到的弧段数据连接组织成多边形。

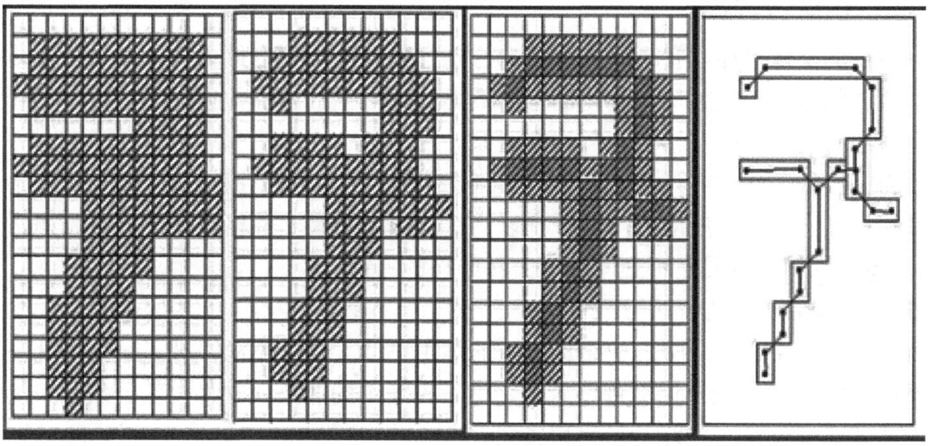

(a) 灰度图　(b) 二值图　(c) 细化图　(d) 跟踪图

图 4.19　基于图像数据的矢量化

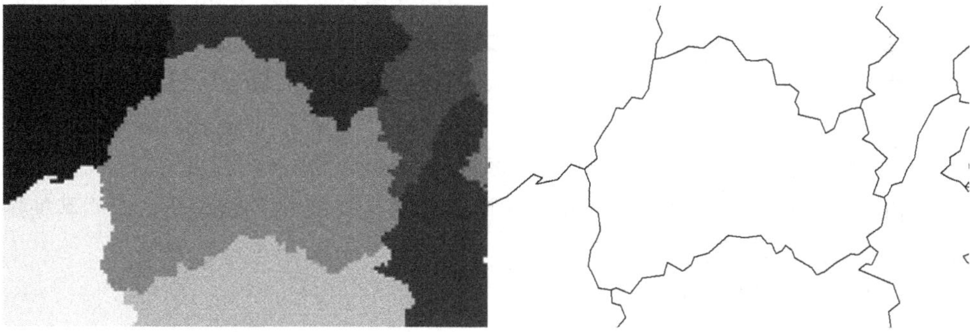

(a) 栅格数据　(b) 矢量数据

图 4.20　基于再生栅格数据的矢量化

4.2　空间数据存储与管理

空间数据存储与管理是指利用计算机硬件和软件技术对空间数据进行有效的收集、分类、组织、编码、存储、检索和维护，是 GIS 的核心功能。其目标是实现空间数据的合理组织与有效存取，需要解决的核心问题包括：空间数据的管理、操作、表示等。

空间数据存储与管理技术主要包括文件管理和空间数据库管理，以及适应现代互联网应用的缓存（切片、瓦片）地图管理方式等。

文件存储与管理的优点是结构灵活、操作简便、地图显示速度快，每个 GIS 软件厂商可以定义自己的文件格式以及处理工具，用于管理各种空间数据。然而，文件管理方式难以适应大批量数据处理与应用，属性数据管理功能较弱，目前，大数据量的空间数据文件管理已经逐步被空间数据库管理方式所取代。

随着互联网技术的高速发展，互联网电子地图应用已逐渐普及，为适应互联网地图应用对地图高效显示的需求，一种重要的互联网地图管理技术——缓存地图也应运而生。

4.2.1　文件存储与管理

空间数据的文件存储与管理是指基于自行定义的空间数据存储格式，以一个或多个文件实现空间数据的管理，包括非结构化的空间数据、结构化的属性数据等。空间数据和属性数据两者之间通常通过（唯一）标识码建立联系。

一般而言，每个商业或开源 GIS 软件，都提供专门的矢量及栅格空间数据文件格式来实现空间数据存储、管理与应用。下面分别以广泛应用的矢量文件格式 Shapefile、栅格文件格式 ESRI ASCII 为例，概要介绍空间数据文件结构的特征。

1. 矢量数据文件格式

各种矢量数据文件格式中，应用最广泛的是由 ESRI 公司开发的 Shapefile，几乎所有的商业与开源 GIS 软件都支持该文件格式。它是一种简单的非拓扑文件，基于条式矢量数据结构，用于存储地理要素的位置、形状和属性。

1）Shapefile 概况

一个 Shapefile 文件（集）最少包括三个文件：主文件（*.shp），用于存储地理要素的几何图形；索引文件（*.shx），用于存储图形要素与属性信息索引；dBase 表文件（*.dbf），用于存储要素属性信息的 dBase 表文件。除此之外，还包括如下可选的文件：空间参考文件（*.prj）、几何体的空间索引文件（*.sbn 和*.sbx）、只读 Shapefile 的几何体的空间索引文件（*.fbn 和*.fbx）、列表中活动字段的属性索引（*.ain 和*.aih）、可读写 Shapefile 文件的地理编码索引（.ixs）、可读写 Shapefile 文件的地理编码索引（*.mxs）、dBase 文件的属性索引（*.atx）、保存元数据的 XML 格式文件（*.shp.xml）、用于描述 dBase 文件的代码页、指明其使用的字符编码的描述文件（*.cpg）。

2）Shapefile 的主文件结构

a. 主文件基本结构

主文件是 Shapefile 文件（集）中用于存储地理要素的核心文件，包含一个定长的文件头，之后是变长的记录，如表 4.1 所示。每一条变长的记录用于记录一个地理要素的几何信息，由一个定长的记录头和变长的记录内容组成。主文件的内容分为两类：一是数据相关，包括记录内容和文件头的数据描述范围（形状类型、最小矩形外框等）；二是文件管理相关，包括文件和记录的长度等。

表 4.1　Shapefile 主文件结构

文件头	
记录头	记录内容
记录头	记录内容
记录头	记录内容
⋮	⋮
记录头	记录内容

b. 文件头结构

文件头包含 17 个字段，共 100 个字节，其中包含 9 个 4 字节（32 位有符号整数，int32）整数字段，紧接着是 8 个 8 字节（双精度浮点数）有符号浮点数字段（表 4.2）。

表 4.2　Shapefile 文件头结构

字节	类型	值	用途
0～3	int32	9994	文件编号（永远是十六进制数 0x0000270a）
4～23	int32	0	五个没有被使用的 32 位整数
24～27	int32	文件长度	文件长度，包括文件头（用 16 位整数表示）
28～31	int32	1000	版本
32～35	int32	图形类型	图形类型（参见表 4.5）
36～99	double	最小外接矩形	最小外接矩形（MBR），即一个包含 Shapefile 之中所有图形的最小矩形。以 8 个浮点数表示，分别是 *X* 坐标最小值、*Y* 坐标最小值、*X* 坐标最大值、*Y* 坐标最大值、*Z* 坐标的最小值与 *Z* 坐标的最大值、*M* 坐标的最小值与 *M* 坐标的最大值

c. 记录结构

文件头之后是不定数目的变长数据记录，用于存储所有地理要素的几何信息。每条记录由两部分组成，即由 8 个字节记录头开始，随后是变长的记录内容。记录头由记录编号与记录长度组成，如表 4.3 所示。记录头的后面就是实际的记录内容（表 4.4），包括图形类型与图形内容。

表 4.3　Shapefile 记录头结构

字节	类型	用途
0～3	int32	记录编号 （从 1 开始）
4～7	int32	记录长度（以 32 位整数表示）

表 4.4　Shapefile 记录内容总体结构

字节	类型	用途
0～3	int32	图形类型（参见表 4.5）
4～	—	图形内容

变长记录的内容由图形的类型决定。Shapefile 支持的图形类型如表 4.5 所示。

表 4.5　Shapefile 图形类型

值	图形类型	值	图形类型
0	空图形	15	PolygonZ（带 *Z* 或 *M* 坐标的多边形）
1	Point（点）	18	MultipointZ（带 *Z* 或 *M* 坐标的多点）
3	Polyline（折线）	21	PointM（带 *M* 坐标的点）
5	Polygon（多边形）	23	PolylineM（带 *M* 坐标的折线）
8	Multipoint（多点）	25	PolygonM（带 *M* 坐标的多边形）
11	PointZ（带 *Z* 与 *M* 坐标的点）	28	MultipointM（带 *M* 坐标的多点）
13	PolylineZ（带 *Z* 或 *M* 坐标的折线）	31	Multipath

主文件的记录内容包含图形类型和图形内容。记录内容的长度取决于该图形对象的部分（即 Part）和顶点的数量，每一种几何类型有其相应的记录内容。例如，Polyline 图形是一个

有序的顶点集合，包括一个或多个 Part。Part 是指连接两个或两个以上顶点的序列。Part 之间可能相连也可能不相连，可能相交也可能不相交。其图形内容包括 Box（边界盒）、NumParts（Part 数）、NumPoints（顶点数）、Parts（每个 Part 第一个顶点的索引序号）和 Points（各个顶点的坐标），如表 4.6 所示。其中，Box 以 Xmin,Ymin,Xmax,Ymax 的顺序存储。NumPoints 是指该图形所有 Part 的总顶点数。NumParts 是指该图形的 Part 数目。Parts 是长度为 NumParts 的数组，存储着每个 Part 起点在点数组中的索引，数组索引从 0 开始。X 的值为 44+4×NumParts。Points 是长度为 NumPoints 的数组，依次存储各个顶点的坐标，在 PolyLine 中的每一个 Part 的顶点首尾相连存储，各 Part 之间没有分隔符。图 4.21 和图 4.22 展示了 Polyline 图形内容中 Parts 与 Points 存储结构的关系。

表 4.6　Shapefile 的 Polyline 类型记录内容详细结构

字节起始位置	字段名称	字段值	数据类型	个数
Byte0	图形类型	3	Integer	1
Byte4	Box	Box	Double	4
Byte36	NumParts	NumParts	Integer	1
Byte40	NumPoints	NumPoints	Integer	1
Byte44	Parts	Parts	Integer	NumParts
X	Points	Points	Point	NumPoints

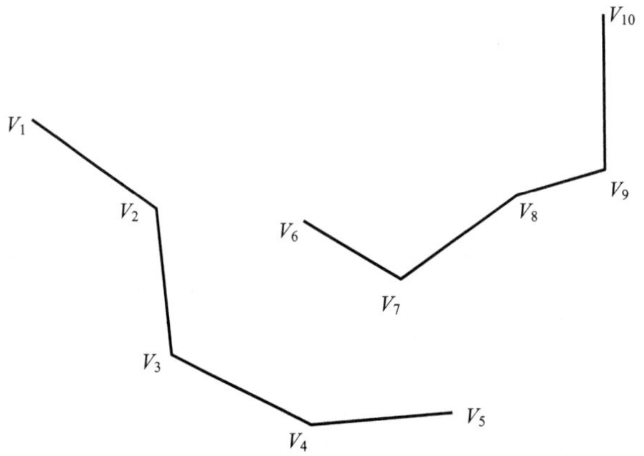

图 4.21　Polyline 实例

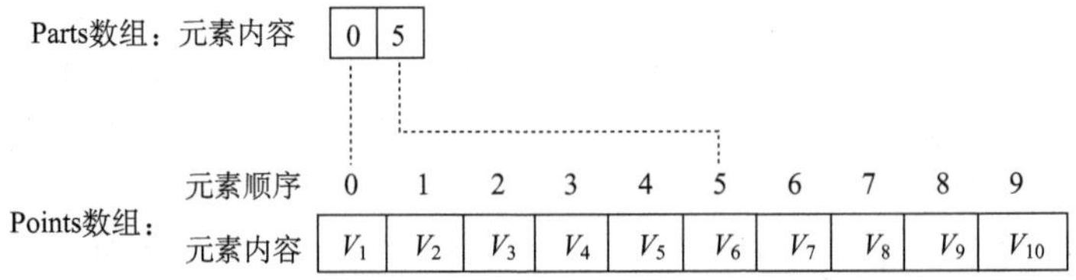

图 4.22　图 4.21 中 Polyline 图形内容的 Parts 与 Points 存储结构关系

通过 Shapefile 主文件的文件结构可以看出，主文件存储的数据由图形数据相关的数据与文件管理相关的数据两部分组成，前者实现地理要素数据的存储，而后者用于支持从文件中方便地读取数据记录。

2. 栅格数据文件格式

ESRI ASCII 格式栅格文件是 ESRI 公司提供的一种用于存储栅格数据的 ASCII 格式的文本文件，其基本结构包括文件开头部分的文件头信息以及后面的格网单元值数据部分。ESRI ASCII 栅格文件的格式示例如下：

```
ncols 800
  nrows 1000
  xllcorner 487932
  yllcorner 743238
  cellsize 10
  nodata_value -9999
  280 281 282 279 280 278 276 277 269 268 265 271 267 264
  283 284 282 288 292 294 287 297 281 289 293 296 298 294
……
```

可以看出，ESRI ASCII 栅格文件中，文件头信息部分定义栅格属性（如行数、列数、栅格原点的坐标、格网单元大小，以及 Nodata 取值），文件头信息的语法是有配对值的关键字，关键字的定义如表 4.7 所示。文件头信息后跟着的是以空格分隔的、行主序指定的格网单元值信息，数据的第 1 行在栅格顶部，第 2 行在第 1 行下面，以此类推。

表 4.7　ESRI ASCII 格式文件头信息

参数	描述	要求
ncols	像元列数	大于 0 的整数
nrows	像元行数	大于 0 的整数
xllcenter 或 xllcorner	原点的 X 坐标（取决于栅格文件左下角像元的中心或左下角）	
yllcenter 或 yllcorner	原点的 Y 坐标（取决于栅格文件左下角像元的中心或左下角）	
cellsize	格网单元大小	大于 0
nodata_value	作为格网单元中的 Nodata 的值	可选，默认值为–9999

4.2.2　空间数据库管理

1. 数据库模型结构

数据库是长期存储在计算机内、有组织的、可共享的、统一管理的相关数据的集合。数据库管理系统是一种高效地获取和维护数据的系统软件，用于建立、存储、操作与获取大型数据集。对数据库需要进行统一的管理和控制，以保证数据库的安全性和完整性。

早期存在三种比较流行的数据库模型，分别为层次模型、网状模型和关系模型，其中应用最广泛的为关系模型及其关系型数据库。随着计算机辅助设计、GIS 等的飞速发展，以及面向对象程序设计的成熟，对象关系模型也被用于管理复杂对象。而在当今的互联网时代，主要流行关系型数据库和非关系型数据库两种数据库模型。

1）层次模型

层次模型用树形结构表示实体数据之间的联系，其数据结构为一棵“有向树”，根节点位于树的最上端，层次最高，子节点在下，逐层排列。节点之间的对应关系是一种 1∶n 的关系。例如，图 4.23 表示某土地利用现状图层由耕地、园地、住宅用地三大类地类组成，其中，耕地地类包括水田和旱地两个子类，而旱地子类包括两个面状对象。

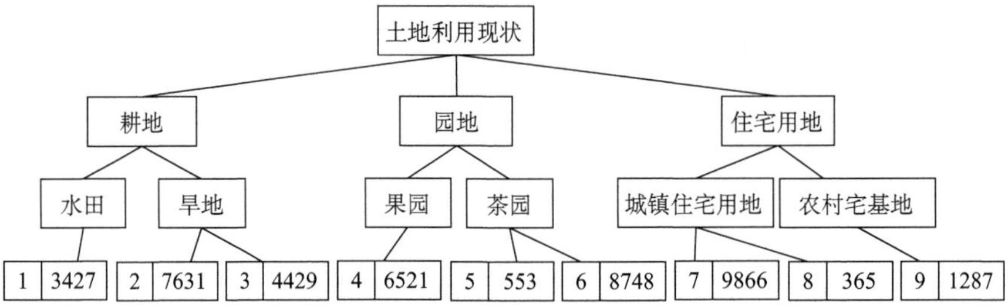

图 4.23　层次模型图

层次模型特征如下：

（1）有且仅有一个节点无父节点，该节点为树的根节点。

（2）根以外的其他节点有且仅有一个父节点。

2）网状模型

网状模型是指用有向图网络结构表示实体和实体之间的联系的数据结构模型。网状模型中所有的节点允许脱离父节点而存在，即在整个模型中允许存在两个或多个没有根节点的节点，同时也允许一个节点存在一个或者多个父节点，构成一种网状的有向图。节点之间的对应关系是一种 m∶n 的关系。例如，图 4.24 表示某土地利用现状图层中包括水田、旱地、果园等多个（多级）地类，与面状对象之间构成网状关系，其中，面状对象（2,7631）分别连接旱地与耕地地类，表示其分别属于旱地地类（二级类）与耕地（一级类）。

3）关系模型

关系模型是指使用表格表示实体和实体之间关系的数据模型，是存储在计算机上的、可共享的、有组织的关系型数据的集合。关系型数据是指以关系数学模型来表示的数据，关系型模型中以二维表的形式来描述数据，例如，表 4.8 记录了某土地利用现状数据中地块的基本信息，其中，第一条记录分别记录了某地块的 id 值、一级类值、二级类值，以及面积值。关系型数据库中的关系模型通常由关系数据结构、关系操作集合、关系完整性约束三部分组成。

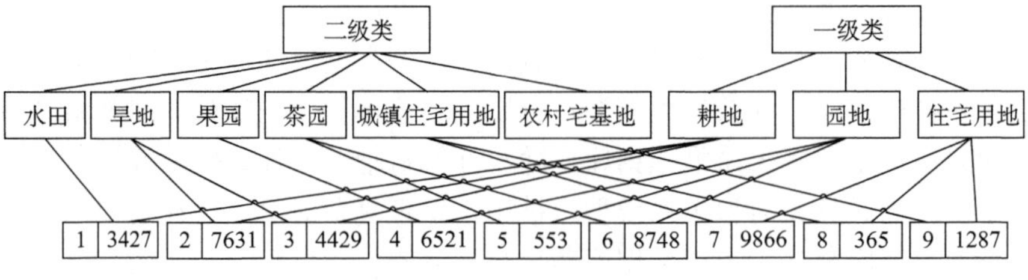

图 4.24　网状模型图

表 4.8　土地利用现状关系表格

id	一级类	二级类	面积
1	耕地	水田	3427
2	耕地	旱地	7631
3	耕地	旱地	4429
4	园地	果园	6521
5	园地	茶园	553
6	园地	茶园	8748
7	住宅用地	城镇住宅用地	9866
8	住宅用地	城镇住宅用地	365
9	住宅用地	农村宅基地	1287

关系模型特征如下。

（1）关系模型中，无论实体、还是实体之间的联系都被映射成统一的关系——一张二维表；在关系模型中，操作的对象和结果都是一张二维表。

（2）关系型数据库可利用多张表表示实体之间的多对多的关系。

（3）关系必须是规范化的关系，即每个属性是不可分割的实体，不允许表中表的存在。

关系型数据库是指建立在关系模型基础上的数据库，借助于集合代数等数学概念和方法来处理数据库中的数据。主流的关系型数据库有 Oracle、DB2、Microsoft SQL Server、MySQL 等。

关系型数据库优点如下。

（1）容易理解：二维表结构是一个非常贴近逻辑世界的概念，关系模型相对层次、网状等其他模型更容易理解。

（2）使用方便：通用的结构化查询语言（structured query language, SQL）使得操作关系型数据库非常方便。

（3）易于维护：丰富的完整性（实体完整性、参照完整性和用户定义的完整性）大大降低了数据冗余和数据不一致的概率。

（4）支持 SQL，可用于复杂的查询。

4）对象关系模型

对象关系模型是一种层次嵌套的关系模型，它是关系模型的扩展，允许关系继承、允许关系的属性值是另一个关系的元组，从而使复杂对象可用嵌套表示。

关系数据模型的扩展方式可以是以下几种。

（1）提供丰富的类型，包含复杂数据类型和面向对象的类型。

（2）扩展关系查询语言以处理这些丰富的类型。

（3）在扩展建模能力的同时保留关系的基础。

利用对象关系模型，不仅可以记录空间对象的属性信息，同时，还可以有效地记录其空间信息。例如，表 4.9 中第一条记录存储了 id 为 1 的空间对象信息，通过关系型数据库表的传统字段分别记录其 id 值、一级类值、二级类值，以及面积值等属性信息，而通过面向对象类型（Shape 字段）记录了其（空间）信息，如多边形对象可以用如下代码构造：

```
var polygon = new Polygon（{
                "rings": [
                  [
                    [12998707, 4869606],
                    [13000295, 4871370],
                    [13002632, 4870312],
                    [13004175, 4867622],
                    [13002499, 4865681],
                    [12999898, 4865373],
                    [12998707, 4869606]
                  ]
                ],
                "spatialReference": {
                  "wkid": 102113
                }
              }）;
```

表 4.9　对象关系表格

id	Shape	一级类	二级类	面积
1	Polygon	耕地	水田	3427
2	Polygon	耕地	旱地	7631
3	Polygon	耕地	旱地	4429
4	Polygon	园地	果园	6521
5	Polygon	园地	茶园	553
6	Polygon	园地	茶园	8748
7	Polygon	住宅用地	城镇住宅用地	9866
8	Polygon	住宅用地	城镇住宅用地	365
9	Polygon	住宅用地	农村宅基地	1287

5）非关系型数据库

尽管目前关系型数据库在数据库领域占据主导地位，然而随着互联网 Web2.0 的兴起，以及大数据时代的到来，越来越多的网站或应用系统需要支撑海量数据存储、高并发请求、高可用、高扩展性等特性需求，而传统的关系型数据库常常难以应对，由此，各种各样的非关系型数据库（not only SQL，NoSQL）数据库得到了快速发展。

非关系型数据库存储的不再是结构化的数据，即数据没有固定的长度、类型或格式等，比较主流的是以键值（key-value）对存储。

关系型和非关系型数据库的主要差异是数据存储的方式。关系型数据天然就是表格式的，因此存储在数据表的行和列中，数据表可以彼此关联协作存储，也很容易提取数据。与其相反，非关系型数据不适合存储在数据表的行和列中，而是大块组合在一起。非关系型数据通常存储在数据集中，如文档、键值对或者图结构。

非关系型数据库通常以键值对进行数据存储，将数据存储为一个文档，数据结构由键值对组成，如下所示：

```
{"土地利用现状":
  [{ “_id” :ObjectId（ “5146bb52d8524270060001f9” ）,"一级类":"耕地","二级类":"水田","面积":3427},
  { “_id” :ObjectId（“5146bb52d8524270060001f8”）,"一级类":"耕地","二级类":"旱地","面积":7631},
  { “_id” :ObjectId（“5146bb52d8524270060001f7”）,"一级类":"耕地","二级类":"旱地","面积":4429},
  { “_id” :ObjectId（“5146bb52d8524270060001f6”）,"一级类":"园地","二级类":"果园","面积":6521},
  { “_id” :ObjectId（“5146bb52d8524270060001f5”）,"一级类":"园地","二级类":"茶园","面积":553},
  { “_id” :ObjectId（“5146bb52d8524270060001f4”）,"一级类":"园地","二级类":"茶园","面积":8748},
  { “_id” :ObjectId（“5146bb52d8524270060001f3”）,"一级类":"住宅用地","二级类":"城镇住宅用地","面积":9866},
  { “_id” :ObjectId（“5146bb52d8524270060001f2”）,"一级类":"住宅用地","二级类":"城镇住宅用地","面积":365},
  { “_id” :ObjectId（“5146bb52d8524270060001f1”）,"一级类":"住宅用地","二级类":"农村宅基地","面积":1287}
 ]
}
```

与传统的关系型数据库相比，非关系型数据库的优势主要体现在以下几方面。

（1）易扩展。非关系型数据库种类繁多，但是一个共同的特点是都去掉了关系数据库的关系型特性。数据之间无关系，这样就非常容易扩展，也为数据库架构层面提供了可扩展性。

（2）大数据量，高性能。NoSQL 对于大数据量具有非常高的读写性能。这主要得益于它的无关系性，数据库结构简单。

（3）灵活的数据模型。非关系型数据库无须为要存储的数据事先建立字段，可以随时存储自定义的数据格式。

（4）高可用。非关系型数据库在不太影响性能的情况下，就可以方便地实现高可用的架构。

2. 空间数据库

空间数据库是指 GIS 以一系列特定结构的数据库形式组织在计算机物理存储介质上的地理空间数据的总和。

当前的空间数据库管理技术主要是采用商用关系型数据库管理系统（relational database management system, RDBMS）与空间数据引擎结合的方式实现空间数据管理，这种方式也称为对象-关系型空间数据库管理方法。这种管理方法的优点是可以充分利用关系型数据库管理系统提供的强大的属性数据管理功能，而涉及空间数据的管理和操纵则由 GIS 软件来实现，这样能够充分发挥 GIS 软件的空间数据管理与分析功能。对象-关系型空间数据库管理方法的核心称为空间数据引擎。

空间数据引擎（spatial database engine，SDE），是一种空间数据库管理系统的实现方法，即在常规关系数据库管理系统之上添加一层空间数据库引擎，对关系数据库管理系统进行扩展，使之能统一存储与管理非结构化的空间数据，以及结构化的非空间数据，并提供必要的空间关系运算与空间分析能力。它属于中间件技术，位于客户端和数据库之间，其本身并不能够存储空间数据（存储由数据库完成），其作用可以理解为将数据库中的对象（表、视图等）抽象成上层 GIS 应用可以理解的概念。空间数据引擎在用户和存储于常规数据库管理系统内的空间数据之间提供了一个开放的接口，它是一种处于应用程序和数据库管理系统之间的中间件技术。使用不同 GIS 厂商软件的客户可以通过空间数据引擎将自身的数据提交大型 RDBMS 统一管理。

一般而言，空间数据引擎包括三层：空间应用接口、核心空间功能性，以及数据库接口。其中核心空间功能性主要提供空间数据模型、空间操作算子、空间查询语言、空间文件索引等。空间应用接口与数据库接口分别提供用户访问空间数据引擎及空间数据引擎访问 RDBMS 的 API，如图 4.25 所示。

图 4.25　空间数据引擎结构

目前，对象-关系型空间数据库管理方法主要存在两种商业模式：

一种是 GIS 软件厂商在纯关系数据库管理系统基础上，提供一个空间数据引擎（如 ESRI 公司推出的 ArcSDE），利用关系数据库提供的二进制大对象（binary large object，BLOB）字段存储二进制的坐标数据。一个空间对象作为一条记录，其中一个特殊字段是存储矢量几何图形数据的变长字段 BLOB，其余部分是存储属性数据的定长字段。存储于 BLOB 字段的二进制坐标数据是一个黑箱，具体的数据结构和解释由各 GIS 软件解决。此外，GIS 软件商开发的空间数据引擎还应包括空间数据索引、空间查询语言等方法的实现。

另一种是直接采用关系数据库厂商提供的空间数据引擎，如 Oracle、DB2、Informix 等都推出了自己的空间数据管理模块，其基本原理与前面类似，预定义一些简单几何对象和处理这些几何对象的 API 函数，用四叉树或 R 树建立空间索引。GIS 软件可直接通过其提供的空间数据管理接口进行空间数据管理，这样一方面减少了开发工作量，保证了系统的稳定性和空间数据的共享性；另一方面，大型数据库厂商技术实力雄厚，开发的空间数据管理模块效率高，而且能跟随数据库主流技术同步发展。图 4.26 展示了此应用场景的空间数据管理结构，由存储层、模型层以及应用层组成，应用层的 GIS 软件或应用系统通过 RDBMS 软件厂商提供的空间数据引擎，访问包含空间数据管理模块的关系型数据库，实现空间数据加载、编辑、分析处理等功能应用。

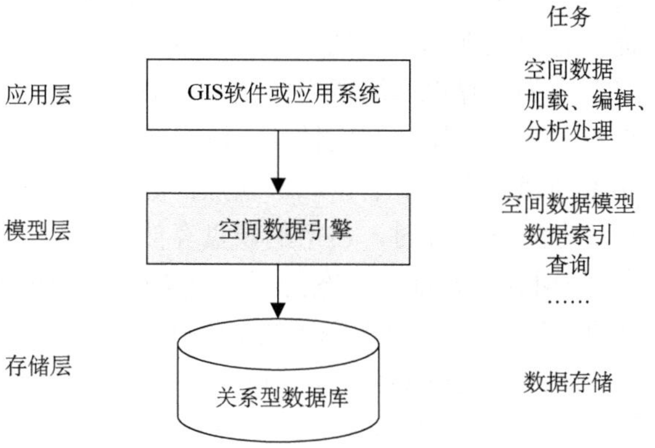

图 4.26　空间数据管理结构

4.2.3　缓存地图数据管理

缓存地图，也称切片地图或瓦片地图，是指一种预先生成瓦片地图的互联网电子地图应用模式，是在互联网时代通过互联网络快速访问地图服务的有效方式，目前流行的 Google 地图、百度地图等在线地图都是通过缓存地图的方式提供高效的地图访问服务。

在缓存地图服务应用前，需要预先完成缓存地图服务建设及发布。缓存地图服务又称为切片（或瓦片）地图服务，是使地图或图像服务在互联网应用中更快运行的一种非常有效的方法。创建缓存地图服务时，地图服务器将指定区域范围内由矢量数据绘制并符号化的地图，进行纵向分级和横向分幅，根据不同的比例尺等级，按照指定尺寸（如 256×256 等）和指定格式（如 JPEG、PNG 等）进行切割，得到若干行和列的矩形图片库，如图 4.27 所示。这些若干行和列的地图瓦片库呈现正金字塔形数据目录结构，并放置于服务器虚拟目录中。

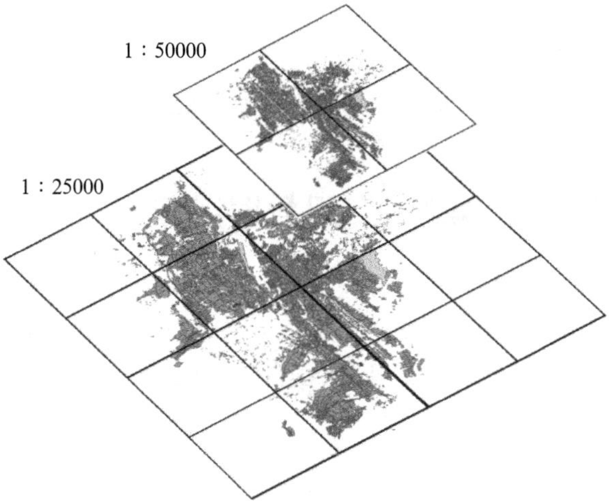

图 4.27　切片层次结构示意图

在服务端建立并发布缓存地图服务后，互联网用户通过客户端浏览器请求访问缓存地图服务时，服务器将根据请求的地图范围直接返回对应的地图比例尺级别中对应的地图瓦片，从而降低服务器负担，提升客户端地图浏览速度，实现良好的用户体验。

缓存地图服务的优点：因为缓存地图服务中的图片不需要服务器实时渲染生成，本身存在服务器的硬盘上，所以极大提高了服务器的性能，满足高并发访问需求；图片内容的详细程度不会对服务器分发副本的速度造成显著影响。缺点：缓存地图服务由于需要预先生成瓦片，无法自定义地图；当缓存级别较高时，占用的硬盘存储量较大。

下面以 ArcGIS Server 采用的缓存地图方案为例，介绍缓存地图的特点。

ArcGIS Server 的缓存地图服务把所有地图图层群组在一起生成瓦片块。缓存地图服务由目录和配置文件组成，并根据一定的规则命名，如 L××、R××、C××。如图 4.28 所示，缓存地图服务 jbntgytiled 生成 L00，L01，L02，L03，L04 等多个（比例尺）级别目录，每个级别目录，如 L01，存储该级别按照行、列切割生成的众多瓦片，对应有 R00000992、R00000993、R00000994 等多个行目录，每个行目录存储该级别的某一行的所有图片，即 C00000cfe、C00000cff 等。

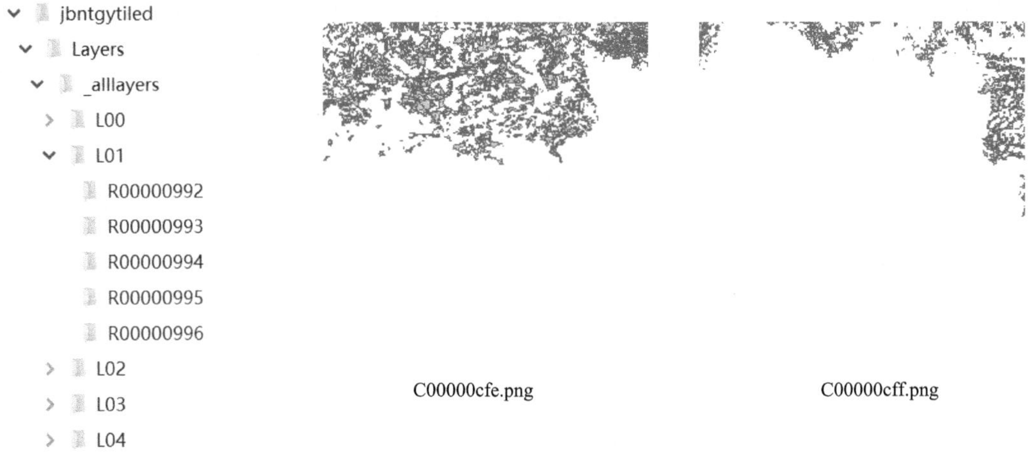

图 4.28　切片地图服务结构

4.3　空间数据组织

空间数据组织是指在一个大中型 GIS 应用中，根据应用目的及专题类型，将空间数据资料以合适的组织方式存储与管理，形成一个适合于存取及管理的空间数据组织模式。空间数据组织主要包括横向层面上的图幅数据组织（或地图分区式），以及纵向层面上的专题数据组织（或地图分层式）。

4.3.1　图幅数据组织

在一些大中型 GIS 应用中，由于区域范围广大或地图比例尺较大，在数据组织管理时需分幅管理，即在横向上，依据传统地图制作方法，采用经纬线分幅或采用规则矩形分幅，按图幅将区域空间数据进行分割，将大规模区域的数据划分为若干规则或不规则的小区域来存储，如图 4.29 所示。

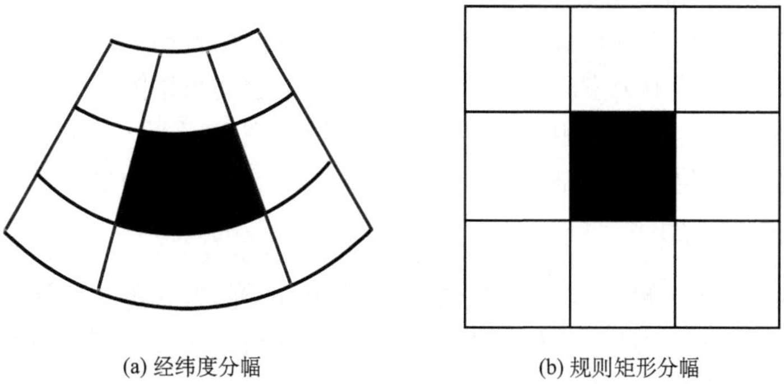

图 4.29　图幅组织

4.3.2　分层数据组织

由于电子地图通常是现实世界中多种类型的地理实体或现象的数字化抽象，为便于在 GIS 中实现电子地图的可视化、查询检索以及空间分析等，目前大多数 GIS 以专题或分类进行空间数据分层，称作数据层，也常称作图层或专题图层，如道路图、水系图、居民地图、行政区域图、空气质量等级图等，用以表现不同自然或社会经济现象，如图 4.30 所示。

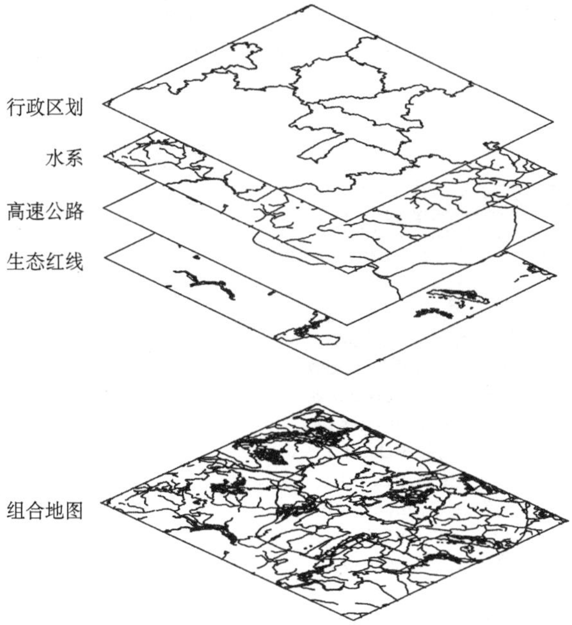

图 4.30　分层组织

层的概念同时适合于栅格数据和矢量数据。层是指具有相同或相近专题特征的地理空间对象的集合。在栅格数据结构中，每种属性一般形成一个独立的层。而在矢量数据结构中，层通常用来区分空间实体的不同专题类型，是由多个具有某些相同或相似特性的同种类型的空间对象组成的集合。一个层中可包含多个属性。

因为在 GIS 中矢量数据需要按照点、线、面等不同几何要素类型分别存储管理，所以矢量模型中分层除了考虑专题性质，也会将同一专题的不同几何要素类型分为不同图层。而栅格模型主要是依据专题性质进行分层，分层后的每层数据均有相应的属性和空间等信息。

GIS 的地图数据由若干个空间数据图层组成，一个空间数据图层通常又包含若干个地理空间对象或格网单元。这一逻辑组织模型可概括为地图空间-图层-对象。一个空间对象及其属性信息在这一模型中位于最基础的层次，而地图则是这个模型的最高层次。

4.3.3　空间数据库组织

在 GIS 工程应用中，通常以横向上分幅，纵向上分类的方式进行空间数据生产、设计与制作，从而生产数量众多的地图文件。为满足 GIS 应用系统建设需要，应进一步按照空间数据库方式进行空间数据入库、组织与管理。

例如，Geodatabase 是 ESRI 提供的一个功能强大的空间数据（库）组织与管理工具。Geodatabase 按照层次型（空间数据库—要素集—要素类—要素）的数据对象来组织空间数据库，这些数据对象包括要素、要素类和要素数据集，如图 4.31 所示。一个 Geodatabase 数据库可由一个或多个要素数据集组成。要素数据集是共用一个通用坐标系的相关要素类的集合。要素数据集用于按空间或主题整合相关要素类，可将相关要素类编排成一个公用数据集，用以构建拓扑、网络数据集、地形数据集或几何网络。要素类是具有相同几何类型和属性的要素的集合，即同类空间要素的集合，如居民地、公共交通、河流、道路、植被、土地利用等。可以将同一专题类型的不同数据文件（如图幅文件）加载合并到同一个要素类中，因此要素类可理解为该区域某专题的一个总图层。要素是指一个具体的地理空间对象，包含几何、属性等信息。

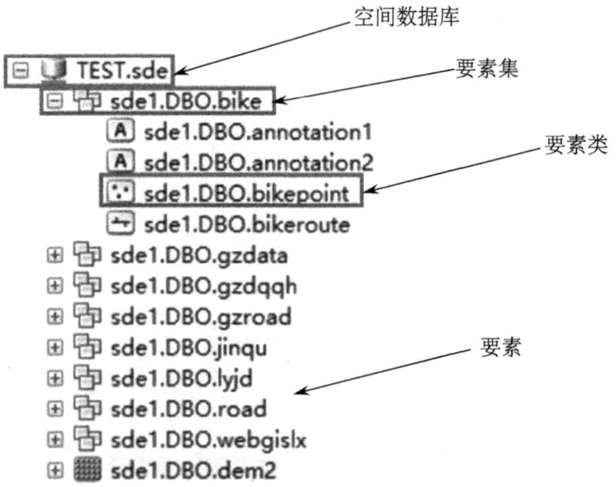

图 4.31　Geodatabase 建立的空间数据库结构

思　考　题

1. 什么是空间数据结构？简要说明其基本形式。
2. 什么是栅格数据结构？
3. 什么是矢量数据结构？

4. 简要说明条式结构的特点。

5. 简要说明拓扑关系对 GIS 数据处理和空间分析具有哪些重要的意义。

6. 比较栅格、矢量数据结构特点。

7. 简要说明矢量数据转换为栅格数据的原理。

8. 简要说明基于图像数据的矢量化方法。

9. 什么是空间数据管理？简要说明其主要形式。

10. 什么是空间数据引擎？简要说明其构成。

11. 简要说明对象-关系型空间数据库管理方法的主要商业形式，并比较其特征。

12. 结合 ESRI 提供的缓存地图服务，分析说明缓存地图数据管理特征。

13. 图 4.32 为一个多边形图层示意图，试分别以条式结构与拓扑结构表示。

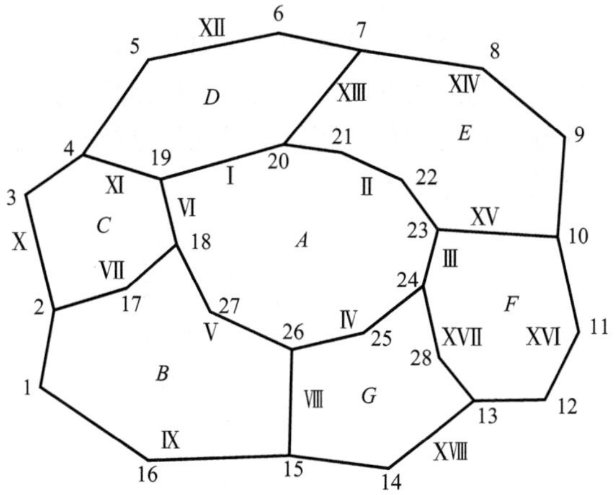

图 4.32　多边形图层示意图

14. 图 4.33 为一个四叉树栅格编码示例，其中，SW，SE，NW，NE 分别代表西南、东南、西北、东北四个象限的四个分支，1，2，3 分别为格网单元值，试根据四叉树编码原理，画出相应的直接编码栅格数据图。

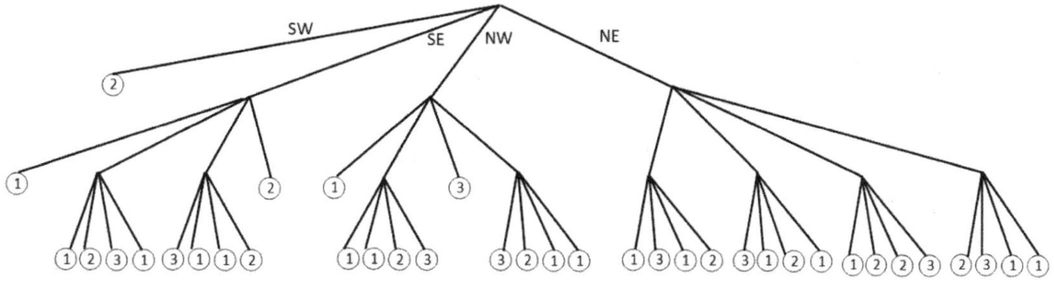

图 4.33　四叉树栅格编码示例

15.　以 ESRI Geodatabase 为例，阐述如何建立一个空间数据库。

第 5 章　地理空间分析

空间分析是解决一般地理空间问题的基本理论和方法，为人们建立空间应用模型提供基本的分析工具。利用空间分析技术，通过对原始数据模型的观察和实验，用户可以获得新的经验和知识，并以此作为空间行为的决策依据。空间分析的内涵极为丰富，作为地理信息系统的核心部分之一，它是地理信息系统的主要特征，也是评价一个地理信息系统功能的主要指标之一。本章主要介绍空间分析概述、空间统计分析、地理编码与路径分析以及空间几何分析，这几类分析是连接信息技术和地理建模与应用连接的“桥梁”。空间统计分析着重于空间对象和现象的非空间特性的统计分析，解释如何用数学统计模型来描述和模拟空间现象和过程。地理编码与路径分析主要通过研究网络的状态及模拟和分析资源在网络上的流动和分配情况，解决网络结构及其资源等的优化问题。空间几何分析一般包括叠加分析、缓冲区分析和泰森多边形分析等。本章结构如图 5.1 所示。

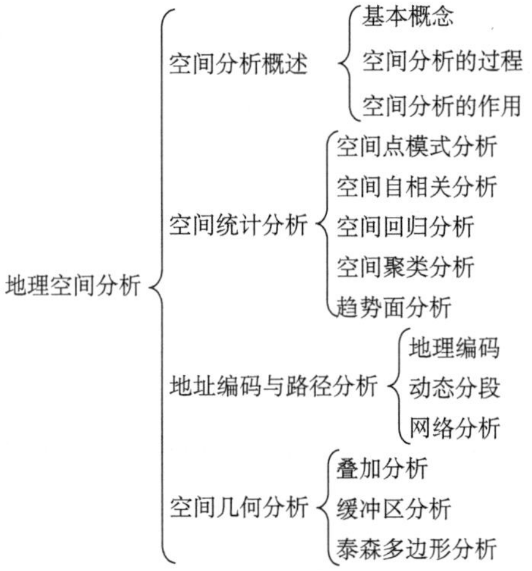

图 5.1　本章结构图

5.1　空间分析概述

5.1.1　基本概念

空间分析是人类认识自然能力的一种延伸。最著名的空间分析案例之一是 1854 年斯诺医生发现的伦敦霍乱暴发的原因。

在 19 世纪，人们通常认为霍乱是由空气传播的。1854 年 8～9 月英国伦敦的一些地区暴发霍乱，医生斯诺参与调查病源。他在绘有霍乱流行地区所有道路、房屋、饮用水机井等内容的 1∶6500 比例尺地图上，标出了每个霍乱病死者的居住位置，得到了霍乱病死者的居住分布图，如图 5.2 所示，箭头所指位置为布洛多斯托水井。通过对这张图的分析，他发现霍乱病死者都在 Broad 街道中部一处水源（即布洛多斯托水井）周围，而市内其他水源周围极少发现霍乱病死者。通过进一步调查，他发现这些霍乱病死者都饮用过这口井里的水，关闭这口水井后再也没有新的病例产生。据此，他最终确定了霍乱病的源头及传播机制。这一研究开启了学者对空间分析的关注。

图 5.2　1854 年伦敦霍乱患者住所地图

（图片来源：http://www.wikipedia.org）

空间分析是为解答地理空间问题而进行的数据分析与挖掘方法。比较典型的空间分析定义有如下几种：

空间分析是对数据的空间信息、属性信息或二者共同信息的统计描述或说明（Goodchild，1986）。

空间分析是对于地理空间现象的定量研究，其常规能力是操纵空间数据成为不同的形式，并且提取其潜在信息（Openshaw,1998；Bailey and Gatrell,1995）。

空间分析是基于地理现象空间布局的地理数据分析技术（Haining, 2003）。

空间查询和空间分析是指从地理信息系统目标之间的空间关系中获取派生的信息和新的知识（李德仁，1997）。

空间分析是指为制定规划和决策，应用逻辑或数学模型分析空间数据或空间观测值。空间分析是基于地理对象的位置和形态特征的空间数据分析技术，其目的在于提取和传输空间信息（郭仁忠，2001）。

从数据流和处理角度看，地理信息系统空间分析是从一个或多个空间数据图层获取信息的过程。它是集空间数据分析和空间模拟于一体的技术，通过地理计算和空间表达挖掘潜在空间信息，以解决实际问题。空间分析的本质特征包括：

（1）探测空间数据中的模式。

（2）研究空间数据间的关系并建立相应的空间数据模型。

（3）提高适合于所有观察模式处理过程的理解。

（4）改进发生地理空间事件的预测能力和控制能力。

综合上述对空间分析的定义，地理信息系统的空间分析可以定义为：以地理空间数据库为基础，运用逻辑运算、一般统计和地统计、图形与形态分析、数据挖掘等技术，提取隐含在空间数据内部与空间信息有关的知识和规律，包括位置、形态、分布、格局以及过程等内容，以解决涉及地理空间的各种理论和实际问题。

5.1.2　空间分析的过程

空间分析是根据建立的处理模型对数据进行一系列操作和解释的过程。空间分析过程分为六个步骤。

（1）问题的定义和描述：分析的目的是什么？

（2）问题分解：达成目的的目标是什么？可能的现象和交互操作是什么？需要哪些模型建模？

（3）探索输入数据集：数据集包含什么？什么关系需要定义？

（4）执行分析操作：哪些 GIS 工具用于执行模型计算？

（5）验证模型计算结果。

（6）输出分析结果。

为了解决空间问题，必须对要解决的问题和预期达到的目的进行清楚的描述和定义。在理解了分析的目的之后，需要将问题分解为一系列要实现的目标，确定实现目标的分析元素和交互操作，并从数据库中产生分析用的输入数据集。通过将问题分解为一系列的目标，可以发现为实现分析目的需要的一系列必要的处理步骤。

执行空间分析模型就是确定哪些分析工具用于建立整体分析模型，并运行模型。分析结果的验证就是解决如果要想获得最佳结果，还需要调整或改变哪些条件和参数；也可能根据建立的多个模型，进行结果比较，从中选择最佳模型和最佳结果等。结果应用分析就是将分析的结果与步骤（1）的目的进行比较，或在实际中使用分析的结果。

5.1.3　空间分析的作用

空间分析旨在通过对空间实体的分析来描述地理现象变化发展的内在规律与变化趋势，其作用主要体现为以下几点。

（1）认知。对获取的空间数据进行科学的组织和定量描述，认识地理空间数据的分布特征。地理空间数据的分布特征，不能仅凭人为感觉判定，而是需要利用相关指标进行定量描述。例如，莫兰（Moran's I）指数能够表征地物的空间分异情况；紧凑度、形状比等指标能够表征地物的形状特征。空间分析能够描述各种自然或社会现象（如植被、建筑物和人口等）的空间分布特征。

（2）解释。解释空间现象和空间模式的形成机理。空间分析可以结合数学统计分析等方法，解释空间现象和空间模式的形成机理。例如，通过对城市土地利用图、交通线路图、人口分布图及高程图的叠加，利用相关的分析模型，可以研究土地利用变化的成因。

（3）辅助规划决策。空间分析不仅能够分析现状，还可以辅助规划决策。例如，通过分析现有医院的空间分布情况和居民对医疗设施的需求，可以辅助新建医院的选址，规划医院的配置。

（4）预测和预报。在了解、掌握事件发生变化规律的前提下，建立具体的预测模型对未来的状况进行预测。例如，结合地形资料和降水信息，可以对洪水进行预测和预报。

5.2　空间统计分析

5.2.1　空间点模式分析

在现实生活中，点很容易定位，如鸟巢、石油钻井、犯罪地点或电线杆。由于会受到一些空间处理的影响，当把这些点布置在地图上时经常会呈现出不同的空间模式。分析点定位过程的机理，可以帮助研究人员对其他点位置进行建模和预测。根据地理实体或事件的空间位置研究其分布模式的方法称为空间点模式分析。在空间点模式分析中，主要强调的是点的位置，而不是点的任何属性。

点模式是研究区域 R 内的一系列点的组合：

$$\left[S_1=(x_1,\ y_1),S_2=(x_2,\ y_2),\cdots,S_n=(x_n,\ y_n)\right]$$

式中，S_i 为第 i 个观测事件的空间位置。研究区域 R 的形状可以是矩形，也可以是复杂的多边形。

点在空间上的分布千变万化，但不会超出从均匀到集中的模式，如图 5.3 所示。一般将点模式区分为三种基本类型：聚集分布、随机分布、均匀分布。如果某区域范围内每个较小区域上的点密度都相等，则称为均匀分布；如果整个研究区内的点呈紧密排布，则称为聚集分布；如果点要素呈无规律零乱散布时，则称为随机分布。

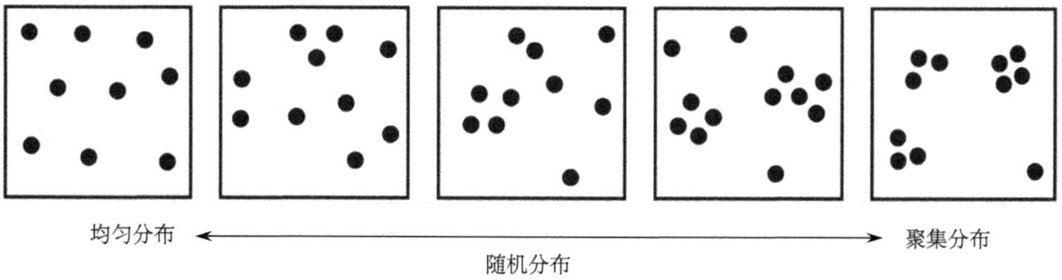

图 5.3　点模式的分布类型示例

区域内点集对象或事件分布模式的基本问题是确定它们的分布是随机的、均匀的还是聚集的。研究分布模式对于探索导致这一分布模式形成的原因非常重要。例如，在一个城市区域中大型商业网点的空间分布模式是否显著地影响了餐饮网点的分布？常用的点模式分析方法有最近邻点分析、样方分析等。

1. 最近邻点分析

最近邻点分析是一种点位置关系的点模式分析法，它的基本思想是先测出每个点与其最近点要素间的距离，然后计算所有这些最近邻距离的平均值。如果该平均距离小于假设随机分布中的平均距离，则将所分析的点要素视为聚类要素，否则视为分散要素。

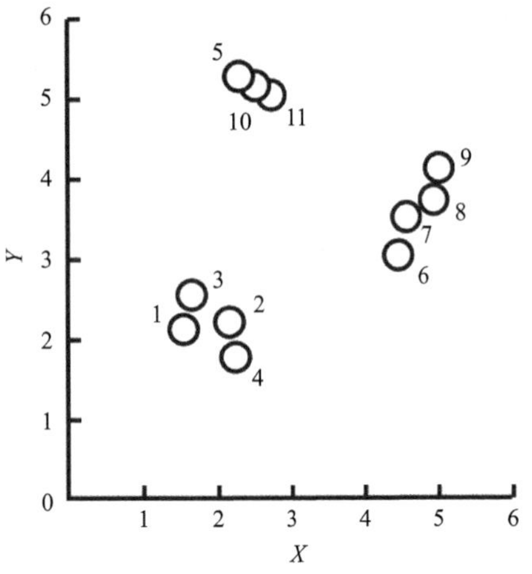

图 5.4　11 个假定观察点的地理分布

最近邻点分析创建一个基于每个对象到邻近要素之间距离的索引。该分析能确定位置的空间分布是随机还是非随机的，表示为点间观察距离和预期距离（假设为随机分布）比值的索引。

最近邻点分析的一个假设条件是，点可以“自由”定位在研究区域的任何位置，如图 5.4 所示的 11 个假定点的地理分布。计算每个点到其他各点的距离，如表 5.1 所示，计算出每个点的最近邻点和到最近邻点的欧氏距离及所有到最近邻点的距离的平均值 d_a。

要确定分布中的点是否随机分布，需要用平均观测距离 d_a 与随机分布的点之间的预期平均最近邻距离 d_e 进行比较。一个随机的点分布的预期平均最近邻距离的计算公式为

表 5.1　11 个点的欧氏距离

点	X	Y	最近邻点	到最近邻点的欧氏距离
1	1.5	2.1	3	0.41
2	2.1	2.2	4	0.46
3	1.6	2.5	1	0.41
4	2.2	1.75	2	0.46
5	2.3	5.2	10	0.14
6	4.3	3.1	7	0.51
7	4.4	3.6	8	0.34
8	4.7	3.75	7	0.34
9	4.8	4.2	8	0.46
10	2.2	5.3	5	0.14
11	2.5	5.1	10	0.36
		d_a		0.37

$$d_e = \frac{1}{2\sqrt{n / A}} \tag{5.1}$$

式中，n 为点数；A 为研究区域的面积。在本例中，研究面积是 36（即 6×6=36）平方单位。如果分析的点是随机分布的，则两值（d_a 和 d_e）之比总等于 1（或非常接近于 1）。聚集模式的最近邻点距离小于预期距离，即 d_a 小于 d_e。

因此在本例中，假设的点模式中每个点之间的预期随机距离为

$$d_e = \frac{1}{2\sqrt{\frac{11}{36}}} = 0.905 \tag{5.2}$$

式（5.2）可改写为

$$随机距离=\frac{1}{2\sqrt{密度}} \tag{5.3}$$

式（5.3）中，$密度=\frac{点数}{总面积}$。

在本例中，实际最近邻距离 d_a 是 0.37，比预期距离（0.905）小很多，说明该例中的点模式属于聚集分布。

2. 样方分析

样方分析方法的基本思路为：将随机分布模式作为理论上的标准分布模式，进而将空间点分布密度与标准分布模式进行比较，判断空间分布模式。样方分析的基本步骤如下：

首先使用一个格网结构对研究区域进行分割，统计每个格网空间实体的频数。格网的形状可以为正方形、正六边形或圆形。一般采用正方形格网，也有使用固定大小的随机样方，如图 5.5 所示。

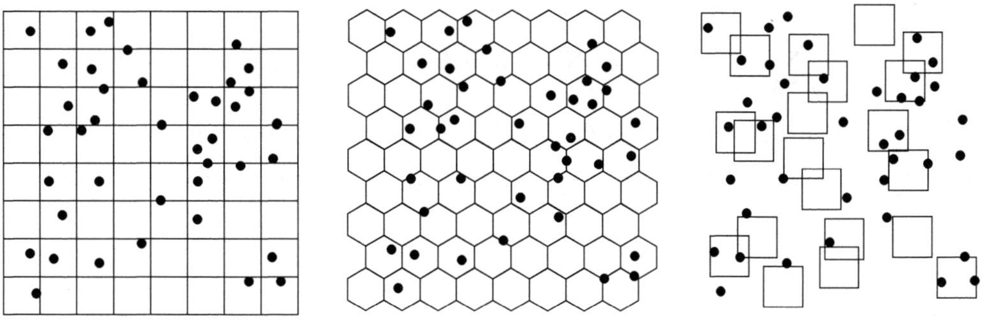

(a) 正方形格网　　(b) 六边形格网　　(c) 随机样方

图 5.5　不同形式的样方设计

然后统计包含不同数量空间实体格网的概率分布。最后将得到的概率分布与已知的或理论上的概率分布（如均匀分布、随机分布）进行比较，可以采用方差-均值比的方法来判断空间点模式的类型，描述为

$$\lambda_{\text{ICS}}=\left(\frac{S^2}{\bar{x}}\right)-1 \tag{5.4}$$

式中，λ_{ICS} 为聚集性指数，$\lambda_{\text{ICS}}=0$ 表示随机分布，$\lambda_{\text{ICS}}<0$ 表示均匀分布，$\lambda_{\text{ICS}}>0$ 表示聚集分布；S^2 为样方实体数目的方差；$\bar{x}$ 为样方实体数目的均值。

5.2.2　空间自相关分析

空间自相关分析是指研究地理空间中某空间数据与其周围数据间的相似性及相关程度，进而分析这些空间数据在空间的分布现象的特性。空间自相关基于 Waldo Tobler 的地理学第一定律：任何事物都相关，只是空间上相近的事物更相关。空间自相关分析是认识空间分布特征、选择适宜的空间尺度来完成空间分析的最常用方法。

空间自相关分析包括全局空间自相关分析和局部空间自相关分析。全局空间自相关分析采用单一的值来反映同一变量在空间区域中的自相关程度，可分析在整个研究范围内同一个变量是否具有自相关性。局部空间自相关分析分别计算每个空间单元与邻近单元就同一个变量的自相关程度，可分析在特定的局部地点同一个变量是否具有相关性。

1. 全局空间自相关分析

全局空间自相关分析主要用于描述区域单元某种现象的整体空间分布情况，以判断该现象在空间上是否存在聚集性。莫兰（Moran's I）指数统计量和 Geary's C 指数统计量是两个用来度量空间自相关的全局指标。其中，Moran's I 指数反映空间邻接或空间邻近的区域单元属性值的相似程度。Geary's C 指数与 Moran's I 指数存在负相关的关系。

1）全局 Moran's I 指数

全局 Moran's I 指数（Moran，1950）计算公式为

$$\text{Moran's I}=\frac{\sum_{i=1}^{n}\sum_{j=1}^{n}w_{ij}(x_i-\overline{x})(x_j-\overline{x})}{S^2\sum_{i=1}^{n}\sum_{j=1}^{n}w_{ij}} \tag{5.5}$$

式中，方差为 $S^2=\frac{1}{n}\sum_{i=1}^{n}(x_i-\overline{x})^2$；$\overline{x}=\frac{1}{n}\sum_{i=1}^{n}x_i$；$x_i$ 为第 i 个地区的观测值；n 为地区总数；w 为行标准化的空间权重矩阵，w_{ij} 为空间权重矩阵中的第 i 行第 j 列的一个元素，以度量区域 i 与区域 j 之间的距离；$\sum_{i=1}^{n}\sum_{j=1}^{n}w_{ij}$ 为所有空间权重之和，如果空间权重矩阵为行标准化，则 $\sum_{i=1}^{n}\sum_{j=1}^{n}w_{ij}$ 为 n。

Moran's I 指数的取值一般为–1～1，小于 0 表示负相关，等于 0 表示不相关，大于 0 表示正相关。Moran's I 统计量绝对值越接近 0，表示空间事物的属性值差异越大或分布越不集中，在空间上表现为随机分布，满足经典统计分析所要求的独立、随机分布假设；绝对值越接近 1，表示空间单元间的关系越密切，性质越相似（接近于 1 时表明具有相似的“高–高”“低–低”属性聚集在一起，接近于–1 时表明具有相异的“高–低”“低–高”属性聚集在一起）。

空间自相关显著性检验为，零假设为“H_0：n 个区域单元的观测值不存在空间自相关关系”。Z_α 为标准化 Moran's I 指数。

$$Z_\alpha=\frac{I-E(I)}{\sqrt{\mathrm{VAR}(I)}} \tag{5.6}$$

式中，$E(I)=-\frac{1}{n-1}$；$\mathrm{VAR}(I)=\frac{n^2w_1+nw_2+3w_0^2}{w_0^2(n^2-1)}-E^2(I)$；$w_0=\sum_{i=1}^{n}\sum_{j=1}^{n}w_{ij}$；$w_1=\frac{1}{2}\sum_{i=1}^{n}\sum_{j=1}^{n}(w_{ij}+w_{ji})^2$；$w_2=\sum_{i=1}^{n}\sum_{j=1}^{n}(w_{i*}+w_{j*})^2$，$w_{i*}$ 和 w_{j*} 分别为空间权重矩阵中第 i 行和第 j 列之和。

可以证明，在零假设成立的条件下，Z_α 服从渐进正态分布，由此可以用标准正态的临界值对其进行假设检验。一般情况下假设显著性水平 α 等于 0.05，查正态分布表知 Z_α=1.96。那么当 Z_α>1.96 时，表明地理分布中具有相似属性的区域单元倾向于集聚在一起，具有显著的正空间自相关性；当 Z_α<–1.96 时，表明地理分布中不同的属性值倾向于聚集在一起，具有显

著的负空间自相关性；当$-1.96<Z_{\alpha}<1.96$时，表明地理分布中的属性值高或低呈无规律的随机分布状态，空间自相关性不显著。

2）全局 Geary's C 指数

由于 Moran's I 指数不能判断空间数据是高值集聚还是低值集聚，因此 Geary（1954）提出全局 Geary's C 指数。Geary's C 指数计算公式为

$$C=\frac{(n-1)\sum_{i=1}^{n}\sum_{j=1}^{n}w_{ij}(x_i-x_j)^2}{2\sum_{i=1}^{n}\sum_{j=1}^{n}w_{ij}\sum_{k=1}^{n}(x_k-\overline{x})^2} \tag{5.7}$$

式中，C 为 Geary's C 指数，其他变量同上式。Geary's C 指数的取值一般为[0，2]，大于 1 表示负相关，等于 1 表示不相关，小于 1 表示正相关。类似于 Moran's I 指数，也可以对 Geary 指数进行标准化，标准化后的 Geary's C 指数也渐进服从正态分布。

$$Z(C)=\frac{[C-E(C)]}{\sqrt{\operatorname{Var}(C)}} \tag{5.8}$$

式中，$E(C)$ 为数学期望；$\sqrt{\operatorname{Var}(C)}$ 为方差。正的 $Z(C)$ 表示存在高值集聚，负的 $Z(C)$ 表示存在低值集聚。

2. 局部空间自相关分析

全局自相关建立在空间平稳性这一假设基础之上，认为整个区域只存在集聚、分散或随机分布三者中的一种趋势。但空间自相关的全局评估有时可能掩盖了局部的不稳定性，特别是当区域非常大时，空间平稳性的假设就变得非常不现实。实际上，在研究区域内部，各局部区域常常存在着不同水平与性质的空间自相关，这种现象称为空间异质性。局部空间自相关分析就是通过计算每一个空间单元与邻近单元就某一属性的相关程度，对各局部区域中的属性信息进行分析，探究整个区域上同一属性的变化是否平滑（均质）或者存在突变（异质）。局部空间自相关分析结果一般可以采用地图的方式直观地表达出来，通过构造不同的空间权重矩阵，可以更为准确地把握空间要素在整个区域中的异质性特征。常见的局部空间自相关统计量是空间联系局部指标（local indicators of spatial association, LISA）（Anselin，1995），这是一组统计量的合称，常用的包括局部 Moran's I 指数和局部 Geary's C 指数。

1）局部 Moran's I 指数

局部 Moran's I 指数被定义为

$$I_i=\frac{(x_i-\overline{x})}{S^2}\sum_{j}\omega_{ij}(x_j-\overline{x}) \tag{5.9}$$

式中，$S^2=\frac{1}{n}\sum_{i=1}^{n}(x_i-\overline{x})^2$；$\overline{x}=\frac{1}{n}\sum_{i=1}^{n}x_i$。

正的 I_i 表示该空间单元与邻近单元的观测属性呈现正相关（高值聚集或者低值聚集），表示一个高值被高值所包围（高–高）或是一个低值被低值所包围（低–低），负的 I_i 表示一个高值被低值所包围（高–低）或是一个低值被高值所包围（低–高）。

进一步推导可得

$$I_i = \frac{n(x_i - \bar{x})\sum_j \omega_{ij}(x_j - \bar{x})}{\sum_i (x_j - \bar{x})^2} = \frac{nz_i \sum_j \omega_{ij} z_j}{Z^T Z} = z_i' \sum_j \omega_{ij} z_j' \tag{5.10}$$

式中，z_i 和 z_j 为经过标准差标准化的观测值。类似地，可以用式（5.11）进行检验：

$$Z(I_i) = \frac{I_i - E(I_i)}{\sqrt{\mathrm{Var}(I_i)}} \tag{5.11}$$

则容易得到 $\sum_i I_i = S_0 I$，因此局部 Moran's I 指数是一种描述空间联系的局部指标，即 LISA。

2）Getis-Ord 指数 G_i^*

局部 Moran's I 指数和局部 Geary's C 指数都能够用于检验局部空间自相关性，但其共同缺点在于无法区分“冷点”（cold spot）和“热点”（hot spot）区域。热点区域即为高值与高值聚集的区域，冷点区域则是低值与低值聚集的区域。Ord 和 Getis（1992）提出了 Greary's C 指数的一个局部聚类检验，称为 G_i^* 指数，是一种基于距离权重矩阵的局部空间自相关指标，能探测出高值集聚和低值集聚。计算公式为

$$G_i^* = \frac{\sum_j w_{ij} x_i}{\sum_k x_k} \tag{5.12}$$

在各区域不存在空间相关的情况下，Ord 和 Getis 简化了 G_i^* 的数学期望和方差的表达式：

$$E(G_i^*) = \frac{\sum_j \mathrm{w}_{ij}}{n-1} = \frac{W_i}{n-1} \tag{5.13}$$

$$\mathrm{Var}(G_i^*) = \frac{W_i(n-1-W_i)}{(n-1)^2(n-2)} \frac{Y_{i2}}{Y_{i1}^{\ 2}} \tag{5.14}$$

式中，$Y_{i1} = \frac{\sum_j \omega_{ij}}{n-1}$；$Y_{i2} = \frac{\sum_j x^2}{n-1} - Y_{i1}^2$；将 G_i^* 标准化，得到 $Z_i = \frac{G_i^* - E(G_i^*)}{\sqrt{\mathrm{Var}(G_i^*)}}$。

如果样本区域中高值聚集在一起，则 G_i^* 较大；如果低值聚集在一起，则 G_i^* 较小。在无空间自相关的原假设下，若 Z_i>1.96，则可在 5%的水平上拒绝无空间自相关的原假设，认为存在空间正自相关，即显著的正值表示高观测值的区域单元趋于空间集聚；而显著的负值表示低观测值的区域单元趋于空间集聚。

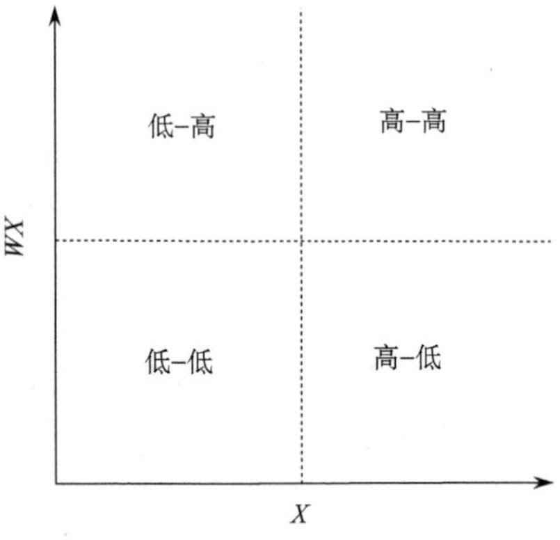

图 5.6　Moran 散点图的分区

3）Moran 散点图

Moran 散点图是描绘相邻空间单元观测变量的局部相关类型及其空间分布的图形，它主要描述某一空间单元的观测变量 X 与其空间滞后变量 WX（即该空间单元周围单元的观测变量值的加权平均值）之间的相关关系。Moran 散点图不仅能提供局部的空间不稳定性测度，而且形象地展示了全局 Moran's I 指数值，如图 5.6 所示。

Moran 散点图中第一、第三象限代表正的空间联系，第二、第四象限代表负的空间联系。图 5.6 中，第一象限为空间单元的观测值及其相邻单元观测变量的空间加权平均值（即空间滞后值）都大于平均值，表明高值被高值所包围，呈现出“高-高”（H-H）的空间集聚类型；第二象限为某空间单元的观测值小于平均值，而其空间滞后大于平均值，表明低值被高值所包围，呈现出“低-高”（L-H）的空间集聚类型；第三象限为空间单元的观测值及其空间滞后都小于平均值，表明低值被低值包围，呈现出“低-低”（L-L）的空间集聚类型；第四象限为空间单元的观测值大于平均值，而其空间滞后小于平均值，表明高值被低值所包围，呈现出“高-低”（H-L ）的空间集聚类型。

3. 实例

本实例以 2015 年中国各省份人均国内生产总值（gross domestic product，GDP）为指标探索中国各省份经济发展的空间自相关效应。数据取自国家统计局发布的 2016 年《中国统计年鉴》。

首先对 2015 年中国各省份人均 GDP 进行地理可视化，并使用四分位分级法进行分级(图 5.7)。可以发现，我国人均 GDP 较大的区域主要集中在东南沿海省份，西部地区的 GDP 较低。从空间上看，各个类别的省份在空间上呈现一定的连续性，如东部沿海的江苏、上海、浙江、福建和广东等地的人均 GDP 都较高，而西部地区的西藏、云南、贵州、广西等地的人均 GDP 都较低，可以通过进一步的指标检验来验证人均 GDP 这一指标是否呈现出空间自相关性。

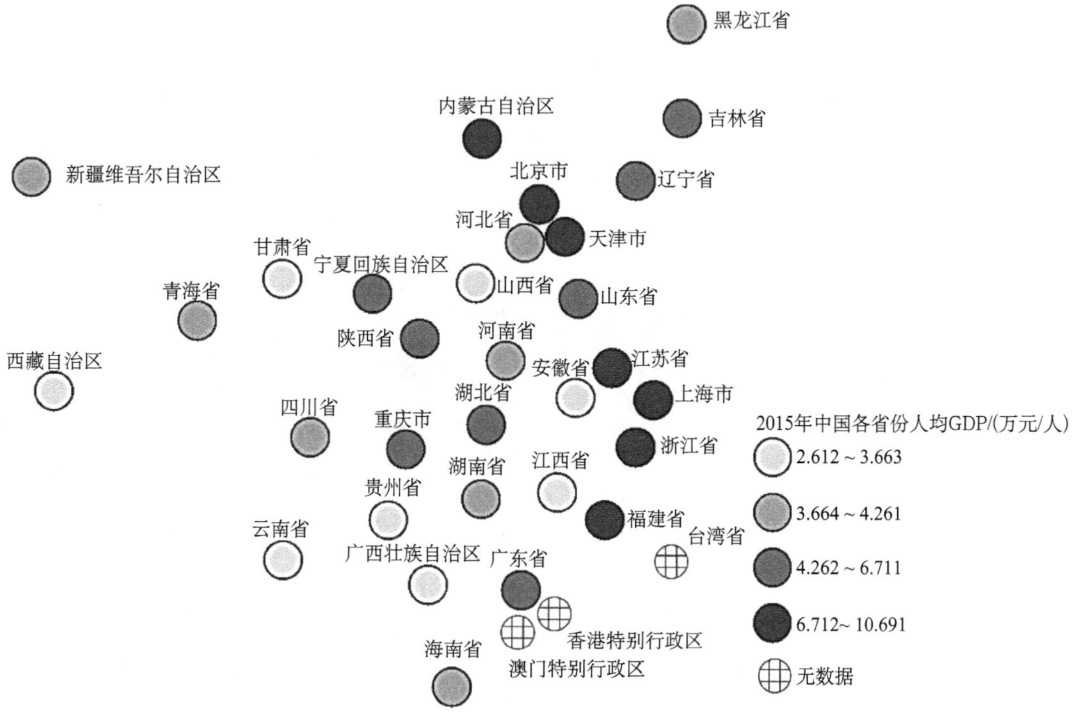

图 5.7　2015 年中国各省份人均 GDP

1）绘制 Moran 散点图

Moran 散点图是以当前变量人均 GDP 为 X 轴，该变量的空间滞后因子为 Y 轴的散点图。

Moran 散点图的斜率的值等于全局 Moran's I 指数值，经验证其 p 值小于 0.05。通过图 5.8 可以发现，2015 年人均 GDP 指标存在一定的全局空间自相关性（即整体上呈现出：人均 GDP 高的附近其他地方其人均 GDP 也可能高，人均 GDP 低的附近其他地方其人均 GDP 也可能低）。

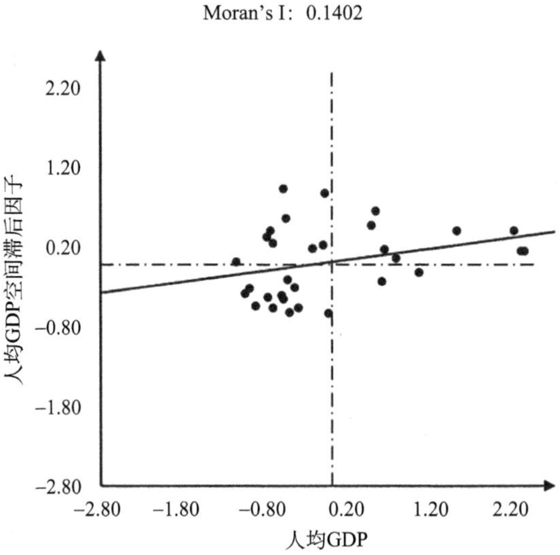

图 5.8　2015 年中国人均 GDP Moran 散点图

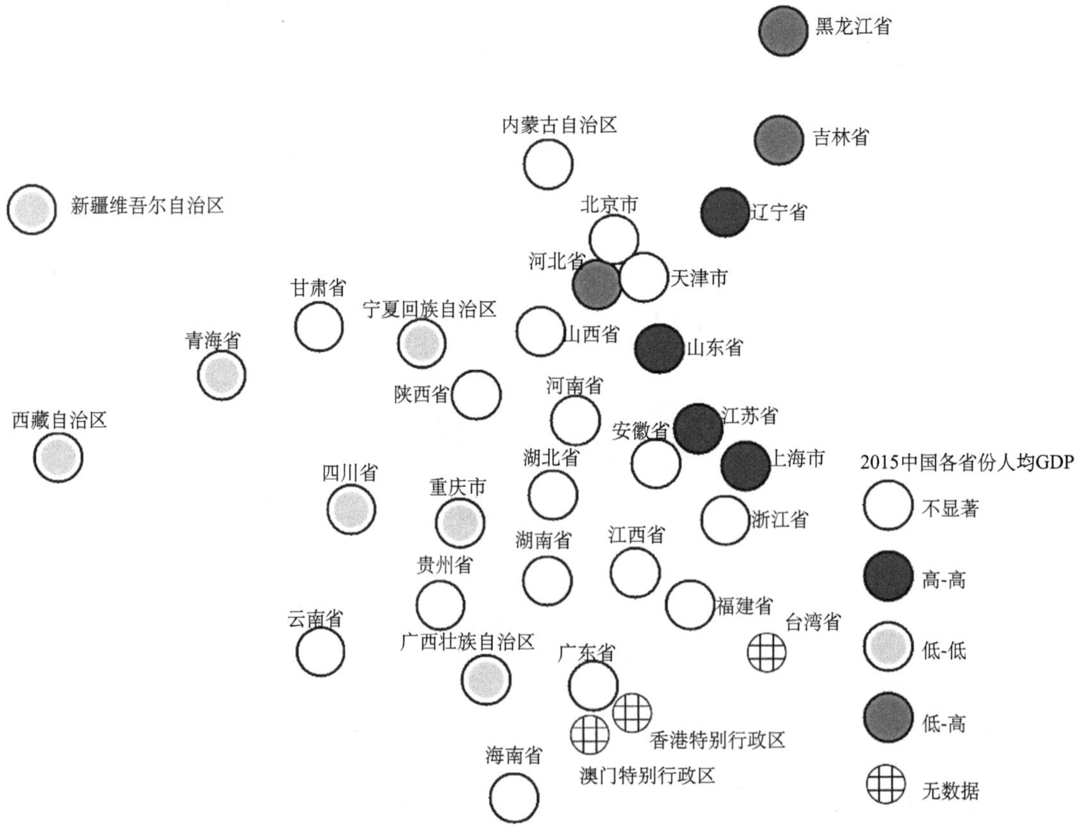

图 5.9　2015 年中国各省份人均 GDP 局部空间自相关聚类图

2）绘制 LISA 聚类图

通过计算人均 GDP 的局部空间自相关指标，并绘制该指标的 LISA 聚类图，可以发现人均 GDP 存在一定的空间集聚性，其中西部地区的新疆、青海、西藏、四川、广西等地呈现“低-低”聚集，东部地区的上海、江苏、山东等地呈现“高-高”聚集的特点，如图 5.9 所示。

5.2.3 空间回归分析

经典的线性回归模型具有严格的前提假设条件——独立、正态和方差齐性。因为空间自相关性的存在，使得这些假设条件很难满足。所以，在使用传统回归模型解决空间问题时，会造成模型参数估计以及模型有效性有较大的偏差。因此需要构建适用于空间数据分析的空间回归模型。在空间上相邻近的地理单元间可能存在空间依赖，因而在构建空间回归模型探究地理要素间的空间关联时，空间相邻是所要考虑的重要信息因素，也是空间回归模型区别于普通回归模型最主要的特征。通常使用空间邻接矩阵对空间邻近加以展示并以此构建变量的空间依赖关系，其本质是在经典回归模型的基础上考虑邻近地理空间单元的相互影响。通过在构建模型时显式地引入空间滞后变量，可以估算和检验空间自相关对空间关联的贡献。

1. 空间回归的一般形式

Anselin（1988，1990）给出了空间回归模型的一般形式：

$$Y = \rho W_1 Y + X\beta + u,\quad u=\lambda W_2 \varepsilon+\mu,\quad \mu \sim N[0,\sigma^2 I] \tag{5.15}$$

式中，Y 为因变量；X 为解释变量；β 为解释变量的空间回归系数；u 为随空间变化的误差项；μ 为白噪声；W_1 为反映因变量自身空间趋势的空间权重矩阵；W_2 为反映残差空间趋势的空间权重矩阵，通常根据邻接关系或者距离函数关系确定空间权重矩阵；ρ 为空间滞后项的系数，其值为 0～1，越接近 1，说明相邻地区的因变量取值越相似；λ 为空间误差系数，其值为 0～1，越接近于 1，说明相邻地区的解释变量取值越相似。其中，W_1 可以等于 W_2。

一般形式的空间自回归模型可以派生出其他几种模型：

（1）$\rho=0$，$\lambda=0$ 时，模型为普通线性回归模型（ordinary linear regression，OLR），表明模型中没有空间自相关的影响。

（2）当 $\rho\neq0$，$\beta=\lambda=0$ 时，为一阶空间自回归模型（the first-order spatial autoregressive model, SAR（1））。这个模型类似时间序列分析中的一阶自回归模型，反映了变量在空间上的相关特征，即所研究区域的因变量如何受到相邻区域因变量的影响，这种模型在实际中运用较少。

（3）当 $\rho\neq0$，$\beta\neq0$，$\lambda=0$ 时，为空间滞后模型（spatial lag model，SLM）。在这个模型中，所研究区域的因变量不仅与本区域的解释变量有关，还与相邻区域的因变量有关。

（4）当 $\rho=0$，$\beta\neq0$，$\lambda\neq0$ 时，为空间误差模型（spatial error model，SEM）。注意到这个模型可以改写为

$$(I_n-\lambda W)Y = (I_n-\lambda W)X\beta + \varepsilon \tag{5.16}$$

也即所研究区域的因变量 Y 不仅与本区域解释变量 X 有关，还与相邻区域的因变量（表现为 WY）以及解释变量（表现为 WX）有关。

（5）当 $\rho\neq0$，$\beta\neq0$，$\lambda\neq0$ 时，为空间杜宾模型（spatial Dubin model，SDM）。

空间依赖不仅意味着空间上的观测值缺乏独立性，而且意味着潜在于这种空间相关中的数据结构（即说空间相关的强度及模式）由绝对位置（格局）和相对位置（距离）共同决定。空间相关性表现出的空间效应可以用以下两种模型来表征和刻画：当模型的误差项在空间上

相关时，即为空间误差模型；当变量间的空间依赖性对模型显得非常关键而导致了空间相关时，即为空间滞后模型。

2. 地理加权回归模型

空间自回归模型用于处理空间依赖性，且其中的参数不随空间位置而变化，因此空间自回归模型本质上属于全局模型。因为空间异质性的存在，不同的空间子区域上解释变量和因变量的关系可能不同，所以就产生了这种空间建模技术直接使用与空间数据观测相关联的坐标位置数据建立参数的空间变化关系，也就是地理加权回归（geographically weighted regression, GWR）模型，其本质也是局部模型。

在 GWR 模型中，特定区位的回归系数不再是利用全部信息获取的假定常数，而是利用邻近观测值的子样本数据信息进行局域回归估计得到的、随着空间上局域地理位置变化而变化的变数。GWR 模型可以表示为

$$y_i = \beta_0(u_i,v_i) + \sum_{j=1}^{n} \beta_j(u_i,v_i)x_{ij} + \varepsilon_i, \quad (i=1,2,\cdots,m; j=1,2,\cdots,n) \tag{5.17}$$

式中，$(y_i;x_{i1},x_{i2},\cdots,x_{ij})$ 为因变量 y 和自变量 x_j 在地理位置 (u_i,v_i) 处的观测值；系数 $\beta_j(u_i,v_i)$ 为观测点 (u_i,v_i) 处的未知参数，也可理解为是关于空间位置 (u_i,v_i) 的 n 个未知参数；ε_i 为第 i 个区域的独立同分布的随机误差，即要满足均值为 0、方差均为 σ^2 的误差项，通常假定其服从 $N(0,\sigma^2)$ 分布。

对于 $\beta_j(j=1,2,\cdots,n)$ 的 GWR 估计值，其通常是随着空间权矩阵的变化而变化的，不能用最小二乘方法（OLS）估计参数，因此需要引入加权最小二乘方法（weighted least square method, WLS）估计参数。依据参数的最小二乘参数估计过程可得回归点的参数估计向量：

$$\hat{\beta}_j = \left(X^{\mathrm{T}}W_jX\right)^{-1}X^{\mathrm{T}}W_jY \tag{5.18}$$

式中，W_j 为 $m \times n$ 阶的加权矩阵，其对角线上的每个元素都是关于观测值所在 $i(i=1,2,\cdots,m)$ 的位置与回归点 $j(j=1,2,\cdots,n)$ 的位置之间距离的函数，其作用是权衡不同空间位置 i 的观测值对于回归点 j 参数估计的应用程度。

3. 实例

地理加权回归模型扩展了传统的回归框架，容许局部而不是全局的参数估计，通过在线性回归模型中假定回归系数是观测点地理位置的位置函数，将数据的空间特性纳入模型中，为分析回归关系的空间特征创造了条件。

本实例采用佐治亚州人口普查数据（Fotheringham et al.，2002）各字段及对应含义如表 5.2 所示。

表 5.2　佐治亚州人口普查数据字段

AreaKey	各县的标识码
Latitude	各县中心点的纬度
Longitude	各县中心点的经度
Totpop90	1990 年各县的人口
PctRural	各县的农村人口比例
PctBach	各县拥有学士学位的人口比例

续表

AreaKey	各县的标识码
PctEld	各县 65 岁及以上的人口比例
PctFB	各县在国外出生的人口
PctPov	各县生活在贫困线以下的人口
PctBlack	各县的非裔人口
ID	面 ID
X	*X* 坐标
Y	*Y* 坐标

本例通过对比普通多元线性回归与地理加权回归，探究各县的农村人口、贫困人口、非裔人口比例与该县拥有学士学位的人口比例（图 5.10）的关联。

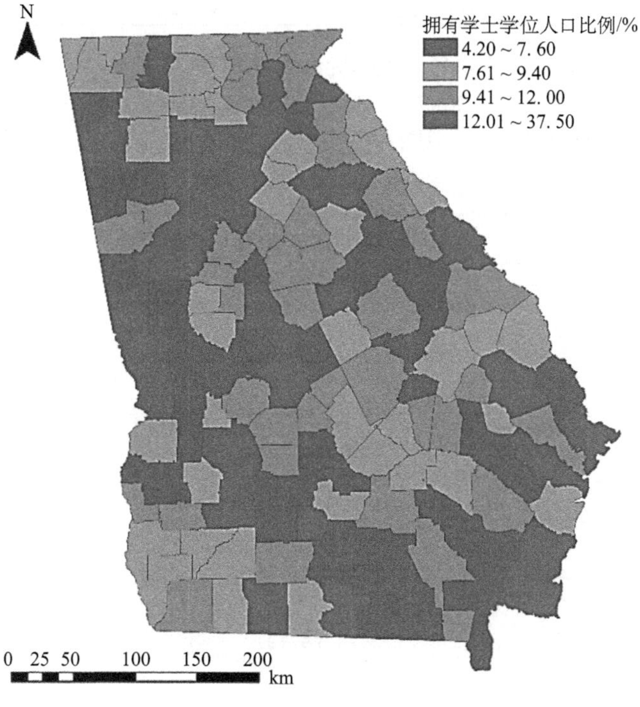

图 5.10 佐治亚州拥有学士学位的人口比例

本例中，采用高斯核函数构建空间权重矩阵，使用 AICc①指标选取最优带宽。通过对比回归诊断报告（图 5.11 和图 5.12）可以发现，地理加权回归的 AIC 和 AICc 低于普通最小二乘回归，R^2 要高于普通最小二乘回归，这说明地理加权回归模型较普通最小二乘回归模型显示出更好的拟合优度。其中，地理加权回归模型选取的最优带宽是 49.46。

① AIC 指赤池信息准则（Akaike information criterion），其值越小，则所对应的模型越好。AICc 是 AIC 一个有效的修正，也是应用最为广泛的 AIC 类信息准则。

```
****************************************************************************
  Global regression result
****************************************************************************
  < Diagnostic information >
Residual sum of squares:                   2639.559476
Number of parameters:                            4
 (Note: this num does not include an error variance term for a Gaussian model)
ML based global sigma estimate:               4.074433
Unbiased global sigma estimate:               4.126671
Log-likelihood:                             897.927089
Classic AIC:                                907.927089
AICc:                                       908.319245
BIC/MDL:                                    923.271610
CV:                                          18.100197
R square:                                     0.485273
Adjusted R square:                            0.471903

Variable                     Estimate    Standard Error      t(Est/SE)
-------------------- --------------- --------------- ---------------
Intercept                   23.854615        1.173043       20.335661
PctRural                    -0.111395        0.012878       -8.649661
PctPov                      -0.345778        0.070863       -4.879540
PctBlack                     0.058331        0.029187        1.998499
```

图 5.11　普通多元线性回归诊断报告

各县拥有学士学位的人口比例与农村人口、贫困人口、非裔人口比例的多元线性关系为：y=23.854615–0.111395*×PctRural –0.345×PctPov+0.058331*×PctBlack（注：*表示在 0.05 水平上显著）。

```
****************************************************************************
  GWR (Geographically weighted regression) result
****************************************************************************
  Bandwidth and geographic ranges
Bandwidth size:                     49.460274
Coordinate                Min              Max             Range
--------------- --------------- --------------- ---------------
X-coord           635964.300000  1059706.000000   423741.700000
Y-coord          3401148.000000  3872640.000000   471492.000000

  Diagnostic information
Residual sum of squares:            2312.592458
Effective number of parameters (model: trace(S)):                    8.033359
Effective number of parameters (variance: trace(S'S)):               5.454906
Degree of freedom (model: n - trace(S)):                           150.966641
Degree of freedom (residual: n - 2trace(S) + trace(S'S)):          148.388187
ML based sigma estimate:               3.813739
Unbiased sigma estimate:               3.947752
Log-likelihood:                      876.900473
Classic AIC:                         894.967192
AICc:                                896.184041
BIC/MDL:                             922.689706
CV:                                   17.914091
R square:                              0.549033
Adjusted R square:                     0.516564
```

图 5.12　地理加权回归诊断报告

结合前面的内容，对于每一个回归变量，普通最小二乘回归只能对整个空间中的所有数据拟合出一条回归曲线，也即对于空间中所有的地理单元，每个自变量的回归系数是一致的，这显然掩盖了空间中可能存在的非平稳性。通过地理加权回归，可以对局部的数据进行拟合，能够较大限度地挖掘和展现空间异质性，图 5.13 表明，在不同区域内，回归系数并不相同，而是随着空间位置的变化而变化。对于不同的自变量，其在空间上对于因变量的贡献是不一致的，然而这种异质性在空间中又是呈现连续渐进的变化的。可以发现，对于整个佐治亚州而言，其各县拥有学士学位的人数比例大致与农村人口比例和贫困人口比例呈负相关，而与非裔人口比例呈正相关。

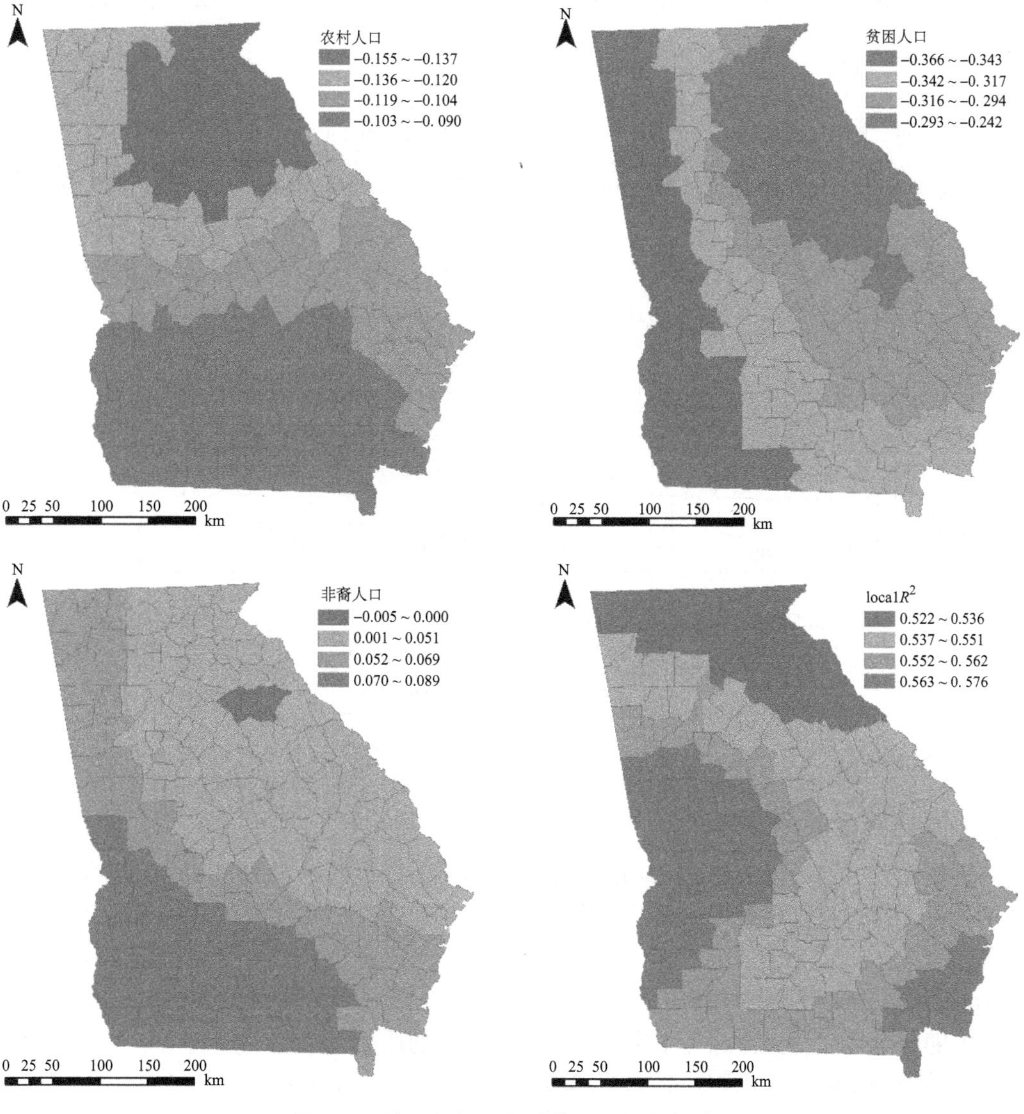

图 5.13　地理加权回归系数及局部决定系数

5.2.4　空间聚类分析

空间聚类分析是指将数据对象集分组成为由类似的对象组成的簇，这样在同一簇中的对象之间具有较高的相似度，而不同的簇中的对象差别较大。其基本原理是，根据样本自身的属性，用数学方法按照某些相似性或差异性指标，定量地确定样本之间的相似程度，并按这种相似程度对样本进行聚类。样本相似程度的刻画常用距离和相似系数两种统计量。距离多用于样本的分类，常用的距离有绝对距离、欧氏距离和马哈拉诺比斯距离；相似系数多用于指标的分类，常用的有夹角余弦和相关系数等。

空间聚类是一个非监督分类的过程，可形式化地描述为：空间实体数据集 $D=\{D_1,D_2,\cdots,D_n\}$，根据一定的相似性准则将 D 划分为 $k+1(k\geqslant 1)$ 个子集，即 $D=\{C_0,C_1,C_2,\cdots,C_k\}$，其中，$C_0$ 为噪声，$C_i(i\geqslant 1)$ 为簇，且需要满足以下条件：

（1）$\bigcup_{i=0}^{k} C_i = D$。

（2）对于 $\forall C_m$，$C_n \subseteq D$，$m\neq n$，需要同时满足：① $C_m \cap C_n = \varnothing$；② $\mathrm{MIN}_{\forall p_i,p_j\in C_m}[\mathrm{Similar}(p_i,p_j)] > \mathrm{MAX}_{\forall p_x\in C_m,\forall p_y\in C_n}[\mathrm{Similar}(p_x,p_y)]$，Similar( )表示相似性度量函数。

空间聚类分析从方法上可分为划分方法、层次方法、基于密度的方法、基于网格的方法。空间聚类分析算法分类如图 5.14 所示。

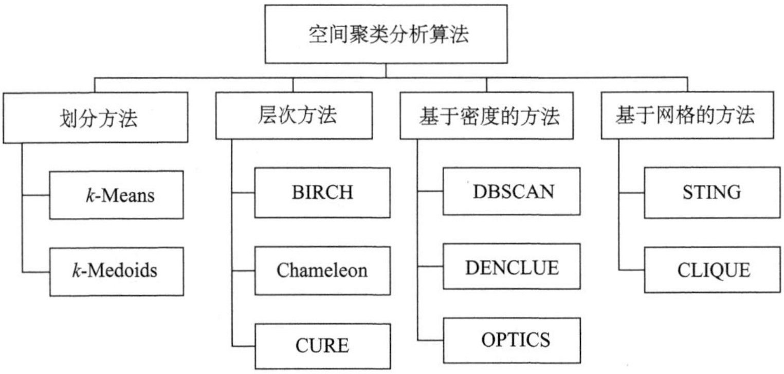

图 5.14　空间聚类分析算法分类

1. 划分空间聚类方法

典型的划分方法为 *k*-means、*k*-medoids，其基本方法为：给定空间实体的集合以及划分的簇的数目，通过目标函数评估簇的质量，从而达到簇内空间实体相似，簇与簇之间空间实体相异。

k-means 具体流程可归纳为：

（1）随机选取 k 个实体，每个实体均视为一个簇的质心。

（2）按照距离最近的原则，将剩余实体分别指派给最近的质心实体，并重新计算每个簇的质心。

（3）不断重复步骤（2），直到平方误差准则收敛，聚类过程完成，其形式化描述如表 5.3 所示。

表 5.3　*k*-means 算法

项目	具体内容
输入	k：簇的数目；SDB:包含 n 个实体的空间数据库
输出	k 个空间簇
步骤 1	随机选取 k 个实体作为初始划分的质心

续表

项目	具体内容
步骤 2	重复
步骤 3	将数据库中其他实体按距离最近原则分配给各个质心
步骤 4	重新计算各个簇的质心
步骤 5	直到质心位置不发生变化

平方误差准则的定义为

$$E = \sum_{i=1}^{k} \sum_{p \in C_i} \left| p - m_i \right|^2 \tag{5.19}$$

式中，E 为平方误差准则；p 为空间实体；m_i 为簇心 C_i 的质心。

其特点是各聚类本身尽可能紧凑，而各聚类之间尽可能分开，这个特点正是聚类的最根本的实质要求。但是 k-means 算法也存在三个主要缺陷：①随机选择的初始点经常会导致不同的，甚至错误的聚类结果；②只能发现近似球形簇，而无法发现任意形状的空间簇；③对噪声和离群点数据较为敏感。

为了克服经典 k-means 算法中质心计算易受噪声和离群点影响的不足，k-medoids 算法首先在每个簇中选取一个实际的实体来代表簇，这个实体称为参考实体。然后采用平方误差准则最小的原则继续应用划分方法。主要流程可以概括为：

（1）随机选取 k 个实体，每个实体均视为一个参考点。

（2）依据最小距离原则将数据库中其他实体分配给各参考实体，在形成的 k 个划分中使用成本函数对聚类结果进行评估。若使用新对象替换参考实体能使平方误差准则减小，则进行替换。

（3）不断重复步骤（2），直到平方误差准则收敛，聚类完成。

其形式化描述如表 5.4 所示。

表 5.4　k-medoids 算法

项目	具体内容
输入	k：簇的数目；SDB:包含 n 个实体的空间数据库
输出	k 个空间簇
步骤 1	随机选取 k 个实体作为初始划分的参考实体
步骤 2	重复
步骤 3	将数据库中其他实体按距离最近原则分配给各个实体
步骤 4	随机选取一个非参考实体 O_{current}，计算替代参考实体 O_i 的代价 S
步骤 5	如果 $S<0$，则将 O_{current} 作为新的参考实体，形成新的 k 个划分
步骤 6	直到参考实体不发生变化

2. 层次空间聚类方法

层次空间聚类的主要思想在于将空间实体构成一棵聚类树，通过反复分裂或聚合操作来获得满足一定要求的空间聚类结果。层次空间聚类方法分为两种基本形式：凝聚法和分裂法。

前者是通过自下而上的策略，首先将每个实体视为一个簇，直到所有实体聚为一个空间簇或达到某个终止条件，聚类结束；后者是通过自上而下的策略，首先将所有实体视为一个空间簇，直到每个实体自成一簇或达到某个终止条件，聚类结束。

假设有如表 5.5 所示的 12 个假定点的坐标。计算每个点到其他各点的距离，如图 5.15 所示。

表 5.5　点坐标

坐标	1	2	3	4	5	6	7	8	9	10	11	12
X	59	66	53	66	28	23	15	41	64	52	73	55
Y	82	73	68	58	64	53	66	58	35	34	26	16

	2	3	4	5	6	7	8	9	10	11	12	
	130	232	625	1285	2137	2192	900	2234	2353	3332	4372	1
		194	225	1525	2249	2650	850	1448	1717	2258	3370	2
			269	641	1125	1448	244	1210	1157	2164	2708	3
				1480	1874	2665	625	533	772	1073	1885	4
					146	173	205	2137	1476	3469	3033	5
S^0=						233	349	2005	1202	3229	2393	6
							740	3362	2393	4964	4100	7
								1058	697	2048	1960	8
									145	162	442	9
										505	333	10
											424	11

图 5.15　各点之间两两距离矩阵 S^0

从 S^0 中找出 $\min(S^0_{ij})=S^0_{12}=130$，则将点 1,2 合并记为 13，$G_3=\{3\},\cdots,G_{12}=\{12\}$, $G_{13}=\{1,2\}$，可以根据最短距离刷新 S^0，得到 S^1，例如：$S^1{}_{313}=\min\{S_{13}, S_{23}\}=\min\{232,194\}$，以此类推，如图 5.16 所示。

	3	4	5	6	7	8	9	10	11	12	
	194	225	1285	2137	2192	850	1448	1717	2258	3370	13
		269	641	1125	1448	244	1210	1157	2164	2708	3
			1480	1874	2665	625	533	772	1073	1885	4
				146	173	205	2137	1476	3469	3033	5
S^1=					233	349	2005	1202	3229	2393	6
						740	3362	2393	4964	4100	7
							1058	697	2048	1960	8
								145	162	442	9
									505	333	10
										424	11

图 5.16　各点之间两两距离矩阵 S^1

以此类推，可以得到一个如图 5.17 所示的聚类树，分别表示了一个自下而上的凝聚聚类过程与一个自上而下的分裂聚类过程。

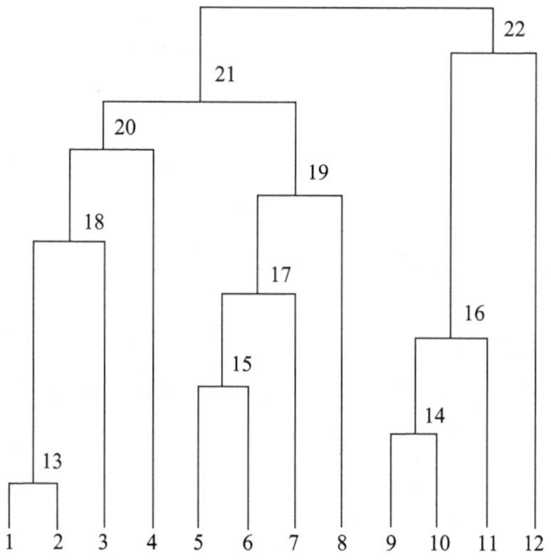

图 5.17　层次聚类过程

凝聚层次聚类算法形式化描述如表 5.6 所示。

表 5.6　凝聚层次聚类算法

项目	具体内容
输入	k：簇的数目；θ:两个最近空间簇间的距离阈值；SDB:包含 n 个实体的空间数据库
输出	k 个空间簇
步骤 1	每个空间实体视为一个空间簇，计算空间邻接矩阵
步骤 2	重复
步骤 3	合并最接近的两个簇
步骤 4	更新空间簇间的邻接矩阵
步骤 5	直到仅剩下 k 个簇或两个最近空间簇间的距离小于 θ

3. 基于密度的空间聚类方法

典型的基于密度的空间聚类方法有 DBSCAN（density-based spatial clustering of application with noise)、DENCLUE （density based clustering)、OPTICS（ordering points to identify the clustering structure)，其策略为：只要空间实体的密度（给定半径的邻域空间实体数目）超过某个阈值，就继续增长给定的簇，可发现任意形状的簇。

以 DBSCAN 为例，其基本思想在于采用一定邻域范围内包含空间实体的最小数目来定义空间密度的概念，并通过不断生长高密度区域进行空间聚类，并将空间簇定义为密度连接点的最大集合。DBSCAN 算法的形式化描述如表 5.7 所示。

表 5.7　DBSCAN 算法

项目	具体内容
输入	ε：邻近域半径；N_{minPts}:邻域包含最小实体数量；SDB:包含 n 个实体的空间数据库
输出	k 个空间簇
步骤 1	针对每个空间实体判断其是否为核实体

续表

项目	具体内容
步骤 2	重复
步骤 3	选取一个未标记的核实体，加入所有核实体的直接密度可达对象，标记为一个空间簇
步骤 4	直到所有核实体均被标记
步骤 5	未加入任何空间簇的实体标记为孤立点

4. 基于网格的空间聚类方法

典型的基于网格的方法有 STING （statistical information grid)、CLIQUE（clustering in quest)，其策略为：把空间实体划分为有限个网格，每个网格具有空间实体的属性信息，如计数、最大（小）值、平均值等，聚类操作在网格上进行。基于网格的方法的时间复杂度与空间数目无关，因此对于海量空间实体聚类是一种效率很高的方法，常常与基于密度、基于划分的方法集成使用。

5.2.5 趋势面分析

趋势面分析法也称为全局多项式插值法，即用数学公式表达感兴趣区域上一种渐变的趋势。其实质是通过回归分析原理，运用最小二乘法拟合一个二维非线性函数，模拟地理要素在空间上的分布规律，展示地理要素在地域空间上的变化趋势。先用已知采样点数据拟合出一个平滑的数学平面方程，再根据平面方程计算未知点上的数据。从数学理论角度来说，趋势面法实际上就是曲面拟合，首先对数据的空间分布特征要有一定的认识，然后，对于在空间域上具有周期性变化特征的空间分布现象，用一个多项式函数（一阶或二阶，甚至更高阶）作为数学表达式；再根据空间抽样数据和这个多项函数，拟合一个数学曲面，模拟地理要素在空间上的分布规律，展示地理要素在地域空间上的变化趋势。

趋势面分析法原理如图 5.18 所示。趋势面是一种抽象的数学曲面，它抽象并过滤掉一些局域随机因素的影响，使地理要素的空间分布规律明显化。空间趋势面并不是地理要素的实际分布面，而是一个模拟地理要素空间分布的近似曲面。剩余面反映局部性变化的特点，它受局部因素和随机因素的影响（局部异常、随机干扰和模型本身的误差）。观测值等于趋势值与剩余值的和。趋势面分析的基本要求是使剩余值最小、趋势值最大，这样拟合度精度才

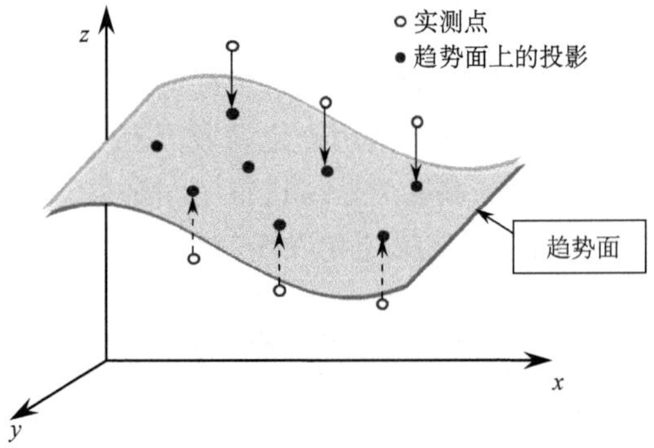

图 5.18　趋势面分析法原理

能达到足够的准确性。空间趋势面分析，正是从地理要素分布的实际数据中分解出趋势值和剩余值，从而揭示地理要素空间分布的趋势与规律。

趋势面模型的建立方法如下：设某地理要素的实际观测数据为 $z_i(x_i, y_i)(i=1,2,\cdots,n)$，趋势面拟合值为 $\hat{z}_i(x_i, y_i)$，则有

$$z_i(x_i, y_i)(i=1,2,\cdots,n) = \hat{z}_i(x_i, y_i) + \varepsilon_i \tag{5.20}$$

式中，ε_i 即为剩余值（残差值）。

趋势面分析的核心是从实际观测值出发推算趋势面，采用回归分析方法，使得残差平方和趋于最小，即

$$Q = \sum_{i=1}^{n} \varepsilon^2 = \sum_{i=1}^{n} \left[z_i(x_i, y_i) - \hat{z}_i(x_i, y_i) \right]^2 \to \min \tag{5.21}$$

以此来估计趋势面参数。这就是在最小二乘法意义下的趋势面拟合。

用来计算趋势面的数学方程式有多项式函数和傅里叶级数，其中最为常用的是多项式函数形式。因为任何一个函数都可以在一个适当的范围内用多项式来逼近，而且调整多项式的次数，可使所求的回归方程适合实际问题的需要。不同次数的多项式模型表达方式如下。

一次趋势面模型：

$$z = a_0 + a_1 x + a_2 y \tag{5.22}$$

二次趋势面模型：

$$z = a_0 + a_1 x + a_2 y + a_3 x^2 + a_4 xy + a_5 y^2 \tag{5.23}$$

三次趋势面模型：

$$z = a_0 + a_1 x + a_2 y + a_3 x^2 + a_4 xy + a_5 y^2 + a_6 x^3 + a_7 x^2 y + a_8 xy^2 + a_9 y^3 \tag{5.24}$$

如图 5.19 是不同多项式拟合相同采样点的趋势面剖面图，可见随着趋势面次数的增加，拟合的趋势面逐渐接近采样点，接近于实际表面。一般来说，多项式次数越高，趋势面与实测数据之间的偏差越小，拟合精度就越高，但趋势面方程也就越复杂，越难以用它来解释自然现象或过程的物理意义。估计趋势面模型的适度检验方法有三种：R^2 检验、显著性 F 检验和逐次检验。

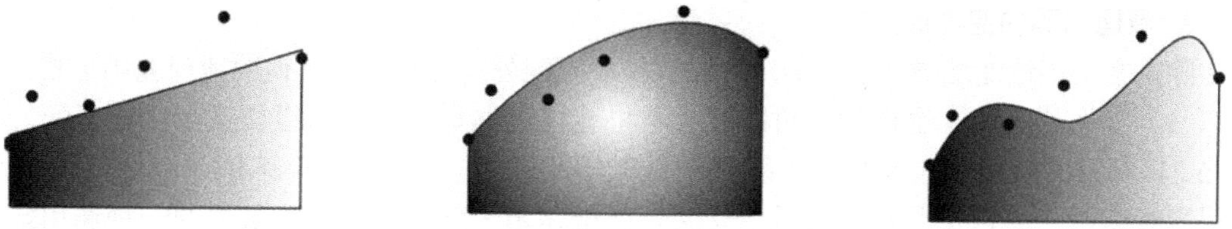

（a）一次多项式　　（b）二次多项式　　（c）三次多项式

图 5.19　不同多项式拟合的趋势面剖面图

趋势面分析法常被用来模拟大范围资源、环境、人口及经济要素在空间上的分布规律，在空间分析方面具有重要的应用价值。需要注意的是，在实际应用中，往往用次数低的趋势面逼近变化比较小的地理要素数据，用次数高的趋势面逼近变化较复杂的地理要素数据。次

数低的趋势面使用起来比较方便，但具体到某点拟合较差；次数较高的趋势面只在观测点附近效果较好，而在外推和内插时效果较差。

5.3　地理编码与路径分析

5.3.1　地理编码

地理编码（geocoding）又称地址匹配（address-matching），指将文字性的描述地址与其空间的地理位置坐标建立起对应关系的过程，也指在地图上找到并标明每条地址所对应的位置。地理编码是地理信息系统中比较重要的一个功能。地址匹配服务按照特定的步骤为地址查找匹配对象。首先将地址标准化;然后服务器搜索地址匹配参考数据，查找潜在的位置;根据与地址的接近程度为每个候选位置指定分值，最后用分值最高的位置来匹配这个地址。

一个大型的地理信息系统要求能够将任何数据移植到空间坐标系中，这个过程包括对数据的准确分类和注册，以及使所有的数据能够与一个空间坐标系建立关联，从而保证数据库中的每一个对象被准确无误地叠加在地图上，建立空间信息与非空间信息之间的联系。因此，地理编码在城市空间定位和分析领域内具有非常广泛的应用，如满足城市规划建设以及公安部门 119、110 报警系统等基于位置的服务要求。

1. 地址匹配

地址匹配是一种基于空间定位的技术，提供了一种把描述成地址的地理位置信息转换成可以被用于地理信息系统的地理坐标的方式（引用）。在地址匹配中，涉及两种数据：一种是只包含地理实体位置信息，而没有相关地图定位信息（空间坐标）的地址数据（如街道地址、邮政编码、行政区划等）；另一种是已经包含了相关地图定位信息（空间坐标）的地理参考数据（包括街道地图数据、邮政编码地图数据、行政区划地图数据等），这些数据集合或者数据库在地址匹配过程中起到空间参考的作用。

地址匹配的目标是为任何输入的地址数据返回最准确的匹配结果。地址匹配的过程是先对含地址的每个记录和带有地址属性的参考数据进行比较，如果找到匹配，参考数据上的地理坐标就被分配到相应的记录，这样，完成匹配的地址数据被赋予了空间坐标，从而能够在地图上表示出此地址数据所代表的空间位置。图 5.20 为提取建筑物的地址，进行地址匹配，生成建筑物所属地址的点状要素数据和地址匹配统计信息。

2. 地理编码的变异形式

除了文字描述地址与其空间的地理位置精确匹配外，还有一些其他的地理编码形式。

（1）交叉点匹配：也称为街角匹配，是将地址数据与图上的街道交叉点进行匹配，如图 5.21 所示。交叉点匹配的地址条目必须列出两个街道，如“珞喻路和广八路”。地理编码引擎搜索两个街道交叉点的位置。交叉点匹配是用于警方事故报告数据的一种通用地理编码方法。

（2）邮政编码地理编码：是指将邮政编码匹配至编码的几何中心位置，它与地址匹配或交叉点匹配有两点不同；首先，它不是街道层次的地理编码；其次，它不是用街道网络，而是用含有邮政编码几何中心 x、y 坐标（地理或投影坐标）的参照数据库。

（3）地块级别地理编码：匹配地块编号与地块几何中心位置，如果地块数据库可用，还可以绘制地块边界线。

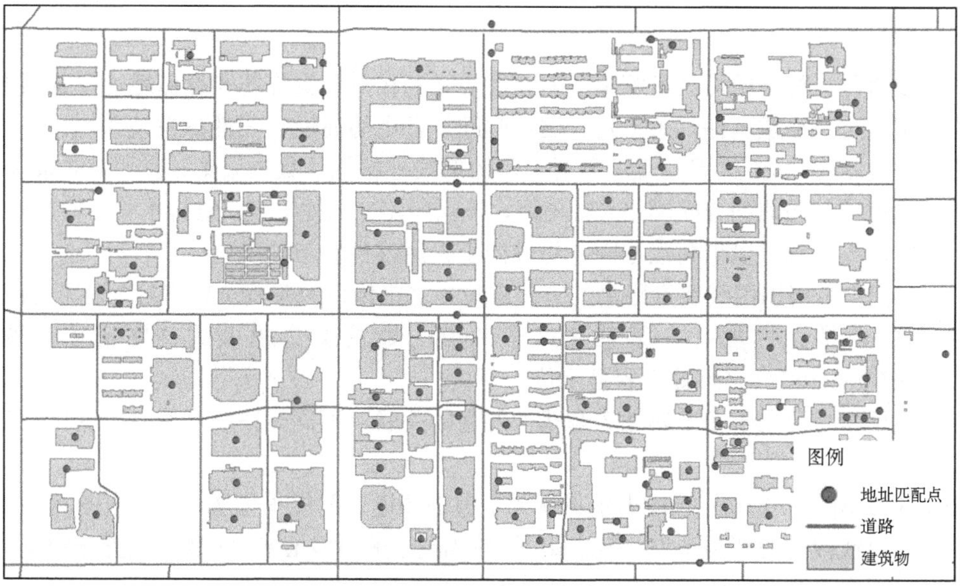

图 5.20　建筑物所在地址匹配结果

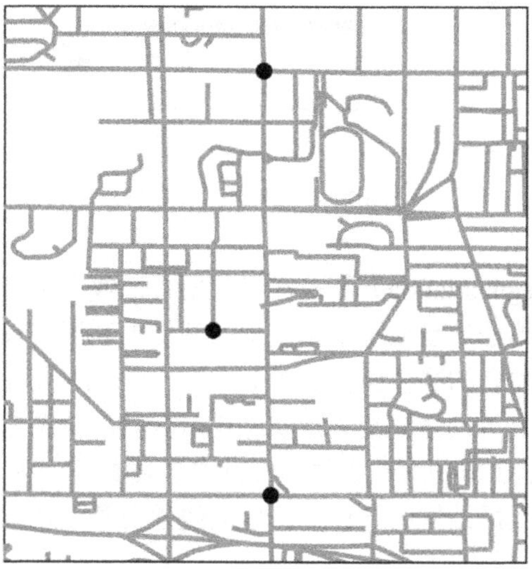

图 5.21　交叉点匹配

（4）逆向地理编码：是逆向地址编码；将点的位置转换成描述性的地址。

（5）地名别名地理编码：是匹配地名（如带有街道地址的有名餐厅或博物馆）与街道地址，定位街道地址，并描绘其为点要素。它需要带有完整的地名和街道地址的地名别名表。

（6）照片地理编码：是在照片上附带定位信息。照片由装有内置 GPS 的数码照相机或手机获取，可以读取经纬度值。照片地理编码用这些地理坐标描绘点位置（如 Flickr 上有地理标记的照片）。

地理编码可能是商业化程度最高的地理信息系统相关操作，它在定位服务和其他商业应用中起重要作用。地理编码也成为无线应急服务、犯罪制图和分析，以及公共健康检测的工具。

5.3.2 动态分段

线性参考是一种采用沿具有测量值的线性要素的相对位置描述和存储地理位置的方法。距离测量用于定位沿线事件，可以是长度、时间、费用等属性。线性参考技术作为一种常用的动态定位技术，广泛应用于公路、铁路、河流等线性特征的数据采集、公共交通系统管理、路面质量管理以及通信和分配网络（如电网、电话线路、电视电缆、给排水管）模拟等领域。现实生活中，人们基于以下两点原因，更倾向于采用线性参考技术。

（1）我们常采用以沿线要素距离的方式定位，这比传统的精确（X,Y）坐标定位的方式更符合人们的习惯。例如，在某某路口东 300m 处发生交通事故，比描述为发生在（6570.3876,3589.6082）坐标处更容易定位

（2）线性参考可用于多个属性表与线性要素的关联，不需要在属性值发生变化时分割线数据。

如图 5.22 所示，下方的直线表示具有测量值的高速公路的里程数，线上方的点和线段代表了发生在该线段上的两类事件。描述如下：在高速公路 12km 和 84.3km 位置分别发生两起交通事故，而在沿高速公路 35～76km 处由于暴雨侵袭发生路面坍塌。

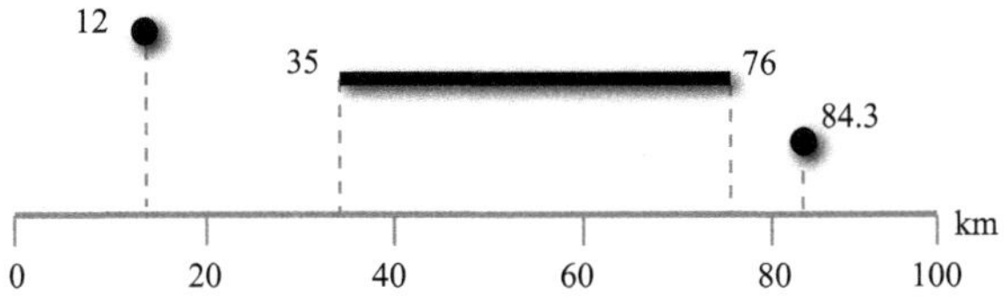

图 5.22　线性参考示意图

动态分段（dynamic segmentation）不是在线状要素沿线上某种属性发生变化的地方进行物理分段，而是在传统的地理信息系统数据模型的基础上利用线性参考技术，将属性和它对应的线状要素位置存储为独立的事件属性表（事件表），在分析、显示、查询和输出时，直接依据事件属性表中的距离值对线性要素进行动态逻辑分段，动态的计算出属性数据的空间位置。简单地说，动态分段是在地图上动态显示线性参考要素的过程，是线性参考技术的应用。它在不改变要素原有空间数据结构的条件下，建立线性要素上任意路段与多重属性信息之间的关联关系。

动态分段主要涉及两种数据结构：路径和事件。路径用来表达具有测量值的线对象，事件记录发生在路径上的现象的位置和其他属性。

1. 路径

要想与线性参照数据一起使用，路径必须具有内置测量系统。图 5.23 显示了一条路径，沿路径的每个点都有一对 x、y 坐标值和 m 值。x、y 值在二维坐标系定位线性要素，m 值是一个线性量测，可基于线段几何长度，或利用里程标桩或其他参照标志内插得到。此类路径在 ArcGIS 中被称为“路径要素类”。

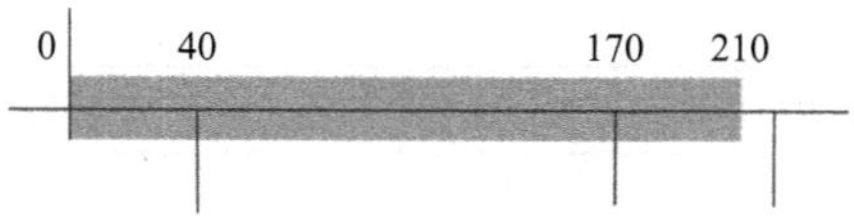

Point	x	y	m
1	x_1	y_1	0
2	x_2	y_2	40
3	x_3	y_3	170
4	x_4	y_4	210

图 5.23　ArcGIS 中“路径要素类”的例子

2. 事件

事件是路径的一个部分或某个点上的属性，如道路质量、河流水质、交通事故等。通常事件是存储于事件表中的线性参照数据。动态线段允许在路径上通过线性测量系统标注事件。事件包括点事件、线事件和连续事件，如图 5.24 所示。

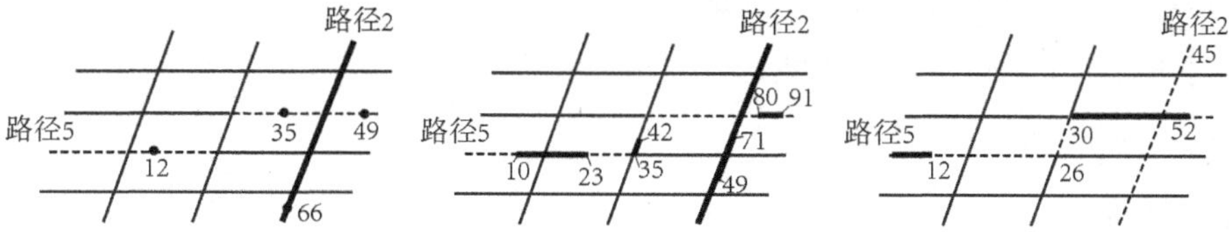

路径	位置	车站
5	12	1
5	35	2
5	49	3
2	52	1
2	66	2

(a) 点事件

路径	起点	终点	车费
5	10	23	2.5
5	35	42	1
5	80	91	1.5
2	49	71	2

(b) 线事件

路径	终点	速度
5	12	25
5	26	40
5	30	35
5	52	60
2	45	60

(c) 连续事件

图 5.24　各种事件的表示

（1）点事件：描述路径系统中具体点的属性。点事件是发生在点的位置上，如事故与停车标志。为了把点事件和路径关联起来，点事件表必须有路径标识码、事件的位置及事件的属性。

（2）线事件：描述路径系统中不连续部分的属性。线事件是涵盖部分路径的事件，如路面状况。为了把线事件与路径系统关联起来，线事件表必须有路径标识码和起止测度。

（3）连续事件：描述覆盖整个路径的不同部分的属性。

动态分段实质是通过在线性空间数据上建立段属性表，再在段属性表上建立路径属性表，并基于路径属性表建立关联来完成事件、路径、段与弧段的联系，如图 5.25 所示。

3. 动态分段的特点

动态分段是可以用相互关联的量测尺度来表示线性要素的多种属性级的技术，主要特点为：

（1）无须重复数字化就可以进行多个属性集的动态显示和分析，减少了数据冗余。

（2）无须按属性集对线性要素进行真正的分段，仅在需要分析、查询时，动态地完成各种属性数据集的分段显示。

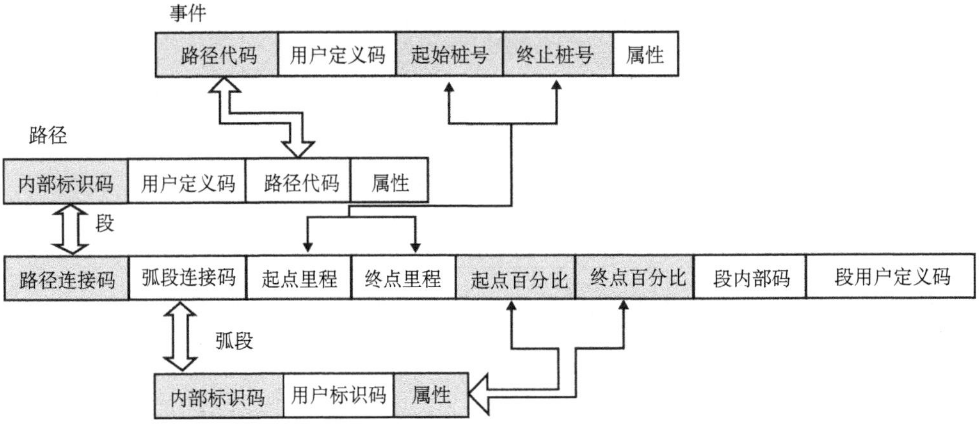

图 5.25　事件、路径、段与弧段的关系

（3）所有属性数据集都建立在同一线性要素位置描述的基础上，即属性数据组织独立于线性要素位置描述，易于数据更新和维护。

（4）可进行多个属性数据集的综合查询与分析。

5.3.3　网络分析

1. 基本原理

1）网络定义

网络（network）是用于实现资源运输和信息交流的一系列相互连接的线性特征组合。网络是一个由点、线的二元关系构成的系统，通常用来描述某种资源或物质沿着路径在空间上的运动。图 5.26 为生活中常见的网络结构及其示意图，它由一系列相互连通的点、线组成，用来描述地理要素（资源）的流动关系。

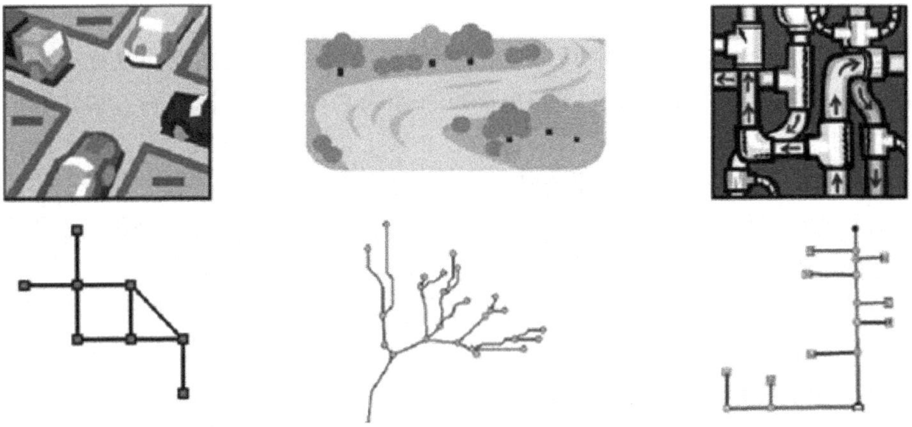

图 5.26　生活中常见的网络结构及其示意图

2）网络分析定义

网络分析（network analysis）是通过研究网络的状态，模拟和分析资源在网络上的流动和分配情况，对网络结构及其资源分配进行优化的一种空间数据分析方法。在地理信息系统

环境下，网络分析功能依据图论和运筹学原理，在计算机系统软硬件的支持下，将与网络有关的实际问题抽象化、模型化、可操作化，根据网络元素的拓扑关系（线性实体之间、线性实体与结点之间、结点与结点之间的连接、连通关系），通过考察网络元素的空间、属性数据，对网络的性能特征进行多方面的分析计算，从而为制定系统的优化途径和方案提供科学决策的依据，最终使系统达到运行最优的目标。网络分析的定义及应用见表 5.8。

表 5.8　网络分析及其应用

网络分析的定义及应用	说明
数学定义	以图论和运筹学为基础，通过研究网络的状态，以及模拟和分析资源在网络上的流动和分配情况，对网络结构及资源分配等优化问题进行研究
地理信息系统定义	依据网络拓扑关系（线性实体之间、线性实体与结点之间、结点与结点之间的连接、连通关系），通过考察网络元素的空间及属性数据，以数学理论模型为基础，对网络的性能特征进行多方面分析计算
网络分析主要解决的问题	从 A 地到 B 地的最短路径是什么？ 如何设定一个服务中心？ 特定位置服务中心的服务范围是什么？ 从一个位置到另一个位置的通达程度如何？ 从出发地到目的地，有多少条可行路线？ 如何在街道图上定位一个发生的事件？

3）网络数据模型

网络数据模型（network data model）是对现实世界网络的抽象。在模型中网络由链、结点、站点、中心和转向点组成，如图 5.27 所示。

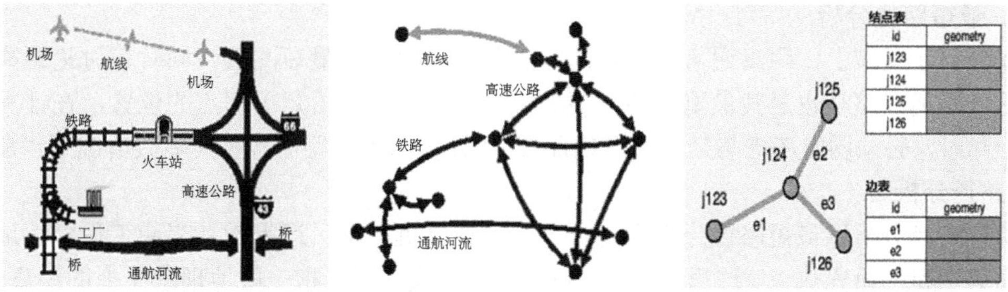

地理视图　　网络视图　　创建几何网络

图 5.27　网络分析模型示例

在算法实现中，邻接矩阵表示法、关联矩阵表示法、邻接表表示法是用来描述图与网络常用的方法。

在图（graph）中，V_i 称作顶点，e_k 称作边（无向图）或弧（有向图）；D（G）为邻接矩阵，在无向图中，描述顶点间的邻接关系；A（G）为关联矩阵，描述顶点与边之间的关联关系，如图 5.28 所示。

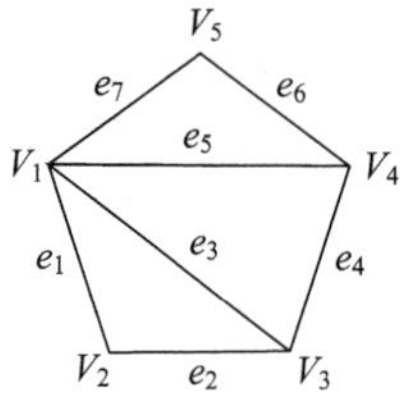

(a) 图(G)

$$D(G)=\begin{array}{c} \\ V_1 \\ V_2 \\ V_3 \\ V_4 \\ V_5 \end{array}\begin{array}{c} \begin{array}{ccccc} V_1 & V_2 & V_3 & V_4 & V_5 \end{array} \\ \left[\begin{array}{ccccc} 0 & 1 & 1 & 1 & 1 \\ 1 & 0 & 1 & 1 & 0 \\ 1 & 1 & 0 & 1 & 0 \\ 1 & 0 & 1 & 0 & 1 \\ 1 & 0 & 0 & 1 & 0 \end{array}\right] \end{array}$$

(b) 邻接矩阵

$$A(G)=[a_{ij}]_{5\times7}=\begin{array}{c} \\ V_1 \\ V_2 \\ V_3 \\ V_4 \\ V_5 \end{array}\begin{array}{c} \begin{array}{ccccccc} e_1 & e_2 & e_3 & e_4 & e_5 & e_6 & e_7 \end{array} \\ \left[\begin{array}{ccccccc} 1 & 0 & 1 & 0 & 1 & 0 & 1 \\ 1 & 1 & 0 & 0 & 0 & 0 & 0 \\ 0 & 1 & 1 & 1 & 0 & 0 & 0 \\ 0 & 0 & 0 & 1 & 1 & 1 & 0 \\ 0 & 0 & 0 & 0 & 0 & 1 & 1 \end{array}\right] \end{array}$$

(c) 关联矩阵

图 5.28　网络分析的基础

邻接是描述同类型拓扑要素，关联是描述不同类型拓扑要素。当把“图”中的拓扑要素赋予不同限定条件和属性，“图”就进化成了网络。

而在 GIS 中要进行网络分析，首先需要解决图和网络的表达和存储问题。

图和网络的表达：边（弧、链）、点。

图和网络的存储：邻接矩阵。

结点：网络中任意两条线段的交点，如港口、车站等。

链：连接两个结点的弧段。代表地物如公路、河流等；属性如阻碍强度、速度等。

2. 最短路径分析

在任何定义域上，距离通常指的是两点或其他对象间的最短间隔，同时在讨论距离时，定义这个距离的路径也是其最重要的方面。在一个网络上，给定了两点的位置，在计算两点间的距离时，必须同时考虑与之相关联的路径。“计算两点的距离”在大多数情况下，都称为“最短路径分析”。

最佳路径分析以最短路径分析为主，一直是计算机科学、运筹学、交通工程学、地理信息科学等学科的研究热点。这里“最佳”包含很多含义，不仅指一般地理意义上的距离最短，还可以是经济上的成本最少、时间上的耗费最短、资源流量（容量）最大、线路利用率最高等标准。

空间网络因地理元素属性的不同而表现为同形不同性的网络形式，为了进行网络路径分析，需要将网络转换成加权有向图，即给网络中的弧段赋以权值，权值要根据约束条件而确定。若一条弧段的权表示起始结点和终止结点之间的长度，那么任意两结点间的一条路径的长度即为这条路上所有边的长度之和。最短路径分析就是在两结点之间的所有路径中，寻求长度最小的路径，这样的路径称为两结点间的最短路径。

最短路径问题的表达是比较简单的。从算法研究的角度考虑最短路径问题通常可归纳为两大类：一类是所有点对之间的最短路径，另一类是单源点间的最短路径问题。

1）邮递员问题

最短路径问题是路径拓扑中的一个典型问题：对于给定的一个平面初始集，每条边都有一个长度，寻找一条路径，该路径通过所有数据点且每个数据点只通过一次，路径的限制是每个点只能拜访一次，而且最后要回到原始出发点。路径的选择目标是要求得到路径总长度最短的、正好经过每个顶点各一次的封闭回路。这实际上就是著名的邮递员问题：邮递员要不重复地经过所有的邮递点，最后回到出发点，且又要使所走的路程最短。相关问题可抽象为图 5.29。

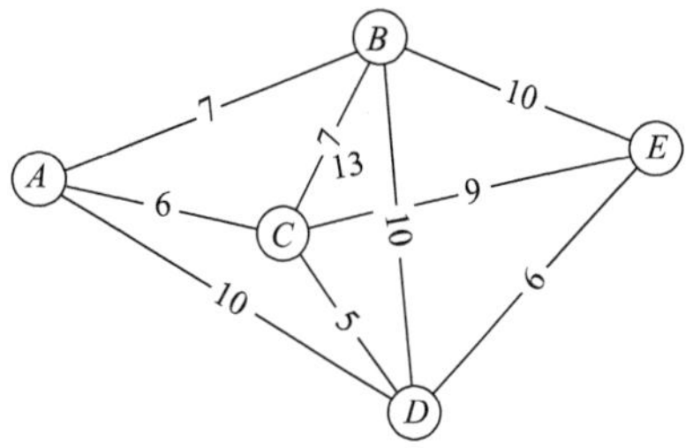

图 5.29　最短路径问题示意图

这样一个看似简单的问题，解决起来却并不容易，特别是对不规则的空间分布，目前还没有一个切实有效的解法，而只有一些近似的最短路径的解法，如启发式搜索、最优插入法。

最优插入法是对于给定的一个空间分布，先给定一个初始集，然后在每一次迭代中，将一个后继点依次序插入到初始集中去，这样每次增加的路径长度是最小的。这种方法虽然不能保证最终得到的一定是最短路径，却是接近最短路径的一种路径解法，图 5.29 的近似最短路径为 *A—C—D—E—B—A*。

2）Dijkstra 算法

为了进行网络最短路径分析，需要将网络转换成有向图。无论是计算最短路径还是最佳路径，其算法是一致的。不同之处在于有向图中每条弧的权值设置。如果要计算最短路径，则权重设置为两点的实际距离；而计算最佳路径，则可以将权值设置为从起点到终点的时间或费用。Dijkstra 算法可以用于计算从有向图中任意一个结点到其他结点的最短路径。

Dijkstra 算法是 Dijkstra（1959）提出的一种按路径长度递增的次序产生最短路径的算法，被认为是解决单源点间最短路径问题比较经典而且有效的算法，能够解算出有向权图在数学上的绝对最短路径。设 $G=<V,E,W>$ 是赋权图，$V\neq\varnothing$，其元素称为顶点或结点；E 是 $V\&V$ 的多重子集，其元素称为边；W（e）是 e 的权，$v_1\in V$。应用本算法求解 v_1 到其余各点的最短路径过程如下：

（1）令 $S=\{v_1\}, T=V-S$。

（2）对于 T 中任意顶点 x，如果存在 $(v_1,x)\in E$，即 x 与 v_1 直接相连，则置 $l(x)=W(v_1,x)$，否则置 $l(x)=\infty$。

（3）求 $l(x)$ 值最小的 T 中顶点 t，记 $l(t)=\min[l(x)]$。

（4）令 $S=S\cup|t|, T=T-|t|$。

（5）如果 T 为空，则算法结束。

（6）对于 T 中任意顶点 x，$l_s(x)=\min[l(x), l(x)+W(t,x)]$，转步骤（3）。

（7）依据以上算法过程，给出如图 5.30 所示算例，求解源点 a 到其余各点的最短路径，各步结果见表 5.9。

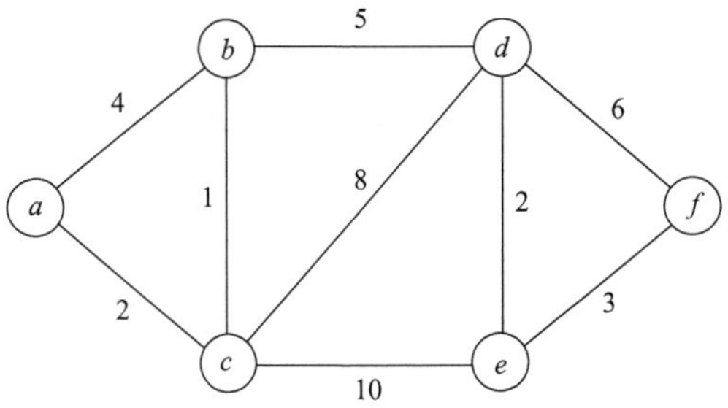

图 5.30　Dijkstra 算法示例

表 5.9　最短路径求解过程

S	l(b)	l(c)	l(d)	l(e)	l(f)	t	l(t)
{a}	4	2	∞	∞	∞	c	2
{a, c}		3	10	12	∞	b	3
{a, b, c}			8	12	∞	d	8
{a, b, c, d}				10	14	e	10
{a, b, c, d, e}					13	f	13
{a, b, c, d, e, f}							

由表 5.9 可知，*a* 到 *c*,*b*,*d*,*e*,*f* 点的最短路径距离分别为 2,3,8,10,13。最短路径的求解过程如图 5.31 所示。

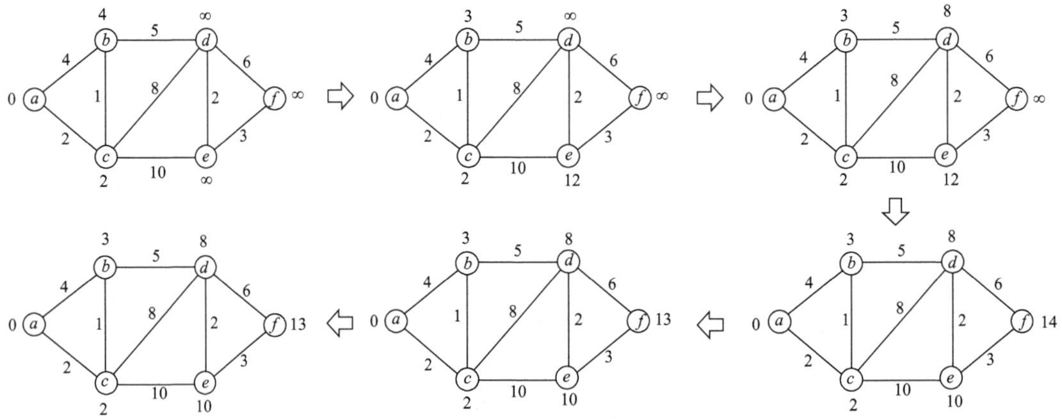

图 5.31　Dijkstra 最短路径求解过程示意图

3. 最小生成树分析

要解决在多个城市间建立通信线路的问题，首先可用图来表示。图的顶点表示城市，边表示两个城市之间的线路，边上所赋的权值表示代价。对多个顶点的图可以建立许多生成树，每一棵树可以是一个通信网。如果要求出成本最低的通信网，这个问题就转化为求一个带权连通图的最小生成树问题。最小生成树是指最小权重生成树：在一个给定的无向图 $G=(V, E)$ 中，U 是顶点集 V 的一个非空子集，(u, v) 代表连接顶点 u（$u\in U$）与顶点 v($v\in V-U$) 的边，而 $w(u, v)$ 代表此边的权重，若存在 T 为 E 的子集且为无循环图，使得 $w(T)$ 最小，

则此 T 为 G 的最小生成树。

$$w(T)=\sum_{(u,v)\in T} w(u,v) \tag{5.25}$$

已有很多算法求解此问题，其中著名的有 Kruskal 算法和 Prim 算法。构造最小生成树有两条依据：

（1）在网中选择 $n-1$ 条边连接网的 n 个顶点。

（2）尽可能选取权值最小的边。

从算法思想来看，Kruskal 算法和 Prim 算法本质上是相同的，它们都是从以上两条依据出发设计的求解步骤，只不过在表达和具体步骤设计中有所差异。Kruskal 算法俗称“避圈法”，基本思想是：设图 G 是由 m 个结点构成的连通赋权图，则构造最小生成树的步骤如下。

（1）先把图 G 中的各边按权数从小到大重新排列，并取权数最小的一条边为生成树 T 中的边。

（2）在剩下的边中，按顺序取下一条边，若该边与生成树中已有的边构成回路，则舍去该边，否则选择进入生成树中。

（3）重复步骤（2），直到有 $m-1$ 条边被选进 T 中，这 $m-1$ 条边就是图 G 的最小生成树。

Prim 算法的基本思想是：假设 $G=(V, E)$ 是连通图，生成的最小生成树为 T，从连通网 $G=\{V, E\}$ 中的某一顶点 u_0 出发，选择与它关联的具有最小权值的边（u_0,v），将其顶点 v 加入到生成树的顶点集合 U 中。以后每一步从顶点在 U 中，而另一个顶点不在 U 中的各条边中选择权值最小的边（u,v），把它的顶点加入到集合 U 中。如此继续下去，直到网中的所有顶点都加入到生成树顶点集合 U 中为止。以下是 Prim 算法求最小生成树的一个例子，输入：无向权图 G（V,E,W），其中，V 为顶点集合；E 为边集合；W 为权重；输出：最小生成树 T。

算法流程如下：

（1）标记全部顶点的树编号为 0，临时树编号 temp 为 1。

（2）判断 V 集合中是否存在树编号为 0 的点，如果不存在则算法结束，否则转步骤（3）。

（3）取 E 中 W 值最小的边 e。①如果 e 中两侧顶点的树编号均为 0，则将该边关联的顶点赋值为 temp，并令 temp = temp+1，$T=T+e$，$E=E-e$；②如果 e 中两侧顶点的树编号相同且都不为 0，则令 $E=E-e$；③如果 e 中两侧顶点的树编号不相等且其中一个等于 0，则赋予编号为 0 的顶点另一顶点的树编号，并令 $T=T+e$，$E=E-e$；④如果 e 中两侧的树编号不相等且都不为 0（a，b），则将所有值为 a 的点赋予值 b，令 $T=T+e$，$E=E-e$。转步骤（2）。

应用上述算法，如图 5.32 所示，考虑两条权重为 5 的边，由于 AD、CE 两边没有公共交点，满足步骤（3）中的条件①，所以 $T=\{AD, CE\}$，A、D 编号为 1，C、E 编号为 2；下面考察权重为 6 的边，顶点 D 的编号为 1，F 为 0，满足步骤（3）中的条件③，所以标记 F 为 1，$T=\{AD, CE, DF\}$。考察权重为 7 的边 AB，满足条件 1，赋予 B 的树编号为 1。考察权重为 7 的边 BE，其中 B 的编号为 1，E 的编号为 2，满足条件④，所以赋予 A，B，C，D，E，F 的树编号为 1，$T=\{AD, CE, DF, AB, BE\}$；考虑权重为 8 的 BC、EF 两边，由于满足条件②，所以不加入 T；考虑权重为 9 的边 BD、EG，BD 满足条件②不予以考虑，EG 满足条件③，所以赋予 G 的树编号为 1，$T=\{AD, CE, DF, AB, BE, EG\}$。当 G 被赋值之后，图中已经没有树编号为 0 的顶点，满足步骤（2）的终止条件，算法结束。

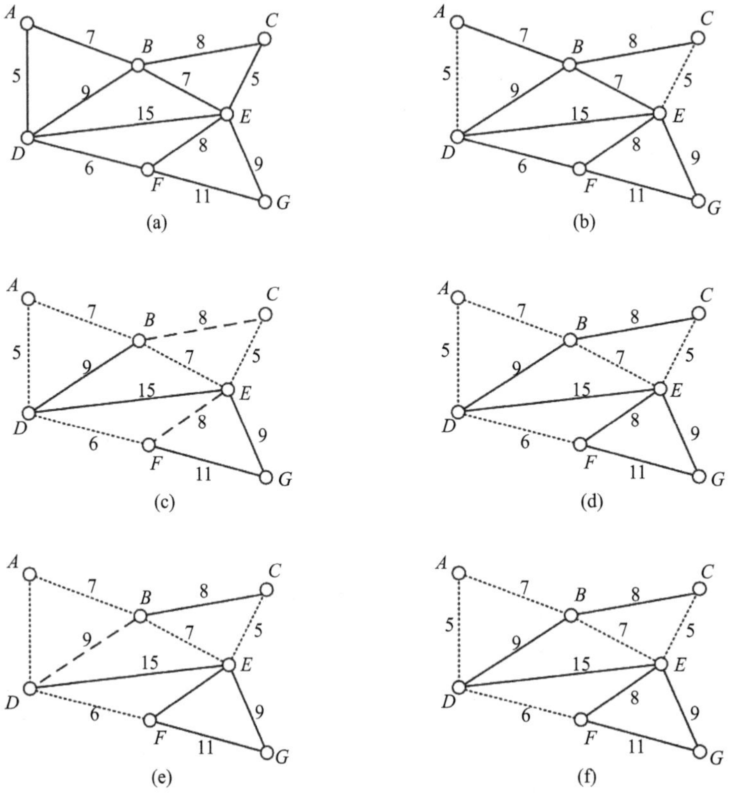

图 5.32　采用 Prim 算法求最小生成树过程示意图

最小生成树问题在实际生活中的一个典型应用是以给定设施（如学校）的位置为目的地，识别满足一定距离要求的街道路线。例如，某学校选择接送学生的校车行车路线，需要确定哪些学生居住地点距离学校较近而不需享受校车接送服务，以节省时间和资金投入。常见的地理信息系统软件已经能够提供菜单式的命令来完成这项任务：在已知网络中以学校这个目的地构造最小生成树，选出从学校到一定距离内的所有街道路段，再通过学生地址与街道地址相匹配的数据库管理系统识别出因住在选出的街道上而不能享有校车接送待遇的学生。

4. 定位与分配问题

资源分配也称定位与分配问题。在多数应用中，需要解决在网络中选定几个供应中心，并将网络的各边和点分配给某一中心，使各中心所覆盖范围内每一点到中心的总的加权距离最小，实际上包括定位与分配两个问题。定位是指已知需求源的分布，确定在哪里布设供应点最合适的问题；分配是指已知供应点，确定其为哪些需求源提供服务的问题。定位与分配是常见的定位工具，也是网络设施布局、规划所需的一个优化的分析工具。

1）定位问题（选址问题）

选址是指在某一指定区域内选择服务性设施的位置，如确定市郊商店区、消防站、工厂、飞机场、仓库等的最佳位置。网络分析中的选址问题一般限定设施必须位于某个结点或位于某条边上，或限定在若干候选地点中选择位置。选址问题种类繁多，实现的方法和技巧也多种多样，不同的 GIS 在这方面各有特色，主要原因是对“最佳位置”具有不同的解释（即用什么标准来衡量一个位置的优劣），而且定位设施数量的要求不同。

中心点选址问题中，最佳选址位置的判定标准，是使其所在的顶点与图中其他顶点之间的最大距离达到最小，或者使其所在的顶点到图中其他顶点之间的距离之和达到最小，如图 5.33 所示，若要在指定区域内选择服务设施的最佳位置，如邮局 D，则需要建立最短路径矩阵，选择成本最低的点 D，如图 5.34 所示。

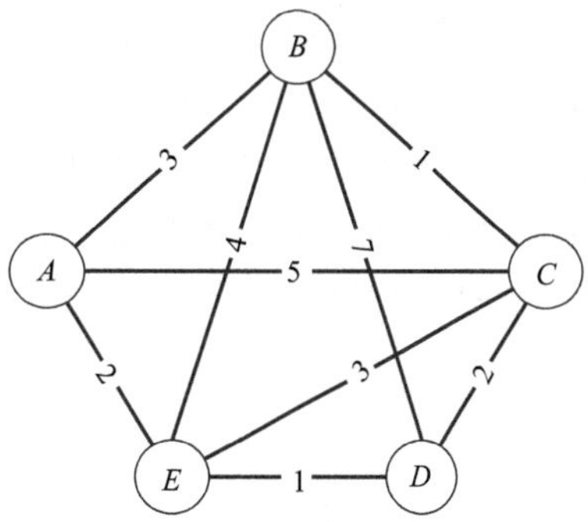

图 5.33　中心选址问题示例

这个选址问题实际上就是求网络图的中心点问题。这类选址问题适宜于医院、消防站等服务设施的布局。

2）分配问题

分配问题在现实生活中体现为设施的服务范围及其资源的分配范围的确定等一系列问题，如通过资源的分配能为城市中的每一条街道上的学生确定最近的学校，为水库提供供水区等。

	A	B	C	D	E
A	0	3	5	3	2
B	3	0	1	3	4
C	5	1	0	2	3
D	3	3	2	0	1
E	2	4	3	1	0

A　0+3+5+3+2=13

B　3+0+1+3+4=11

C　5+1+0+2+3=11

D　3+3+2+0+1=9

E　2+4+3+1+0=10

图 5.34　最短路径矩阵生成

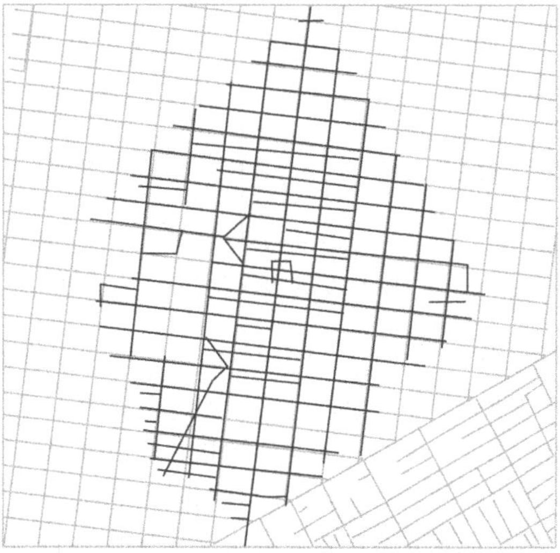
图 5.35　设施的服务范围确定问题

资源分配主要模拟资源如何在中心和周围的网线、结点间流动。计算设施的服务范围及其分配范围时，网络各元素的属性也会对资源的实际分配产生影响。主要属性包括中心的供应量和最大阻值、网络边和网络结点的需求量和最大阻值等，有时也涉及拐角的属性。根据中心容量以及网线和结点的需求将网线和结点分配给中心，分配沿最佳路径进行。当网络元素被分配给某个中心时，该中心拥有的资源量就依据网络元素的需求缩减，随着中心的资源耗尽，分配停止，用户可以通过赋给中心的阻碍强度来控制分配的范围，如图 5.35 所示为设施服务范围的确定。根据前述的最短路径算法（约束距离、无目标点），计算消防车能在 10min 内到达的所有街道（深色范围所示）。

5.4　空间几何分析

5.4.1　叠加分析

1. 基本原理

作为一种标准的地理分析技术，地图叠加的概念已经存在很长时间了。例如，在第二次世界大战后不久，英国皇家城市规划学会（RTPI）提供了一本关于地图叠加技术的手册，其中一项技术称为筛选叠图（sieve mapping），在第二次世界大战后常被土地利用规划师用来评价一个地区是否适宜建造某项工程或者进行某项活动。这种评价首先从研究区的基础地图开始，将透明的印有格网的薄片叠放到地图上。每一个透明的薄片代表了特定的准则。如果某块区域不适合某项活动，格网上代表该区域的方格会被涂黑。就这样，不同的准则用不同的透明薄片来代表，并依据相同的方法涂黑。当所有薄片一层层叠加到基础地图上后，最终可见的区域就是最适合某项工程的区域。

叠加（或叠置）分析是在统一的空间坐标系下，将同一地区的两组或两组以上的要素进行叠加，产生新特征的分析方法。输出图层的几何形状代表来自各输入图层的要素的几何交集。图 5.36 解释了两个简单多边形图层的叠加操作。输出图层的每个要素包含所有输入图层的属性组合，而这种组合不同于其邻域。

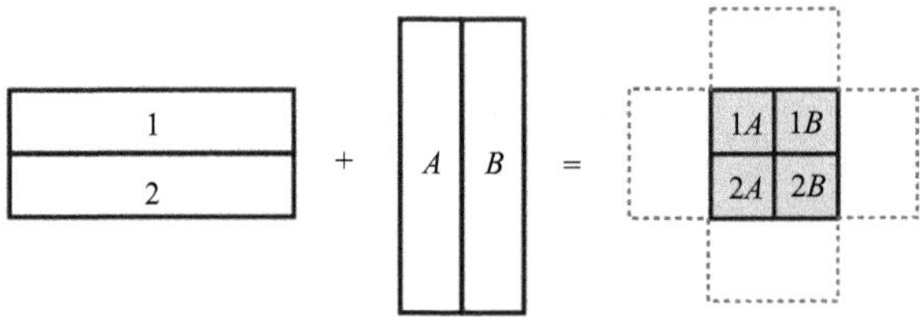

图 5.36　叠加分析示例

综上所述，叠加分析是指将同一地区、同一比例尺、同一数学基础（空间坐标/参照系）、不同内容的两组或多组专题要素的图层进行叠加，根据各类要素所在区域的交集和相关属性建立具有多重属性组合的新图层，并对那些在结构和属性上既相互重叠，又相互联系的多种现象要素进行综合分析和评价；或者对反映不同时期同一地理现象的多边形图形进行多时相系列分析，从而深入揭示各种现象要素的内在联系及其发展规律的一种空间数据分析方法。

使用叠加分析可将多个数据集的特征合并为一个特征，然后，可查找具有某一特定属性值的特定位置或区域，即与指定的条件相符合。经常使用此方法查找适用于特定用途的位置或容易发生某种风险的位置。例如，可叠加植被类型、坡度、坡向、土壤湿度等图层，以查找容易发生火灾的区域。

2. 方法

根据不同的空间数据结构，叠加分为矢量数据叠加和栅格数据叠加两类。矢量数据叠加在处理空间要素图形时较为复杂，能达到很高的精度；而栅格数据叠加虽较容易实现，但其精度通常不能满足用户的要求。

1）*栅格数据叠加*

栅格数据叠加是指将不同的图幅或不同数据层的栅格数据叠加在一起，在叠加地图的相应位置上通过栅格运算产生新属性的分析方法。新属性值的计算可由式（5.26）表示：

$$U = f(A, B, C, \cdots) \tag{5.26}$$

式中，A,B,C 等为一、二、三等各层上确定的属性值；f 函数取决于叠加的要求。多幅图叠加后的新属性可由原属性值的简单加、减、乘、除、乘方等格网运算得出，也可以取原属性值的平均值、最大值、最小值，或原属性值之间逻辑运算的结果等，甚至可以由更复杂的方法计算出。新属性值不仅与对应的原属性值相关，而且还可能与原属性值所在区域的长度、面积、形状等特性相关。

以下是通过相加创建栅格叠加的示例。将两个输入栅格相加以创建一个具有各像元值之和的输出栅格，如图 5.37 所示。

3	3	1
4	2	2
3	1	1

(a) 输入1

+

11	12	10
12	12	10
14	12	11

(b) 输入2

=

14	15	11
16	14	12
17	13	12

(c) 输出

图 5.37　栅格叠加的示例（像元相加）

此方法通常用于按适宜性或风险为属性值排列等级，然后将这些属性值相加以便为每个像元生成一个总等级；也可为各个图层指定相对重要性以创建权重等级（在与其他图层相加之前，每个图层中的等级乘以该图层的权重值）。

以下是使用“加法”针对适宜性建模的栅格叠加示例。三个栅格图层（陡坡、土壤和植被）用于为开发适宜性排列等级，等级范围是 1～7。这些图层相加后（图 5.38），每个像元

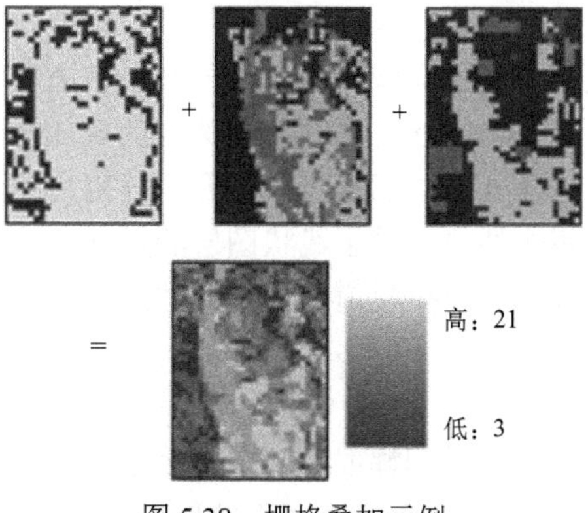

图 5.38　栅格叠加示例

的等级排列范围是 3～21；也可基于来自多个输入图层的值的唯一组合，为输出图层中的每个像元指定一个值。

通过栅格叠加分析可以实现：

（1）类型叠加。通过对两组或两组以上的栅格数据进行叠加分析来获取新的数据文件，如通过叠加植被图与土壤图来分析植被与土壤的关系。

（2）数量统计。计算一种要素在另一种要素区域内的数量特征和分布状况，例如，对行政区划和土壤类型图进行叠加分析，可以得出某一行政区划内的土壤种类及各类土壤的面积。

（3）动态分析。对不同时间、同一地区、相同属性的栅格数据进行叠加，可以分析其变化趋势。

（4）几何提取。通过与几何图形（如圆、矩形或带状区域）的叠加分析，快速提取该图形范围内的信息，例如，以不同半径的圆作为搜索区，实现在该圆范围内的信息提取。

2）矢量数据叠加

矢量数据的叠加分析即点、线、多边形对象之间的叠加分析，主要包括点与多边形、线与多边形、多边形与多边形的叠加。

a. 点与多边形的叠加

点与多边形的叠加用于确定一幅图（或数据层）上的点落在另一幅图（或数据层）的哪个多边形中，据此，可以给相应的点增加新的属性，同时对每个多边形内点的属性进行统计分析。如图 5.39 所示，输入图层为点状图层，输出图层也是点状图层，但已含有多边形图层的属性数据。例如，利用点与多边形的叠加分析可寻找野生生物位置与植被类型之间的联系。

点与多边形叠加的核心算法就是判断点是否在多边形内，可用垂线法与转角法。

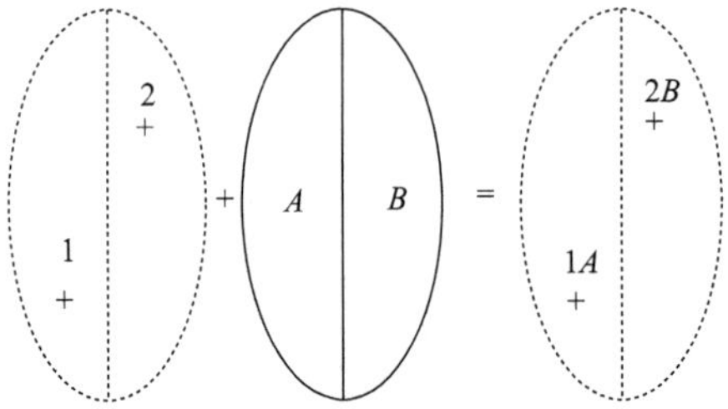

图 5.39　点与多边形的叠加

b. 线与多边形的叠加

线与多边形的叠加就是把一幅图（或一个数据层）中多边形的属性叠加到另一幅图（或另一个数据层）的线上。如图 5.40 所示，在线与多边形的叠加操作中，输出图层含有输入图层的线要素，其中，线要素被叠加图层的多边形边界所分割，因此，输出图层的弧段数比输入图层更多。输出图层中的每个线段合并了线状图层的属性和叠加多边形的属性。例如，利用线与多边形的叠加分析可以查找所拟建道路的土壤数据。

线与多边形叠加的核心算法就是线的多边形裁剪。

c. 多边形与多边形的叠加

多边形与多边形的叠加是指不同图幅或不同图层多边形要素之间的叠加，叠加后的输出图层是原来各图层多边形交割的结果，每个多边形的属性含有原来图层的所有属性。如图 5.41

所示，叠加的两个图层的区域范围相同，输出图层将输入图层和叠加图层的多边形边界组合在一起，生成一系列新的多边形，每个新的多边形都具有两个图层的属性。例如，利用多边形与多边形的叠加可分析高度带与植被类型之间的关系。

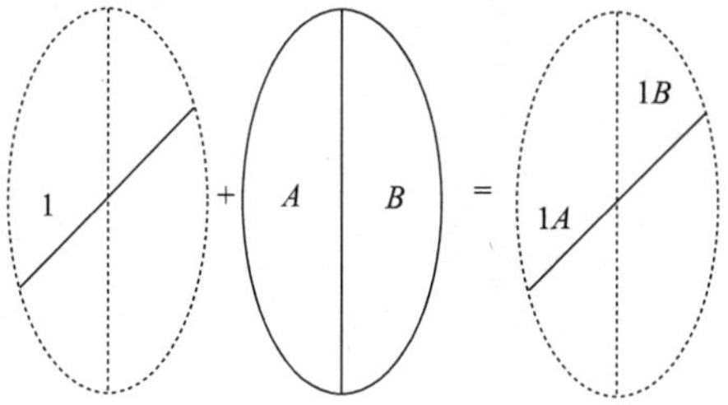

图 5.40　线与多边形的叠加

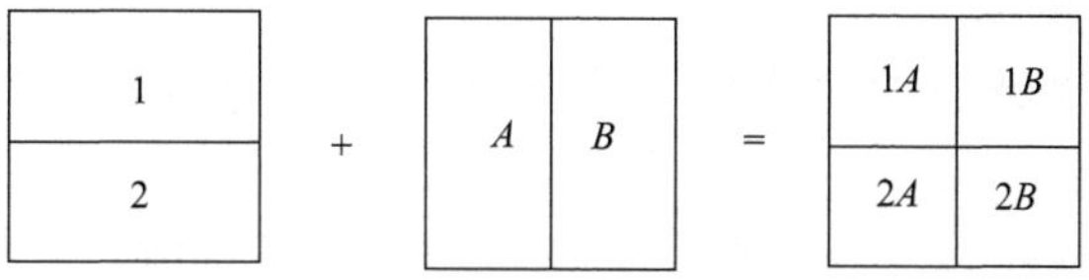

图 5.41　多边形与多边形的叠加

叠加分析还常常用于社会经济数据的空间化表达。社会经济数据主要来源于统计部门和行业内部统计，主要特点是数据时间序列长、连续性好，但存在行政单元和自然单元边界不一致、数据粒度过粗、表达尺度单一、受行政界线变迁影响、空间表达缺乏或不完善等问题。例如，利用空间格网叠加社会经济（统计单元）数据，可以建立社会经济数据与空间数据的联系，实现数据的空间化表达，能够直观、多尺度地表达社会经济数据的空间分布。

随着三维 GIS 应用的深入，越来越多的需求（如道路施工开挖、地铁规划等），都需要三维叠置分析。但由于几何与拓扑的复杂性，还缺乏成熟的适用于三维 GIS 的叠置分析。

5.4.2　缓冲区分析

1. 基本原理

缓冲区分析是地理信息系统中最重要和最基本的空间分析方法之一，基本思想是给定一个空间实体或要素（的集合），确定它（们）的某邻域（邻域大小由邻域半径 R 决定）。实体 O_i 的缓冲区定义如下：

$$B_i = \left\{x : d\left(x, O_i\right) \leqslant R\right\} \tag{5.27}$$

即 O_i 的缓冲区是全部距 O_i 的距离 d 小于等于 R 的点的集合，d 一般指欧氏距离。

所以，缓冲区分析就是在点、线、面实体（缓冲目标）周围建立一定宽度范围的区域或多边形。实体对象所产生的缓冲区将构成新的数据（图）层。地理信息系统空间操作中，涉及确定不同地理特征的空间接近度或邻近性的操作就是建立缓冲区。如图 5.42 所示，要分析因城市道路扩建而需要拆除的建筑物和搬迁的居民，则需要建立一个距道路中心线一定距离的缓冲区，落在缓冲区内的建筑是必须拆迁的。

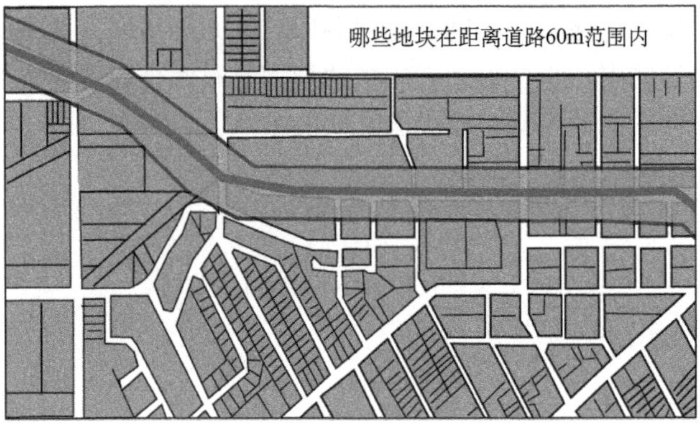

图 5.42　道路的缓冲区示例

2. 矢量数据缓冲区的建立

按照实体对象的几个特征,矢量数据缓冲区的建立主要包括以下三类(表 5.10 和图 5.43～图 5.45)。

（1）点对象的缓冲区：以点为圆心，以一定距离为半径的圆。

（2）线对象的缓冲区：以线为中心轴，距中心轴线一定距离的平行条带多边形。

（3）面对象的缓冲区：以面为基准，向外或向内扩展一定的距离，生成新的多边形，分别为正缓冲区和负缓冲区。

表 5.10　矢量数据缓冲区的建立方法

矢量要素	缓冲区建立	类型
点	以点要素为圆心，以缓冲距离 R 为半径的圆	单点要素形成的缓冲区 多点要素形成的缓冲区 分级点要素形成的缓冲区
线	以线要素为轴线,以缓冲距离 R 为平移量向两侧作平行曲线,在轴线两端构造两个半圆弧，最后形成圆头缓冲区	单线要素形成的缓冲区 多线要素形成的缓冲区 分级线要素形成的缓冲区
面	以面要素的边界线为轴线，以缓冲距离 R 为平移量向边界线的外侧或内侧作平行曲线所形成的多边形	单一面要素形成的缓冲区 多面要素形成的缓冲区 分级面要素形成的缓冲区

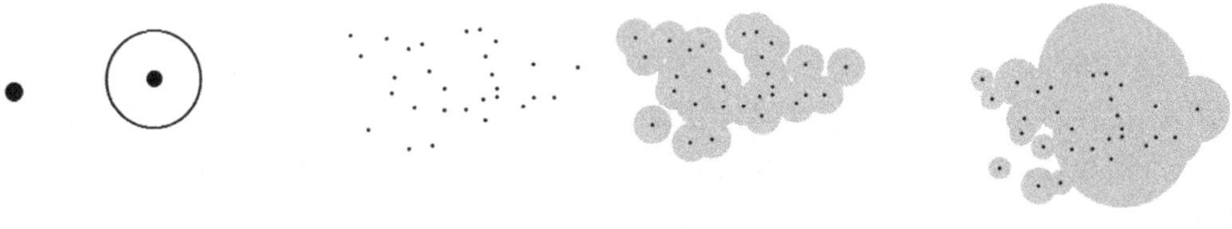

图 5.43　点要素的缓冲区形式

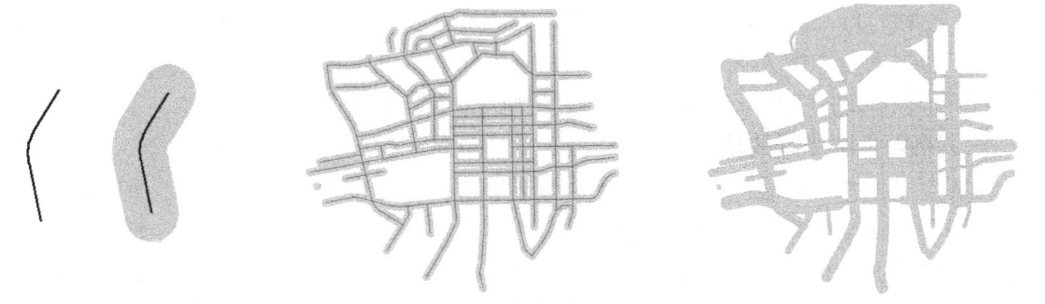

(a) 单线形成的缓冲区　　　　(b) 线群形成的缓冲区　　　　(c) 分级线形成的缓冲区

图 5.44　线要素的缓冲区形式

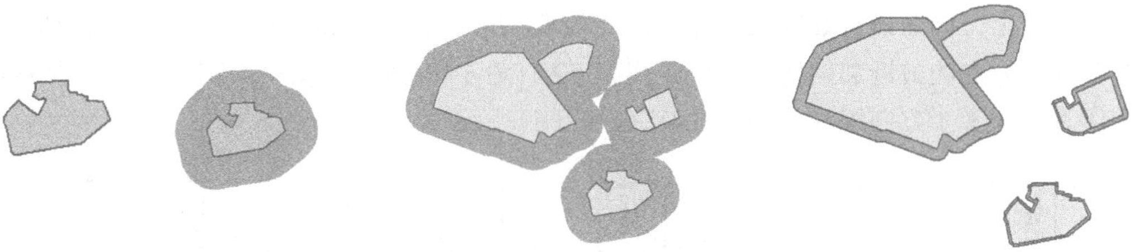

图 5.45　面要素的缓冲区形式

矢量数据的中心线扩张法的实现一般有两种算法：角分线法和凸角圆弧法。

1）角分线法

角分线法也称简单平行线法，基本思想是：首先在中心轴线两端点处作轴线的垂线，按缓冲区半径 R 截去超出部分，获得左右边线的起讫点；然后在中心轴线的其他各转折点处，用以偏移量为 R 的左右平行线的交点来确定该转折点处左右平行边线的对应顶点；最终由端点、转折点和左右平行线形成的多边形就构成了所需要的缓冲区多边形，如图 5.46 所示。

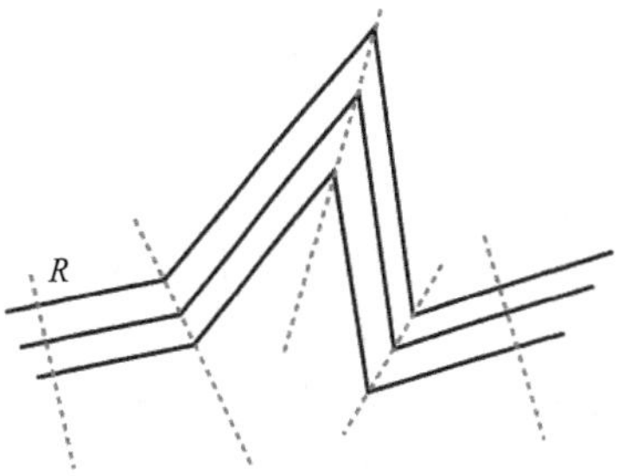

图 5.46　角分线法示意图

2）凸角圆弧法

凸角圆弧法（图 5.47）的算法思想是：在中心轴线两端点处作轴线的垂线，按缓冲区半径 R 截出左右边线的起讫点；在中心轴线的其他各转折点处，首先判断该点的凸凹性，在凸侧用圆弧弥合，在凹侧用与该转折点前后相继的轴线的偏移量为 R 的左右平行线的交点来确定对应顶点。

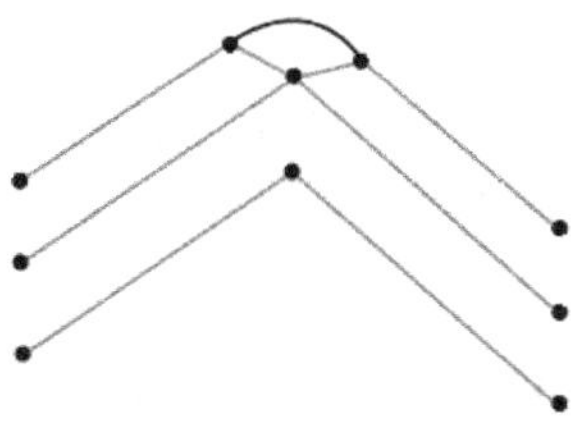

图 5.47　凸角圆弧法原理示意图

凸角圆弧法与角分线法都是对轴线两侧作距离为 R 的平行线段，对转折点凹侧都是把上述平行线段延长至该凹部的角平分线，差别在于对端点及转折点凸部的处理不同。角平分线法对凸部的处理仅将平行线段延长至角平分线，而凸角圆弧法则是对转折点凸部作一定角度圆弧，角度视转折角大小，与平行线密切衔接，端点则一般作半圆弧，由平行线和圆弧线组成的封闭多边形，去掉中间的实体线或多边形即是宽度为 R 的缓冲区。凸角圆弧法对于凸部的圆弧处理使其能最大限度地保证左右平行曲线的等宽性，避免了角分线法所带来的异常情况。

3. 栅格数据缓冲区的建立

相对于矢量数据的缓冲区分析，栅格数据的缓冲区分析操作较为简单。栅格数据的缓冲区分析通常称为推移或扩散（spread），推移或扩散实际上是模拟实体对象对邻近对象的作用过程。栅格数据结构点、线、面缓冲区的建立方法原理主要是像元加粗法，涉及大量的几何求交运算。以分析目标生成像元，借助于缓冲距离 R 计算出像元加粗次数，然后进行像元加粗形成缓冲区。

栅格数据中的每 1 个网格单元（像元），其周围 8 个方向都有邻接像元（除了边缘位置的像元），这 8 个方向为东、南、西、北、东南、西南、西北、东北[图 5.48（a）]。该网格单元与前 4 个方向的最近邻网格单元的距离为 L，L 为网格单元的边长（即像元的分辨率），而与后 4 个方向的最近邻网格单元的距离为 $\sqrt{2}L$ [图 5.48（b）]。栅格数据中的点元素的 4 个方向缓冲区和 8 个方向缓冲区如图 5.48（c）、（d）所示。

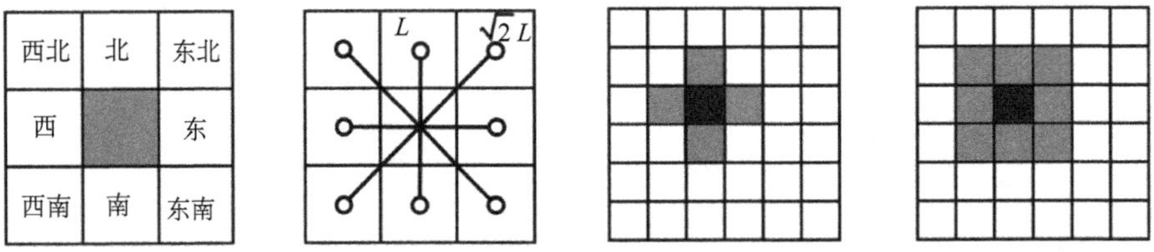

(a)　(b)　(c)　(d)

图 5.48　栅格结构中点的缓冲区

建立栅格数据中线状地物的缓冲区，首先需要判定线要素所占的网格单元的范围，对于单线（仅占 1 个网格单元）的栅格要素建立缓冲区时，先对每个网格单元建立缓冲区，再将重叠区域重新赋值，生成线要素的栅格结构缓冲区数据层（图 5.49）。

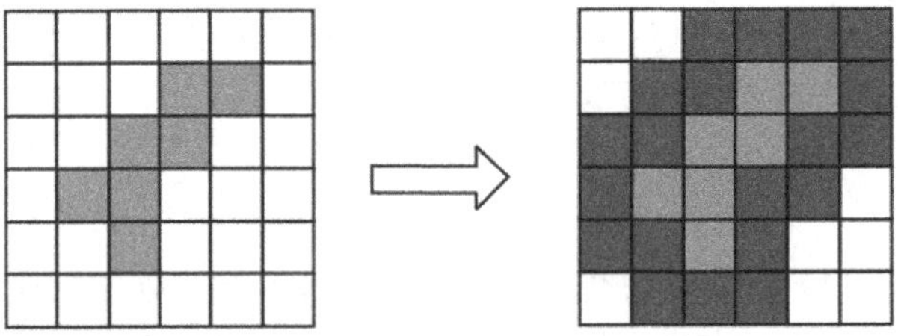

图 5.49　栅格结构中线的缓冲区

对复杂的线要素建立缓冲区时，即该线要素在每一行占用超过 2 个网格单元，则可以将其视为多边形，其缓冲区建立方法与多边形缓冲区建立方法相同，只需要考虑位于边缘的网格单元的缓冲区即可（图 5.50）。

随着三维 GIS 成为研究热点，三维缓冲区分析也受到越来越多的关注。比较有代表性的有均质无约束的缓冲体生成算法、均质有约束的缓冲体生成算法和非均质无约束的缓冲体生

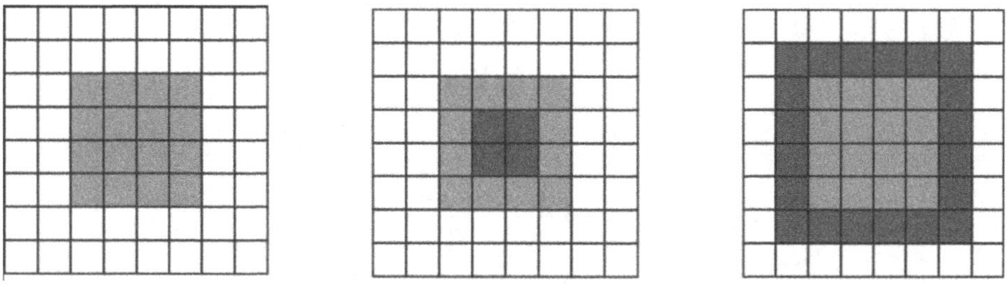

(a) 原始多边形　　(b) 提取边缘　　(c) 缓冲区生成

图 5.50　栅格结构中多边形的缓冲区

成算法，将二维欧氏距离变换扩展到三维，基于栅格的等值面扩展生成三维缓冲体。但在理论研究上，三维缓冲区目前尚缺乏形式化的定义及成熟的算法。

5.4.3　泰森多边形分析

1. 基本原理

泰森多边形（Thiessen polygons 或 Thiessen tessellations，又称 Voronoi 或 Dirichlet 多边形）分析是由美国气象学家 Thiessen 提出的一种空间分析方法，最初用于从离散分布气象站的降雨量数据中计算平均降雨量。该方法是将所有相邻气象站连成三角形，作这些三角形各边的垂直平分线，于是每个气象站周围的若干垂直平分线便围成一个多边形。用这个多边形内所包含的一个唯一气象站的降雨强度来表示这个多边形区域内的降雨强度，并称这个多边形为泰森多边形，如图 5.51 所示。

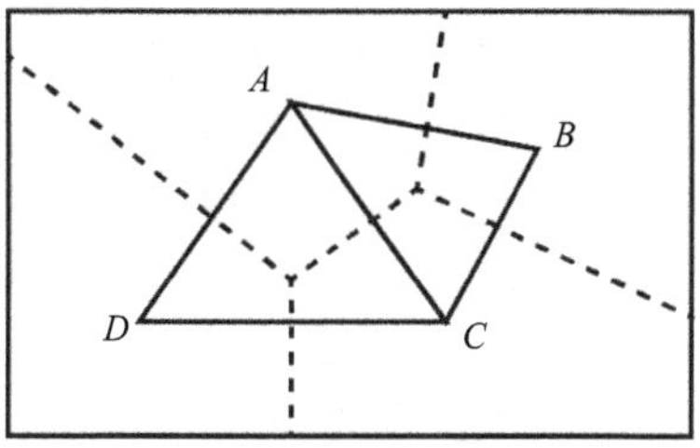

图 5.51　泰森多边形

泰森多边形的几何定义为：设平面上的一个离散点集 $P=\{P_1,P_2,\cdots,P_n\}$，其中任意两个点不共位，即 $P_i \neq P_j\left(i\neq j, i=1,2,\cdots,n; j=1,2,\cdots,n\right)$，且任意四点不共圆，则任意离散点 P_i 的泰森多边形定义为

$$T_i=\left\{x \mid d\left(x,P_i\right)<d\left(x,P_j\right) \mid P_i,P_j\in P, P_i\neq P_j, d\text{为欧氏距离}\right\}$$

泰森多边形是在计算几何中被广泛研究的一个问题，其原理非常简单，是一种由点内插生成面的方法（图 5.52）。根据有限的采样点数据生成多个面区域，每个区域内只包含一个采样点，且各个面区域到其内采样点的距离小于任何到其他采样点的距离，那么该区域内其他未知点的最佳值就由该区域内的采样点决定，该方法也称为最近邻点法，用于邻域分析。

由上述定义可知，任意离散点 P_i 的泰森多边形是一个凸多边形，且在特殊的情况下可以是一个具有无限边界的凸多边形。从空间划分的角度看，泰森多边形是对一个平面的划分。在泰森多边形 T_i 中，任意一个内点到该泰森多边形的发生点 P_i 的距离都小于该点到其他任何发生点 P_j 的距离，这些发生点 $P_i\left(i=1,2,\cdots,n\right)$ 也称为泰森多边形的控制点或质心。

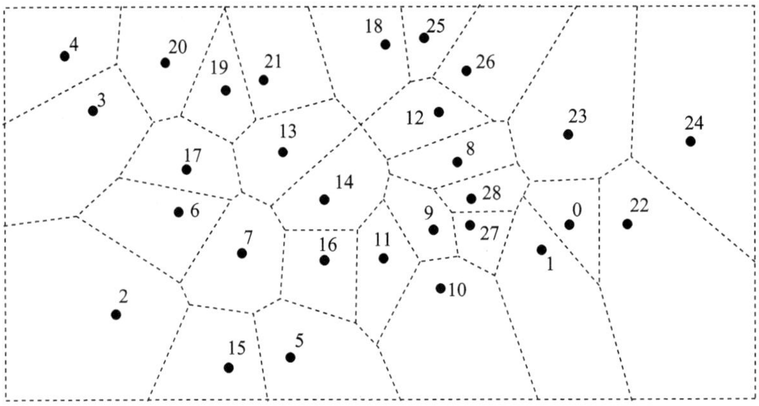

图 5.52　泰森多边形示意图

2. 泰森多边形的特性

泰森多边形因其生成过程的特殊性，具有以下特性：①每个泰森多边形内仅含有一个采样点或控制点；②泰森多边形中的点到相应控制点的距离最近；③位于泰森多边形边上的点到其两边控制点的距离相等；④在判断一个控制点与其他哪些控制点相邻时，可直接根据泰森多边形得出结论，即若泰森多边形是 n 边形，则与 n 个离散点相邻。

空间数据分析中经常采用泰森多边形进行快速赋值，其中一个隐含的假设是任何地点的未知数据均使用距它最近的采样点数据。实际上，除非有足够多的采样点，否则该假设是不恰当的，如降水、气压、温度等现象是连续变化的，用泰森多边形插值方法得到的结果变化只发生在边界上，即产生的结果在边界上是突变的，在边界内部都是均质的和无变化的，这是泰森多边形分析的不完善之处。因此，尽管泰森多边形产生于气候学领域，却特别适合对专题数据进行内插，可以生成专题与专题之间明显的边界而不会出现不同级别之间的中间现象。

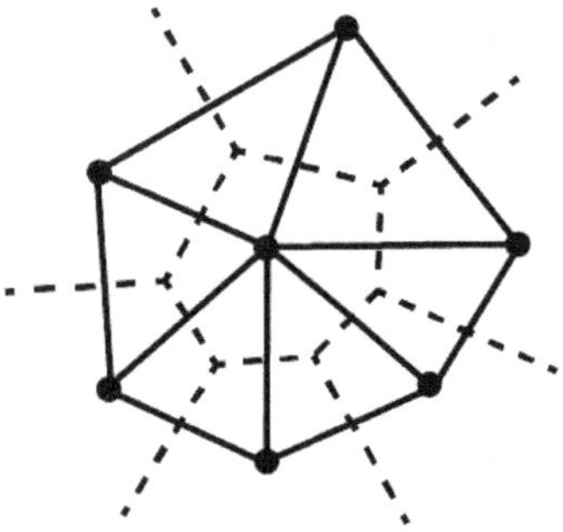

图 5.53　Delaunay 三角网示意图

3. 狄洛尼三角网

狄洛尼（Delaunay）三角网是由与相邻泰森多边形共享边的相关点连接而成的三角网，它与泰森多边形是对偶关系。图 5.53 是一个泰森多边形及其对偶 Delaunay 三角网的例子，图中虚线为泰森多边形，实线为 Delaunay 三角网。

Delaunay 三角网的生成是将离散的控制点按照一定的原则连接形成三角网的过程，关键是确定由哪三个邻近的控制点来构成一个三角形，该过程也称为三角网的自动连接。即对于平面上的控制点集 $P=\{P_1,P_2,\cdots,P_n\}$，将其中相近的三点 P_i、P_j、$P_k\left(i\neq j\neq k;i=1,2,\cdots,n;j=1,2,\cdots,n;k=1,2,\cdots,n\right)$ 构成最佳三角形，使每个控制点都成为三角形的顶点。

1）Delaunay 三角网的特征

对于给定的点集，三角网的形成可以有多种剖分方式，其中 Delaunay 三角网具有以下特征：

（1）Delaunay 三角网是唯一的。

（2）三角网的外边界构成了给定点集的凸多边形“外壳”。

（3）没有任何点在三角形的外接圆内部，反之，如果一个三角网满足此条件，那么它就是 Delaunay 三角网。

（4）如果将三角网中每个三角形的最小角进行升序排列，则 Delaunay 三角网的排列得到的数值最大，从这个意义上讲，Delaunay 三角网是“最接近于规则化”的三角网。为了在三角网的自动连接过程中获得最佳三角形，建立 Delaunay 三角网时，应尽可能符合以下两条原则：①任何一个 Delaunay 三角形的外接圆内不能再包含有其他的控制点；②两个相邻的 Delaunay 三角形构成凸四边形，在交换凸四边形的对角线后，六个内角的最小者不再增大，即最小角最大原则。

（5）Delaunay 三角网生成的通用算法——凸包插值算法（图 5.54），步骤为：凸包的生成—凸包三角剖分（环切边界法构成若干 Delaunay 三角形）—离散点插值（离散点内插入三角剖分形成新的三角剖分）。

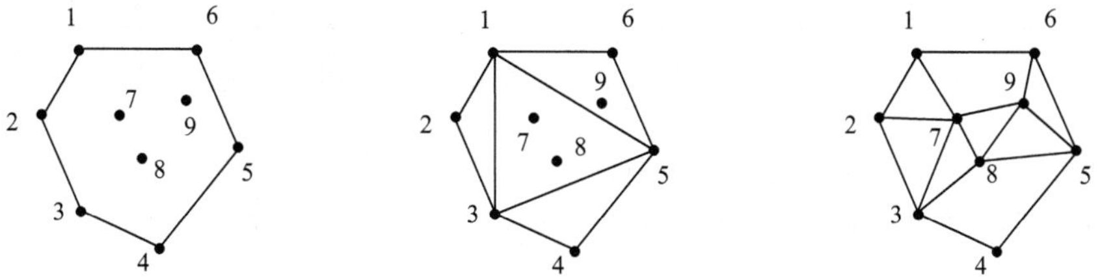

图 5.54 凸包插值算法示意图

4. 泰森多边形的建立

1）泰森多边形建立方法

（1）建立 Delaunay 三角网，对离散点和形成的三角形进行编号，并记录每个三角形是由哪三个离散点构成的。

（2）找出与每个离散点相邻的所有三角形的编号，并记录下来。

（3）将与每个离散点相邻的所有三角形按顺时针或逆时针方向进行排序。

（4）计算出每个三角形的外接圆圆心，并记录下来。

（5）连接相邻三角形的外接圆圆心，即可得到泰森多边形。对于三角网边缘的泰森多边形，可作垂直平分线与图廓相交，与图廓一起构成泰森多边形。

2）泰森多边形的栅格算法实现过程

（1）一种典型算法是先将图形栅格化为数字图像，然后对该数字图像进行欧氏距离变换，得到灰度图像，而泰森多边形的边一定处于该灰度图像的脊线上；再通过相应的图像运算，提取灰度图像的这些脊线，就得到最终的泰森多边形。灰度图像脊线提取可采用分水岭算法：先把图片转化为灰度梯度级图像，在图像梯度空间内逐渐增加一个灰度阈值，每当它大于一个局部最大值时，就把当时的二值图像（只区分陆地和水域，即大于灰度阈值和小于灰度阈值两部分）与前一个时刻（即灰度阈值上一个值的时刻）的二值图像进行逻辑异或（XOR）操作，从而确定灰度局部极大值的位置。根据所有灰度局部极大值的位置集合就可确定分水岭。

（2）另外还可采用以发生点为中心点，同时向周围相邻八方向做栅格扩张运算（一种距离变换）的方法，两个相邻发生点扩张运算的交线即为泰森多边形的邻接边，三个相邻发生点扩张运算的交点即为泰森多边形的顶点，如图 5.55 所示。

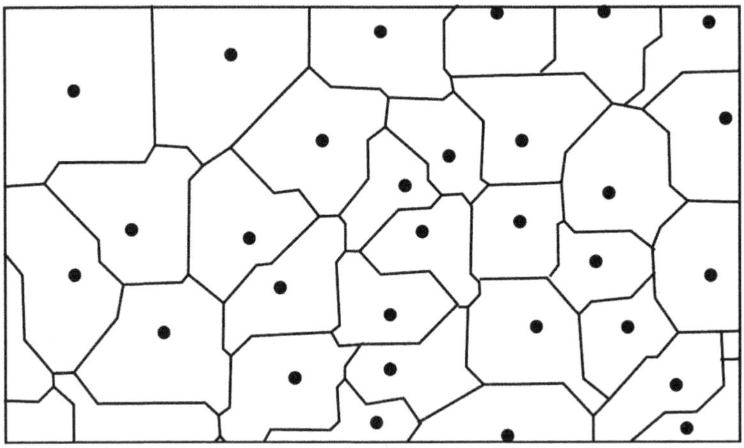

图 5.55　用栅格方法得到的泰森多边形图（图中的黑色点为发生点）

这两种方法获得的泰森多边形都是栅格化的。因为算法过程是基于栅格距离实现的，所以泰森多边形的邻接边表现为折线段。对于用栅格运算获得的泰森多边形图，需要经过附加的处理才能获取它的顶点、发生点和关系信息。

思　考　题

1. 什么是空间分析？它的本质特征是什么？
2. 从数据特征的角度看，空间分析可以分为哪些类型？
3. 空间分析的主要作用是什么？
4. 空间分布的描述参数有哪些？
5. 常用的点模式分析方法有哪些？简述其基本思想。
6. 空间自相关分析是指什么？全局空间自相关分析和局部空间自相关分析的区别是什么？
7. 空间回归模型的一般形式是什么？一般形式的空间自回归模型可以派生出哪些模型？
8. 空间聚类分析方法主要有哪些？
9. 简述趋势面分析法的原理。
10. 什么是地理编码？除了文字描述地址与其空间的地理位置精确匹配外，还有哪些地理编码形式？
11. 请简述动态分段的定义及其数据结构。
12. 简述网络分析的定义及其应用。
13. 什么是叠加分析？请举例说明它有什么用途。
14. 什么是缓冲区分析？请举例说明它有什么用途。
15. 泰森多边形有什么特点？请描述它的建立过程。
16. 某县要在其所辖的 8 个乡镇之一修建一个消防站，为 8 个乡镇服务，要求消防站至最远乡镇的距离达到最小。假设该 8 个乡镇之间的交通网络被抽象为无向赋权连通图（图 5.56），权值为乡镇之间的距离。求解消防站应设在哪个乡镇，即哪个顶点？

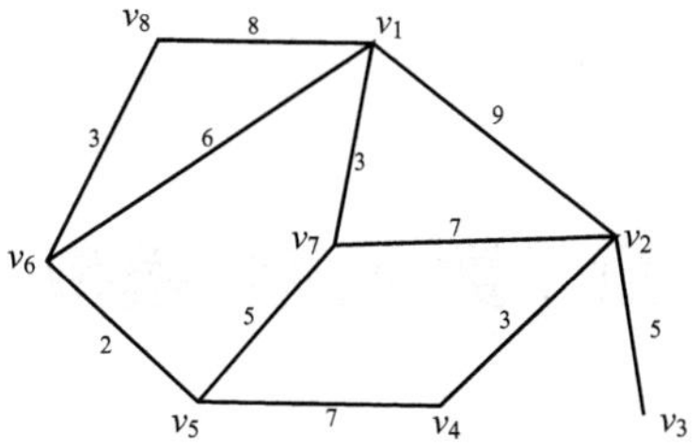

图 5.56

17. 举例说明 GIS 解决空间问题的一般步骤。

第 6 章　数字高程模型分析

数字地面模型（DEM）主要用于描述地面起伏状况，是地理信息系统的一种高级空间数据模型，表达方法包括网格、等高线、三角网等。它能用于数字地形分析，包括提取各种地形参数（如坡度、坡向、粗糙度），进行通视分析、流域结构生成等应用分析。数字地面模型是地理信息系统空间分析中最具特色的部分，在测绘、遥感及资源调查、环境保护、城市规划、灾害防治及地学研究等方面的作用越来越重要。本章首先介绍数字高程模型的基本概念、基本类型和建立步骤，其中基本类型包括规则格网模型、等高线模型、不规则三角网模型和细节层次模型；然后，从基本因子、流域、地形特征和通视等方面简述数字地形分析的主要内容和研究方法。本章结构如图 6.1 所示。

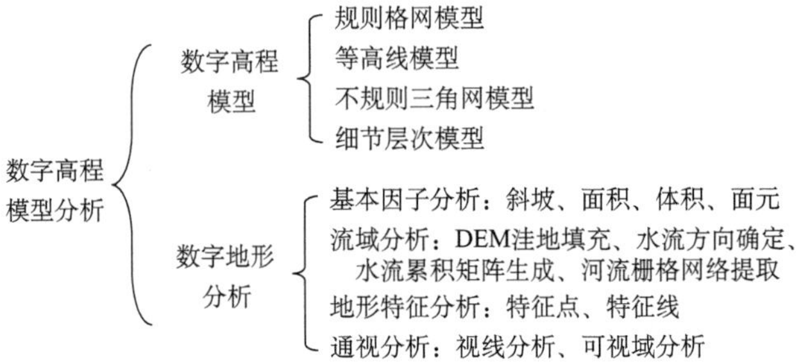

图 6.1　本章结构图

6.1　数字高程模型

数字高程模型作为地理空间数据的基本内容，承载着多种不同的地理信息，在建立空间数据基础设施进程中起到重要的作用（刘琴琴，2016）。从数学的角度，高程模型是高程 Z 关于平面坐标（X, Y）的连续函数（邬伦等，2001），DEM 只是它的一个有限的离散表示。DEM 按照模型结构可分为：基于点的 DEM（如离散点），基于线单元的 DEM（如等高线模型、断面 DEM），基于面单元的 DEM（如规则格网模型、不规则三角网模型）。

6.1.1　规则格网模型

1. 地面高程的表达

在人类文明发展的历史长河中，人们对自身生存环境的认识和表示也在不断地发生变化，这一点在地形图上得到了集中的体现。从地形图诞生之日开始，其本身就孕育了抽象性与直观性这一对矛盾，二维介质平面图与所表示的三维现实世界的复杂地形之间，有着不可逾越的鸿沟，对于大多数不具备专门的地图学知识的使用者来说，是难以直观理解和接受的。正因为如此，千百年来，地图学者一直致力于地形图的立体表示，试图寻求一种能符合人们的视觉生理习惯，还原地形真实世界的表示方法，曾先后出现过写景法、地貌晕渲法、地貌晕渲法、分层设色法等。这些方法虽然实现了在各种二维介质平面上对三维地形表面的表示和描述，但由于缺乏数学上的严密性、绘制的复杂性以及不具有可测量性等缺陷而没有得到广泛的应用。人们也探索采用制作地形（沙盘）模型的方法，来补偿地形图中对地貌表示缺乏直观性的不足。但由于该方法费时费力，且无法进行有效的空间定量分析等缺点，只能作为地形图的一种补充手段，在某些专门的应用背景下采用（李观石，2004）。

（1）早期由于测量知识的缺乏，对地形表面形态的描述主要采用象形绘图（图 6.2）方法（汤国安等，2016）。

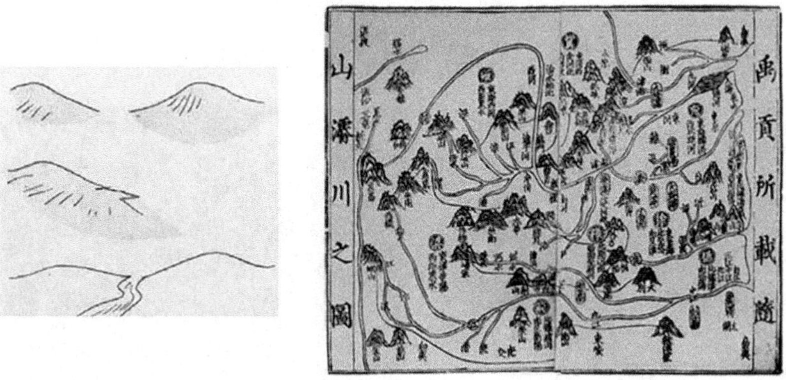

图 6.2　地表形态表达之象形绘图

（2）17 世纪以后，以写景方式进行地形刻画成为这一时期的主流，如先后出现的写景透视图（图 6.3）、晕渲法、斜视区域图、地貌形态图、地貌单元图等。

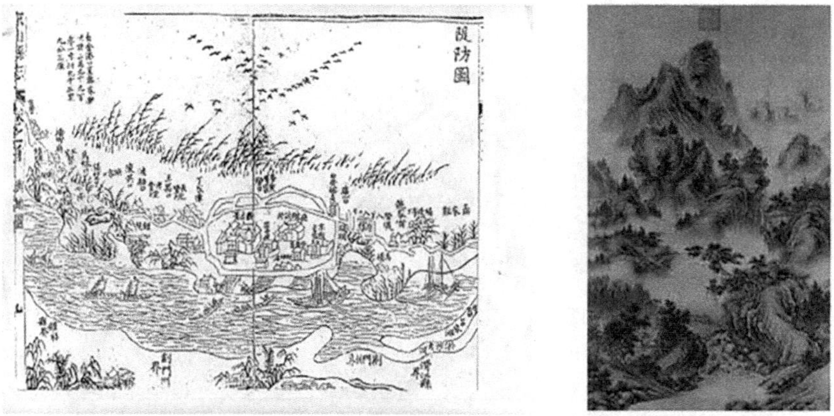

图 6.3　地表形态表达之写景透视图

（3）18 世纪，对地形的表达由写景式的定性表达逐步过渡到以等高线为主的量化表达（图 6.4）。

（4）19 世纪后期，地貌晕渲图作为一种区域符号广泛地应用于地形表达之中。因为等高线地形图具有可量测性，地貌晕渲具有三维可视化效果，所以这两种方法成为 20 世纪以来地形图的主要表示方法和手段（图 6.5）。

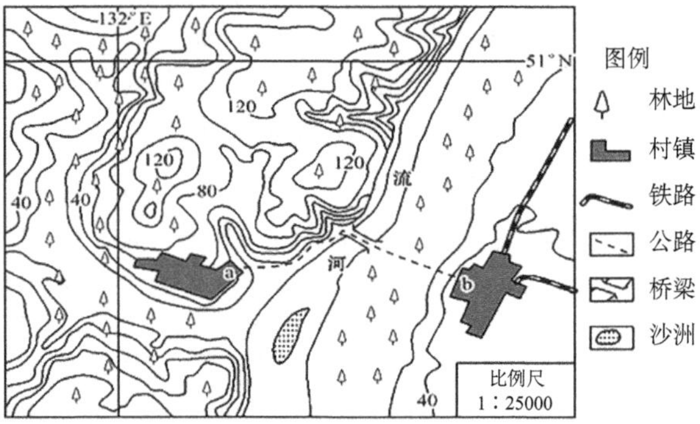

图 6.4　地表形态表达之等高线地形图

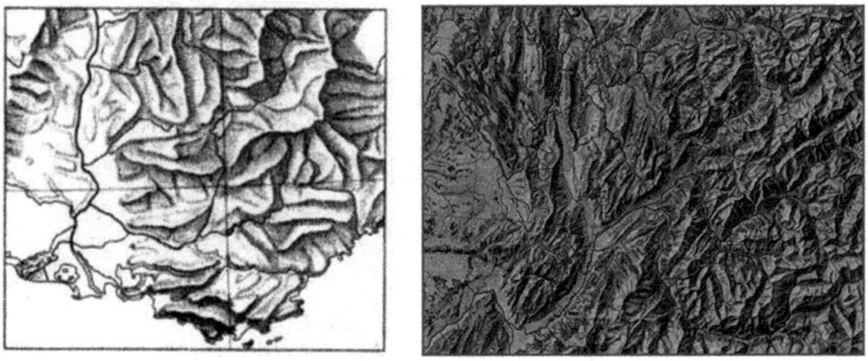

图 6.5　地表形态表达之地貌晕渲图

（5）20 世纪 60 年代以后，遥感技术的广泛应用可提供更为丰富的几何、物理等影像信息（图 6.6）。

图 6.6　地表形态表达之遥感影像图

（6）1958 年，Miller 在辅助道路设计实验的基础上首次提出了数字地形表达的概念——数字高程模型（图 6.7）。

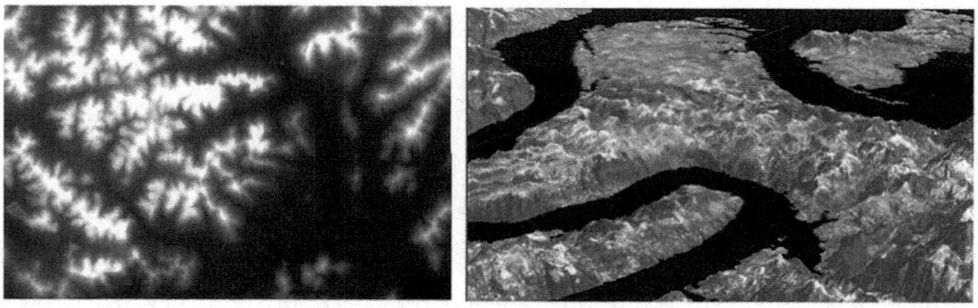

图 6.7　地表形态表达之数字高程模型

2. 地表及高程模型

1）数字地表模型

数字地表模型（digital surface model, DSM），顾名思义就是以数字形式对地表形态的一种模拟，包含了地表建筑物、桥梁和树木高度等的地面高程模型，其历史形态可认为是普通地图。

DSM 是一个二维场。即在二维空间 R^2 中，对任意给定的一个空间位置（x, y），DSM 都有一个表现地表地理特征的属性值 A 与之对应，$A = f(x, y)$，$x, y \in$ R。地表属性特征一般可分为三组。①地形地貌：高程、坡度、坡向、坡面形态及描述地表起伏情况的更为复杂的地貌因子。②自然环境：土壤、植被、地质、水系、气候（如气温、降水）、地球物理特性（如重力）等。③社会经济：人口、工农业产值、经济活动、土地利用、交通网、居民点和工矿企业及境界线等。其中，自然环境与社会经济属于非地形信息。

当 A 取不同值时，DSM 有不同的变体。①当 A 特指地形特征时，DSM 具体化为数字地形模型（digital terrain model, DTM），表示地面起伏和属性（如坡度、坡向）。②当 A 特指地形特征的高程时，DSM 就具体化为 DEM，表示地面的起伏，高程是地理空间中相对于平面二维坐标的第三维坐标。这样，可以将 DEM、DTM 和 DSM 表示为一种映射：

DEM，f:（x, y）$\to A$（高程），$x, y \in$ R

DTM，f:（x, y）$\to A$（地形），$x, y \in$ R

DSM，f:（x, y）$\to A$（地形+自然特征/人文特征），$x, y \in$ R

由上可知，DEM 是 DTM 的一个特例，而 DTM 是 DSM 的一个特例。DEM 只包含了地形的高程信息，而 DSM 还包含了其他地表信息。因而，在一些对建筑物高度有需求的领域，DSM 得到了很大程度的重视。DSM 最真实地表达地面起伏情况，可广泛应用于各行各业：在森林地区，可以用于检测森林的生长情况；在城区，可以用于检查城市的发展情况；在巡航导弹领域，需要 DSM 以确保低空飞行的安全。

2）数字地形模型

数字地形模型（DTM）是地形表面形态属性信息的数字表达，是带有空间位置特征和地形属性特征的数字描述。地形表面形态的属性信息一般包括高程、坡度、坡向等，因而 DTM 包括 DEM、数字坡度模型、数字坡向模型等。实际上，DTM 是栅格数据模型的一种，与图像的栅格表示形式的主要区别是：图像是用一个点代表整个像元的属性；在 DTM 中格网的点只表示点的属性，而点与点之间的属性需要通过内插计算获得。

DTM 是 DSM 的基础。DSM 的非地形特征有自然环境和社会经济等，因此 DSM 除了

DTM 外还包括数字地面自然环境模型和数字地面社会经济模型等。这些非地形特征的 DSM 可由 DTM+自然环境或社会经济的复合体进行表达。例如，地表面景观图可由 DTM 与数字正射影像（DOM）复合生成；降水量分布图可由 DTM 与等降水量线复合生成。DTM 是对纯粹的地球表面形态的描述，它所关心的是除去包括森林、建筑等一切自然地物或社会地物之外的地球表面构造，即纯地形形态。DSM 则是对地球表面，包括各类地物的综合描述，它关注的是地球表面土地利用的状况，即地物分布形态。图 6.8 的 DTM 与 DSM 描述的是同一地区不同层次的高程信息：DSM 是大地表面土地利用现状的直观表达，可以清晰地看到建筑和植被的分布状况；DTM 描述的则是滤除地面上的一切遮挡物之后，地球表面真实的地形地貌。

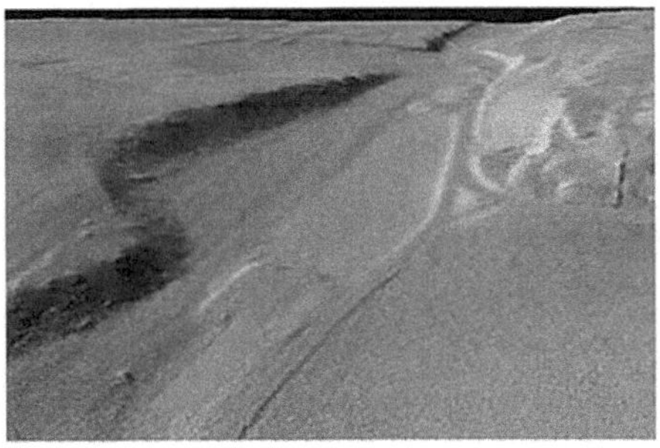

（a）DTM

（b）DSM

图 6.8　DTM 和 DSM 的对比

DTM 最初是为了高速公路的自动设计而提出的，此后，它被用于各种线路（铁路、公路、输电线）选线的设计以及各种工程的面积、体积、坡度计算，任意两点间的通视判断，任意断面图绘制和流域结构生成等。在测绘中，它被用于绘制等高线、坡度坡向图、立体透视图，制作 DOM 以及地图的修测；在遥感应用中，可作为分类的辅助数据；在军事上，可用于导航及导弹制导、作战电子沙盘等。

3）数字高程模型

在地形属性为高程时 DTM 可称为 DEM，主要描述地貌形态的空间分布。高程是地理空间的第三维坐标。DEM 通常用地表规则网格单元构成的高程矩阵表示，广义的 DEM 还包括等高线、三角网等所有表达地面高程的数字表示（图 6.9）。DEM 是建立 DTM 的基础数据，其他的地形要素可由 DEM 直接或间接导出，称为“派生数据”，如坡度、坡向。

图 6.9　DEM 叠加等高线

DEM 是国家基础地理空间数据库的重要组成部分，是地理信息系统数据结构由二维向三维发展的重要阶段。概括起来，DEM 不仅具有 DTM 的功用还具有如下用途：

（1）科学研究方面。地形表面的表述、信息提取和分析是科学研究中重要的信息源和基础资料（刘琴琴，2016）。在科学研究中，DEM 应用在区域和全球气候变化的研究、水资源和野生动植物的分布、建立地质和水文模型、地形地貌分析、地形参数（如坡度、坡向、粗糙度）提取、土地利用和土地覆盖变化检测等领域。

（2）工业工程方面。DEM 主要应用于各种辅助决策和设计，从而提高服务质量以及自动化水平，并获得更大的经济利益。1957 年，Robert 建议通过数字高程数据设计高速公路、挖填方计算、线路勘测设计以及水利建设工程等。同时，DEM 还能：①快速地绘制等高线地形、制作正射影像图与修测地图；②用于各种线路的自动选线、交通路线的规划、景观设计与城市规划；③用于无线通信上蜂窝电话的基站分析；④用于水库堤坝的选址，以及土方、库容和淹没损失的自动估算等；⑤用于土木工程、景观建筑与矿山工程规划与设计。

（3）商业方面。因为 DEM 的应用是面向用户的，所以 DEM 的商业价值在于 DEM 产品以及派生产品的生产与分发，如由国家基础地理信息中心提供的覆盖全国的 1∶100 万、1∶25 万、1∶5 万及部分 1∶1 万的 DEM 数据。

（4）其他方面。DEM 不仅可以分析森林资源的水平分布和垂直分布、实现最佳防坡堤位置计算模拟、估计洪水淹没区损失、分析流水线、分析山区日照情况以及三维可视化等，而且由 DEM 还可以派生出平面等高线图、立体等高线图、等坡度图、景观图、晕渲图及透视图等。在军事方面，DEM 还应用于飞行器的飞行模拟、战场地形环境模拟、使用地形匹配导引技术的导弹飞行模拟、陆地雷达的选址以及炮兵的互视性规划等方面。

3. 规则格网模型

1）规则格网模型的基本概念

规则格网（regular square grid，RSG）模型是一类表示地形最常用的模型，通常采用矩形、正三角形、正六边形等规则多边形镶嵌平面空间（图 6.10），每个多边形单元对应一个地表属性、状态或高程值。下面以 DEM 为例，说明规则（矩形）格网模型的特征。

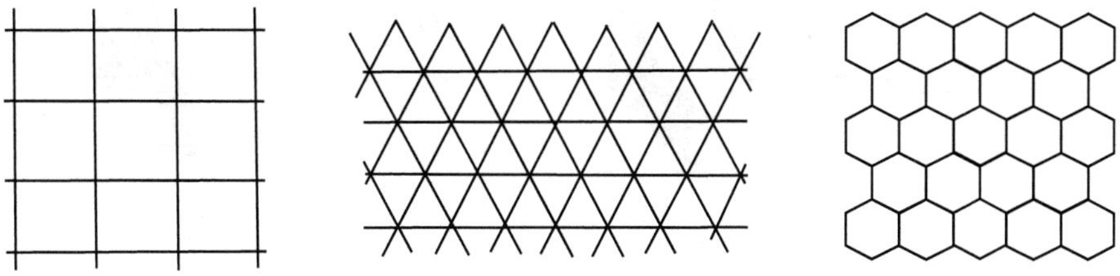

(a) 正方形模型　(b) 正三角形模型　(c) 正六边形模型

图 6.10　规则多边形镶嵌平面空间

DEM 的规则格网在数学上可以表示为一个矩阵（图 6.11），在计算机实现中则是一个二维数组（张新长等，2010）；矩阵或数组中一个元素的位置及其值对应于一个网格单元的位置及其高程值。

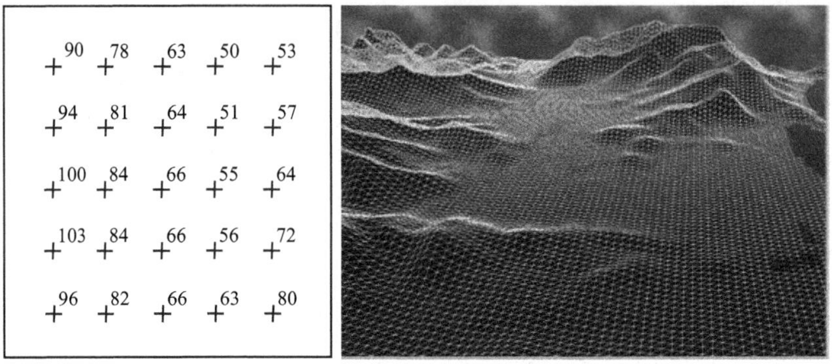

(a) DEM规则格网模型的数据　　(b) DEM规则格网模型的可视化

图 6.11　DEM 数据模型及其可视化

DEM 分辨率是 DEM 刻画地形精确程度的一个重要指标，同时也是决定其使用范围的一个主要影响因素。DEM 的分辨率是指 DEM 最小单元格的长度。因为 DEM 是离散的数据，所以（X,Y）坐标其实都是一个个的小方格，每个小方格上标识出其高程。这个小方格的长度就是 DEM 的分辨率。分辨率数值越小，分辨率就越高，刻画的地形就越精确，同时数据量也呈几何级数增长。因此 DEM 生成时，需要在精确度和数据量之间做出平衡选择。

对于每个网格单元的数值有两种不同的解释。第一种是网格栅格观点，即网格单元数值是单元上所有点的高程值[图 6.12（a）]，也就是说网格单元内部是同质的，这种 DEM 表达的是一个不连续的表面。第二种是点栅格观点，即网格单元的数值是网格中心点的高程值或网格单元内各点高程的平均值，这种 DEM 表达的是一个连续的表面[图 6.12（b）]。对于任何非网格中心点的高程值，可以使用周围四个中心点的高程值采用距离加权平均方法进行计算，也可使用样条函数和克里金插值等其他方法。

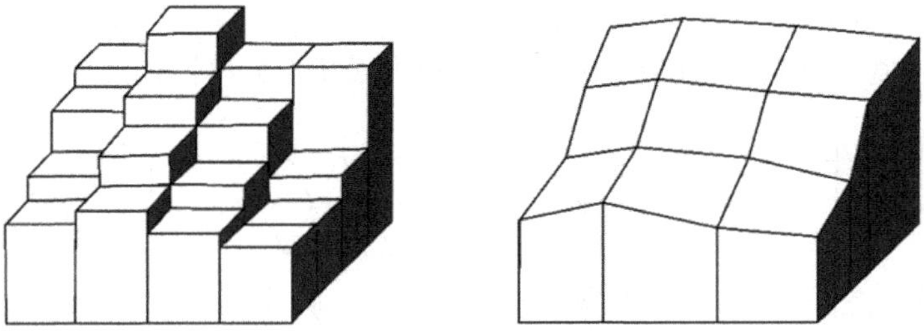

（a）网格栅格　　（b）点栅格

图 6.12　网格单元的数值

2）规则格网模型的建立

DEM 是在二维空间上对三维地形表面的描述。构建 DEM 的整体思路是首先在二维平面上对研究区域进行格网划分（格网大小，如Δx、Δy，取决于 DEM 的应用目的），形成覆盖整个区域的格网空间结构，然后利用分布在格网点周围的地形采样点内插计算格网点的高程值，最后按一定的格式输出，形成该地区的格网 DEM（图 6.13）。

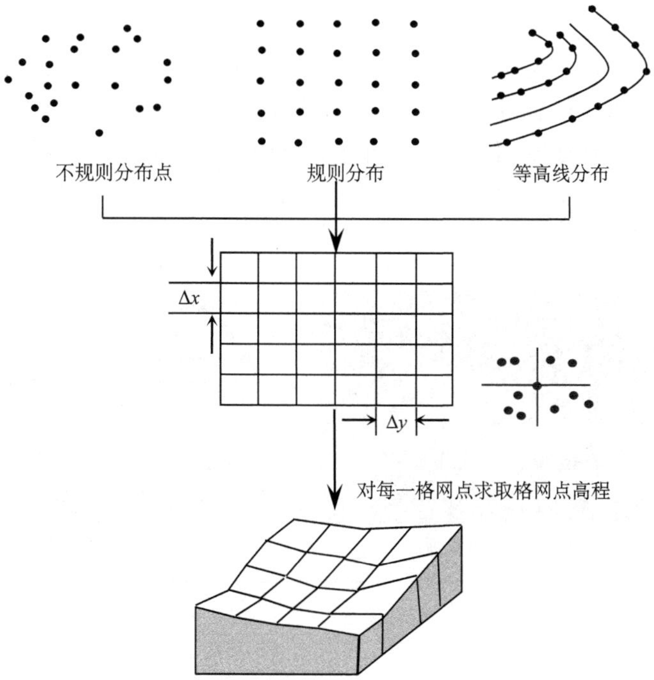

图 6.13　格网 DEM 建立流程

3）规则格网模型的优缺点

（1）优点：①规则格网为二维矩阵结构，每个格网单元表示二维空间的一个位置，能方便地利用数学公式访问任何位置的格网单元。②处理这种结构的算法比较多且成熟，大多数计算机程序语言都有矩阵处理功能。③（X, Y）位置信息可隐含，无须全部作为原始数据存储。④可以很容易地计算等高线、坡度坡向、山坡阴影和自动提取流域地形，因而是 DEM 最广泛使用的格式。

（2）缺点：①数据量过大，在地形平坦区存在大量冗余，给数据管理带来了不方便，通常要进行压缩存储。DEM 数据的无损压缩可以采用普通的栅格数据压缩方式，如游程编码、块码等。然而，因为 DEM 数据反映了地形的连续起伏变化，通常比较“破碎”，所以普通压缩方式难以达到很好的效果，这就需要采用哈夫曼编码进行无损压缩，或采用基于离散余弦变换（discrete cosine transformation）或小波变换（wavelet transformation）的有损压缩方法。②在数据采集中，因为格网点不是特征点（张军海等，2009），所以地形的一些关键特征或细节可能没有记录，因此规则格网的 DEM 模型不适用于表达山丘、盆地等地势起伏程度较大的区域，或不能准确表示地形的结构和细部。这就要求采用附加地形特征数据来精确表示地形的关键特征，如地形特征点、山脊线、谷底线、断裂线。③某些特种计算（如通视分析），过分依赖格网轴线。

6.1.2　等高线模型

方便直观的等高线模型表达地形表面起伏可以追溯到 18 世纪，是制图学史上的一项最重要发明。它是二维手段表示三维物体的常用方法（李观石，2004），能展现地面高程、坡度、坡形、山体、山脉走向等基本的地貌形态。

1. 基本概念

等高线是表示地形最常见的形式，它属于 DEM 表示方法的线模式。其他的地形特征线也是表达地面高程的重要信息源，如山脊线、谷底线、海岸线及坡度变换线（图 6.14）。把地面上高程相等的相邻各点连成闭合曲线，并垂直投影到水平面上，就得到等高线。等高线也可以看作不同海拔高度的水平面与实际地面的交线，所以等高线是闭合曲线。在等高线上标注的数字为该等高线的海拔。

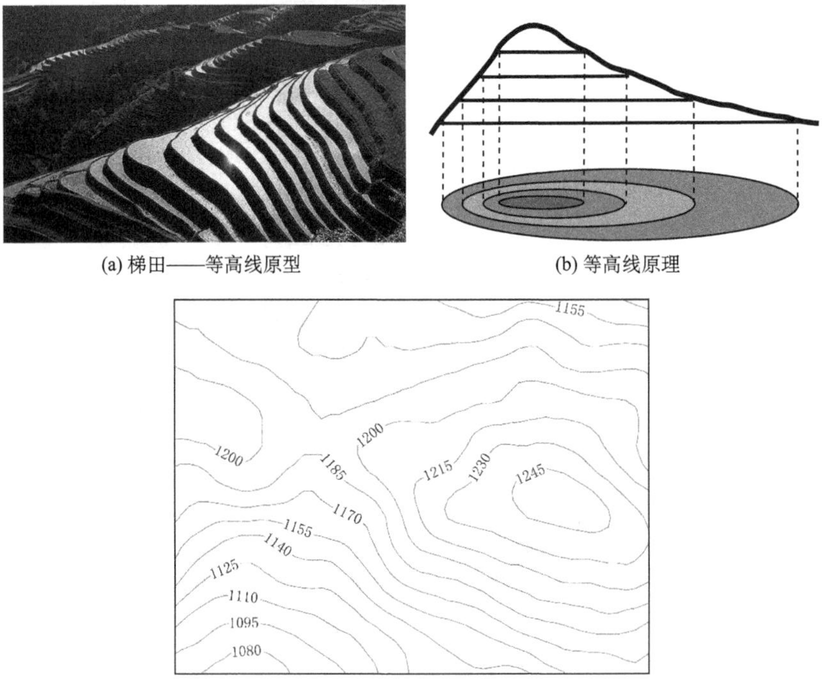

(a) 梯田——等高线原型　　(b) 等高线原理

(c) 地形的等高线表示

图 6.14　等高线模型

等高线模型是采用系列等高线模拟地面高程起伏的一种数据模型，每一条等高线对应一个已知的高程值，等高线的疏密能表示地形起伏的陡缓。该方法适用于平面制图，不便于地理信息系统中对地形表面进行真实感的再现及基于地形的分析（华一新等，2012）。等高线模型不仅可单独使用，也可与格网模型进行叠置以形成立体效果（图 6.9）。

2. 基本特征

（1）位于同一等高线上的地面点，海拔相同。但海拔相同的点不一定位于同一条等高线上，如高程相同的两个山头的等高线。

（2）在同一幅图内，除了悬崖以外，不同高程的等高线不能相交。

（3）在图廓内相邻等高线的高差一般是相同的，因此地面坡度与等高线之间的等高线平距成反比：等高线平距越小，等高线排列越密，说明地面坡度越大；等高线平距越大，等高线排列越稀，则说明地面坡度越小。

（4）等高线是一条闭合的曲线，如果不能在同一图幅内闭合，则必在相邻或者其他图幅内闭合。

（5）等高线经过山脊或山谷时改变方向，因此山脊线或者山谷线应垂直于等高线转折点处的切线，即等高线与山脊线或者山谷线正交。

3. 存储结构

等高线图的存储方式有两种：一种是基于等值点的有序坐标点对，另一种是基于等高线及两条等高线区域之间的拓扑关系。

（1）等高线通常可用二维的链表来存储。一条等高线由于可以认为是一条带有高程值属性的简单多边形或多边形弧段，因而可采用一个链表来存储，即存储一条等高线的坐标点对序列。由于等高线模型只表达了区域的部分高程值，往往需要一种插值方法来计算落在等高线外的其他点的高程，又因为这些点是落在两条等高线包围的区域内，所以通常只使用外包的两条等高线的高程值进行插值（张新长等，2010）。

（2）等高线模型可采用图来表示等高线的拓扑关系。通常采用自由树来表示不同的等高线之间的拓扑关系。其中，树的一个结点表示一条等高线所围成的区域。这样，父结点所表示的区域在空间上完全包含子结点所表示区域（图 6.15）。

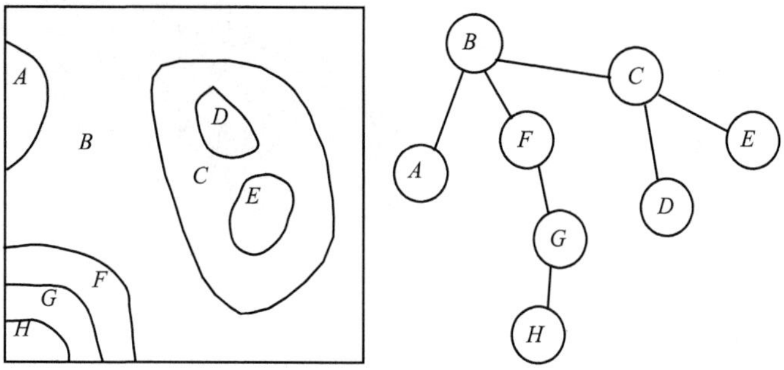

图 6.15　等高线模型的拓扑结构表达（江益，2015）

4. 生成算法

等值线的绘制就是把大量离散的、具有一定规律特征的几何数据或者物理数据用数学插值的方法进行处理，并将属性值相同的点转换成图形的过程。等值线是众多领域中成果展示的重要图件之一，其本身也是一种形和数的统一（鲍蕊娜，2012）。

在科学计算可视化的领域中，等值线的生成方法分为网格序列法和网格无关法。

（1）网格序列法又称为网格法，其基本原理是首先对离散点数据构网，也就是原始数据网格化，实现规则网格或不规则网格的构建；其次，基于网格插值计算等值点；最后根据等值点追踪生成等高线。

（2）网格无关法的基本思想是通过给定等值线起始点，或者先求出等值线的起始点，然后利用起始点的局部几何性质，寻找并计算下一个等值点，依次循环，直至到达区域边界，或者回到原始起点。

网格无关算法的局限性是不能充分利用所有的原始数据，精确度不高，因此在研究空间数据的等值线过程中一般采用网格序列法。

等高线模型适宜显示连续曲面，不适宜数学分析，而且数字化现有的等高线图生成的数字高程模型比用航空摄影测量得到的模型质量差，因此常常需要将它们转为规则格网模型或不规则三角网模型（刘琴琴，2016）。

6.1.3 不规则三角网模型

Peuker 等于 1978 年设计了不规则三角网（TIN），它既减少规则格网方法带来的数据冗余，同时在计算（如坡度）效率方面又优于纯粹基于等高线的方法。

1. 基本概念

对于非规则离散分布的特征点数据，可以建立各种非规则的数字地面模型，如三角网、四边形网或其他多边形网，但最简单的是三角网（图 6.16）。TIN 是按一定规则将离散点连接成覆盖整个区域且互不重叠、结构最佳的三角形，实际上是建立离散点之间的空间关系（张新长等，2010）。

图 6.16　TIN

TIN 的基本组成是三角形，而三角形由结点（node）和边（edge）组成。结点由（x, y, z）定义的坐标和变量值组成；边，即三角形的边，关联两个端结点；三角形由结点和边按一定规则连接而成。TIN 高程模型记录了每个点（即三角形顶点）的高程。三角形边上任意点的高程是该边的两个顶点之间高程的近似值，而三角形内任意点的地形倾角都是常量；这样，通过简单的线性插值和多项式插值可以估计三角形表面任何位置的表面高程值。

2. 存储结构

TIN 模型在概念上类似于多边形网络的矢量拓扑结构。TIN 有多种数据组织方式，一种简单的方法是以三角形作为基本对象（图 6.17）。它包括两个基本文件：点文件，记录每个结点的平面坐标和高程属性值；三角形文件，记录每个三角形的顶点号。

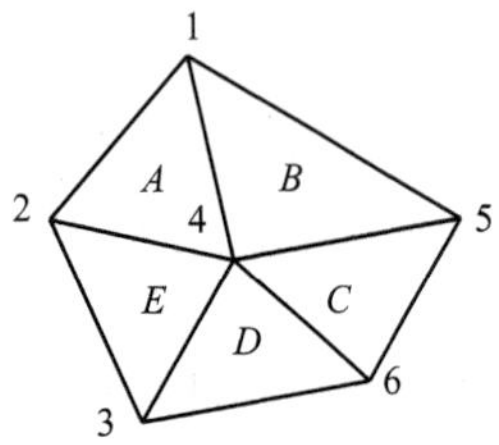

(a) TIN

点ID	X	Y	高程
1	x_1	y_1	z_1
2	x_2	y_2	z_2
⋮	⋮	⋮	⋮

(b) 点文件

三角形ID	顶点1	顶点2	顶点3
A	1	4	2
B	1	5	4
⋮	⋮	⋮	⋮

(c) 三角形文件

图 6.17　以三角形作为基本对象的 TIN 组织方式

在三角形文件的基础上可以扩展三角形之间的拓扑关系的表达，主要是三角形与相邻三角形的邻接关系（表 6.1）。每个记录依顺时针方向列出三个顶点号及三个相邻的三角形号，其中相邻三角形的顺序按每个顶点对边给定的邻接三角形列出。

表 6.1　TIN 的一种拓扑结构

三角形	三角形顶点			邻接三角形 ID		
ID	顶点 1	顶点 2	顶点 3	顶点 1 对边△	顶点 2 对边△	顶点 3 对边△
A	1	4	2	*E*	×	*B*
B	1	5	4	*C*	*A*	×
⋮	⋮	⋮	⋮	⋮	⋮	⋮

上述含三角形之间拓扑关系的数据结构能够很好地描述三角形及其邻接关系，非常适合需要面相邻关系的操作和分析。例如，三角形 *B* 的相邻三角形有哪些？可从表 6.1 的拓扑结构中直接返回结果：三角形 *C* 和 *A*。若在无三角形之间拓扑关系的数据结构中，上述问题的回答则需要先建立三角形之间的拓扑关系。显然，无三角形拓扑关系的结构存在数据量小的优势，但在回答面相邻关系的查询时需要构建拓扑关系，而有三角形拓扑关系的结构则不需要这一环节。对于给定的三角形，查询其三个顶点高程和相邻三角形所用的时间是固定的，在沿直线计算地形剖面线时具有较高的效率。此外，TIN 也可以将结点作为基本空间对象进行组织。

3. 基本特点

（1）TIN 由连续的三角面组成，三角面的形状和大小取决于不规则分布的测点（或结点）的位置和密度。

（2）与规则格网 DEM 的不同之处：TIN 是一种变化分辨率的模型，不需要维护模型的结构规则性，可根据不同地形区域的平缓陡峭用大小形状各异且疏密不同的三角网格描述，避免平坦地形的数据冗余；能按地形特征点线如山脊点、山谷线、地形变化线等表示地形特征，如能够将断裂线的信息作为三角形的边加入三角网中，因而能准确表示地形的结构和细部；一些基于 TIN 的地形参数计算更直接和更简单，如坡度、坡向和体积（表 6.2）。

表 6.2　规则格网 DEM 和 TIN 的对比

对比项	规则格网 DEM	不规则三角网 TIN
优点	简单的数据存储结构 与遥感影像数据的复合性 良好的表面分析功能	较少的点可获取较高的精度 可变分辨率 良好的拓扑结构
缺点	计算效率较低 数据冗余 格网结构规则	表面分析能力较差 构建比较费时 算法设计比较复杂

（3）相对于等高线模型，TIN 在计算坡度、坡向等地形信息时具有较高的效率。

4. Delaunay 三角网

在构建 TIN 的众多算法中，Delaunay 三角网是最为经典且最为通用的算法。

6.1.4　细节层次模型

细节层次（levels of detail,LOD）模型技术是根据人的视觉规律，对同一个场景或场景中的物体使用具有不同细节的描述方法得到的一组模型。

1. LOD 基本原理

根据人的视觉规律，当把同一地区或同一物体放在远近不同的位置时，人眼所能观察到的该地区或物体的详细程度是不一样的。物体在屏幕上的投影面积是由物体的实际大小、视点的位置及视角共同决定的。物体的面积越小、离视点越远、与投影平面的夹角越大，物体在屏幕上所占的面积越小。对于那些实际面积较大而经过投影后在屏幕上所占面积却较小的物体，可以采用较低分辨率的模型来表示，这样对最终的模型显示效果并没有太大的影响，而模型却得到了很大的简化，从而加快了模型的绘制速度。

Clark 于 1976 年提出了 LOD 技术，它是一种符合人的视觉特性的、简化三维场景复杂性的技术。LOD 是在不影响画面视觉效果的前提条件下，通过逐层次简化景物的表面细节来减少场景的几何复杂性（图 6.18），从而实现用较小的真实感损失换取更高的三维场景绘制速度。LOD 模型是对原始几何模型按照一定的算法进行简化后的模型的总称，也称为简化模型。LOD 技术具有广泛的应用领域，目前在实时图像通信、交互式可视化、虚拟现实、地形表示、飞行模拟、碰撞检测、限时图形绘制等领域都得到了应用。

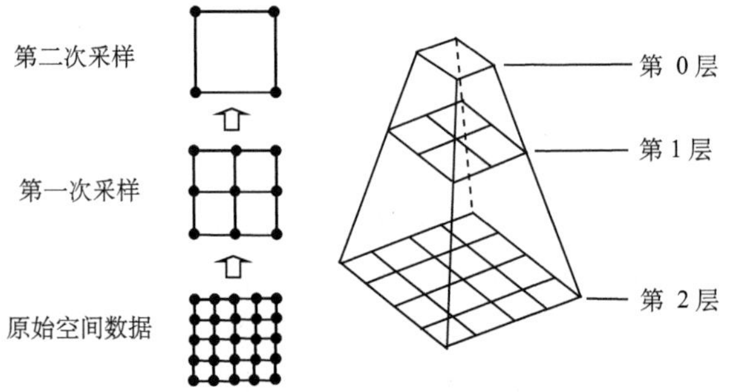

图 6.18　细节层次模型示意图

2. TIN 的 LOD

通常 TIN 的数据点越多精度越高，反之越低，但数据点多则要求更多的计算资源。所以在满足精度要求的情况下，最好使用尽可能少的数据点。层次地形模型允许根据不同的任务要求选择不同精度的地形模型。因此，LOD 的建模问题就转化为 TIN 的简化问题（图 6.19）。

在实时交互时，根据观察者当前时刻所处的位置及视线方向，在近距离区域（或陡峭的地面）采用高精度地形块，而在远处（或平坦的地面）采用低精度地形块，以达到在保证实时图形显示的前提下，较好地协调场景真实感与绘制速度的矛盾，最大限度地提高视觉效果。但层次模型在实际运用中应注意以下问题：

（1）层次模型的存储冗余问题。层次的数据必然有重复，从而导致数据冗余。

（a）　三维地形图

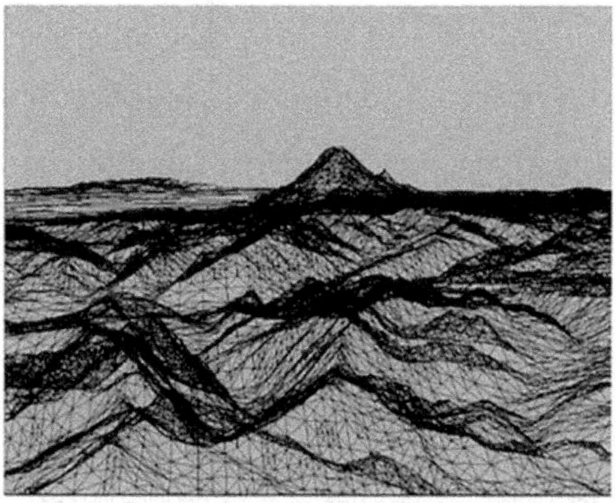

（b）多分辨率细节层次模型

图 6.19　地形图的层次细节模型

（2）自动搜索的效率问题。例如，搜索一个点可能先在最粗的层次上搜索，再在更细的层次上搜索，直到找到该点。

（3）三角网形状的优化问题，如可以使用 Delaunay 三角剖分。

（4）模型可能允许根据地形的复杂程度采用不同详细层次的混合模型。例如，对于飞行模拟，在近处显示比远处更为详细的地形特征。

（5）表达地貌特征方面应该一致。例如，如果在某个层次的地形模型上有一个明显的山峰，在更细层次的地形模型上也应该有这个山峰。

6.2　数字地形分析

高程最常见的表达是相对于海平面的海拔，或某个参考平面的相对高度，所以高程模型又称为地形模型。地形模型不仅包含高程属性，还（隐式）包含其他地表形态属性，如坡度、坡向。这些地表形态属性，以及基于地表形态属性的流域分析、地形特征分析和通视分析，都可以通过高程属性直接或间接推理而来。数字地形分析技术（digital terrain analysis, DTA）就是进行各种与地形因素相关的空间分析的基础技术（汤国安，2019）。从地形分析的复杂性角度，可以将地形分析分为两大部分：基本地形因子计算（包括坡度、坡向、粗糙度）和复杂地形分析（包括地形特征提取、流域特征分析和可视性分析）。

6.2.1　基本因子分析

数字高程模型可以看作一个或者多个函数的集合，对其求导或复合运算可以得到许多地形因子。基本地形因子包括斜坡因子（如坡度、坡向、曲率）、面积因子（剖面积、表面积）、体积因子（四棱柱体积法、三棱柱体积法）和面元因子（地形起伏度、地形粗糙度、地表切割深度）。

1. 斜坡因子

1）坡度

严格地讲，地表面任一点的坡度（slope）是指该点的切平面与水平面的夹角，是高度的变化最大值的比率（图 6.20）。

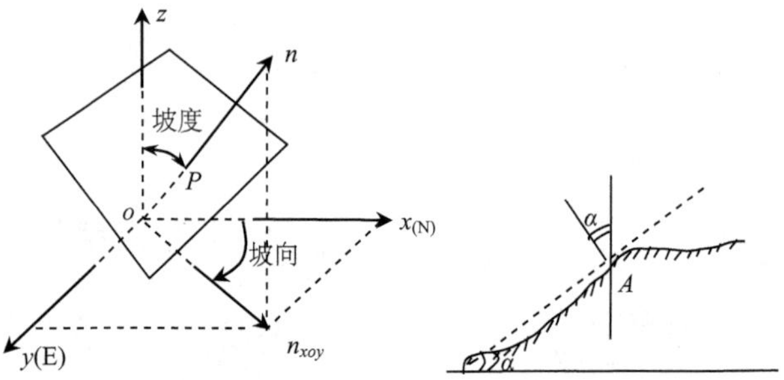

图 6.20　地表面坡度示意图及其剖面图

坡度表示了地表面在该点的倾斜程度，在数值上等于过该点的地表微分单元的法矢量 n 与 z 轴的夹角，即

$$\text{slope} = \arccos\left(\frac{\vec{z}\cdot\vec{n}}{|\vec{z}|\cdot|\vec{n}|}\right) \tag{6.1}$$

当具体进行坡度提取时，常采用简化的差分公式，完整的数学表示为

$$\text{slope} = \arctan\sqrt{f_x^2 + f_y^2} \tag{6.2}$$

式中，f_x 为 X 方向高程变化率；f_y 为 Y 方向的高程变化率。

地表面坡度是一个微分点上的概念，是地表曲面函数 $z = f(x, y)$ 在东西、南北方向上的高程变化率的函数。在实际应用中，坡度有两种表示方式（图 6.21）：坡度，即水平面与地形面之间的夹角；坡度百分比，即高程增量与水平增量之比的百分数。这两种表示方法是一种函数关系，即坡度百分比= 100×tan 坡度。

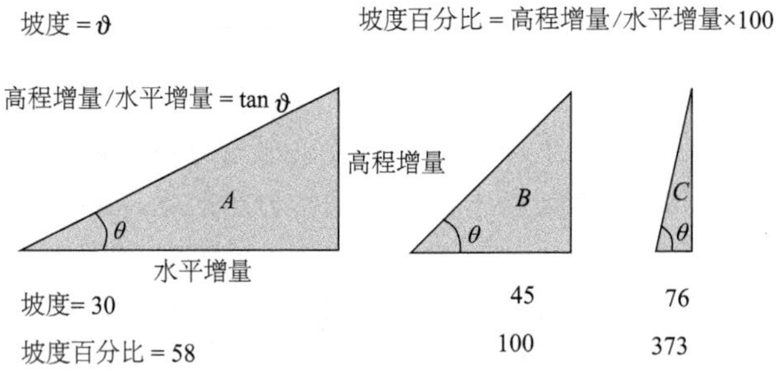

图 6.21　坡度的两种表示方式

$z_{i-1,j-1}$	$z_{i,j-1}$	$z_{i+1,j-1}$
$z_{i-1,j}$	$z_{i,j}$	$z_{i+1,j}$
$z_{i-1,j+1}$	$z_{i,j+1}$	$z_{i+1,j+1}$

图 6.22　3×3 的 DEM 栅格分析窗口

曲面拟合法是求解坡度的最常用方法。一般采用二次曲面，即在 3×3 的 DEM 栅格分析窗口中进行；每个栅格中心为一个高程值，分析窗口在 DEM 数据矩阵中连续移动完成整个区域的计算工作（图 6.22）。

常用的计算 f_x、f_y 的方法是三阶反距离平方权。其计算方法为

$$\begin{cases} f_x = \dfrac{z_{i-1,j+1} + 2z_{i,j+1} + z_{i+1,j+1} - z_{i-1,j-1} - 2z_{i,j-1} - z_{i+1,j-1}}{8g} \\ f_y = \dfrac{z_{i+1,j+1} + 2z_{i+1,j} + z_{i+1,j-1} - z_{i-1,j-1} - 2z_{i-1,j} - z_{i-1,j+1}}{8g} \end{cases} \tag{6.3}$$

式中，g 为格网间距。

2）坡向

坡向（aspect）定义为地表面上一点的切平面的法线矢量 n 在水平面的投影 n_{xoy} 与过该点的正北方向的夹角（图 6.20）。实际工作中，坡向一般以北方为起始方向，并按顺时针方向度量，则坡向在 X 轴为南北方向、Y 轴为东西方向的坐标系中表示为

$$\text{aspect} = 180° - \arctan\frac{f_x}{f_y} + 90°\frac{f_y}{|f_y|} \tag{6.4}$$

对于地面任何一点来说，坡向表征了该点高程值改变量的最大变化方向。在输出的坡向数据中，坡向值有如下规定：正北方向为 0°，顺时针方向计算，取值范围为 0°～360°。值得注意的是，由于上述公式求出坡向有与 X 轴正向和 X 轴负向夹角之分，此时就要根据 f_x 和 f_y 的符号来进一步确定坡向值（表 6.3）。

表 6.3　坡向值的判断

f_x	f_y	$\alpha = \arctan\dfrac{f_x}{f_y}$	坡向	坡向示意
=0	>0	/	90°	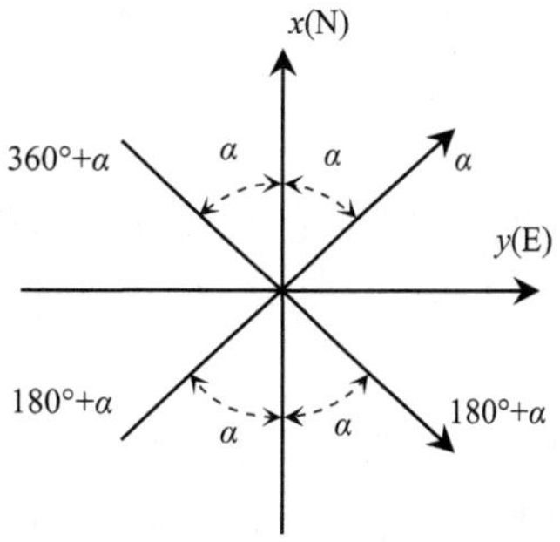
	=0	/	–1	
	<0	/	270°	
>0	>0	0°～90°	α	
	=0	0°	0	
	<0	–90°～0°	360°+α	
<0	>0	–90°～0°	180°+α	
	=0	0°	180°	
	<0	0°～90°	180°+α	

注：上述情况假定所建立的 DEM 数据从南向北获取，且 X 轴与正北方向重合，否则上述公式求得的坡向值还应加上 X 轴偏离正北方向的夹角值。

采用这种方法求取的坡向分级比较详细，但实际应用中往往需要进行归并，例如，我们可以把坡向综合成 9 种类型：平缓坡（–1°）、北坡（0°～22.5°，337.5°～360°）、东北坡（22.5°～67.5°）、东坡（67.5°～112.5°）、东南坡（112.5°～157.5°）、南坡（157.5°～202.5°）、西南坡（202.5°～247.5°）、西坡（247.5°～292.5°）、西北坡（292.5°～337.5°）。图 6.23～图 6.25 分别为原始 DEM 数据及实验区等高线图、由 DEM 提取的坡度图、由 DEM 提取的坡向图。

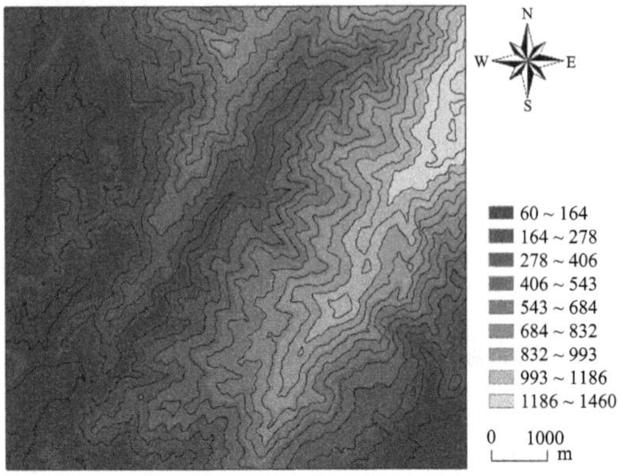

图 6.23　原始 DEM 数据及实验区等高线图

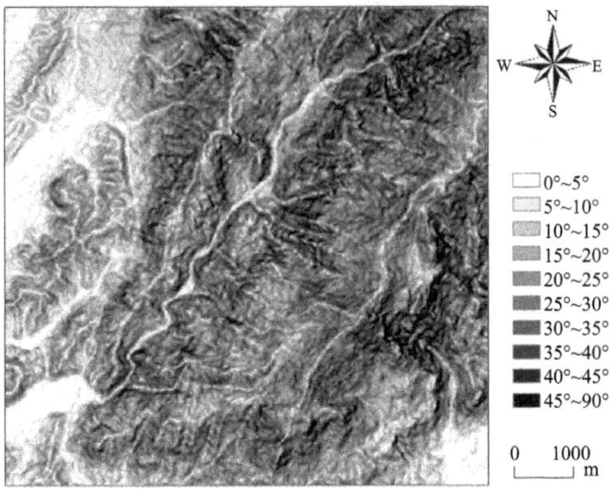

图 6.24　由 DEM 提取的坡度图

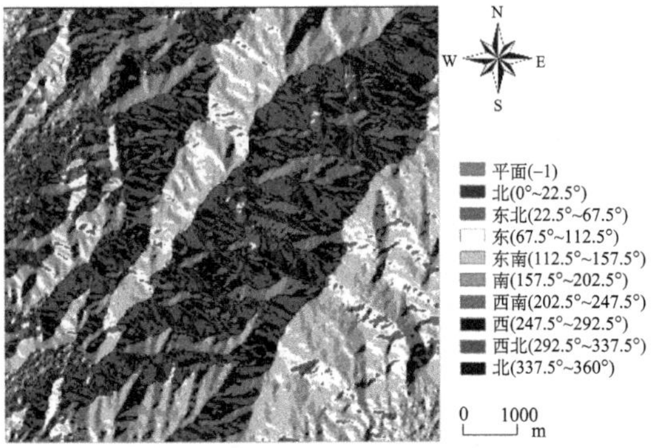

图 6.25　由 DEM 提取的坡向图

3）曲率

曲率是对地表面一点扭曲变化程度的定量化度量因子，是表面的二阶导数，或者可称为坡度的坡度。曲面的曲率可以由曲线的曲率推导出来，平均曲率、主曲率和高斯曲率是曲率的三个基本要素。过曲面上某个点具有无穷个正交曲率，其中存在一条曲线使得该曲线的曲率为极大，这个曲率为极大值曲率，垂直于极大值曲率面的曲率为极小值曲率。这两个曲率属性为主曲率，代表着法曲率的极值。两个主曲率的平均值称为平均曲率，两个主曲率的乘积称为高斯曲率。地形表面曲率反映了地形结构和形态，同时也影响着土壤有机物含量的分布，因而在地表过程模拟、水文、土壤等领域有着重要的应用价值和意义。

（1）地面曲率在垂直和水平两个方向的分量分别称为平面曲率和剖面曲率。剖面曲率是对地面坡度沿最大坡降方向地面高程变化率的度量，属于极大值曲率。数学表达式为

$$K_v = -\frac{p^2 r + 2pqs + q^2 t}{(p^2 + q^2)\sqrt{1 + p^2 + q^2}} \tag{6.5}$$

平面曲率指在地形表面上，具体到某点 P，用过该点的水平面沿水平方向切地形表面所得到的曲线在该点的曲率（图 6.26）。

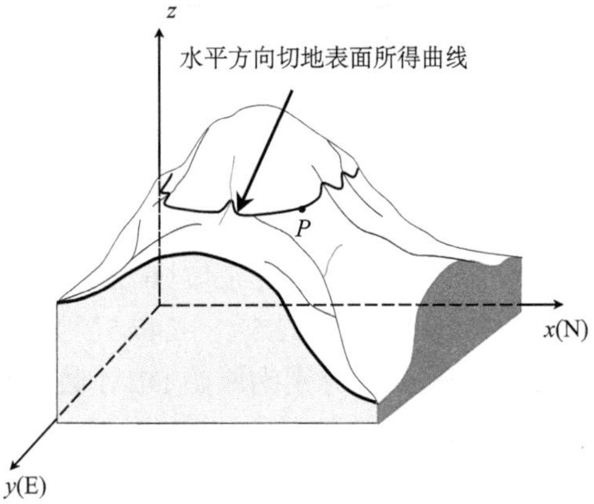

图 6.26　平面曲率示意

平面曲率描述的是地表曲面沿水平方向的弯曲、变化情况，也就是该点所在的地面等高线的弯曲程度。从另一个角度讲，地形表面上一点的平面曲率也是对该点微小范围内坡向变化程度的度量。数学表达式为

$$K_h = -\frac{q^2 r - 2pqs + p^2 t}{(p^2 + q^2)\sqrt{1 + p^2 + q^2}} \tag{6.6}$$

式中，利用离散的 DEM 数据把地表曲面数学模拟为一个连续的曲面 $H(x,y)$，x 和 y 为地面点的平面坐标值，$H(x, y)$ 为地面点高程值。式中其他符号所表示的意义为：$p=\frac{\partial H}{\partial x}$ 为 x 方向高程变化率；$q=\frac{\partial H}{\partial y}$ 为 y 方向高程变化率；$r=\frac{\partial^2 H}{\partial x^2}$ 为对高程值在 x 方向上的变化率进行同方向求算变化率，即 x 方向高程变化率的变化率；$s=\frac{\partial^2 H}{\partial x \partial y}$ 为对高程值在 x 方向上的变化率进行 y 方向上求算变化率，即 x 方向高程变化率在 y 方向的变化率；$t=\frac{\partial^2 H}{\partial y^2}$ 为对高程值在 y 方向上的变化率进行同方向上求算变化率，即 y 方向高程变化率的变化率。

（2）曲率因子提取算法的基本原理。在 DEM 数据的基础上，根据其离散的高程数值，把地表模拟成一个连续的曲面，从微分几何的思想出发，模拟曲面上每一点所处的垂直于和平行于水平面的曲线，利用曲线曲率的求算方法推导得出各个曲率因子的计算公式。利用公式求算出每一点曲率值的关键在于确定式中各个参量的值，在 DEM 中求算高程的微分分量有一套独特的算法，最常用的是三阶反距离平方权差分。对每一个栅格点都确定一个 3×3 的分析窗口，其过程如图 6.27 所示，所提取的平面曲率和剖面曲率如图 6.28 和图 6.29 所示。

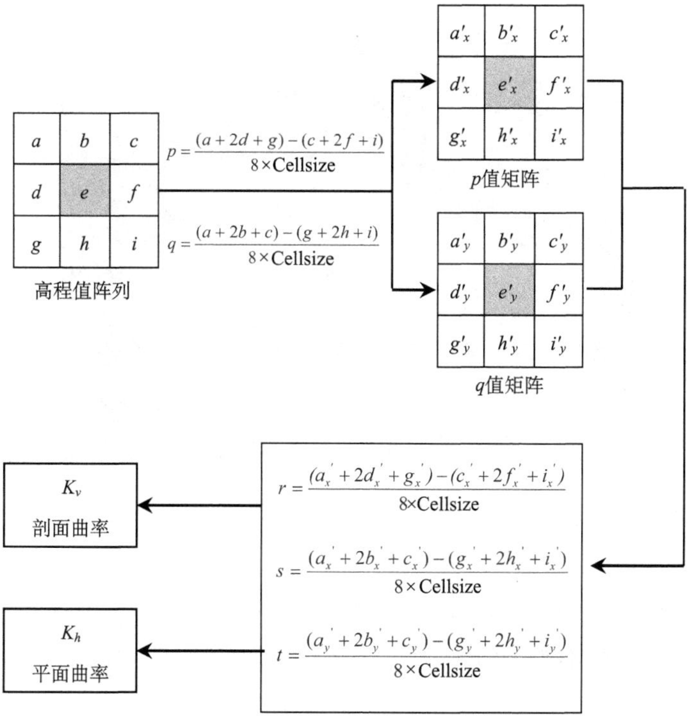

图 6.27　地面曲率提取步骤流程图

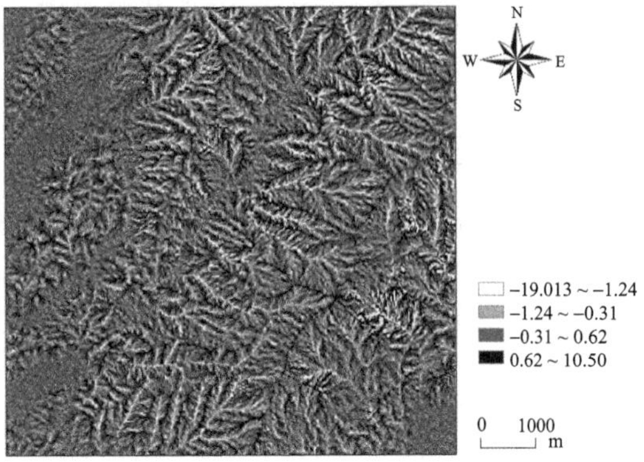

图 6.28　提取的平面曲率

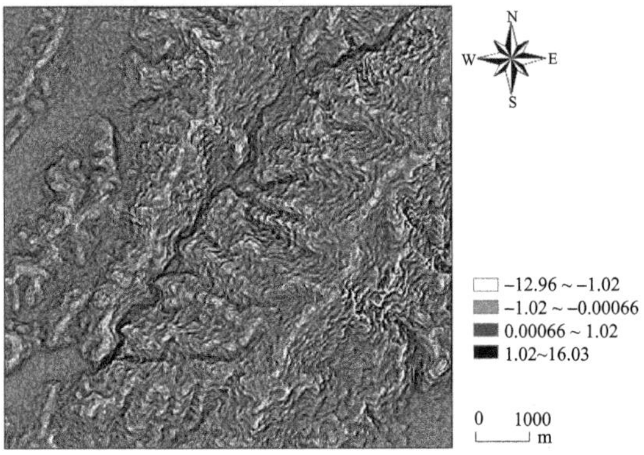

图 6.29　提取的剖面曲率

2. 面积因子

1）剖面积

剖面可显示表面高程沿某条线的变化（图 6.30），有助于评估踪迹的难度或对指定路径进行分析。根据工程设计的线路，可计算其与 DEM 各格网边交点 P_i（X_i, Y_i, Z_i），则线路剖面积为

$$S=\sum_{i=1}^{n-1}\frac{Z_i+Z_{i+1}}{2}\cdot D_{i,i+1} \tag{6.7}$$

式中，n 为交点数；$D_{i,i+1}$ 为 P_i 与 P_{i+1} 的水平距离（图 6.31）。同理可计算任意横断面及其面积。

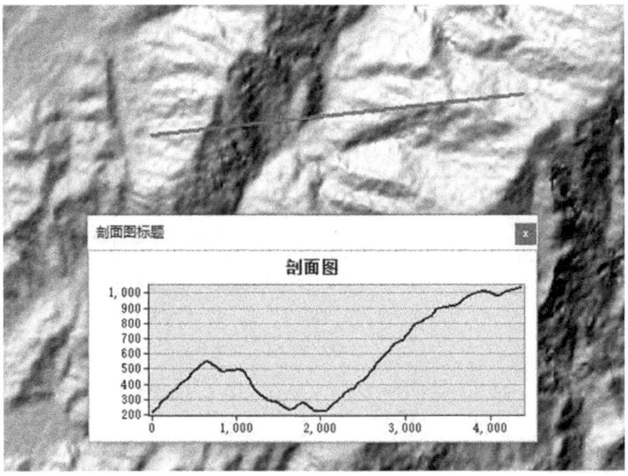

图 6.30　地表的剖面

2）表面积

首先，将 DEM 在每个格网单元的表面进行三角划分：对于含有特征的格网，将其分解成三角形；对于无特征的格网，可由四个角点的高程取平均即中心点高程，然后将格网分成四个三角形。

然后，由每一个三角形的三个角点坐标（x_i, y_i, z_i），计算出三角形斜面的面积。

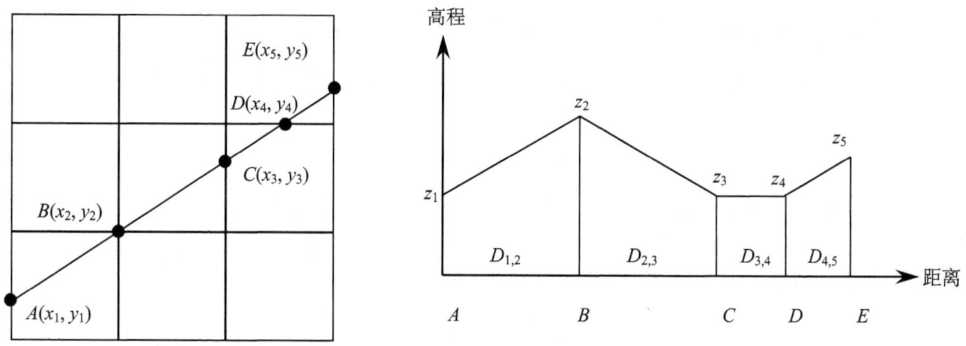

图 6.31　剖面积计算示意图

最后，累加就得到了实地的表面积。

3. 体积因子

根据格网的形状不同，DEM 计算体积的方法可分为四棱柱体积法和三棱柱体积法。

（1）四棱柱体积法（正方形格网法）。根据 DEM 中第 i 个单元的面积 S_i 及其四个格点高程的平均值 Z_i，体积公式为

$$V=\sum_{i=1}^{n} Z_i \cdot S_i \tag{6.8}$$

式中，n 为格网单元的数量。四棱柱体积法有计算简便、易于手算等优点，具有很强的实用性，被测绘人员广泛采用。该方法在精度要求不是很高、不具有复杂运算的条件下是一种好的计算方法。

（2）三棱柱体积法（直角三角形法）。四棱柱体积法在不增加格网密度的条件下不能很好地解决土方计算中遇到的“破格”问题。三棱柱体积法只是将四棱柱体积法中正方形的对角线连接起来形成直角三角形，计算过程与四棱柱体积法完全类似。直角三角形法扩大了格网点的权，进一步细化了格网，较四棱柱体积法精度有所提高。

4. 面元因子

地形起伏度、地形表面粗糙度与地表切割深度等地形因子是描述和反映地形表面较大区域内地形的宏观特征，在较小的区域内并不具备任何地理和应用意义。这些参数对于宏观尺度上的水土保持、土壤侵蚀度、地表发育、地貌分类等研究具有重要的理论意义。基于栅格 DEM 计算宏观地形因子时，关键在于确定分析半径的大小。不同地貌类型、不同分辨率的数据，计算宏观地形因子所取的分析半径大小是不一样的。因此，确定一个合适的分析窗口半径或分析区域，使得求取的宏观因子能够准确反映地面的起伏状况与水土流失特征，是提取算法的核心步骤和决定信息提取效果与有效性的关键。

（1）地形起伏度：在所指定的分析区域内所有栅格中最大高程与最小高程的差，可表示为

$$\mathrm{RF}_i = H_{\max} - H_{\min} \tag{6.9}$$

式中，RF_i 为分析区域内的地形起伏度；$H_{\max}$ 与 $H_{\min}$ 分别为最大与最小高程值。

地形起伏度是反映地形起伏的宏观地形因子。在区域性研究中，利用 DEM 数据提取地形起伏度能够直观地反映地形起伏特征。在水土流失研究中，地形起伏度指标能够反映水土

流失类型区的土壤侵蚀特征，是比较适合区域水土流失评价的地形指标。

（2）地形粗糙度：地表单元的曲面面积 $S_{曲面}$ 与其在水平面上的投影面积 $S_{水平}$ 之比，可表示为

$$R = S_{曲面} / S_{水平} \tag{6.10}$$

地形粗糙度是能够反映地形的起伏变化和侵蚀程度的宏观地形因子。在区域性研究中，地形粗糙度是衡量地表侵蚀程度的重要量化指标。实际应用中，当分析窗口为 3×3 时，可采用下面近似公式求解：

$$R = 1/\cos(S) \tag{6.11}$$

式中，S 为坡度因子。

（3）地表切割深度：地面某点的邻域范围的平均高程与该邻域范围内的最低高程的差值，可表示为

$$D_i = H_{\text{mean}} - H_{\text{min}} \tag{6.12}$$

式中，D_i 为地面每一点的地表切割深度；H_{mean} 为一个固定分析窗口内的平均高程；H_{min} 为一个固定分析窗口内的最低高程。

地表切割深度直观反映了地表被侵蚀切割的情况，并对这一地学现象进行了量化，是研究水土流失及地表侵蚀发育状况时的重要参考指标，其提取算法可参考地形起伏度的提取。

6.2.2　流域分析

流域分析是指依据数字高程模型分析与流域水文特性有关的各种地形地貌特征变量，包括流域范围、流域地形属性信息（如流域坡面地形因子、流域地形结构要素）、水流方向、河网结构与密度等。基于格网 DEM 的流域地形分析需要依次执行如下步骤。

1. DEM 洼地填充

洼地是影响地表水流过程的重要因素。在自然条件下，水流从高处向低处流动，遇到洼地首先将其填满，然后再从该洼地的某一最低出口流出。在 DEM 中，无论是天然的洼地还是因精度不足或数据异常等“造成”的洼地，都是局部的最低点，即 DEM 中被较高高程所包围的局部地形单元。在进行坡面径流模拟时，洼地会使水流产生环流（即无法确定水流方向），中断上游汇水面积的计算，造成应用 DEM 进行流域地形分析的障碍。因此，洼地对于水流方向的确定有着重要的影响。在根据 DEM 数据提取水系之前首先需要对 DEM 数据进行无洼地化处理，即洼地填充（沈中原等，2009）。

填充洼地最常用的方法之一是把其单元值加高至周围的最低单元值。其基本原理是：对于 3×3 矩阵中的中心网格点，如果中心网格点的高程比相邻的 8 个网格点的高程都低，则将相邻 8 个网格点中高程最低的那个网格点的值赋予中心网格点（图 6.32）。

25	24	22
20	19	21
21	22	20

(a) 填充前

25	24	22
20	20	21
21	22	20

(b) 填充后

图 6.32　洼地填平处理示意图

2. 水流方向确定

水流方向（flow direction）确定是地表径流漫流模型的基础，是基于规则格网 DEM 流域分析中十分关键的一个问题。为了模拟地表径流在流域表面的流动，需要确定水流在每个栅格单元格内的流动方向。水流方向一旦确定，向某一单元格注入水流的单元格位置及数量也将确定，从而能够界定集水区界限和水系网络。

对于空间内某一单元格而言，水流方向即水流离开此格网时的指向。每个单元格均有 8 个相邻的单元格（水平、垂直和对角线）。目前，流向算法可分为两种（图 6.33）：一种是单流向算法，它认为径流总是沿着最陡坡降的方向流动；另一种是多流向算法，它认为径流总是由高处向低处流动，流入下游单元的流量按某种比例分配。

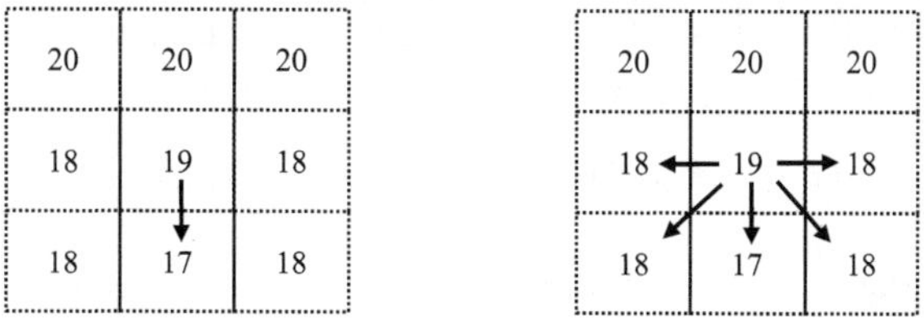

(a) 单流向　　(b) 多流向

图 6.33　水流方向

在流域分析中，常是在 3×3 局部窗口中找出 8 个周边单元中一个最陡的坡度，即单流向（图 6.34）。

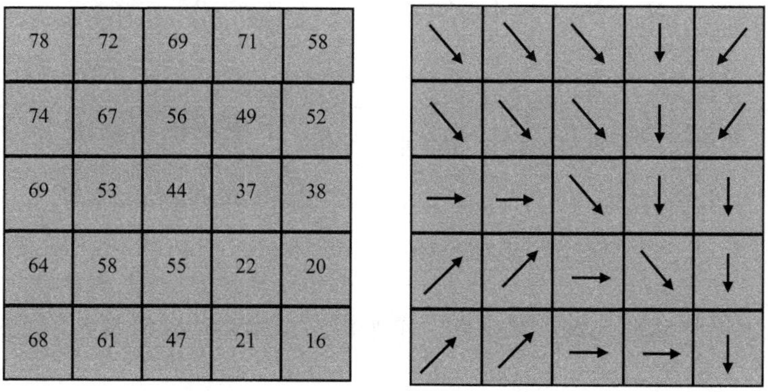

(a) 无洼地DEM　　(b) 水流方向矩阵

图 6.34　水流方向确定实例（任政，2008）

3. 水流累积矩阵生成

水流累积（flow accumulation）矩阵是河网提取、流域划分的基础。它是这样的栅格单元矩阵：每个栅格单元的值表示上游汇流区域内所有汇入该栅格的栅格单元总数。其基本思想是模拟坡面径流的过程，认为每个格网单元处有一个单位的水量，按照自然水流从高处流向低处的规律，基于分析区域的水流方向矩阵对水流方向进行逆向跟踪，可以计算出每一个栅格单元的上游给水区范围，从而获得流入每个栅格单元的水量数值（图 6.35）。将格网单元看作是等权的，上述的水量值通常以格网单元的数量或面积计，两者之间的关系是：以面积计

的水量 = 格网单元数目×单位格网面积。

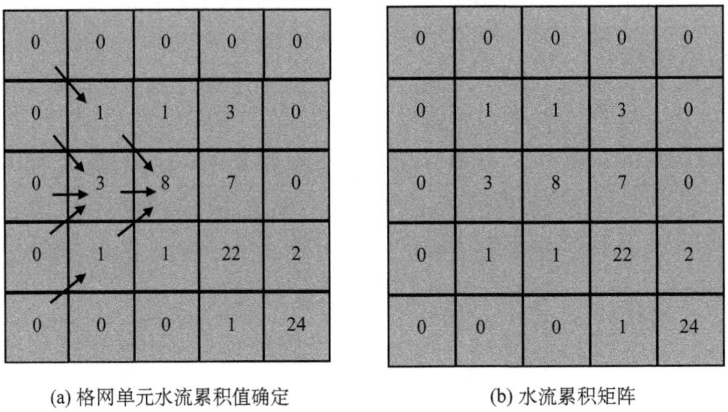

图 6.35　水流累积矩阵计算示例（任政，2008）

4. 河流栅格网络提取

河流栅格网络图是在水流累积矩阵基础上形成的。它通过所设定的阈值，即沿水流方向将高于此阈值的格网连接起来，从而形成流域网络[图 6.36（a）]。

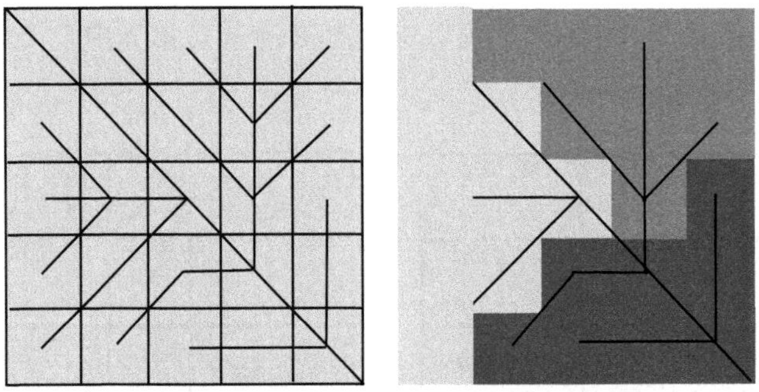

图 6.36　流域网络提取示例（任政，2008）

汇流阈值是河网提取的关键，对于同一个水流累积栅格，阈值越大，河网密度越小，内部流域越少。

5. 流域分割和流域地形参数统计

在所形成的流域网络上，可进一步划分出各个沟谷段的汇流区域，所有的子汇流区形成整体汇水区域[图 6.36（b）]。对每个汇流区域，可以计算其各种统计参数，如平均坡度、平均高程、沟谷长度等。

值得一提的是，与规则格网的数字高程模型相比，TIN 的矢量特性使得其在描述河网结构、流域拓扑关系等方面更具优势（任政，2008）。规则格网的结构特征如固定的分辨率、规则排列的数据点等特性，不仅限制了其在地形表达上的灵活性和准确性，也给水文分析带来一系列的困难，如伪洼地现象、水流方向计算的不准确、水流路线呈“Z”字状、模型参数计算困难等。TIN 具有可变的分辨率，且能顾及各种地形特征点线，故能以较少的采样点逼近复杂的地形表面，从而更有利于河网结构、流域拓扑关系等的提取。

6.2.3　地形特征分析

地形特征是指对地形形态具有特殊意义的地形表面上的点（如山顶点、山脊点、谷线点等）、线（如山脊线、山谷线）和面（如地面形态）。虽然地表形态各式各样，但点、线、面等地形结构的基本特征构成了地形的骨架，因此一般的地形特征提取主要是指地形特征点、线、面的提取，并进而通过基本要素的组合进行地表形态分析。

1. 地形特征点提取

地形特征点主要包括山顶点（peak）、凹陷点（pit）、山脊点（ridge）、山谷点（channel）、鞍点（pass）、平地点（plane）等（图 6.37）。利用 DEM 提取地形特征点，可通过一个 3×3 或更大的栅格窗口，通过中心格网点与 8 个邻域格网点的高程关系来进行判断获取。即在一个局部区域内，用 x 方向和 y 方向上关于高程 z 的二阶导数的正负组合关系来判断（表 6.4）。该方法假设 DEM 表面为 $z=f(x,y)$，但由于真实地表与数学表面的差别，在利用该方法提取 DEM 上的特征点时，常会产生伪特征点。

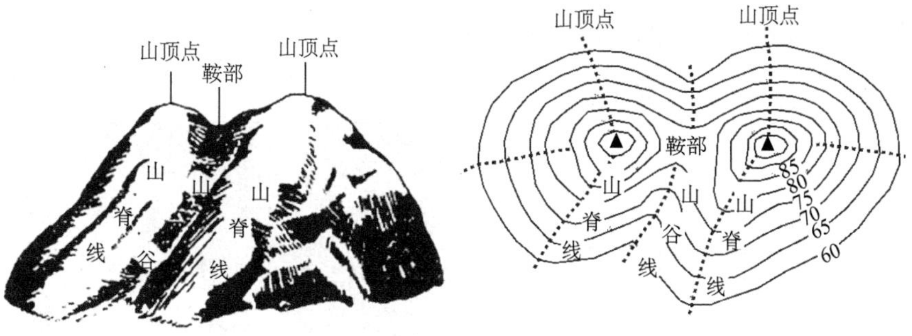

(a) 原始地形　　(b) 地形的等高线表示

图 6.37　地形特征点示意图

表 6.4　地形特征点类型的判断

名称	定义	邻域高程关系
山顶点（peak）	指在局部区域内海拔高程的极大值点，表现为在各方向上都为凸起	$\frac{\partial^2 z}{\partial x^2}<0$，$\frac{\partial^2 z}{\partial y^2}<0$
凹陷点（pit）	指在局部区域内海拔高程的极小值点，表现为在各方向上都为凹陷	$\frac{\partial^2 z}{\partial x^2}>0$，$\frac{\partial^2 z}{\partial y^2}>0$
山脊点（ridge）	指在两个相互正交的方向上，一个方向凸起，而另一个方向没有凹凸性变化的点	$\frac{\partial^2 z}{\partial x^2}<0$，$\frac{\partial^2 z}{\partial y^2}=0$ 或 $\frac{\partial^2 z}{\partial x^2}=0$，$\frac{\partial^2 z}{\partial y^2}<0$
山谷点（channel）	指在两个相互正交的方向上，一个方向凹陷，而另一个方向没有凹凸性变化的点	$\frac{\partial^2 z}{\partial x^2}>0$，$\frac{\partial^2 z}{\partial y^2}=0$ 或 $\frac{\partial^2 z}{\partial x^2}=0$，$\frac{\partial^2 z}{\partial y^2}>0$
鞍部点（pass）	指在两个相互正交的方向上，一个方向凸起，而另一个方向凹陷的点	$\frac{\partial^2 z}{\partial x^2}<0$，$\frac{\partial^2 z}{\partial y^2}>0$ 或 $\frac{\partial^2 z}{\partial x^2}>0$，$\frac{\partial^2 z}{\partial y^2}<0$
平地点（plane）	在局部区域内各方向上都没有凹凸性变化的点	$\frac{\partial^2 z}{\partial x^2}=0$，$\frac{\partial^2 z}{\partial y^2}=0$

除上述基于局部区域内的凹凸性判断算法外，在一个 3×3 的栅格窗口（图 6.38）中，也可以直接利用中心格网点与 8 个邻域格网点的高程关系进行地形特征点判断。具体方法为：

（1）如果（$Z_{i,j-1}-Z_{i,j}$）（$Z_{i,j+1}-Z_{i,j}$）> 0，①当 $Z_{i,j+1}>Z_{i,j}$ 时，则 $VR(i,j)=-1$；②当 $Z_{i,j+1}<Z_{i,j}$ 时，则 $VR(i,j)=1$。

（2）如果（$Z_{i-1,j}-Z_{i,j}$）（$Z_{i+1,j}-Z_{i,j}$）> 0，③当 $Z_{i+1,j}>Z_{i,j}$ 时，则 $VR(i,j)=-1$；④当 $Z_{i+1,j}<Z_{i,j}$ 时，则 $VR(i,j)=1$。

（3）如果①和④或②和③同时成立，则 $VR(i,j)=2$；如果以上条件都不成立，则 $VR(i,j)=0$。

其中，$$VR(i,j)=\begin{cases}-1, \text{表示谷点}\\ 1, \text{表示脊点}\\ 2, \text{表示鞍点}\\ 0, \text{表示其他点}\end{cases}$$

图 6.39 是 DEM 数据提取的山顶点和鞍部。

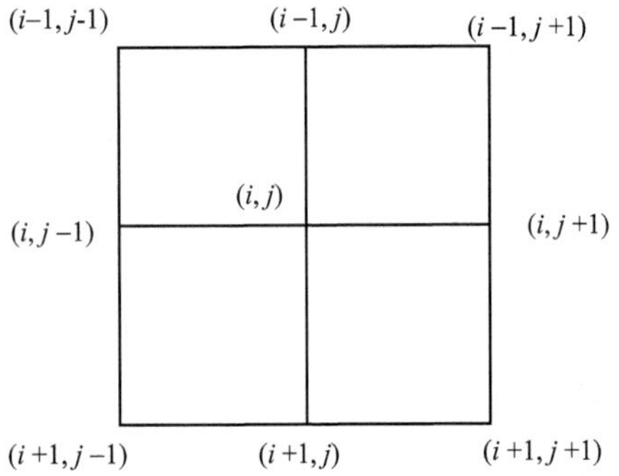

图 6.38　3×3 格网点示意图

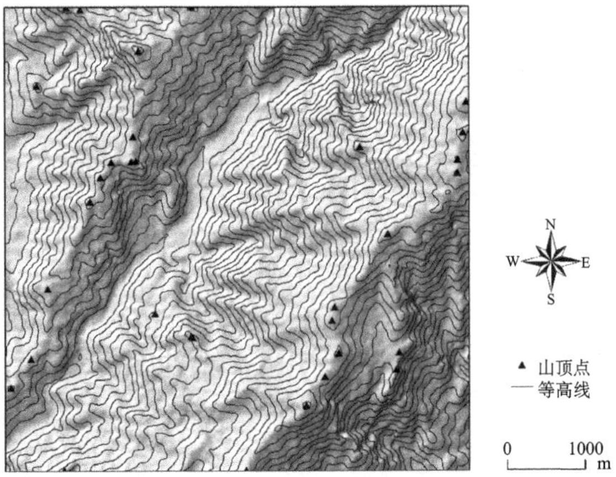

图 6.39　DEM 数据提取的山顶和鞍部

2. 山脊线和山谷线提取

山脊线和山谷线构成了地形起伏变化的分界线（骨架线），因此它对于地形地貌研究具有重要的意义。对于水文物理过程研究而言，因为山脊、山谷分别表示分水线与汇水线，所以山脊线和山谷线的提取实质上也是分水线和汇水线的提取。这一特性又使得山脊线和山谷线在许多工程应用方面有着特殊的意义。基于规则格网 DEM 的山脊线、山谷线的提取方法，从原理上主要分为以下五种。

1）基于图像处理技术的原理

因为规则格网 DEM 数据是一种栅格形式的数据，所以可以利用数字图像处理的各种滤波算子进行边缘提取。即首先提取地形的特征点（山脊点、山谷点、鞍部点等），将特征点连成地形特征线（山脊线、山谷线）。一种基于简单移动窗口的思路如下：

（1）设计一个2×2窗口以对DEM格网阵列进行扫描。

（2）第一次扫描中，将窗口中具有最低高程值的点进行标记，自始至终未被标记的点即为山脊线上的点。

（3）第二次扫描中，将窗口中具有最高高程值的点进行标记，自始至终未被标记的点即为山谷线上的点。

该方法存在两个主要缺陷：取特征点时必须排除DEM中噪声的影响；特征点连接成线时的算法设计较为困难。

2）基于地形表面几何形态分析的原理

典型的算法有断面极值法，基本思想是地形断面曲线上高程的极大值点就是分水点，而高程的极小值点就是汇水点。该方法的基本过程为：

（1）找出DEM的纵向与横向的两个断面上的极大值点、极小值点，作为地形特征线上的备选点。

（2）根据一定的条件或准则将这些备选点划归到各自所属的地形特征线。

这种算法存在两个主要缺陷：①对地形特征线上的点的判定与其所属的地形特征线的判定是分开进行的；在确定地形特征线时，全区域采用一个相同的曲率阈值作为判定地形特征线上点的条件。因此，它忽略了每条地形特征线必然存在的曲率变化现象。当阈值选择较大时，会丢失许多地形特征线上的点，导致后续跟踪的地形特征线间断且较短；如果选择过小，会产生地形特征线上点的误判，给后续地形特征线的跟踪带来困难。②因为该方法只选择纵、横两个断面来确定高程变化的极值点，所以它所确定的地形特征线具有一定的近似性，与实际的地形特征线具有一定的差异，有时候还会出现遗漏。

3）基于地形表面流水物理模拟分析原理的算法

其基本思路是，按照流水从高至低的自然规律，顺序计算每一栅格点上的汇水量，然后按照汇水量单调增加的顺序，由高到低找出区域中每一条汇水线。根据得到的汇水线，通过计算找出各自汇水区域的边界线，就得到了分水线。

算法采用了DEM整体追踪分析的思路与方法，分析结果系统性好，还便于进行相应的径流成因分析，但是该算法也存在以下两个明显的缺陷：①由于该算法所计算的汇水量与高程有关，计算的结果必然是高程值大的地形特征线上的点的汇水量小，高程值小的地形特征线上的点的汇水量大。因此，可能导致低处非地形特征线上的点的汇水量也较大而被误认为是地形特征线上的点，而位于高处的地形特征线上的点会因为汇水量小而被排除，这就造成用该算法所确定的地形特征线（汇水线）的两端效果很差。②因为该算法将汇水区域的公共边界视为分水线，所以它所确定的分水线均为闭合曲线，这与实际的地形特征线（山脊线）不符。

4）基于地形表面几何形态分析和流水物理模拟分析相结合的算法

因为基于地形表面几何形态分析原理和基于地形表面流水物理模拟的算法均存在一定的缺陷，所以可将两者结合起来以优化地形特征线的提取。这种算法的基本思路是：首先采取较稀疏的DEM格网数据，按流水物理模拟算法去提取区域内概略的地形特征线；然后用其引导，在其周围邻近区域对地形进行几何分析，来精确地确定区域的地形特征线。这一算法的基本过程可归纳为：概略DEM的建立，地形流水物理模型，概略地形特征线提取，地形几何分析，地形特征线精确确定。这一算法的关键在于：求出已提取的概略的地形特征线与 DEM 格网线的交点；在该交点附近的一个小区域内，对 DEM 数据进行几何分析，即找出该区域内与概略的地形特征线正交方向地形断面上高程变化的极值点，该点即为地形特征线的精确位置。

5）平面曲率与坡位组合法

首先利用 DEM 数据提取地面的平面曲率及地面的正负地形，取正地形上平面曲率的大值为山脊点，负地形上平面曲率的大值为山谷点。该种方法提取的山脊线、山谷线的宽度可由选取平面曲率的大小来调节，方法简便、效果好。

3. 示例

以基于地形表面流水物理模拟分析原理的算法为例，介绍山脊线和山谷线提取的基本方法。对于山脊线而言，它同时也是分水线，那么对于分水线上的那些栅格，因为分水线的性质是水流的起源点，所以通过地表径流模拟计算之后这些栅格的水流方向都应该只具有流出方向而不存在流入方向，也就是其栅格的汇流累积量为零。通过对零值的汇流累积值栅格的提取，就可以得到分水线，也就得到了山脊线。

山脊线=分水线=水流起源点=只有流出方向=栅格汇流累积量为零

对于山谷线而言，由于其具有汇水的性质，那么对于山谷线的提取，可以利用反地形的特点，即利用一个较大的数值减去原始的 DEM 数据，而得到了与原始地形完全相反的地形数据，也就是原始的 DEM 中的山脊变成负地形的山谷，而原始 DEM 中的山谷在负地形中就变成了山脊，那么山谷线的提取就可以在负地形中利用提取山脊线的方法进行提取。但是此方法提取出的山脊和山谷位置有些偏差，可以利用正、负地形加以纠正。

山谷线=反地形的山脊线

基于 DEM 利用水文分析的方法提取山脊线和山谷线的技术流程如图 6.40 所示。

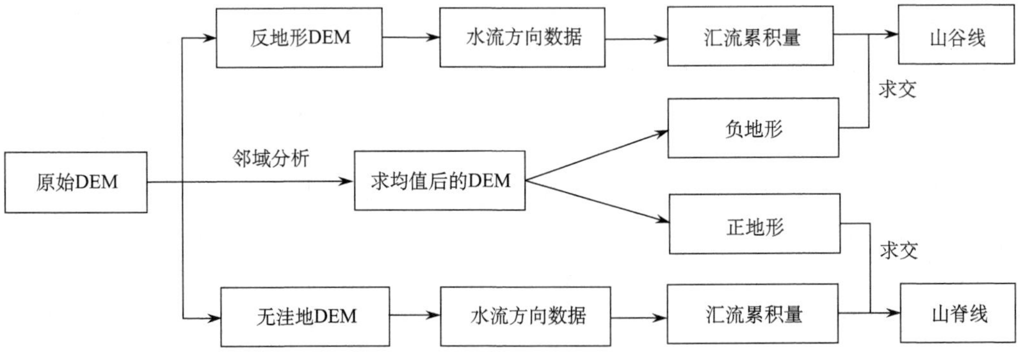

图 6.40　山脊线和山谷线提取的技术流程

1）正负地形的提取

相对高于邻区或新构造上升地区的地形，如山地、高原、丘陵等都是正地形；相对低于邻区或新构造下沉地区的地形，如洼地、盆地等都是负地形。提取流程为：①加载研究区域的原始 DEM 数据[图 6.41（a）]。②利用邻域分析的方法以 11×11 的窗口计算平均值，获得求均值后的 DEM，命名为 meandem。③对原始 DEM 数据与邻域分析之后的数据 meandem

做减法运算，并将运算结果重分为两级，分级界线为 0，那么大于 0 的区域在原始 DEM 上就是正地形区域，小于 0 的区域在原始 DEM 上就是负地形区域。④对上一步得到的二值化数据进行两次重分类，一次将正地形区域属性值赋值为 1，负地形区域属性赋值为 0，命名为正地形[图 6.41（b）]；另一次将正地形区域属性值赋值为 0，负地形区域属性赋值为 1，命名为负地形[图 6.41（c）]。

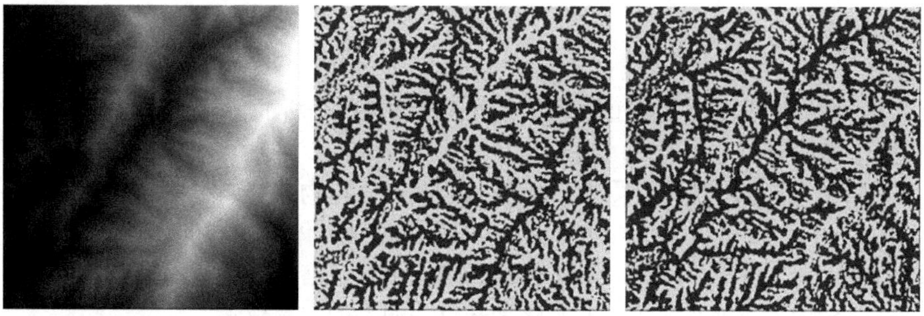

（a）原始 DEM 数据　（b）正地形（深色部分）　（c）负地形（深色部分）

图 6.41　正负地形提取

2）山脊线的提取

①对原始 DEM 数据进行洼地点填充。②计算水流方向数据。③汇流累积量的计算和汇流累积量零值的提取。④所提取出的栅格有很多地方并不是山脊线的位置，因此对所提取出的汇流累积量等于零值的数据与正地形数据进行运算，以消除那些存在于负地形区域中的错误的山脊点，从而通过计算结果的重分类生成山脊线（图 6.42）。

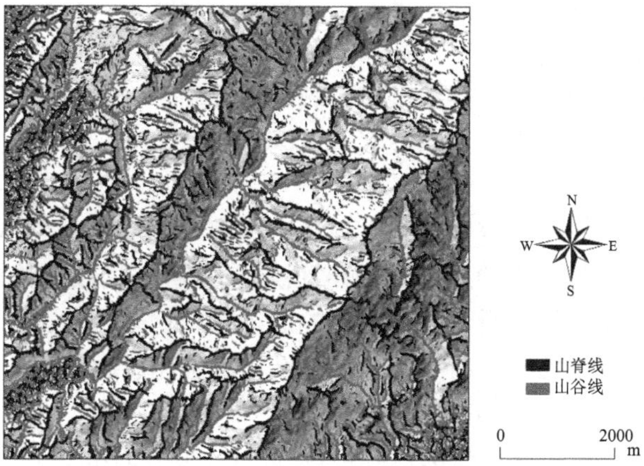

图 6.42　提取的山脊线（深色区域）和山谷线（浅色区域）

3）山谷线的提取

①计算与原始 DEM 地形完全相反的反地形数据。②山谷线的提取，除不需要对反地形 DEM 进行洼地填充之外，其他步骤和山脊线的提取基本一致，包括计算水流方向数据、汇流累积量的计算和汇流累积量零值的提取。③对所提取出的汇流累积量等于零值的数据与负地形数据进行运算，以消除那些存在于正地形区域中的错误的山谷点，从而通过计算结果的重

分类生成山谷线（图 6.42）。

6.2.4　通视分析

通视分析是指以某一点为观察点，研究某一区域通视情况的地形分析。它实质属于资源最优化配置的范畴，如以尽量少的雷达站、电视台发射站、观察哨所、视频监控等达到对给定区域的完全覆盖。

1. 基本概念

1）视线分析基本要素

视线分析是利用视感觉、视知觉原理对观测物体进行分析的方法，其构成要素包括视点、视距和视角（图 6.43）。

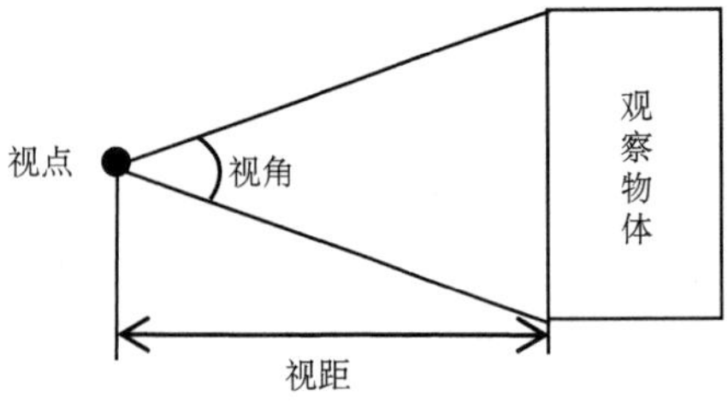

图 6.43　视线分析基本要素示意图（翟亚婷，2016）

（1）视点，指物体在两眼中的视觉成像。当人的观察位置与观察物体之间的距离远远大于两眼之间的距离时，可以忽略两眼之间的夹角，从而将视点简化为一点，即人的观察位置。

（2）视距，即观测距离，指视点到观察物体的直线距离，处理大尺度下的常规问题时，可以取二者之间的水平距离以简化计算。

（3）视角，指人眼与观察物体两端点连线的夹角，其大小与观察物体的体量和视距相关。对于同一个观察物体，视距越大，视角越小；视距不变，观察物体体量越大，视角越大。

2）通视问题的基本类型（邬伦等，2001）

（1）已知一个或一组观察点，找出某一地形的可见区域。

（2）欲观察到某一区域的全部地形表面，计算最少观察点的数量。

（3）在观察点数量一定的前提下，计算能获得的最大观察区域。

（4）以最小代价建造观察塔，要求全部区域可见。

（5）在给定建造代价的前提下，求最大可见区。

3）基本原理

通视分析是从观察点出发研究区域的可视性。根据可视性的维数不同，通视可分为点的通视、线的通视和面的通视。点的通视是指计算视点与待判定点之间的可见性问题；线的通视是指已知视点，计算视点的视野问题；区域的通视是指已知视点，计算视点能可视的地形表面区域集合的问题。三种通视分析虽然在分析结果的输出维数有所不同，但其基本的方法思路是一致的，其核心是剖面图的绘制。

图 6.44（a）为要进行通视分析的区域。图 6.44（b）为视线与等高线交点高程的剖面图，其中横轴表示水平距离，纵轴表示高程，视线与等高线交点的高程可以通过与其相交的等高线的值确定。通过比较观察点 A 和各交点（即 1, 2, …, 10）的连线的斜率（$k_1, k_2, \cdots, k_{10}$）与观察点 A 和目标点 B 的连线的斜率 k_{AB} 的大小就可以判断观察点 A 是否与目标点 B 通视[图 6.44（c）]。

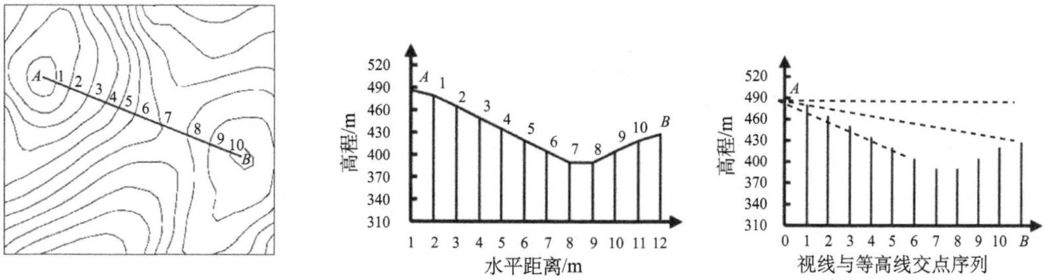

(a) 要分析的区域　(b) 剖面图　(c) 利用剖面图判断通视性

图 6.44　通视分析示例

2. 基本计算方法

1）点与点之间通视分析

点与点之间通视分析是已知观察点与目标点，求两点之间是否通视。基于栅格 DEM 判断两点间通视的一种比较常见算法的基本思路如下（图 6.45）：①确定过观察点 A 和目标点 B 所在的线段与 XY 平面垂直的平面 S，如 XZ 平面；②求出地形模型中与平面 S 相交的所有边，如图中曲线；③判断相交的边是否位于观察点和目标点所在的线段 AB 之上，如果有一条边在其上则观察点和目标点不可视。

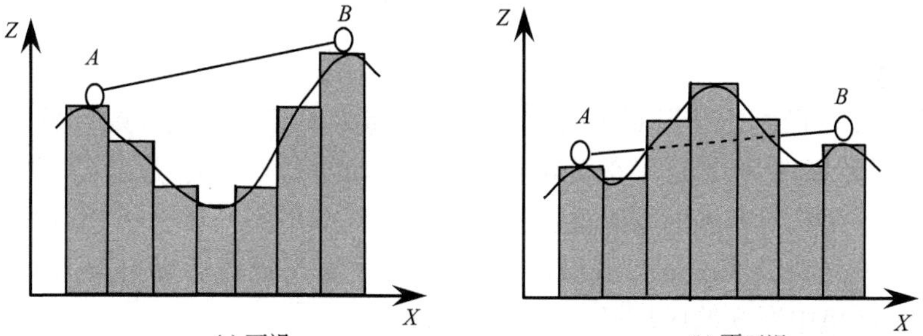

(a) 可视　(b) 不可视

图 6.45　一种通视判断方法

在某些应用中，还要考虑视线的可见部分和不可见部分。图 6.46（a）是某区域内 A-A' 两点间的通视情况，观察点到目标点之间的视线由可视的部分（浅色）和不可视的部分（深色）构成。图 6.46（b）是 A-A'两点间的通视剖面图。

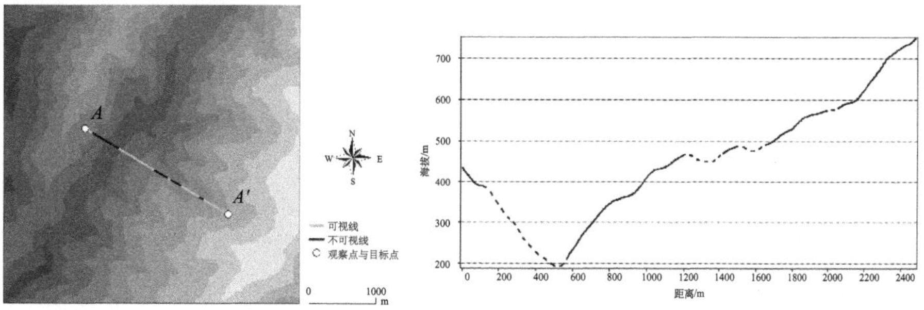

(a) A-A'间的通视情况示意　(b) A-A'两点间的通视剖面图

图 6.46　通视线与通视剖面图

剖面图中深色实线条为可视区，浅色虚线为不可视区

2）点的可视域分析

可视域是指从一个观测点上所能够观察的范围，从本质上讲是两点之间通视计算在面域上的实现，也就是说，给定视点的可视域就是通过视点的无数视线上的可见部分的集合。点可以是地表上的点，也可以是具有一定相对高度的空间点；观察区域可以是单一的地形结构，也可以是地形地物结合的复杂结构。基于规则格网 DEM 的可视域算法在地理信息系统分析中应用较广。在规则格网 DEM 中，可视域经常以离散的形式表示，即将每个格网点表示为可视或不可视（图 6.47），这就是“可视矩阵”。

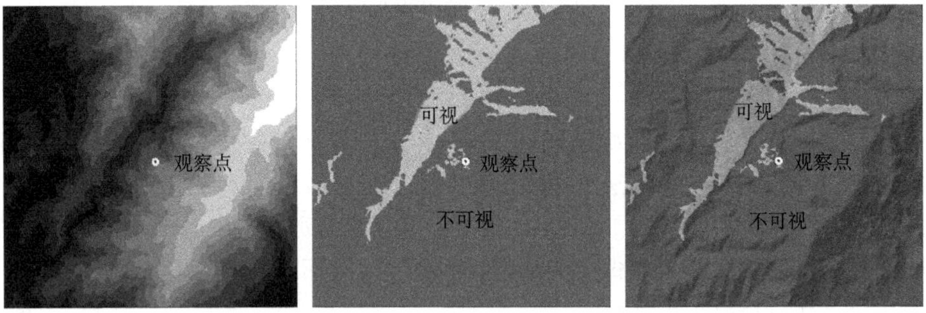

图 6.47　通视分析示意图

3. 基本用途

（1）可视查询。它主要是指对于给定的地形环境中的目标对象（或区域），确定从某个观察点观察该目标对象是可视还是部分可视。可视查询中，对于点状目标只需要确定该点是否可视即可；对于线状对象和面状对象，则需要确定对象的某一部分可视或不可视。

（2）地形可视结构计算（即可视域的计算）。它主要是针对环境自身而言，对于给定的观察点计算地形环境中通视的区域及不通视的区域。

（3）水平可视计算。它是指对于地形环境给定的边界范围，确定围绕观察点所有射线方向上距离观察点最远的可视点。水平可视计算是地形可视结构计算的一种特殊形式，但它在一些特殊领域中有着广泛的应用，而且需要的存储空间很小。

思 考 题

一、基础部分

1. 简要区分 DSM、DTM、DEM 的概念。
2. 格网模型有哪些基本类型？
3. DEM 的功用有哪些？
4. 什么是规则格网模型？有何优点？
5. 什么是等高线？其存储结构有哪些？
6. TIN 的优点有哪些？
7. TIN 的存储方式是什么？
8. 细节层次模型的意义是什么？
9. 数字地形分析有哪些类型？
10. DEM 可以用于分析的地形因子有哪些？

11. DEM 可以用于分析流域地形的哪些因素？

12. 格网 DEM 实现流域地形分析的基本步骤是什么？

13. 从几何形态的角度回答地形特征可以分为哪些类型。

14. 列举通视分析的意义。

二、拓展部分

15. 编程实现基于规则格网 DEM 的坡度、坡向的提取。

16. 设有以下信息源：地形图、航空像片、土壤普查资源、降雨强度分布图、土地利用现状图，要求：①写出该信息源涉及地区>25°以上坡耕地可退耕地的面积与分布工程方案。②如果地面的侵蚀模数可表达为 $E=(A+B)C\times \ln D\times E$，其中，$A$ 为坡度；B 为植被盖度；C 为土地利用参数（梯田=0.7；坡耕地=1.5；其他=0.8）；D 为土壤抗蚀参数（午城黄土=1；马兰黄土=2；离石黄土=2.6；全新世黄土=3.1）；E 为降雨侵蚀力（0～1），编程求算该地区总侵蚀量。

17. 给定某小流域的野外实测的高程离散数据，请思考选择合适的内插模型，构建该流域数字高程模型，在此基础上，选用自己熟悉的地理信息系统软件，求算其沟壑密度，并画出流程图。

18. 说明格网 DEM 通视分析的概念，试编程实现格网 DEM 的点对点通视。

第 7 章　地理信息可视化

地理数据是地理信息系统的核心，如何将地理数据及由其产生的地理信息转换为便于视觉感知的可视图形图像，是地理信息系统可视化的基础。地理信息系统脱胎于计算机辅助地图制图，但地理信息系统可视化并不局限于地图，它包括地图和基于“人视角”的地理场景可视化。本章主要介绍地理信息可视化的概念，可视化的一般机制，以及两类可视化方式，即地图与地理场景，本章结构如图 7.1 所示。

地理信息可视化
- 概述：地学可视化、数字地图及形式、虚拟地理环境
- 地理信息的图示表达：类型、方法和规范
- 地图形式的可视化：基本地图、动态地图、影像地图、立体透视图
- 场景形式的可视化：实景地图、虚拟现实、立体显示、增强现实

图 7.1　本章结构图

7.1　概　　述

多维延展的图形相对于一维的数字、语言更具有形象性，更易于人们的认知和心像模型的构建，因而以图形为基础的地理信息可视化是地理信息系统价值体现的重要内容。地理信息可视化是采用二维（如平面空间）、2.5 维（如 DEM）、三维或高维（三维空间+时间维度）来描述、模拟和表达多维的地理空间上的时空分布，使得可见或不可见的地理信息能统一以视觉可见的图形或多媒体形式呈现出来，为人们在大脑中认识、分析和探索地学规律以及重构时空格局心象地图提供基础。

7.1.1　地学可视化

1. 地学可视化的由来

可视化（visualization）或称视觉化是指在人脑中形成对人或事物的图像，是一个心智处理过程，促进人们对人或事物的观察力以及建立对人或事物的概念等。在数字环境下，可视化作为一个工具，用来解译输入到计算机中的图像数据和从复杂的多维数据中生成图像，它主要研究人和计算机怎样一致地感受、使用和传输视觉信息。科学计算可视化是通过研制计算机工具、技术和系统，将科学计算（如实验或数值计算）中产生的大量非直观的、抽象的或者不可见的数据，借助计算机图形学和图像处理等技术，利用几何图形、色彩、纹理、透明度、对比度及动画等技术手段，以人的视觉可以直接感受的图形图像的形式直观、形象、整体地表达出来，以进行数据探索、理解和分析。通过科学计算可视化，许多抽象的、难以理解的原理、规律和过程变得更容易理解；枯燥而冗繁的数据或过程变得生动有趣，更人性化。同时，通过交互手段改变计算的环境和所依据的条件，观察其影响，实现对计算过程的引导和控制。

科学计算可视化的应用领域十分宽广，几乎包括自然科学和工程计算所包括的一切领域，也自然包括地学领域。把地学数据转换成可视的图形这一工作对地学专家而言并不鲜见，如测绘学家测绘编制的地形图，地理学家、地质学家使用的图解，地图学家编制的专题图、综合地图，它们的出现远远比科学计算可视化要早得多。科学计算可视化是基于计算机开发的工具、技术和系统，而过去地学中的可视表达和分析是手工或机助（计算机辅助制图）的，并把纸质材料作为地图信息存储传输的媒介。地学可视化是将科学计算可视化应用于地球科学观察，对地学实验数据以及模型计算数据进行图形表达、显示和分析，以便于探索地学规律。地学中最常用于观察、显示相关数据、过程及结果的可视化方式是地图。

2. 地学可视化的方式

与地图学相关的学科有地理学、地图制图学、地理信息系统等，可视化技术的出现将它们密切联系在一起，并出现了地图可视化、地理可视化、地理信息系统可视化等。

1）地图可视化

国际制图学协会（ICA）在 1995 年成立了一个可视化委员会，并在 1996 年 6 月与国际计算机图形协会合作，探索计算机图形学的技术与方法如何更有效地应用在地图学与空间数据分析方面，促进科学计算可视化与地图可视化的连接和交流。

地图学与可视化技术的结合产生了基于地图形式的可视化技术，它是一种辅助视觉思维的图形表示方法，包括地学和人文经济信息的视觉表达与交流，以及地图视觉认知决策机理的理论与应用。可视化相对于地图学而言，并不是新概念，可以理解为只是用一种新方法来看待地图学的应用。地图本身就是可视化的形式和结果，它在发展过程中形成了一系列的理论与方法，这些都自然成为地理空间数据可视化技术的基础。传统上，纸质地图一直作为地理信息的传媒载体，其本身集数据存储与数据显示于一体，其存储功能制约了数据的可视化；基于计算机的地图可视化不再将数据存储作为主要功能，因而能摆脱数据存储的约束。

2）地理可视化

地理可视化是地学可视化中另一个常被使用的概念，是地理学家把可视化引入地理科学而形成的概念。它是研究可视化在地理科学中的作用和方法的理论与技术。虽然地理可视化被认为来自于可视化与地理学的结合，但是由于可视化具有连接和融合地理学和地图学的特点，因而地图可视化与地理可视化应属于本质同一的两个概念。

3）地理信息系统可视化

地理信息系统可视化是科学计算可视化与地理信息系统的结合，用图形图像呈现地学处理和分析过程与结果的方法，能为研究者提供促使逻辑思维与形象思维相结合的认知工具。地理信息系统实现了地理数据存储与可视化的分离，因而地理信息系统可视化能摆脱地理数据存储的约束。

地图可视化和地理信息系统可视化是地学可视化研究的两个重要部分。地图可视化侧重于地学信息的视觉表达、交流和视觉认知，以及可视化技术在地学数据探索和获取新地学规律中的应用。地理信息系统可视化侧重于地学数据模型与结构设计、地学数据内插加密、多分辨率数据表达、三维或多维数据显示、矢量或张量数据显示、实时动态处理、并行技术、交互反馈技术、人文和经济数据可视化等，偏向于技术层次。

3. 地理信息可视化的特点

地理信息可视化具有直观形象性、多源数据的采集和集成性、交互探讨性、时空信息的动态性、信息载体的多样性等特点。地理信息可视化具有多样性，它包括地理数据的可视化表示、科学计算的可视化表示、地理信息的可视化查询、空间分析结果的可视化描述、动画地图、地理信息的三维可视化表示、多媒体技术与可视化的结合等。

7.1.2 数字地图及形式

数字地图是一种以数字形式存储在磁带、磁盘、光盘等电子介质上的地图。数字地图与模拟地图相比存在很多优点，如易于传输、共享、重用。

1. 数字地图的类型

数字地图按数据结构类型可分为矢量型、栅格型和矢栅混合型。矢量型数字地图是目前的主要形式，它便于对地理对象的计算和分析，便于数据的提取、修改和利用绘图机画出传统地图。矢量地图的精度取决于原始资料地图比例尺，通常也以该比例尺作为数字地图的比例尺。栅格型数字地图由像元矩阵组成，像元的尺寸决定了地图的分辨率，像元越小精度越高。

2. 数字地图的特点

（1）动态特性。数字地图的模式能发生改变，这包括地图投影、显示范围、显示内容、符号式样、显示比例尺等。在现实中，数字地图可以用任意尺度显示输出，但这不意味着数字地图没有分辨率。任何一种分辨率的数据都有一个最佳显示比例，小则显得杂乱无章，大则显得过于简单。

（2）无缝特性。一方面，数字地图的漫游和平移功能，使得地图范围可以做到“无边无际”，达到“横向”无缝。另一方面，通过地图投影的实时变换和空间尺度的无级缩放，可以使同一区域的不同比例、不同投影的不同数字地图实现无缝叠置，实现“纵向”无缝。

（3）多媒体特性。数字地图不仅能够通过地图符号、文字、图片来传递地理信息，而且还可以配以适当的音频、视频，甚至配合外挂数据库来使用和查询，从而使得地图信息量更加丰富、更加全面。

（4）共享特性。数字化使数字地图比模拟地图更加容易保存、复制、传播和共享。数字地图的大量复制并不影响其使用效果，并且通过网络传播能得到最大限度的应用。

（5）多维特性。数字地图不仅可以拥有精美的点、线、面、体符号，而且可以模拟现实地表情况和专题要素随时间的演变过程。

（6）易于编辑，便于更新，方便使用。

3. 数字地图产品

基础地理信息领域中的数字地图产品主要有如下类型：

（1）数字线划图（digital line graphic, DLG）是以点、线、面形式或地图特定图形符号形式表达地形要素的地理信息矢量数据集。点要素在矢量数据中表示为一组坐标及相应的属性值；线要素表示为一串坐标组及相应的属性值；面要素表示为首尾点重合的一串坐标组及相应的属性值。DLG 是我国基础地理信息数字成果的主要组成部分。

（2）数字栅格图（digital raster graphic, DRG）是根据现有纸质、胶片等地形图经扫描和几何纠正及色彩校正后，形成在内容、几何精度和色彩上与地形图保持一致的栅格数据集。DRG 是模拟产品向数字产品过渡的形式，可用于 DLG 的数据采集、评价和更新，还可与 DOM、DEM 等数据集成以派生出新的信息和制作新的地图。

（3）数字高程模型（DEM）是通过有限的地形高程数据实现对地面地形的数字化模拟，是用一组有序数值阵列的形式表示地面高程的一种实体地面模型。

（4）数字正射影像图（digital orthophoto map, DOM）是对航空航天像片进行数字微分纠正和镶嵌，按一定图幅范围裁剪生成的数字正射影像集。它是同时具有地图几何精度和影像特征的图像。

DLG、DRG、DEM、DOM 统称为基础地理信息领域的 4D 产品。

7.1.3　虚拟地理环境

随着获取三维数据的成本降低和计算机图形学技术的发展，地理信息三维表示不仅追求具有真实感的透视投影展示，还追求具有强烈沉浸感的虚拟现实真立体展示。

1. 虚拟地理环境与可视化

虚拟现实技术、计算机网络技术与地学相结合，可产生虚拟地理环境（virtual geographical environment, VGE）。VGE 是基于地学分析模型、地学工程等的虚拟现实，它是地学工作者根据观测实验、理论假设等建立起来的表达和描述地理系统的空间分布以及过程现象的虚拟信息地理世界。虚拟地理环境的发展与完善，除了依赖于计算机的虚拟现实技术外，还与地学信息获取处理技术（如遥感、遥测等）、地学分析模型构建水平、地学可视化、地学专家系统、地学空间认知理论等的发展密切相关。

应用虚拟现实技术，将三维地面模型、正射影像和城市街道、建筑物及市政设施的三维立体模型融合在一起，再现城市建筑及街区景观，用户在显示屏上可以很直观地看到生动逼真的城市街道景观，可以进行查询、量测、漫游、飞行浏览等一系列操作，满足数字城市技术由二维地理信息系统向三维虚拟现实的可视化发展的需要，为城建规划、社区服务、物业管理、消防安全、旅游交通等提供可视化空间地理信息服务。

2. 虚拟地理环境的意义

虚拟地理环境对地理学甚至整个地学的发展都有重要意义。

（1）以虚拟地理环境为基础，可建立虚拟地理实验室，为研究和解决区域可持续发展过程中所面临的资源开发、环境保护、大型工程建设等重大科学问题，提供一个集定性与定量两种方法为一体的、以人为核心的、人机交融的地理“研讨厅”，由此促进实验地理学的研究，推动地理科学的发展。虚拟地理环境为地学工作者提供了可重复的信息模拟实验的可能，任何一个地学分析模型均可以由其他人在虚拟地理环境中运行模拟，得到检验，从而加速地学理论的成熟和发展。虚拟地理环境的一个特点是地学工作者可以进入地学数据中，有身临其境之感；另一个特点是具有网络性，为处于不同地理位置的地学专家开展同时的合作研究、交流与讨论提供了可能。

（2）虚拟地理环境，把现实地理环境中的地理（遥感）信息环境以及现代网络信息世界（赛博空间）作为客观实在进行研究，从而突破了“虚拟地理环境”作为信息技术系统的狭义理解，为“虚拟地理学”的发展奠定了基础。

（3）以虚拟地理环境为基础，开展遥感、遥测实验方法研究，发展遥感（信息）科学。

（4）虚拟地理环境，是以人为核心的、面向大众与网络社会的三维虚拟环境，可用于虚拟地理野外实习、地理远程教育、生态环境教育、地理游戏与娱乐等，并由此可推动“大众地理学”的发展。

（5）虚拟地理环境的研究，可以为我国的数字信息工程（数字地域、数字城市、数字流域）建设提供理论与方法基础。

7.2　地理信息的图示表达

地理信息系统可视化的一个重要任务是将地理数据（包括空间数据库中的数据、空间计算过程与结果的数据）转换为图形形态（包括典型的数字地图）。地理信息图示表达就是采用地图符号表达地理要素的机制，包括三个基本模块：图示规范（地图符号）、表达规则（地理要素与地图符号的匹配）和表达服务（地理要素的地图符号化过程）。

7.2.1　图示表达的类型

地理数据表达成可见的图形符号的过程是地理信息的图示表达，根据所生成图形的质量可分为图形表达、符号表达与地图表达。

1. 地理数据的图形表达

地理数据可视化最基本的含义是地理数据的屏幕显示，形成线框图[图 7.2（a）]，即用户在选择了视觉变量（尺寸、色彩、纹理等）的基础上，进行全要素的显示、分图层的显示或分区域的显示等，是地理信息图示表达的第一阶段。但是，这样表示的不同属性的地理数据只能用不同的尺寸、色彩、纹理来区分，达不到数据形象化的效果。

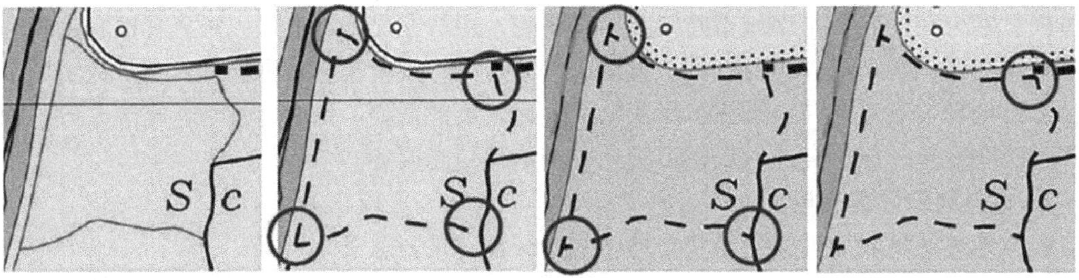

(a) 简单的GIS符号　　(b) 虚线型GIS符号　　(c) 自动表达　　(d) 人工干预

图 7.2　地理信息系统中公路表示的四个状态

（图片来源：http://www.acsm.net/cagis/Hardy_Eicher_Briat_Kresmann.pdf, 2005）

2. 地理数据的符号表达

数据的符号化是可视化的一个重要方面。利用地理信息系统软件的符号设计功能把地理数据符号化，并配以相应的图例说明，便可以把地理数据搬上屏幕，以达到可视的效果[图 7.2（b）]；在此基础上，如果再添加上注记，即得到一幅简单的电子地图[图 7.2（c）]，这是地理信息图示表达的第二阶段。

地理数据基于地图符号的表达，较图形表达进了一步，如更能充分、形象地表示地理数据，更便于阅读和使用，地理信息传输效果更好，能表示各种复杂的自然或社会现象等。这主要是由于：①地图符号拥有一套完整的、科学的体系，符号之间有明显的差异，便于相互区别；同类事物的符号之间类似，便于分析各类事物总的分布情况以及研究各类事物之间的相互联系。②地图符号属于表象性符号，以其视觉形象指代抽象的概念，由符号易于联想到实际事物，因而具有明确直观、形象生动、易于理解的特性。③地图符号是广为人们认可的、使用方便的“共同语言”，不同区域的地图符号大都比较接近，因而便于地图在不同区域的使用。

然而，符号化功能应注意如下问题：①顾及了单个地图符号的科学性和技术性，忽略了由地图符号构成的地图的整体协调性、不能自动处理符号之间存在的明显的问题，如重叠等。②复杂的线与面符号，如不规则斜坡、阶梯路等，难以实现。③地图上还有些线划没有任何属性意义，只是为人工判读的方便或图面的美观，如行政境界线的跳绘线等。

3. 地理数据的地图表达

地图由地图符号构成，但不是地图符号的简单堆砌。在科学可视化的环境下，尽管地图制图工艺技术、方法发生了很大变化，但传统地图制图原理没有实质性变化。为了达到符合地图制图规范的（视觉效果）要求，往往需要对地图符号化后的图形进行编辑和修饰[图 7.2（d）]，以弥补地理信息系统符号化功能的不足。

7.2.2　图示表达的方法

地理信息的图示表达在本质上是将地理数据转换为地图数据。然而，地图数据不是地理数据的直接复制，两者存在差异。①地理数据面向空间分析，它强调实体独立的地理意义；地图数据面向人类视觉，一般无法保持完整的地理实体（徐立，2013）。②一个地理实体，在地理数据中是不可再分的最小单元，而在地图数据中不一定是最小的，它可以划分为一个或多个带有简单样式的图元。③地图数据中的图元也可以不与地理实体对应，它们也可以是没有地理意义的纯图形。④地理要素的符号化将会改变要素几何形态，例如，对于一个线状空间目标的位置信息在地理数据中表现为一串有序的几何控制点，而在地图数据中则可能表现为单线、双线、虚线等不同的形式（图 7.3）。

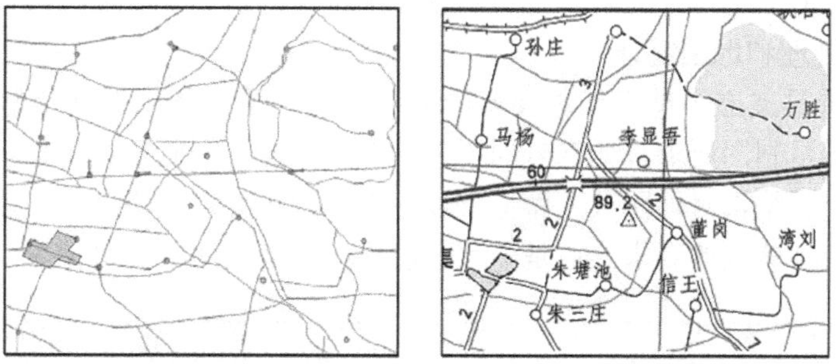

(a) 地理空间数据　　　　(b) 地图数据

图 7.3　地理空间数据和地图数据在几何表达上的差异（徐立，2013）

地理数据的图示表达包括的主要环节有：地理要素与地图符号的关联、地图符号在地理要素上的配置、图形效果处理和地图整饰。

1. 地理要素与地图符号的关联

地理数据图示表达的关键是建立地理要素与地图符号之间的关联，这种关联不仅与地理数据有关，还与地图显示比例尺、显示环境等因素有关。关联关系的构建可以分为人工构建与自动化构建。人工构建是用户根据制图知识建立地理要素与地图符号之间的联系，如通过表格来建立要素用户标识与地图符号 ID 的对应关系[图 7.4（a）]或将地理要素标识作为符号的一个属性[图 7.4（b）]。自动化构建则是利用制图知识自动匹配地理要素与地图符号[图 7.4（c）]。通过关联表的构建，地理数据库中每个地理要素与地图符号库中的一个地图符号相关联。

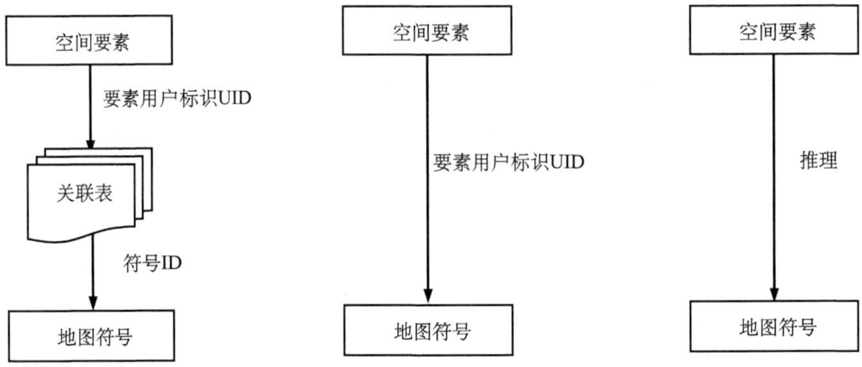

(a) 基于关联表的对应　(b) 基于用户标识的对应　(c) 基于推理的对应

图 7.4　地理要素与地图符号之间的对应关系

当前 GIS 软件的可视化主要采用关联表技术，它是对空间要素进行符号化的依据。该技术维持了地理要素与地图符号之间一种较宽容的关系，用户修改极为方便。当用户要改变某要素的显示符号时，只需修改关联表中该要素的用户标识对应的符号标识即可。

2. 地图符号在地理要素上的配置

地图符号配置包括点、线、面要素的符号配置和注记配置两个方面，其功能是依据关联表将地图符号库中的地图符号配置到空间数据库中每个地理要素的几何位置上。

3. 图形效果处理和地图整饰

地图符号配置只建立了单个地理要素的显示样式，重点集中在单个地图符号的显示效果，并不能完全满足制图要求，如符号的压盖和重叠问题。因此，在符号化之后还需要通过额外的算法或者制图编辑对地图数据做进一步的图形效果处理（图 7.5），使数据显示效果达到地图规范或者科学美观的要求。这是一种深层次的地理空间数据可视化。

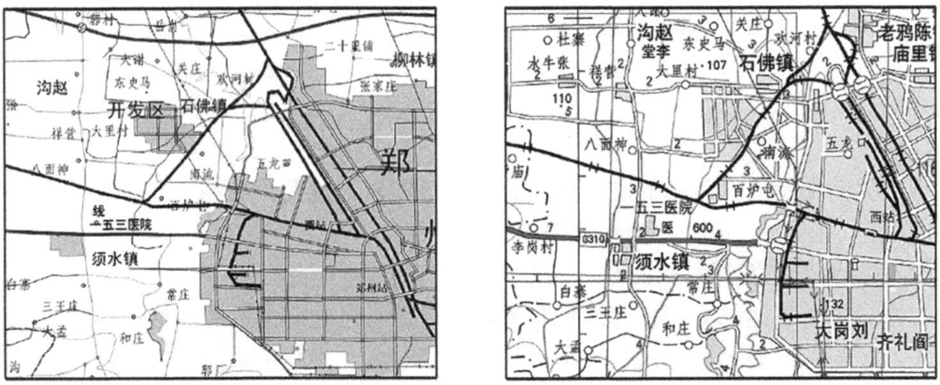

(a) 符号配置后的效果　(b) 图形效果处理后的效果

图 7.5　符号配置后的效果与图形效果处理后的效果（徐立，2013）

另外，地图在出版之前还必须对地图进行整饰，包括添加图名、图例、图廓等地图辅助要素，以满足地图出版的需要。

7.2.3　图示表达规范

Geographic Information Portrayal（ISO 19117：2012）和《地理信息 图示表达》（GB/T 24355—2009），是地理信息图示表达的标准规范。这些规范规定了如何根据表达规则分析判断地理要素对应的地图符号的机制。图示表达机制中的数据集、表达规范、表达目录和表达服务，在功用上分别对应于 GIS 可视化中的空间数据库、地图符号库、对照表、地图符号化。

1. 图示表达机制

图示表达机制是一个抽象的文档，并不是为了直接用于实施的方案。它为开发者提供了一个一般性的指导，即如何用图式规范表达数据集中要素实例的机制。当同时存在几个符号规范时，如果没有一个表达标准，则一个应用将不得不对每个符号规范设计一个接口；一旦拥有这个表达标准，则被该标准支持的所有符号规范可以用统一的方式进行处理。图示表达标准定义了一个以地理要素为中心的表达机制（图 7.6），它利用表达规则测试地理要素的几何和属性信息，并为该地理要素匹配地图符号。图示表达机制使得在不改变数据集的情况下，用不同的方式表达相同的数据集成为可能。

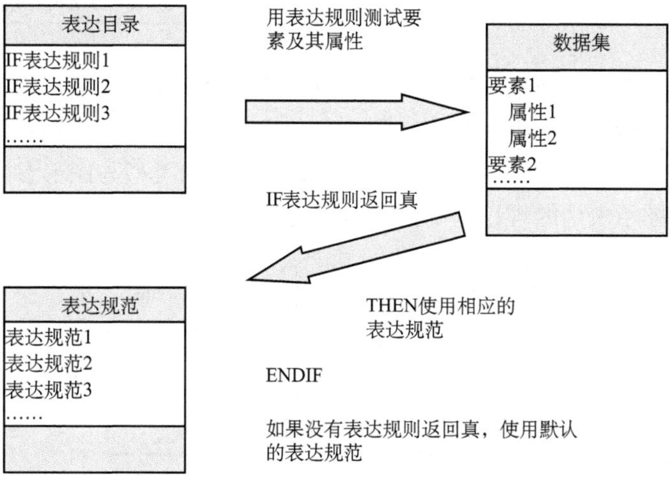

图 7.6　图示表达机制

表达规范和表达规则不应该是数据集的一部分。表达规则应该存储在表达目录里。表达规范应该被表达规则引用，并和表达规则分开进行存储。表达规范可以存储在外部，并使用统一资源引用标准（如 uniform resource locator, URL）进行引用。表达服务是一种符号化操作，它使用在表达规范中定义的参数在地理要素的几何位置上配置符号。

2. 表达规范

表达规范是遵循一定图式规范的地图符号库。人们通过图式规范对地图符号的含义和图形表现达成一致的认识，以维持对地图语言认知的约定，实现地理信息基于地图符号媒介传递的目的。我国地形图图式规范（如 GB/T 20257.3—2017）不仅规定了国家基本比例尺地形图上各种地理要素（包括地物、地貌要素等）的地图符号（包括符号、注记和颜色标准等），还规定了使用这些符号的原则、要求和基本方法（表 7.1）。后者是建立地理要素与地图符号之间关联关系的理论依据。

表 7.1　国家基本比例尺地图图式（节选）

编号	符号名称	1:25000　1:50000　1:100000 符号样式	符号色值	简要说明
4.3.2	普通房屋 a. 不依比例尺的 b. 半依比例尺的 c. 依比例尺的 d. 高层或突出的	a 0.5 × 0.7 b 0.5 c d	K70 d. K100	在外形结构上自成一体的各种类型的独立房屋，或几幢联结在一起的房屋 图上按真实方向表示。实地密集成团，图上不能逐个表示时，其外围的房屋按真实位置表示，内部可适当取舍。地窝式房屋或高架在水面上的房屋也用此符号表示 a. 图上长度小于 0.7mm、宽度小于 0.5mm 的，用不依比例尺符号表示 b. 图上长度大于 0.7mm、宽度小于 0.5mm 的，用半依比例尺符号表示 c. 图上长、宽分别大于上述尺寸的单幢房屋，用依比例尺符号表示 d. 高层或突出的房屋，符号色值为 K100

地图图式规范由两个主要部分构成，即地图符号的使用规范与图形规范，它们分别对应于图示表达机制的表达规则和表达规范（图 7.7）。其中，符号的使用规范描述了地图符号所对应的地理要素的特征；符号的图形规范表示了符号的几何类型与图形参数。从这个意义上来讲，图式规范是图示表达的理论基础，图示表达是图式规范的实现。

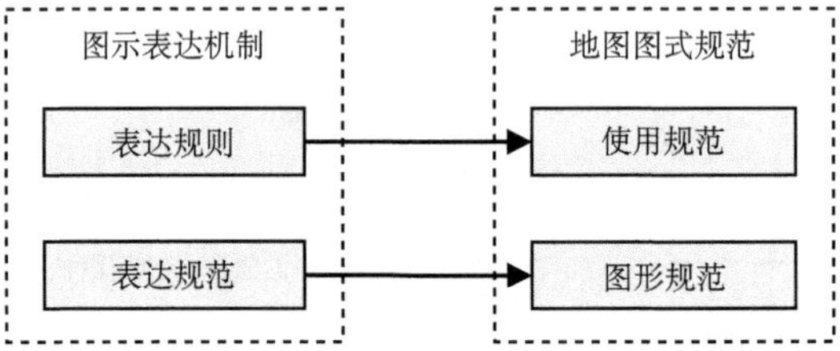

图 7.7　图示表达与图式规范

3. 表达规则

表达目录由系列表达规则组成。用于建立地理要素与地图符号之间关联关系的表达规则由两部分构成：查询语句和行为语句。其中，查询语句用于测试地理要素的几何与属性；行为语句作为查询语句的结果被调用，并引用表达规范中相应的地图符号对地理要素进行符号化操作。以一个包含要素类“Road”的数据集来说明图示表达规则。要素类“Road”包含两个属性：classification 和 segment。classification 是字符串的数据类型，可以取值“country road”或“town road”。segment 是 *GM_Curve* 类，包含空间（几何）描述。被使用的表达规范称为 N50_specification。下面是两个表达规则：

IF （Road.classification EQ “country road”） THEN drawCurve （“N50_specification. Solid_red_line ”, Road.segment）

//查询语句判断地理要素road的属性类型是否为乡村公路。如果为真，则调用行为语句，即采用N50_specification表达规范的红实线在road的中轴线绘制。

IF（Road.classification EQ “town road”）THEN drawCurve（“N50_specification. Solid_yellow_line”, Road.segment）

//查询语句判断地理要素road的属性类型是否为城镇公路。如果为真，则调用行为语句，即采用N50_specification表达规范的黄实线在road的中轴线绘制。

这里，“THEN”分开查询语句和行为语句。“drawCurve”是一个行为语句，用来画一个实际的曲线地图符号。其中，Road.segment 描述地理要素的空间位置；N50_specification. Solid_red_line 和 N50_specification.Solid_yellow_line 描述地图符号的样式，即颜色、线宽等；drawCurve 实现地图符号在空间位置上的配置。

7.3　地图形式的可视化

随着计算机技术的发展，地图产品的类型不断丰富，包括动态地图、影像地图、立体透视显示等，它们是基于平行光正射或平行视线透视的地图类型。

7.3.1　基本地图

地图有许多成图方法和丰富的表现形式，随着科学技术的进步和应用领域的扩展，新颖的地图成果层出不穷，因此可以从不同的角度对地图进行分类。按尺度划分，地图可分为大比例尺、中比例尺和小比例尺地图。按图型划分，地图可分为普通地图和专题地图。

普通地图是表示自然地理和社会经济一般特征的地图，它并不偏重于哪一类要素。普通地图按内容的概括程度、区域和图幅的划分状况分为地形图和地理图（或称一览图）。地形图是按国家统一编图规范编制的系列比例尺地图。我国把比例尺 1∶100 万、1∶50 万、1∶25 万、1∶10 万、1∶5 万、1∶2.5 万、1∶1 万、1∶5 千这 8 种地形图定为国家基本比例尺地形图。

专题地图是着重表示一种或几种主题要素及它们相互关系的地图。专题地图与普通地图相比，具有独有的特征：①主题化，普通地图强调表达制图要素的一般特征，专题地图强调表达主题要素的重要特征，且尽可能完善、详尽。②特殊化，专题地图突出表达了普通地图中的一种或几种要素，有些专题地图的主题内容是普通地图中所没有的要素。③多元化，专题地图不仅能像普通地图那样，表示制图对象的空间分布规律及其相互关系，而且能反映制图对象的发展变化和动态规律，如动态地图（人口变化）、预测地图（天气预报）等。④多样化，一个国家的普通地图，特别是地形图，往往都有规范的图式符号系统，但专题地图却由于制图内容的广泛，除个别专题地图外，大体上没有规定的符号系统，表示方法多种多样，地图符号可自己设计创新，因而其表达形式多种多样、丰富多彩。⑤前瞻化，普通地图侧重客观地反映地表现实，而专题地图取材广泛，许多编图资料都由相关的科研成果、论文报告、研究资料、遥感图像等构成，能反映学科前沿信息及成果。

随着计算机技术在地图领域的深入发展，形成了一些新概念地图。例如，①电子地图：简单的电子地图是传统地图的一种屏幕显示。②电子地图+时间维度的动态地图：指地图内容可以随时间变化的地图。③电子地图+遥感影像的影像地图。④电子地图+高程或高度维的三维透视或景观地图。⑤电子地图+全景的实景地图。⑥电子地图+互联网的互联网栅格瓦片地图。

7.3.2 动态地图

传统地图也利用专门的方法表示事物的发展动态，如动线法、点状符号扩展等，但那是相对意义上的动态，是将时间维转换到空间维，只能表达动态的结果或少数时刻，无法模拟整体过程。数字制图、3S 技术以及多媒体技术的发展，使我们对地理环境的记录更频繁、更精细，也就需要更全面的显示方法，不仅是常规静态、相对动态的地图显示，更需要将地理现象演进过程进行可视化和动态分析与模拟。在可视化技术支持下，将时间相关变量作为地理信息图形的独立视觉参量，在传统地图视觉变量的基础上扩展出新的动态视觉变量：发生时长、变化速率、变化次序和节奏，以形成对空间信息时空变化状态和过程的地图模拟，构成了新的制图方法（动态制图）和新的地图品种（动态地图）。

1. 动态地图的基本概念

动态制图是在数字制图技术和可视化技术支持下对地理过程的动态概括，最终体现为动态地图。动态地图的基本特征即动态的视觉表达，它超越了静态地图仅以二维对客观世界的时空概括，给人们提供了更符合实际、更全面的空间模型。目前，动态地图基本形式主要包括动画模拟和实时响应。

1）动画模拟

动画模拟是目前动态制图的主要表现形式，也称动画地图或演进地图。它是指通过一系列静止图形按一定顺序连续交替出现，以形成对地理事物时空连续变化的动态视觉显示。动画地图按视觉效果可分为二维和三维动画地图；后者需要更全面的数据和更复杂的三维建模及表面渲染技术处理，通过二维的显示设备达到对四维时空的动态模拟，大大丰富了空间信息的内容。

2）实时响应

实时响应方式是动态制图在现实社会中应用日益广泛的另一种形式，是将处于空间运动状态的对象位置信息，连续及时地叠加在已有地图信息上，以提供动态对象的空间位置变化和运动特征处理，为进一步控制决策服务。这种动态地图可称为动态定位地图，在基于位置的服务系统、导航系统、智能交通系统等领域已得到普遍应用，其功能表现为：实时监控、过程再现、模拟推演以及虚拟表达。制图过程主要体现在两个方面：一是提供定位依据的背景地图信息的内容组织和表达，应具有较高的动态适应性；二是表示运动对象的动态符号设计要使传统的静态视觉变量和新的动态视觉变量正确配合。

2. 动态地图的分类

动态地图按动态成因可分为时间动态和非时间动态两类。对大多数实际存在的动态变化（如货物运输、导弹飞行、污染物扩散等）的显示，是以时间作为主导因素或过程控制因素的动态地图，称为时间动态地图。而以制图内容的性质差异和观察点为主导因素的动态地图，如按一定次序、频率分别显示等级公路、高速公路、铁路及航线的交通发展状况的动态地图，则称为非时间动态地图。

3. 动态地图的功能

（1）过程再现。已发生的变化过程通过地图模型可视化表现出来，如河流入海口的逐年变化、世界石油资源的再分配、时空轨迹的回放。一个时空轨迹点（x, y, t）是个体在时刻 t 位于点位置（x, y）的信息，序列时空位置点构成了三维曲线。时空轨迹点是确定的，然而相邻时空轨迹点之间的时空位置是不确定的。这种不确定性能通过时间地理学的时空棱镜表达，序列时空轨迹点能生成序列时空棱镜串。图 7.8 是三个时空棱镜串，再现了三个移动对象在同一时期的移动过程及其可能的交互。

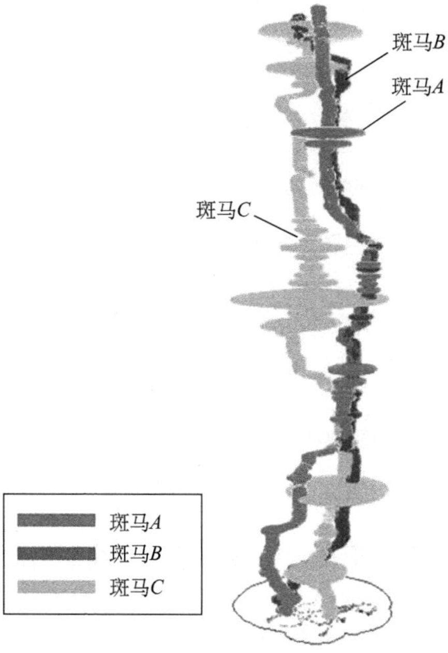

图 7.8　三只斑马的时空轨迹不确定性可视化模型（Yin et al., 2018）

（2）实时跟踪。实时显示空间对象或模型的运动状态，如手机导航（图 7.9）。在手机导航中，手机提供移动对象（手机本身）的定位数据，并将定位数据发送给地图服务器以获得关于定位周边的地图数据，然后将定位数据与地图数据混搭显示。

（3）运动模拟。通过用户视点的行进变化实现对地理实体或符号化模型运行过程的模拟。在运动模拟应用中动态参量可控调节，不仅可控制显示状态，其运行轨迹、变化速度等也可由用户选择确定。在模拟飞行中，用户视点变化的三维路线的选定，速度、加速度的调控等都是这一应用的实例。

7.3.3　影像地图

影像地图是指一种带有地面遥感影像的地图，是利用航空像片或卫星遥感影像，通过几何纠正、投影变换和比例尺归化，运用一定的地图符号、注记，直接反映制图对象地理特征及空间分布的地图。在遥感影像地图中，图面内容要素主要由影像构成，辅助以一定的地图符号来表现或说明制图对象。与普通地图相比，影像地图具有丰富的地面信息，内容层次分明，图面清晰易读，充分表现出影像与地图的双重优势。

（a） 实时定位　　（b） 路径规划　　（c） 导航开始

图 7.9 手机导航的实时跟踪

1. 影像地图的分类

利用卫星遥感影像数据编图，根据它的技术条件和线划的地理要素，可分为卫星影像镶嵌图、卫星影像图和卫星影像地图三种。

（1）卫星影像镶嵌图。不另外进行数据的几何纠正，将多幅影像依像幅边框显示的经纬度位置镶嵌拼贴而成的影像图，称为卫星影像镶嵌图。其像点误差相对于地面控制点大于一个像元。在镶嵌图上，只注记少量地理要素名称，如主要河流、主要山峰、县（县级市）以上居民点、铁路和主干公路等。影像镶嵌图的作用是提供空间位置的检索。

（2）卫星影像图。进行了影像平面位置的几何纠正（纠正误差相对于地面控制点可达到小于 1 个像元）和影像增强，图上绘制出较全面的地理要素，称为卫星影像图。此类影像图的数据间进行了地图投影和数字镶嵌，且包括的地理范围相当大，如一个国家或全球。

（3）卫星影像地图。在卫星影像上，能够依据数字高程模型（DEM）进行正射纠正，有详细的符号化地理要素的影像图，称为卫星影像地图。卫星影像不能直接构成地形图，但地面分辨率大于 2.5m 的卫星影像常与地形图系列配合，影像成为地形图的一种要素，它增强了地形要素和其他地理信息的视觉效果。

2. 影像地图的纹理映射技术

真实地物表面存在着丰富的纹理细节，人们正是依据这些纹理细节来区别各种具有相同形状的景物。因此，景物表面纹理细节的模拟在真实感图形生成技术中起着非常重要的作用。一般将景物表面纹理细节的模拟称为纹理映射技术。纹理映射技术的本质是：选择与 DEM 同样地区的纹理影像数据，将该纹理“贴”在通过 DEM 所建立的三维地形模型上，从而形成既具有立体感又具有真实性、信息含量丰富的三维立体景观（汤国安，2019）。图 7.10 是以地形要素和地图符号为表面纹理的三维地形景观。各类遥感影像数据（航空、航天、雷达等）和地形图记录了地形表面丰富的地物信息，是地形景观模型建立的主要纹理库。

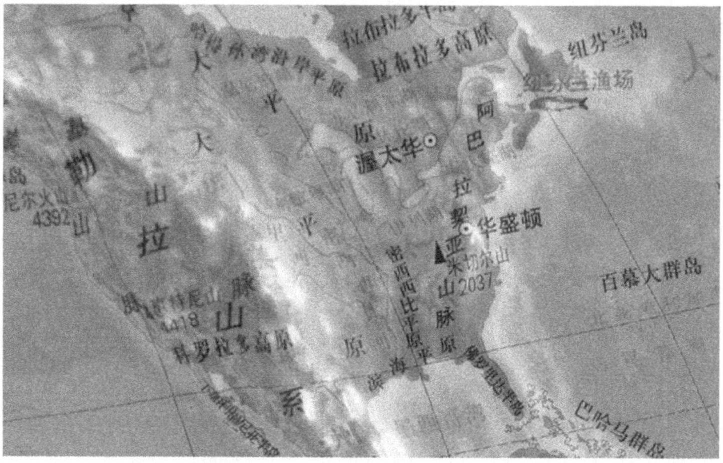

图 7.10　三维立体图示例

（1）基于航摄像片的地形三维景观。基于航摄像片生成地形三维景观图的基本原理是：在获取区域内 DEM 的基础上，在数字化航摄图像上按一定的点位分布要求选取一定数量（通常大于 6 个）的明显特征点，量测其影像坐标的精确值以及在地面的精确位置，据此按航摄像片的成像原理和有关公式确定数字航摄图像和相应地面之间的映射关系，解算出变换参数。同时，利用生成的三维地形图的透视变换原理，确定纹理图像（航摄像片）与地形立体图之间的映射关系。DEM 数据细分后的每一个地面点可依透视变换参数确定其在航摄像片图像中的位置，经重采样后获得其影像灰度，最后经过透视变换、消隐、灰度转换等处理，将结果显示在计算机屏幕上，生成一幅以真实影像纹理构成的三维地形景观[图 7.11（a）]。

（2）基于航天数据的地形三维景观。基于航天数据的处理方法与航摄像片的方法基本相同[图 7.11（b）]。不同的是由于不同遥感影像数据获取的传感器不同，其构像方程、内外方位元素也各异，需要针对相应的遥感图像建立投影映射关系。

（a）航空正射影像+DEM　（b）遥感正射影像+DEM

图 7.11　DEM+正射影像

3. 影像地图的特点

影像地图的特点在于以地表影像直接显示自然地理要素和某些易于识别的地物，如地势、地貌、水系、森林、耕地、居民点、道路网等；影像无法显示或不易识别的地物，则用符号或注记表示，如等高线、高程点、特征地物、地名以及各种属性注记等。影像地图具有形象、直观、富有立体感、易读以及地物平面精度较高、相对关系明确、细部反映真实、成图周期短等优点。影像地图作为一种“影像地图化”方向和产品，除以上特点外它还具有以下特性：①既具有立体效应的丰富影像信息，又有一定地图精度的组合图型，具有影像和地图的双重作用；②地面信息丰富，内容层次分明，图面清晰易读；③简化和革新了地图编制工艺，改善了制图条件，加快了成图速度，缩短制图周期，是现代地理制图自动化的一个新途径；④遥感资料周期快、现势性强，是开展多时相遥感数据或多种信息源复合研究，建立地学编码影像数据库的重要基础。

7.3.4　立体透视显示

GIS 的立体透视显示可以实现多种地形的三维表达，常用的包括立体等高线模型、三维线框透视模型、地形三维表面模型以及各种地形模型与图像数据叠加而形成的地形景观（汤国安，2019）。

1. 立体等高线模型

在平面-高程的三维空间中，等高线可视为平面与立体地形的交线，可形式化为 $H=f$（等高线 L）。对所有的 L：①垂直投影在地平面上形成平面等高线图，它在二维平面上实现了三维地形的表达，但地形起伏需要进行判读，虽具有量测性但不直观；②锐角投影到平面上形成具有立体效果的立体等高线图（图 7.12）。

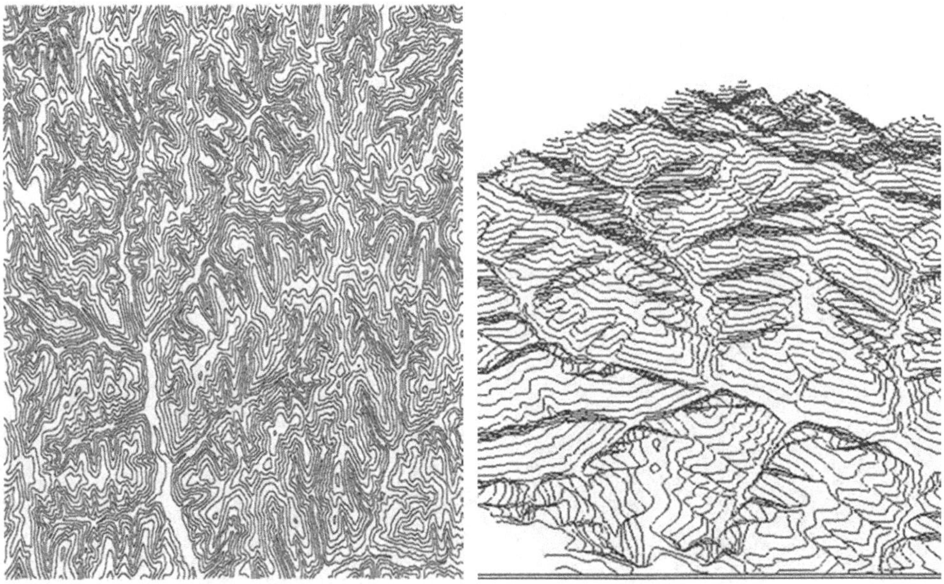

（a）平面等高线　　（b）立体等高线

图 7.12　等高线示意图

2. 三维线框透视模型

三维线框（wireframe）透视模型是计算机图形学和计算机辅助设计（computer aided design, CAD）/计算机辅助制造（computer aided manufacturing, CAM）领域中较早用来表示三维对象的模型，至今仍广为运用。流行的 CAD 软件、地理信息系统软件等都支持三维对象的线框透视图建立。线框模型的基本原理是：首先，用顶点和邻边来表示三维对象的轮廓；其次，投影变换到二维平面上；最后，考虑到这种变换失去了深度信息且往往导致图形的二义性，需要在绘制时根据给定的视点隐藏不可见的线和面，即消隐。三维线框透视模型的优点是结构简单、易于理解、数据量少、建模速度快，缺点是三维线框透视模型没有面和体的特征、表面轮廓线将随着视线方向的变化而变化；由于不是连续的几何信息因而不能明确地定义给定点与对象之间的关系（如点在形体内、外等）（图 7.13）。

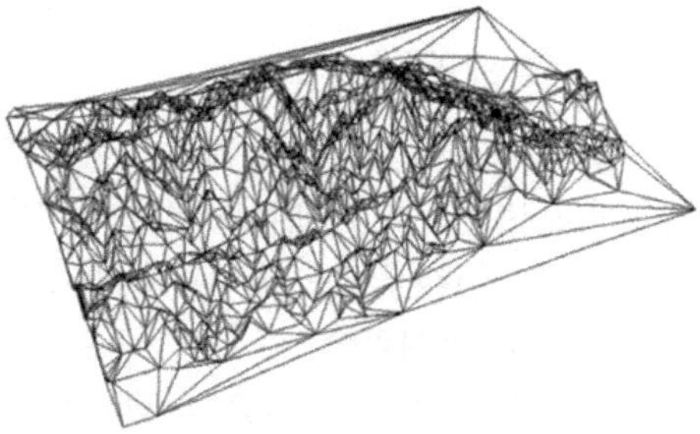

图 7.13 DEM 三维线框透视模型

3. 地形三维表面模型

地形三维表面模型是在三维线框模型基础上，通过增加有关的面、表面特征、边的连接方向等信息，实现对三维表面的以面为基础的定义和描述，从而可满足面面求交、线面消除、明暗色彩图等应用的需求。简言之，三维表面模型是用有向边所围成的面域来定义形体表面，由面的集合来定义形体。

（a）地形三维表面模型　　（b）叠加河流网络后的地形三维表面模型

图 7.14 DEM 地形三维表面模型

若把数字高程模型（DEM）的每个单元看作一个面域，可实现地形表面的三维可视化表达，表达形式可以是不渲染的线框图，也可采用光照模型进行光照模拟，同时也可叠加各种地物信息，以及与遥感影像等数据叠加形成更加逼真的地形三维景观模型（图 7.14）。简单的光照模型仅考虑光源照射在物体表面产生的反射光，物体表面中坡向不同的单元向空间给定方向辐射的光亮度会不同，从而可以确定物体可见表面上每个点的亮度。

7.4 场景形式的可视化

传统的地图主要是一种基于平行视线的图形展示，而场景展示是以视点为中心的放射状视线的图形展示技术，它包括真实场景和虚拟场景。真实场景的可视化技术有 LOD、实景地图、光照模型等；虚拟场景的可视化技术有虚拟现实、立体显示、增强现实等。

7.4.1　实景地图

实景地图即为可以看到真实景观的地图，它是三维实景与电子地图的结合。实景地图是基于实物拍摄、数据抽象采集技术实现的，通常是利用卫星或激光技术直接扫描建筑物的高度和宽度，最终形成三维地图数据文件。

1. 实景地图概念

实景地图主要指 360° 全景地图、全景环视地图，它把三维图片模拟成真实物体的三维效果地图，浏览者可以拖拽地图从不同的角度浏览真实物体的效果。运用数码相机对现有场景进行多角度环视拍摄之后，再利用计算机进行后期缝合，并加载播放程序来完成三维虚拟展示。全景图通过广角的表现手段以及绘画、像片、视频、三维模型等形式，尽可能多表现出周围的环境（图 7.15）。

图 7.15　全景地图示例

2. 实景地图服务

实景地图服务是提供实景地图的一种网络服务，典型的有街景地图。街景地图为用户提供城市、街道或其他环境的 360° 全景图像，用户可以通过该服务获得身临其境的地图浏览体验。通过街景，只要坐在电脑前就可以真实地看到街道上的高清景象（就像在旅游）。街景地图实现了“人视角”的地图浏览体验，为用户提供更加真实准确、更富画面细节的地图服务。街景开创了一种全新的地图阅读方式，也开启了一个实景地图体验模式。

实景地图具有如下优势：避免了一般平面效果图视角单一，不能带来全方位感受的缺憾，本机播放时画面效果与一般效果图是完全一样的；互动性强，可以由客户互动操纵，从任意一个角度观察场景，这一点也不同于缺少互动性的三维动画。

7.4.2　虚拟现实

1. 光照模型与光线跟踪技术

光照模型是生成真实感图形的基础，是虚拟现实技术的关键基础之一。本质上，光照模型就是根据光学物理的有关定律，计算景物表面上任一点投向观察者眼中的光亮度的大小和色彩组成的公式，它分为局部光照模型和整体光照模型。

1）基本原理

照射到物体上的光线，不仅有从光源直接射来的，也有经过其他物体反射或折射来的。局部光照模型只能处理直接光照，为了对环境中物体之间的各种反射、折射光进行精确模拟，需要使用整体光照模型。

相对于局部光照模型，整体光照模型可表示为 Iglobal=$K_R \times I_R$+ $K_T \times I_T$。式中，Iglobal 为非直接光照对物体上一点光强的贡献；I_R 为其他物体从视线的反射方向 R 反射来的光强；K_R 为反射系数；K_T 为其他物体从视线的折射方向 T 折射来的光强，I_T 为折射系数。将 Iglobal 与局部光照模型的计算结果相叠加，就可以得到物体上点的光强（图 7.16）。

图 7.16　光照模型示意图

整体光照模型算法原理简单，实现方便，并且能生成各种逼真的视觉效果。算法的基本思想如下：对于屏幕上的每个像素，跟踪一条从视点出发经过该像素的光线，求出与环境中物体的交点。在交点处光线分为两支，分别沿镜面反射方向和透明体的折射方向进行跟踪，形成一个递归的跟踪过程。光线每经过一次反射或折射，由物体材质决定的反射、折射系数都会使其强度衰减；当该光线对原像素光亮度的贡献小于给定的阈值时，跟踪过程即停止。光线跟踪的阴影处理也很简单，只需从光线与物体的交点处向光源发出一条测试光线，就可以确定是否有其他物体遮挡了该光源（对于透明的遮挡物体需要进一步处理光强的衰减），从而模拟出软影和透明体阴影的效果。

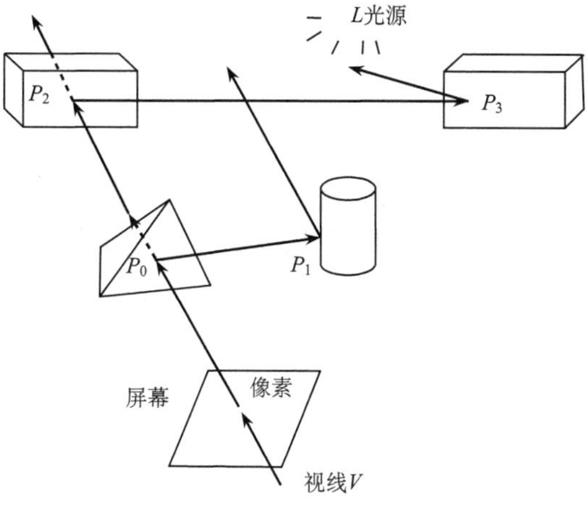

图 7.17　光线跟踪示意图

2）实例

光线跟踪（ray-trace）是一种真实地显示物体的方法，该方法由 Appel 在 1968 年提出。光线跟踪实现过程：沿着到达视点的光线的相反方向跟踪，经过屏幕上每一像素，找出与视线所交的物体表面点 P_0，并继续跟踪，找出影响 P_0 点光强的所有光源，从而计算出 P_0 点上精确的光照强度（图 7.17）。

连接观察点和屏幕上的一个像素，即形成一根视线。因此，视线的数目等于像素的数目。对于每根视线作如下处理：计算视线 V 与各平面的交点。以距离最小的交点为可见交点 P_0。视线 V 在 P_0 处产生反射和透射，所产生的反射线和透视线作为新的视线与各平面求交和计算出新的交点 P_1、P_2，并分别产生新的反射线和透视线，……这样不断递归，直至所产生的视线射出场景。结果是得到视线跟踪轨迹上的一系列交点：$P_0, P_1, P_2, \cdots, P_n$。这个过程可以表示为一棵光线跟踪树（图 7.18）。

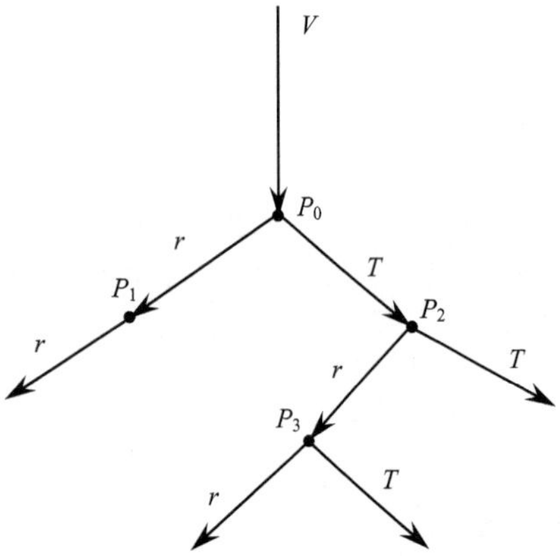

图 7.18　一棵光线跟踪树示意图

在光线跟踪树中，结点代表物体表面与跟踪线的交点；结点连线代表跟踪线。每个结点的左孩子代表反射产生的跟踪线（r），右孩子代表透射产生的跟踪线（T）。空箭头表示跟踪线射出场景。P_0 处的光强是 P_0、P_1、P_2、P_3 点光强的合成。计算方法是以后序周游的算法遍历这颗光线跟踪树。在每一结点处，递归调用光照模型，算出跟踪射线方向的光强，并按两表面交点之间的距离进行衰减后，传递给父结点。如此上递，最后得出 P_0 点处的光强，即得到屏幕像素处的亮度。

3）基本特点

光线跟踪很自然地解决了环境中所有物体之间的消隐、阴影、镜面反射和折射等问题，能够生成十分逼真的图形，而且算法的实现也相对简单。光线跟踪方法显示真实感图形有如下优点：

（1）不仅考虑到光源的光照，而且考虑到场景中各物体之间彼此反射的影响，显示效果十分逼真。

（2）有消隐功能。采用光线跟踪方法，在显示的同时，自然完成消隐功能。事先消隐的做法不适用于光线跟踪，因为那些背面和被遮挡的面，虽然看不见，但仍可能通过反射或透射影响看得见的面上的光强。

（3）有影子效果。光线跟踪能完成影子的显示，方法是从 P_0 处向光源发射一根阴影探测光线。如果该光线在到达光源之前与场景中任一不透明的面相交，则 P_0 处于阴影之中，否则，P_0 处于阴影之外。

（4）该算法具有并行性质。每条光线的处理过程相同，结果彼此独立，因此可以在并行处理的硬件上快速实现光线跟踪算法。

作为一种递归算法，光线跟踪的缺点是计算量非常大。

2. 虚拟现实技术

虚拟现实（VR）可以认为是动态地图的更高级表现方式。利用 VR 技术与地图制图相结合，即构成虚拟现实地图，也称“可进入”地图。它以逼真的三维地形、地物代替了抽象的地图符号，使地理信息的图形显示从平面、静止、被动接收的概念符号图形转变为多维、动态、主动交互的模拟空间环境。应用者可以亲临感受空间对象的运动、变化，并以多种方式控制其过程的表达。当然，虚拟现实地图的构建已经超越了常规地图设计的编制，需要很复杂的三维环境构建、多重感觉生成以及分析、应用模型建立等技术，在军事操演中得到具体应用。

7.4.3　立体显示

立体显示是虚拟现实的一种实现方式。它采用光学等多种技术手段模拟实现人眼的立体视觉特性，将空间物体以三维信息再现出来，呈现出具有纵深感的立体图像。立体显示作为下一代新型显示技术，正逐渐成为一个引人注目的前沿科技领域。近年来，立体显示技术在电视广播、视频游戏、医疗、教育等领域的应用越来越多，三维显示已从电影银幕向电视终端、计算机终端、智能手机终端、平板电脑终端发展。

1. 立体显示原理

我们生活在三维的立体世界中，然而呈现在人眼（单个的左眼或右眼）视网膜上的图像却是二维图像，这些二维图像在经过人脑复杂的融合反应后，最终呈现出三维图像（图 7.19）。现代心理学认为这个复杂的融合反应分为生理学和心理学两个层面，具体又分为 10 种深度暗示（心理学和生理学分别有 6 种和 4 种），人们就是通过这些深度暗示来感知三维物体的。

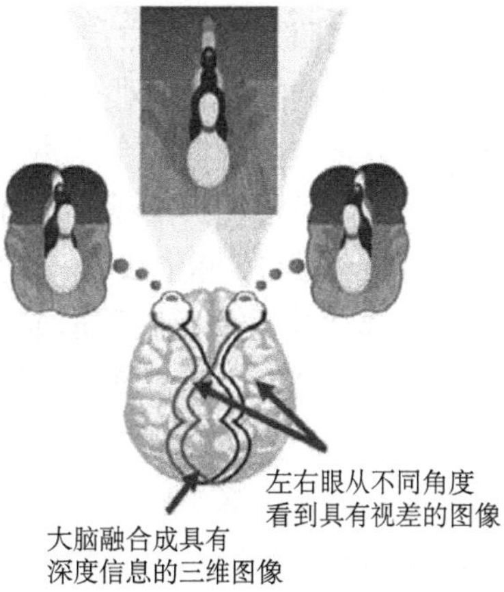

图 7.19　立体显示原理示意图

2. 基于心理深度暗示形成三维效果图像

人们在观看一幅二维图像时，往往会根据长期积累的生活经验，通过心理深度暗示（借助经验和假想从出现在视网膜上的平面图像得到一定程度的深度感）就可以判断出图像中物体的远近深浅关系。如图 7.20 所示，人们通过圆球的亮暗差异、阴影效果以及木板的远近宽窄变化等心理深度暗示，就可以感觉到这张二维图像所带来的三维效果。

心理深度暗示主要包括以下六种机制（图 7.21）：

（1）线性透视。根据人们的观察习惯，景物向远处延伸时所观察到的尺寸逐渐缩小。

（2）像的大小。很多物体的实际尺寸在人脑中都有一个固有的先验知识，因此可以通过图像的大小感知物体的远近，从而提供一种心理暗示。

图 7.20　基于心理深度暗示，在人们心中形成的三维效果图像

（a）线性透视　（b）像的大小　（c）重叠　（d）光照及阴影　（e）结构梯度　（f）面积透视

图 7.21　三维图像的六种心理深度感知

（3）重叠。两个物体轮廓的重叠关系会产生暗示，通常认为被遮挡的部分处在下方或者远处等。

（4）光照及阴影。二者会产生一种极强的深度暗示。

（5）结构梯度。与线性透视类似，当我们注视地板砖或大理石等路面的均匀梯度时，其表面粗糙度方面的梯度会产生一种深度暗示。

（6）面积透视。在观看一幅二维图像时，人们总认为看起来比较模糊的景物处在远方，这是因为在人们的实际生活中，远处景物发出的光线在传播中被空气中的微粒散射而显得模糊。

3. 基于生理深度暗示形成三维效果图像

人们通过心理暗示在二维图像上感觉到的三维场景也只局限于二维层面，而在现实世界里，人们更多的是根据单眼立体视觉暗示和双眼立体视觉暗示等生理暗示来获得真实世界的三维感知。三维显示就是以人眼的立体视觉特性为基础的。生理深度暗示主要有四种，是视觉感知三维信息的直接要求，具体介绍如下。

（1）调节。如图 7.22 所示，通过拉伸纤毛体的肌肉调节眼睛晶状体的焦距，使观察者可以看清楚远近不同的景物或者同一景物的不同部位。

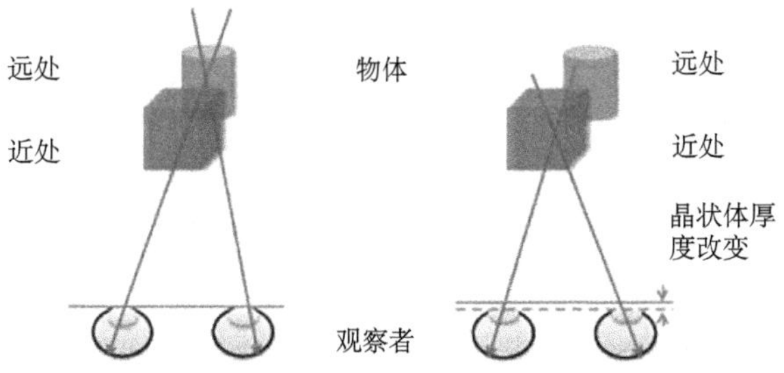

图 7.22　调节

（2）汇聚。如图 7.23 所示，当观察者的眼部肌肉被拉伸使眼球略微转向内侧以便对着三维物体上某一点观看时，两只眼睛的视轴所组成的角度称为会聚角。左右眼在观看远近不同的两点时，产生的会聚角不一样，眼部肌肉受到的拉伸强度和眼球转动的程度也不一样，而人的感觉器官可以比较出这种强度和程度，这样便会有不同深度的感觉，即产生立体感。通常来说，物体离观察者越近，则会聚角越大，物体离观察者越远，则会聚角越小。

（3）双目视差。如图 7.24 所示，双目视差是由人眼的瞳孔间距所引起的。观察者在观看空间三维物体时，三维物体发出的光线聚焦于双眼的视网膜中心，因为人的两只眼睛之间有一定的距离（称为瞳孔间距，其平均值为 6.5 cm），所以对于同一景物，左右眼的相对位置是不同的，这样就产生了双目视差，即左右眼看到的是有差异的图像。

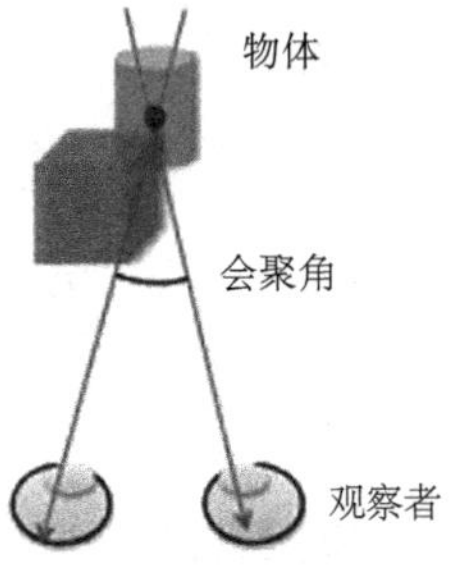

图 7.23　汇聚

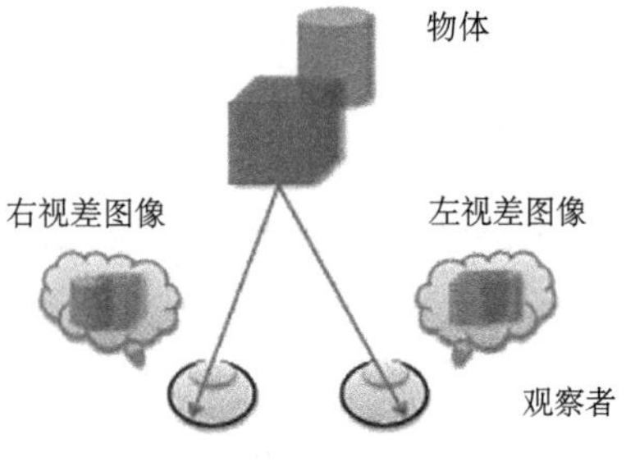

图 7.24　双目视差

（4）移动视差。如图 7.25 所示，如果观察者的观察位置发生变化，观察到的三维物体也会相应地发生变化，这个效应称为移动视差。

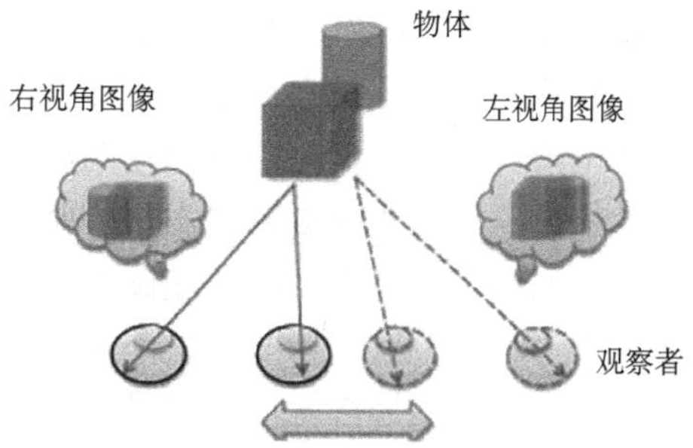

图 7.25　移动视差

4. 立体显示主要方式

立体显示主要有基于双目视差立体显示和真三维立体显示。

1）基于双目视差的立体显示

目前主流的三维显示技术主要基于双目视差这种生理深度暗示。通过模拟人眼生理学深度暗示中的双目视差，将含有不同视差信息的二维图像传输到观察者的左右眼中，通过在人脑中的融合给予深度信息感知，从而使观看者获得三维深度感。目前，凭着基于双目视差原理的三维显示，人们已经可以在电影院或者在家里享受到三维显示技术带来的乐趣。这种已经面向市场成为当下主流的三维显示技术通常需要观看者佩戴特殊的眼镜（如红蓝眼镜、偏振眼镜或电子式快门眼镜等）。该技术又可分为：双色眼镜、主动立体显示、被动同步的立体投影设备、立体显示器等方式。

（1）双色眼镜。这种模式下，在屏幕上显示的图像将先由驱动程序进行颜色过滤。渲染给左眼的场景将被过滤掉红色光，渲染给右眼的场景将被过滤掉青色光（红色光的补色光，绿光加蓝光）。然后观看者使用一副双色眼镜，这样左眼只能看见左眼的图像，右眼只能看见右眼的图像，物体正确的色彩将由大脑合成。这是成本最低的方案，但一般只适合于观看无色线框的场景，对于其他的显示场景，丢失了颜色的信息可能会造成观看者的不适。

（2）主动立体显示。这种模式下，驱动程序将交替渲染左右眼的图像，例如，第一帧为左眼的图像，那么下一帧就为右眼的图像，再下一帧再渲染左眼的图像，依次交替渲染。然后观测者将使用一副快门眼镜。快门眼镜通过有线或无线的方式与显卡和显示器同步，当显示器上显示左眼图像时，眼镜打开左镜片的快门同时关闭右镜片的快门；当显示器上显示右眼图像时，眼镜打开右镜片的快门同时关闭左镜片的快门。看不见的某只眼将由大脑根据视觉暂存效应保留刚才画面的图像。这种方法将降低图像一半的亮度，并且要求显示器和快门眼镜的刷新速度都达到一定的频率，否则也会造成观看者的不适。

（3）被动同步的立体投影设备。在这种模式下，驱动程序将同时渲染左右眼的图像，并通过特殊的硬件输出和同步，一般是使用具有双头输出的显卡。输出的左右眼图像将分别使用两台投影机投射，在投射左眼图像的投影机前加上偏正镜，然后在投射右眼图像的投影机前也加偏正镜但角度旋转 90°；观看者也将佩戴眼镜，左右眼的偏振镜也做了相应的旋转。根据偏振原理，左右眼都只能看见各自的图像。这是最佳的模式，但硬件显卡和投影机的成本将会翻倍。

（4）立体显示器。虽然被动同步的立体投影能达到很好的效果，但是还是需要佩戴偏振眼镜观看。很多公司正在开发不需要眼镜的立体显示器，例如，在液晶中精确配置用来遮挡光线行进的“视差屏障”（barrier）。视差屏障通过狭缝光栅阵列准确控制每一个像素透过的光线，只让右眼或左眼看到。由于右眼和左眼观看液晶的角度不同，利用这一角度差遮住光线就可将图像分配给右眼或左眼。这样不需要戴上专用的眼镜也可以看到立体图像。

（5）头戴式显示器（head mount display, HMD）。它是更高级的一种显示方式，又称眼镜式显示器、随身影院、视频眼镜（video glasses）。HMD 的左眼和右眼的图像将直接由很近距离的显示屏分别显示在眼睛前，或直接把图像投射到视网膜上。HMD 可以获得很大的视角覆盖范围，同时可以追踪并把视角和头部运动同步。通过各种头戴式显示设备，向眼睛发送光学信号，可以实现虚拟现实、增强现实、混合现实（mixed reality, MR）等不同效果。

人们在使用基于二维视差图像的三维显示设备观察三维图像时，每次只有一组二维视差图像进入眼中，其携带的信息不能提供人眼所需的全部三维深度感知。此外，由于人眼通常聚焦在二维显示屏幕上，而三维画面是在屏幕的前面或后面，这种辐辏和调焦的矛盾不仅加重了人眼与大脑的负担，而且长时间观看会导致眼睛疲劳和不适。

2）真三维立体显示

真三维立体显示要解决的核心问题是如何为人眼感知三维物体提供上述 10 种心理和生理深度暗示信息，它不会造成观看者的视觉疲劳，其显示的图像更加真实，更符合人们的视觉习惯。

（1）体三维显示技术。它是一种能够在一个真正具有宽度、高度和深度的真实三维空间内进行图像信息再现的技术（图 7.26），因此又被称为空间加载显示（space-filling display）。体三维显示技术是一种基于多种深度暗示的真三维显示技术，其通过特殊方式来激励位于透明显示空间内的物质，利用光的产生、吸收或散射形成体素，并由许多分散体素构成三维图像，或采用二维显示屏旋转或层叠而形成三维图像。由此形成的三维图像如同真实的物体，能满足人类几乎所有生理和心理深度暗示，可供多人多角度裸视观看，符合人们在视觉观看及深度感知方面的习惯，所以是一种真三维显示技术。

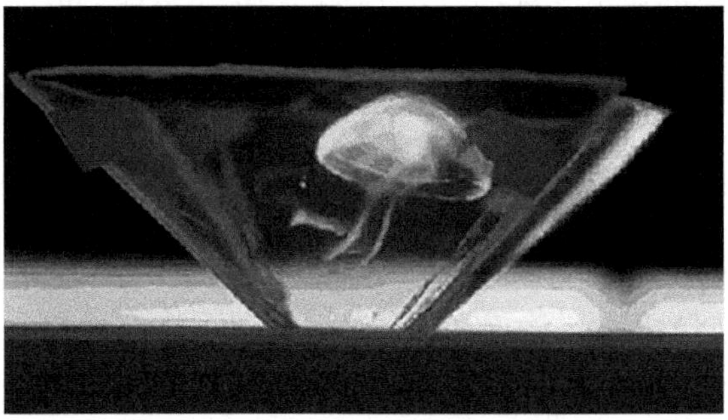

图 7.26　体三维显示技术示例

（2）全息三维显示技术。全息（holography）来自希腊语，意思是全部图像信息。人是通过接收自然界反射/辐射的光波来对物体进行观察的，这些光波携带的信息包括振幅、相位。其中，振幅信息反映了物体的表面特性（如颜色、材质和光照效果等），而相位信息则反映物体的空间位置特性。目前，市场上的图像记录和显示设备只能记录和显示物体的振幅信息，不能保存表示物体立体结构特征的相位信息。而全息技术利用干涉原理，将光波的振幅和相位信息记录下来，使物体光波的全部信息都存储在记录介质中，故所记录的图样被称为“全息图”。当用光波照射全息图时，由于衍射原理能重现出原始物光波，从而形成原物体逼真的三维像。基于全息技术的三维显示被认为是目前最理想的三维显示方式。

20 世纪发明的全息术是一种基于物理光学原理，以完整记录和重建三维物体光波为基础的三维显示技术。由于全息的再现光波保留了原有物体光波的全部信息（振幅信息和相位信息），故全息再现影像与原始物体有着完全相同的三维特性，能够提供人眼视觉系统所需的全部深度感知信息。人们在观看全息再现影像时，会得到与观看原物时完全相同的视觉效果。因此，全息术被国际上广泛认为是最有发展前景的真三维显示技术。图 7.27 为城市局部全息三维图示例。

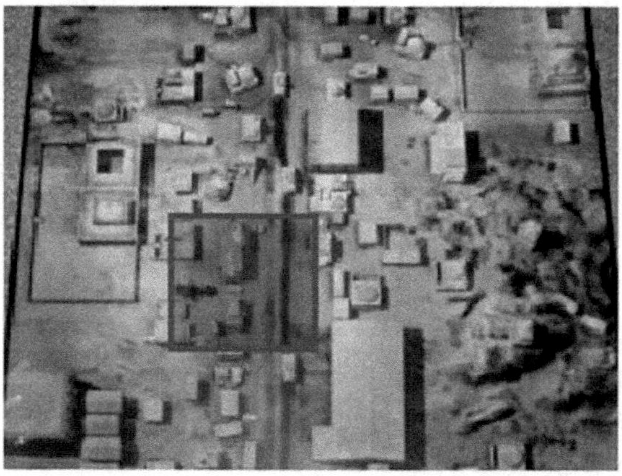

图 7.27　城市局部全息三维图示例

计算机全息三维显示技术是近年来全息术与光电技术及计算机高速计算技术相结合发展起来的一种最具潜力的真三维显示技术。

7.4.4　增强现实

增强现实技术（augmented reality, AR）于 1990 年提出，是一种实时计算摄影机影像的位置及角度并加上相应图像、视频、3D 模型的技术，其目标是在屏幕上把虚拟世界套在现实世界上并进行互动。

1. 基本原理

增强现实技术是一种将真实世界信息和虚拟世界信息“无缝”集成的新技术，实现了在同一个画面或空间中真实的环境和虚拟的物体的实时叠加。其基本原理是把原本在现实世界的一定时间空间范围内很难体验到的实体信息（视觉信息、声音、味道、触觉等），通过电脑等科学技术模拟仿真后所形成的虚拟信息再叠加应用到真实世界，以被人类感官所感知，从而达到超越现实的感官体验。图 7.28 是地图中的 AR 展示。

图 7.28　地图中的 AR 展示

增强现实技术不仅展现了真实世界的信息，而且将虚拟的信息同时显示出来，两种信息相互补充、叠加。在视觉化的增强现实中，用户利用头盔显示器，把真实世界与电脑图形多重合成在一起，便可以看到真实的世界围绕着它。增强现实技术包含了多媒体、三维建模、实时视频显示及控制、多传感器融合、实时跟踪及注册、场景融合等新技术与新手段。

2. 主要特点

AR 系统具有三个突出的特点：真实世界和虚拟信息的集成；具有实时交互性；在三维尺度空间中增添定位虚拟物体。

作为用户对现实世界感知的新技术，AR 技术一般被认为源于 VR 技术的发展，但二者存在明显的差别。传统 VR 技术给予用户一种在虚拟世界中完全沉浸的效果，是另外创造一个世界；而 AR 技术则把计算机带入用户的真实世界中，通过听、看、摸、闻虚拟信息，来增强对现实世界的感知，实现了从“人去适应机器”到技术“以人为本”的转变。

思 考 题

1. 地学可视化有哪些基本类型？
2. 数字地图有哪些产品类型？
3. 虚拟地理环境对地学发展有哪些重要意义？
4. 地理信息图示表达可以分为哪些类型？
5. 地理信息图示表达连接了地理数据与地图数据，请简要分析两种数据的差异。
6. 简述地理信息图示表达的机制。
7. 地图表示有哪些基本类型？
8. 简述动态地图的基本实现形式。
9. 简述影像地图的优势。
10. 列举立体透视显示的三种模型。
11. 什么是实景地图？
12. 什么是立体显示技术？
13. 什么是增强现实技术？
14. 对一个地理数据集利用地理信息图示表达原理进行图示表达。
15. 对一个 DEM 数据设计与制作影像地图与立体透视地图。

第8章 地理信息系统发展动态

21世纪以来，随着新一代无线通信、移动互联网、云计算、大数据，以及物联网的高速发展，信息技术对人们生活的渗透可以说是无处不及，并呈现如下特征：

（1）信息基础设施的建设和完善，为世界各地的信息资源广泛应用提供了强有力支撑。

（2）物联网，即“物物相连的互联网”，已成为新一代信息技术的重要组成部分。

（3）无线通信网络、智能手机等新媒体技术的快速发展，使得社交媒体平台在人们的生活中扮演着日益重要的角色。

与此同时，地理信息技术在计算机技术与信息技术高速发展的驱动下，也正在发生深刻的变化。因此，本章主要介绍对地理信息系统发展具有重要引领作用的信息技术，如三维及动态数据建模、虚拟现实与增强现实、VGI、云计算和大数据等。本章结构如图8.1所示。

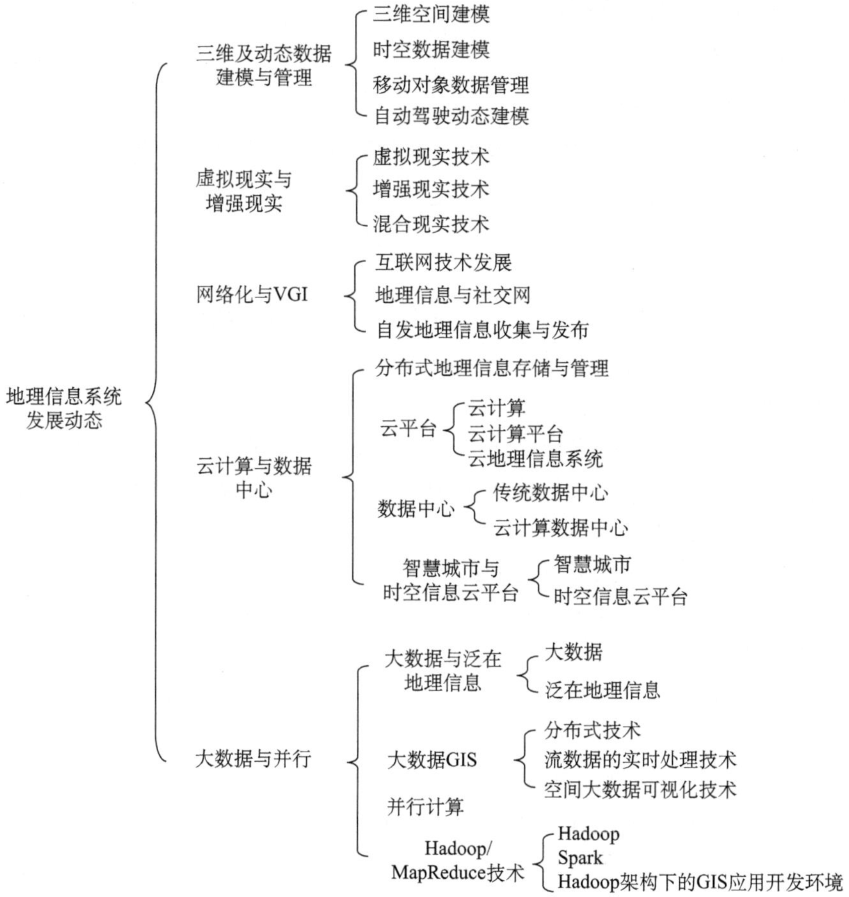

图8.1 本章结构图

8.1　三维及动态数据建模与管理

空间和时间是现实世界最基本、最重要的属性。空间维度上，二维空间数据是三维现实世界在二维平面空间的降维抽象表现，不可避免地存在与现实世界地物真实形态的巨大差异，而三维空间模型的应用，可为人们呈现一种与现实世界更为接近的可视化场景。在时间维度上，地理信息也具有随时间变化的动态特征。

一方面，现有的三维可视化研究与应用，多是针对静态的单一时态的 GIS 数据，缺乏一个成熟的、能支持多时态的三维地理信息动态可视化方法。另一方面，已有的时空数据动态可视化方法，或是局限于二维的表达，如动态符号与动态地图；或是不能满足三维可视化的应用需求，如帧动画方式缺乏交互与分析、序列快照播放失去了时间的连续性。对于时空数据三维动态可视化，在现有的计算机软硬件条件下，有许多值得借鉴和结合的技术，但是并没有成熟的理论与方法。

目前，在热门的自动驾驶汽车的研发中，三维时空数据应用展现出了一定的特点。自动驾驶技术可将高精地图与实时获取的物联网传感器信息进行汇聚，实现三维空间场景的动态可视化，为自动驾驶操控提供支撑。

8.1.1　三维空间建模

1. 三维空间建模基本概念

20 世纪 80 年代以来，二维 GIS 在很多行业得到了广泛应用，然而，地质、矿山、地下管线、数字城市（或智慧城市）等某些领域迫切需要以三维形式进行场景的呈现；进入 90 年代后，由于三维可视化技术与虚拟现实技术的迅猛发展，三维地理信息系统（3DGIS）也逐渐得到了发展与应用。

三维地理信息系统是指数据结构、空间查询与分析等应用都建立在三维空间数据模型基础上的地理信息系统。其核心问题是三维空间数据模型的构建。

三维空间数据模型是人们对客观世界在三维空间的理解和抽象，是建立三维空间数据库的理论基础。三维空间数据结构是三维空间数据模型的具体实现。

与二维空间数据模型相比，三维空间数据模型可以更为直观、真实地呈现现实世界场景，能给人们带来更好的视觉体验。

三维空间数据建模技术包括以下几种：

（1）几何建模技术。一种传统的构造三维虚拟场景的方法，以计算机图形学为基础，数学模型为支撑，构建出虚拟对象的几何轮廓，经过光照、阴影处理、纹理映射等技术对模型进行渲染，使其更加贴近现实场景，以达到令人满意的效果。通常利用专业的三维建模软件或一些程序语言进行建模。

（2）图像建模技术。利用高清数码相机等设备，采集物体的数据资料并进行处理与三维计算，最后生成当前视点的虚拟环境的技术，即照片建模技术。

（3）混合建模技术。是一种将几何建模技术与图像建模技术的优势相结合的方法，能使建模达到最好的效果。它的最基本做法是在建模场景中针对不同部分采用适合的方法，一般系统中的全景视觉效果可以采用图像建模技术，而对于场景中需要与用户进行交流的部分则采用几何建模技术来增强用户在虚拟环境中的沉浸感。

2. 城市实体三维建模

三维数字城市是指基于三维建模与可视化技术，或者虚拟现实技术，通过三维模拟真实城市的地形地貌与城市场景，为用户提供三维城市模型可视化及应用服务，如图 8.2 所示。

图 8.2　三维城市场景

（图片来源：Google Earth）

城市实体三维建模是实现城市三维可视化的关键，基础地理信息的基本要素包括地形、居民地、植被、水系、道路和境界，对于城市而言，其中最为重要的地理要素是地形和居民地。

从实体建模的角度看，城市模型主要分为地形模型和地物模型两大类，包括地形、地物的几何模型和描述地表覆盖的地物纹理数据等。

在三维数字城市以及智慧城市应用中，主要制作的三维模型包括地形模型、建筑物模型、其他地物对象模型三大部分。

三维数字城市模型的数据源主要有卫星影像、航空影像和机载激光扫描数据、近距激光扫描数据和人工测量数据及其他存档数据。不同的数据源对应着不同的三维数字城市建模方法。

三维地形场景是数字城市中的核心地理要素，图 8.3 是城市地物实体的三维空间基础与载体，由地形几何模型与地表纹理数据组成。其中，地形几何模型表现区域的地形三维起伏，而为了更加真实地呈现城市的现实特征，需要将地表纹理按照特定的方式映射到地形几何模型表面上，使地表看上去更加真实。

图 8.3　三维地形场景

（图片来源：Google Earth）

地表纹理数据通常可以采用卫星遥感或航空摄影生成的正射影像作为纹理数据。

建筑物模型建模的主要任务包括高度数据、几何要素数据，以及纹理数据的获取。其中，建筑物高度数据获取方式主要包括：

（1）在二维地理信息系统数据库基础上按层数粗略求算建筑物高度。

（2）借助软件用人工或半自动的方式从影像中获取（以建筑物屋顶数据为主）。

（3）用机载激光扫描仪（LiDAR）结合空中影像，经过算法处理提取建筑物高程数据。

建筑物几何要素数据获取方式主要有：

（1）将二维地理信息系统中的建筑物轮廓线与建筑物高度结合，用简单几何体表达建筑物外形特征。

（2）使用航空影像，利用数字摄影测量技术，采用人机交互的半自动化系统，提取建筑物特征线。

（3）使用机载激光扫描点云数据提取建筑物几何信息。

（4）采用近景摄影测量方法获取建筑物的几何形状数据。

（5）使用高分辨率卫星影像自动提取建筑物几何信息。

建筑物纹理数据可以由以下几种方式获取：

（1）车载激光或相机直接提取。使用相机拍摄大量的建筑物立面照片，建筑物模型纹理真实感强，但获取速度慢，数据量较大，后期处理复杂并且工作量大。

（2）由计算机简单模拟生成。采用矢量纹理技术，数据量少，但缺乏真实感。

（3）由倾斜摄影航拍获取。可大规模批量采集建筑物侧面纹理，已逐渐成为三维城市建模重要的数据获取手段。

8.1.2 时空数据建模

近年来，随时间而动态变化的环境、交通、城市发展、社会经济等地理信息应用越来越受到人们的关注，时态地理信息系统正逐渐成为GIS研究与应用一个重要的新领域，其侧重研究地理空间对象随时间变化的采集、存储、管理、分析与显示的方法和手段。例如，图8.4展示了通过移动位于应用界面下部的时间轴指示按钮，显示不同时间的地理空间对象的分布状态。

时态地理信息系统的组织核心是时空数据库，时空数据模型则是时空数据库的基础。

时态地理信息系统研究的主要内容有：表达时空变化的数据模型、时空数据组织与存取方法、时空数据库的版本问题、时空数据库的质量控制、时空数据的可视化问题等。

由于空间、专题、时间三者之间的关系和结构组织十分复杂，目前还没有出现成熟的时空数据库和时态地理信息系统，但是，常用的时空数据模型有以下几种（陈新保等, 2009）：

（1）时空复合模型：采用带修正的基态作为建立累积几何变化的时空复合出发点，每次变化均导致变化的部分脱离其父亲对象，成为具有不同历史的离散对象。其缺点在于随着变化的频繁会形成很多碎片。

（2）连续快照模型：是将一系列时间片段的快照保存起来，以反映地理对象的时空演化过程。模型结构简单，易于实现，但由于对未变化地物重复存储，将产生大量的数据冗余，从而影响系统效率。

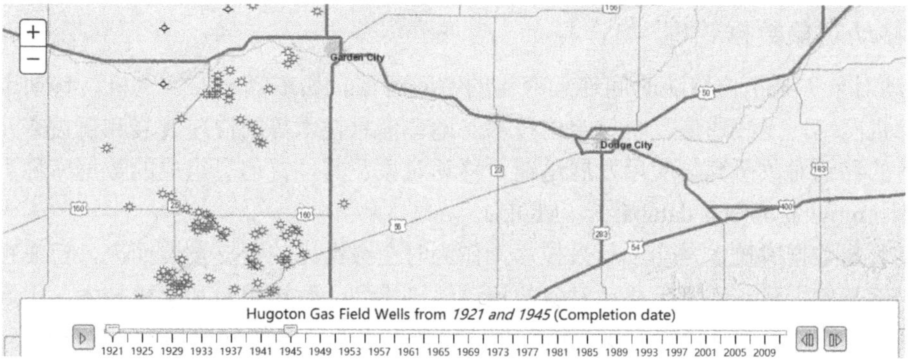

(a) 时间节点1

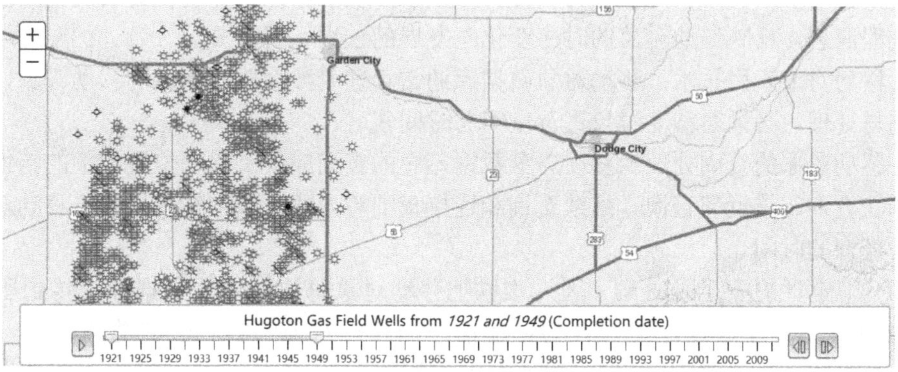

(b) 时间节点2

图 8.4 时空变化应用

（图片来源：https://developers.arcgis.com/javascript/3/jssamples [2020.02.04]）

（3）基态修正模型：为避免连续快照模型将未发生变化部分的特征重复记录，基态修正模型只存储某个时间数据状态（基态）和相对于基态的一系列变化量，因此仅有很少量的数据需要记录，其缺点是非基态数据的获取方式复杂，较难处理给定时刻时空对象间的空间关系，效率低。

（4）时空立方体模型：用几何立体图形表示二维图形沿时间维演变的过程，缺点是模型的具体实现较为困难。

（5）时空对象模型：认为世界由时空原子组成，时空原子为时间属性和空间属性均质的实体，缺点是缺少一个描绘变迁过程的概念。

（6）面向对象的时空数据模型：在结点、弧段、多边形等几何要素的表达上增加时间信息，考虑空间拓扑结构和时态拓扑结构，缺点在于缺少对地理实体或现象的显式定义和基础关系描述。

目前的时态地理信息系统主要有以下几种实现方式：基于商业 GIS 的时态扩展，用于科学研究的原型系统和针对特殊应用的时空查询工具。由于这些系统大多是针对特定的应用而设计的，只能使用特定的数据结构，通用性非常弱。

8.1.3　移动对象数据管理

“移动对象”是指位置随时间连续变化的空间对象，如车辆、船、飞机、移动用户等。随着计算机网络，无线通信、全球定位技术、地理信息技术等的快速发展和日益普及，基于位置服务的移动对象研究与应用发展迅速。移动对象及其位置信息组成的数据库称为移动对象数据库（moving objects databases，MOD）。

移动对象数据库技术是一项新兴技术，作为时空数据库的分支发展而来，旨在在常规的时空数据库基础上建立适用于移动对象的运动轨迹模型、数据更新和索引技术、扩展的数据查询语言，以及移动对象位置不确定性管理方法等。主要研究的问题包括（涂丹丹等，2007）以下几方面。

（1）位置的表示与建模：移动对象数据库系统必须能够保存移动对象的现势信息、历史信息和过程信息，反映移动对象的时序变化与发展的过程和规律。

（2）移动对象索引技术：移动对象数据库通常管理着数量非常庞大的移动对象，为实现高效查询与处理，必须对移动对象进行空间与时间索引。

（3）移动对象的查询处理：移动对象数据库中的查询应具有移动位置相关的特性，主要提供选择性查询、最近邻查询、持续查询和连接查询等方式，查询结果依赖于移动对象当前的位置与查询的时间。

（4）不确定性的表示及处理：因为难以把移动对象每次的位置数据都上传到服务器数据库，所以移动对象数据库中保存的位置信息与移动对象的实际位置总会存在一定的偏差。移动对象的不确定性对移动对象数据库的位置建模、索引和查询等方面都产生了深远的影响。

移动对象管理技术在许多领域展现出了广阔的应用前景。利用移动对象数据库技术可以实现智能运输系统、出租车派遣系统、共享单车管理系统、移动通信客户营销管理系统，以及物流配送系统，等等。此外，移动对象管理技术还在互联网共享汽车应用等领域有着广泛的应用前景，如图 8.5 所示，滴滴出行 APP 充分利用移动互联网、电子地图与导航定位特点，将线上与线下相融合，构建了一个乘客与司机紧密相连的线上到线下（online to offline，O2O）闭环，为乘客提供经济快速的出行服务。

8.1.4　自动驾驶动态建模

随着智能互联、人工智能技术、高性能计算以及新能源技术的井喷式发展，自动驾驶汽车的研发已成为当前全球汽车与交通出行领域的重要发展方向。

当今自动驾驶的核心技术主要有环境感知、行为预测、规划控制、操作系统、智能互联、车载硬件、人机交互、高精定位、高精地图和系统安全等多项技术。

自动驾驶技术对于车道、车距、路障等信息的依赖程度高，精确的位置信息是自动驾驶车辆对环境理解的基础。为了实现决策的安全性，需要达到厘米级的位置精确程度。通过视频摄像头、雷达传感器以及激光测距器等车载传感器可以采集车辆周围的交通与环境数据，并实时建立自动驾驶环境场景的动态模型，而利用高精地图则可实现车辆准确定位，即将车辆准确地还原在动态变化的立体交通环境中，为汽车电脑行驶决策提供支撑，如图 8.6 所示。

图 8.5　滴滴出行应用

图 8.6　自动驾驶示意图

8.2　虚拟现实与增强现实

虚拟现实是指利用计算机技术生成一种实时动态的三维立体模拟环境，用户在视觉、听觉、触觉、嗅觉、力觉等多感知行为的逼真体验中，可以直接参与和探索虚拟对象在所处环境中的作用和变化，人和计算机很好地“融为一体”，从而产生一种沉浸于这个环境的感觉。

虚拟现实技术包括虚拟现实、增强现实、混合现实等重要技术应用方式。

虚拟现实技术对现实地理场景的强大表现能力，促进了虚拟地理信息系统的发展。虚拟地理信息系统是指用于以地理要素为主要对象的虚拟现实技术。目前，虚拟地理信息系统在城镇规划、旅游管理、流域管理、军事模拟训练等领域得到了广泛应用，虚拟设备作为实现真实感知的虚拟空间的载体，给用户带来了良好的沉浸式体验。

8.2.1　虚拟现实技术

1. 虚拟现实技术

20 世纪 80 年代中后期以来，随着计算机技术与高性能计算、人机交互技术与设备、计算机网络与通信等科学技术领域的突破和高速发展，以及军事演练、航空航天、复杂设备研制等重要应用领域的巨大需求，虚拟现实技术逐步走出实验室，进入实际的应用阶段，并在教育、军事、工业、艺术与娱乐、医疗、城市仿真、数字地球、科学计算可视化等领域发挥了重要作用。图 8.7 展示了一个虚拟现实应用场景。

图 8.7　虚拟现实场景

虚拟现实系统具有以下几个主要特点：①多感知性。虚拟现实系统应该具有视觉、听觉、触觉、味觉、力觉等人所具有的多种感知功能。②沉浸感。用户作为主角存在于模拟环境中，具有“身临其境”的感觉。③实时交互性。用户可交互操作模拟环境内的物体，并从环境中得到实时的反馈变化。

典型的虚拟现实系统主要由计算机、虚拟现实软件、输入输出设备、用户和数据库等组成。其中，计算机负责虚拟世界的生成和人机交互的实现；虚拟现实软件提供实时观察和参与虚拟世界的能力；输入设备可用于观察和构造虚拟世界，包括鼠标、游戏杆和定位跟踪器等，输出设备显示当前虚拟世界视图，包括显示器和头盔等；用户是虚拟世界的参与者，沉浸其中并参与虚拟世界的活动；数据库用于存放虚拟世界中所有物体的信息。

2. 虚拟地理信息系统

虚拟地理信息系统（VRGIS）是指 VR 技术与 GIS 技术相结合的产物。它是 20 世纪 90 年代才开始的一种专门以地理信息科学为对象的虚拟现实技术。虚拟地理信息系统技术主要通过虚拟现实构模语言（VRML）文件格式，将现实世界的 GIS 数据转到 VR 中进行可视化呈现。虚拟地理信息系统是一个由 GIS 模块和 VR 模块组成的耦合系统，一般具有以下几方面的特征：

（1）空间数据的真实表现。

（2）用户可利用虚拟现实设备沉浸于空间场景中。

（3）具有三维地理信息系统的基本功能。

目前，虚拟地理信息系统技术在城市规划、虚拟旅游、军事仿真、地质灾害模拟、应急救援等诸多领域得到了广泛应用。例如，将虚拟地理信息系统技术应用到化工厂区，利用虚拟仿真技术为化工厂区建模，并通过化工厂的消防演练流程建立可视化演练预案脚本，参演人员可以按照预案脚本上的操作流程进行演练；将虚拟现实技术应用到数字园区的规划决策上，结合三维模型，提高园区规划设计的效率；将虚拟现实技术应用到电网的管理中，通过对智能电网的三维可视化，实现智能电网由二维向三维的转变，为电力系统提供直观、科学的管理平台；利用虚拟地理信息系统技术建立防洪减灾系统，从场景演示、应急预演以及路径分析几个方面提供防洪减灾决策服务。

图 8.8 展示利用 SuperMap 软件建设的一个三维可视化的虚拟现实场景。

图 8.8　SuperMap 虚拟现实场景

（图片来源：https://www.supermap.com/xhtml/SuperMap-3D-GIS-VR.html[2020.02.03]）

8.2.2　增强现实技术

增强现实技术作为虚拟现实技术最重要的分支之一，是一种将现实世界和计算机生成的虚拟世界无缝集成在一起的新技术。它将计算机系统虚拟的信息叠加到现实世界场景，并被人类感官所感知，从而达到对现实的增强。

尽管增强现实技术的出现源于虚拟现实技术的发展，但二者存在显著的差别。传统虚拟现实技术给予用户一种完全沉浸在虚拟世界中的效果；而增强现实技术则通过将虚拟对象用三维动画模拟的方式叠加到现实世界中，增强用户对现实世界的感知。

增强现实系统不仅提供实时的、逼真的、高解像度的三维场景，而且需要一套复杂的跟踪定位设备和交互感应设备，以此来实现人与虚拟环境的无缝融合，并使人通过最自然的操作与虚拟世界中的三维物体进行实时交互。

虚实结合的注册技术、实时交互技术和显示技术是增强现实系统的三大关键技术（Azuma et al., 2001）。其中，注册技术是增强现实系统最为关键的技术之一，实际上就是将计算机生成的虚拟物体和真实环境中景象“对齐”的过程，包括使用者的空间定位跟踪和虚拟物体在真实空间中的定位两个方面的内容。注册必须先实时地检测观察者在场景中的位置、视域的方向，甚至是运动的情况，确定虚拟物体与观察者之间的关系，然后通过正确的几何投影将虚拟物体投影到观察者的视野中。

增强现实的显示技术一般分为以下五类：头盔显示器、投影式显示技术、手持式显示器、普通液晶显示器与三维电视机。

因为增强现实技术具有能够对真实环境进行增强显示的特性，所以在医疗研究与解剖训练、精密仪器制造和维修、军用飞机导航、工程设计、远程机器人控制、教学等领域得到越来越多的应用。如图 8.9（a）所示，在世界地理学课程教学中，可以利用增强现实的虚拟地球，让学生借助交互感应技术实现与虚拟地球的互动，更好地体验并了解世界地理知识。

近年来，增强现实（AR）技术与地理信息系统（GIS）技术结合，称为增强现实地理信息系统（ARGIS），它借助手机等移动电子设备，给社会公众提供了良好的地图应用体验。手机上的增强现实地理信息系统应用一般是根据摄像头对指定的图片进行识别，或根据当前位置、视野朝向及手机朝向，在实景中投射出相关信息并在屏幕上显示。例如，Google Maps 加入增强现实功能，可用虚拟导游在实景中带路。此外，如图 8.9（b）所示，谷歌将摄像头和街景结合起来，用户将摄像头对准街道，Google Maps 就可自动指示正确的路线方向。

（a）增强现实应用　　（b）增强现实的手机应用

图 8.9　增强现实的实际应用

增强现实地理信息系统主要由 CCD 摄像机、GPS 定位和测姿测向设备、头盔显示器等软硬件设备组成。其中，通过 CCD 摄像机获取包含真实景观及现实环境相关信息（如环境光、实体色彩等）的二维图像，并进行影像配准等一系列图像处理；利用空间数据库中的空间几何数据与实体纹理数据，通过三维建模构建获得虚拟景观；通过 GPS 定位设备及相关的测姿测向设备，在空间数据库中查询获得与真实环境相匹配的虚拟景观，并在头盔显示器上与真实景观相融合。

因为增强现实地理信息系统需要实时为用户提供其位置信息和周围的各种对象信息，所以 3DGIS 应该是 AR 系统的基础部分。

8.2.3　混合现实技术

混合现实（MR）技术，是指借助先进的计算机技术、图像处理技术和人机交互技术合并现实和虚拟世界而产生新的可视化环境的技术。在新的可视化环境里虚拟和现实对象共存，并实时互动。它是虚拟现实技术的进一步发展，该技术通过在虚拟环境中引入现实场景信息，在虚拟世界、现实世界和用户之间搭起一个交互反馈的信息回路，为用户提供全息实时数字内容，以增强用户体验的真实感。

混合现实试图将 VR 和 AR 的优点集于一身。VR 是纯虚拟数字画面，AR 是虚拟数字画面加上裸眼现实，而 MR 则是数字化现实加上虚拟数字画面。相对于 AR，MR 对虚实融合的要求更高，虚拟物体在真实环境中所占的比例也更多。

混合现实系统的主要特点在于采用了三维注册、半虚拟半现实、实时运行等技术应用，在可以用肉眼看到的可视化环境中物理现实场景与数字信息并存。混合现实技术的独特之处在于用户可以与现实生活的场景进行交互，同时也能够及时地获取到想要的数字信息。如图 8.10 所示，基于微软 HoloLens 混合现实技术研制的 Bentley Synchro，作为一款新型数字化建筑软件，支持在混合现实场景中查看复杂的建筑项目，其四维（三维+时间）数字化建筑平台可以实时结合传统的甘特图 CPM 调度与集成四维可视化功能，为建筑设计师提供卓越的设计体验。

图 8.10　微软 HoloLens 的混合现实应用

（图片来源：https://www.microsoft.com/zh-cn/hololens/apps# [2020.02.03]）

8.3　网络化与 VGI

随着互联网技术、无线通信技术、智能手机的发展与普及，社交网络已逐渐成为人们生活中不可或缺的一部分。与此同时，互联网也对 GIS 技术的发展产生了深刻的影响，网络与 GIS 的深度融合，为 GIS 数据的获取提供了更多有效途径，为 GIS 应用提供了更为便利的模式，促使 GIS 由原有的孤立封闭的单机系统，走向开放式的分布式互联网系统，从行业应用逐渐进入公众应用领域，从而极大地推动了地理信息服务的社会化进程。GIS 的互联网化主要朝着两个方向发展：一是应用于专业领域的互联网地理信息系统，如军事、规划、国土、水利等专业领域，主要由数据驱动的地理信息管理系统发展为模型驱动的地理信息决策支持系统；二是应用于人们生活中的公众地理信息服务。目前已经兴起的 LBS 和移动位置服务（mobile location services，MLS）凸显了这种发展趋势，并已成为当前 GIS 应用的主流。

8.3.1　互联网技术发展

进入 21 世纪以来，互联网正在全面融入社会各个领域，深刻地改变着全球经济、安全等格局，成为影响和加速人类历史发展进程的重要因素。

自从 20 世纪 90 年代蒂姆·伯纳斯·李发布构架万维网（World Wide Web）的基本技术，互联网进入了 Web 时代，Web 已成为互联网的核心部分，甚至成为互联网的代名词。Web 技术的发展可以概括为三个阶段：①以网站编辑为特征，提供门户网站的 Web1.0 时代，其特点是通过静态网站来实现内容的展示，用户阅读网站提供的内容，这个过程是网站到用户的单向行为，主要协议是 HTTP、HTML 和 URI。②以用户交互作用为特征，提供搜索与社交的 Web2.0 时代，其特点是依托于社交网络的初步发展，实现网站与用户双向的交流与参与，主要技术应用或概念包括博客、RSS、百科全书、社会网络、P2P、即时信息等。③以网络融合为特征，大互联为主导的 Web3.0 时代正悄然到来。Web3.0 时代也称泛互联网时代——互联网可以与任何领域、任何事物融合。在 Web3.0 时代，大数据、云计算、高速高可靠移动网络、物联网、智能硬件等多种新技术将高度融合，基于位置的信息共享和由此带来的附加价值也越发重要，人们的日常生活和互联网的结合也日益紧密。

8.3.2　地理信息与社交网

互联网、无线通信与智能手机技术的发展与普及，使得人们对利用互联网广泛开展信息传递与交流、网络购物、学习工作以及休闲娱乐等活动的愿望日益迫切。社交网，也称为社交网站（social network sites，SNS），是指帮助人们建立社会关系的网站或网络软件，如 Blog、WIKI、Facebook、Twitter、Instagram、Snapchat、LinkedIn、微信、QQ、新浪微博、开心网等国内外知名社交网络服务平台。社交网的主要作用是为网络用户创建网络社区，提供各种联系、交流的网络通信服务，如聊天、照片或趣闻趣事分享、旅途分享、在线求职、职场交友等。

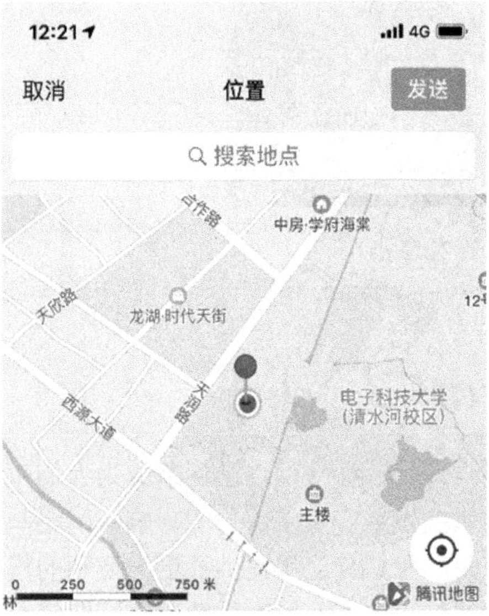

图 8.11　社交软件中的地图应用

目前，在线社交网络服务已经成为互联网上发展最快的应用。同时随着移动定位技术的发展和普及，社交网络服务与基于位置的服务相融合正成为社交网络发展的趋势之一。网络上出现了许多融合空间地理信息位置的社交网络，允许用户发布实时的包含地理位置信息的个性化内容，也称为地理社交网络应用。地理社交网络应用利用互联网平台和移动平台，整合线上、线下资源，提供“基于地理位置”的社会化网络服务。目前国内市场上微信、微博、人人网、糯米网、大众网、美团网等 SNS 平台都提供了 LBS 服务。如图 8.11 所示，利用微信

APP 提供的位置分享服务，微信用户可将其所在位置的地图发送给网友，便于网友到访。

地理社交网络是一种基于地理位置信息的、移动互联网和互联网无缝衔接的社交网络服务，借助全球定位系统等定位技术和地图应用，通过位置信息将现实世界和网络世界有机地连接起来，用户可以发现附近的人，或分享位置和关联信息，是一种整合位置服务与社交网络的平台服务，在此基础上可创建聚合用户、软件开发者以及广告主的产业链生态系统。主要功能包括：

（1）提供包含地理位置的个人资料信息。

（2）寻找身边的用户。

（3）分享内容和合作。

（4）用户偏好、发现与推荐。

（5）空间认知体验。

社交网络平台中，众多活跃用户的出现，使得大量记录社会生活的数据持续不断地产生，因为这些数据有着较强的实时性、位置性、社会性，所以可用于对城市信息开展深入分析。

（1）城市社会信息分析：例如，通过分析新浪微博用户的位置、言论及关系信息，可以获知城市整体社会特征，如经济、人口密度分布等。

（2）城市动态性分析：例如，通过感知并分析城市中出租车等移动对象的移动轨迹，可以获知社会活动特征，发现居住区域、工作区域、商业区域等分布规律，对复杂的城市现状动态进行认知。

（3）社区发现：例如，通过分析社交网络平台中用户的爱好特征，可获取同类用户间的关联关系，构建用户间的共同社区。

8.3.3　自发地理信息收集与发布

随着互联网、无线通信、智能手机、全球卫星定位、Web2.0 等技术的发展，催生了一种特殊的地理信息收集与发布技术，即自发地理信息技术。自发地理信息（volunteered geographic information，VGI）概念由 Goodchild 于 2007 年提出（Goodchild, 2007），是指用户以普通手持移动设备、开放获取的高分辨率遥感影像以及个人空间认知的地理知识为基础参考，通过在线协作的方式，创建、编辑、管理、维护的地理信息。Goodchild 提出“人人都是传感器”的思路，即每一个人都可以独立完成地理数据的采集，打破了地理信息专业人员和公众之间的专业界限，位于世界各地的人们可以利用 GPS 等个人终端设备自发采集地理信息，并予以分享和传播。此概念是用户创建内容（user generated content，UGC）、Web2.0 等思想与 GIS 相结合的产物，反映了互联网时代地理信息新的获取与应用方式。大众在互联网络、开放的地理信息处理工具和在线地理信息可视化工具等的帮助下，也可以成为地理信息的生产者和消费者。

VGI 的观念与传统的地理数据生产、管理、更新、应用都由专业人士主持开展的现实经验不同，VGI 数据包含比传统地理框架数据更广泛的内容，并随客观世界的变化而及时更新。由于技术的发展，越来越多的传统信息被用户标记上地理坐标，从而使它们能够作为空间对象被数据库管理并成为 VGI 数据的一部分。

VGI 使地理信息不断地被创建并相互交叉应用，缩短了地理信息创建和传播的时间，地理信息的提供者和使用者不再有严格的界限，降低了普通大众获取、分享和处理地理信息的门槛，让更广泛的群体通过地理思考和空间思维为自己服务，促进了地理信息在普通大众中的普及程度。

VGI 大致可以分为图形数据和语义数据两种类型。图形数据包括 GPS 轨迹、用户勾勒的点线面矢量地物、兴趣点信息等；语义信息包括地物属性信息和相关文本、图像和音视频等。

OpenStreetMap、Wikimapia 和 Google Map Maker 等国际上使用广泛的 VGI 平台，都提供采集与管理自发地理信息的网络协作模式。这些平台提供基础地图，并允许用户创建、提交新的地理数据，或者更新已有数据。例如，2010 年 1 月 12 日，海地发生里氏 7.0 级特大地震，志愿者根据最新的卫星照片，利用随身携带的移动设备采集道路、兴趣点数据，在 OpenStreetMap 上即时标注救护站、帐篷和倒塌的大桥，在短短 48 小时内构建了“Haiti OpenStreetMap”，为国际救援组织科学制定救援方案提供了良好支撑。图 8.12（a）和（b）分别展示了海地地震 3 天后和 7 天后，志愿者们利用 OpenStreetMap 绘制的地震救援地图。

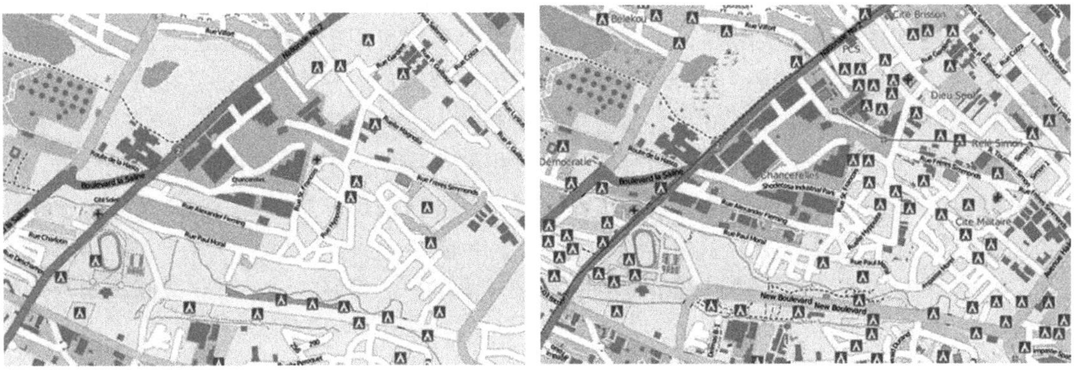

（a）海地地震 3 天后　　（b）海地地震 7 天后

图 8.12　自发地理信息应用

VGI 数据具有来源多样、内容丰富、更新周期短与更新成本低等特征，不仅包括基本的点、线、面等几何对象数据，GPS 轨迹数据，还包括带有时空位置特征的图片、音频和视频等多媒体数据。因为 VGI 数据的采集者大多数为非专业人员，所以数据质量存在不可预测性，数据分布不均匀、连续性不一致等问题，给 VGI 数据的管理带来挑战，因此，VGI 数据必须经过处理和质量检查才能保证数据的形式有效和内容合法。

8.4　云计算与数据中心

云计算作为一种基于互联网的、按使用量付费的计算模式，是网格计算、分布式计算、并行计算、效用计算、网络存储、虚拟化、负载均衡等计算机技术和网络技术发展融合的产物。云计算数据中心是一种基于云计算架构的新型数据中心。

随着互联网和智能手机的快速发展，地理信息海量数据更新频率逐渐提高，便携移动终端地图服务市场大幅增长，对服务器存储资源的需求越来越大，对服务器计算能力提出了更高的要求，传统 GIS 已难以满足以上需求。而云计算与 GIS 技术结合，在有效地解决传统 GIS 计算与存储资源瓶颈的同时，将传统的 GIS 软件功能以一种互联网访问和应用的方式提供给用户，让用户从传统的、昂贵的、烦琐的 GIS 软件应用中解放出来，以更加友好、低成本、快捷、人性化的方式使用地理信息服务。

目前，云计算与智慧城市结合，用于支撑城市海量地理信息建模、存储、处理等，实现地理信息资源的高效率、低成本应用，已成为 GIS 应用领域的重要发展方向。

8.4.1　分布式地理信息存储与管理

传统的存储系统采用集中的存储服务器存放所有数据，存储设备本身成为系统性能的瓶颈，也是系统可靠性和安全性的焦点，难以满足大规模存储应用的需要。分布式存储系统采用可扩展的系统结构，通过计算机网络将多台独立的存储设备互联构成一个分布式缓存系统，将数据分散存储在多台独立的设备上，利用多台存储服务器分担存储负荷，为大规模存储应用提供大容量、高性能、高可用、扩展性好的存储服务。

近年来，随着空间数据的精度越来越高，以及以互联网电子地图应用为代表的空间数据应用日益广泛，空间数据量呈现爆发式增长态势。大规模海量的空间数据需要进行可靠的存储与管理，能被大量用户快速访问，而传统的数据存储和处理方案已经不能适应空间数据发展的需求，成为空间数据应用业务发展的瓶颈。将分布式存储技术应用于大规模空间数据的存储与管理，是解决海量空间数据管理问题的有效手段。

分布式地理信息存储与管理是指利用分布式存储技术，将地理信息数据和程序分散到多个服务器上，以网络上分散分布的地理信息数据及数据库操作为研究对象的一种理论计算模型。分布式地理信息存储与管理有利于任务在整个计算机系统上进行分配与优化，克服了传统集中式系统会导致中心主机资源紧张与响应瓶颈的缺陷，解决了网络地理信息系统中存在的数据异构、数据共享、运算复杂等问题，是 GIS 技术的一大进步。

8.4.2　云平台

1. 云计算

21 世纪初期，互联网应用的高速发展使得网站或者业务系统所需要处理的业务量快速增长。这类系统所面临的重要问题是，如何在业务量快速增长的情况下快速扩展原有系统。由于资源的有限性，其电力成本、空间成本、各种设施的维护成本快速上升，直接导致数据中心的成本上升，这就面临着如何有效地利用资源解决更多的问题。随着高速网络连接的衍生，芯片和磁盘驱动器产品在功能增强的同时，价格也在变得更加低廉，拥有大量计算机的数据中心，也具备了快速为大量用户处理复杂问题的能力。技术上，分布式计算的日益成熟和应用，特别是网格计算的发展，使得人们能够通过网络把分散在各处的硬件、软件、信息资源连接成为一个巨大的整体，完成大规模的、复杂的计算和数据处理任务。数据存储的快速增长促进了以谷歌文件系统（Google file system, GFS）、SAN（storage area network）为代表的高性能存储技术的高速发展。服务器整合需求的不断升温，推动了虚拟化技术的进步，此外，Web2.0 的实现、软件即服务（software as a service，SaaS）观念的快速普及、多核技术的广泛应用等，为产生更强大的计算能力和服务提供了可能。随着对计算能力、资源利用效率、资源集中化的迫切需求，云计算（cloud computing）应运而生。

云计算是分布式处理、并行处理和网格计算发展的商业实现，是指通过网络将大量计算资源连接起来，进行统一管理和调度，构成一个计算资源池向用户提供按需服务。用户通过网络以按需、易扩展的方式获得所需资源和服务。

云计算服务主要包括以下几个层次的服务：基础设施即服务（infrastructure as a service,

IaaS），平台即服务（platform as a service，PaaS）和软件即服务（SaaS）。其中，IaaS 是指提供给消费者的服务是对所有计算基础设施的利用，包括计算、存储与网络资源，用户能够在这些资源上搭建自己需要的运行环境，在其上运行应用。PaaS 是指提供给消费者的服务是应用程序的开发和运行环境。SaaS 是指提供给客户的服务是运营商运行在云计算基础设施上的应用程序，用户可以在各种设备上通过浏览器等客户端界面进行访问。

2. 云计算平台

云计算平台也称为云平台，是指提供云计算服务的平台，可以划分为以下三类：以数据存储为主的存储型云平台、以数据处理为主的计算型云平台，以及计算和数据存储兼顾的综合云平台。

从运行环境的角度来看，有私有云及公共商业云的区分。私有云专属于某个组织、公司或单位所有，只限于内部使用，运行于私有的局域网中。而公共商业云主要用于公共型、通用型的云计算服务。

云计算平台的关键技术主要包括以下几种。

1）虚拟化技术

虚拟化技术是一种资源管理技术，是将计算机的服务器、网络、内存及存储等各种实体资源，予以抽象、转换后呈现出来，打破实体结构间的不可切割的障碍，可使用户以比原本的组态更好的方式来应用这些资源。通过虚拟化技术可实现软件应用与底层硬件相隔离，它包括将单个资源划分成多个虚拟资源的裂分模式，也包括将多个资源整合成一个虚拟资源的聚合模式。

2）分布式海量数据存储

云计算系统由大量服务器组成，同时为大量用户服务，因此云计算系统采用分布式存储的方式存储数据，用冗余存储的方式保证数据的可靠性。冗余的方式通过任务分解和集群，用低配机器替代超级计算机的性能来保证低成本，这种方式保证分布式数据的高可用、高可靠和经济性，即为同一份数据存储多个副本。目前，云计算系统中广泛使用的数据存储系统是 Google 的 GFS 和 Hadoop 团队开发的 GFS 开源实现——Hadoop 分布式文件系统（Hadoop distributed file system，HDFS）。

3）海量数据管理技术

云计算需要对分布的、海量的数据进行处理、分析，因此，数据管理技术必须能够高效管理海量数据。云计算系统中的数据管理技术主要是 Google 的 BigTable 数据管理技术和 Hadoop 团队开发的开源数据管理模块 HBase。

4）编程方式

云计算提供了分布式的计算模式，客观上要求必须有分布式的编程模式。云计算采用了一种思想简洁的分布式并行编程模型 MapReduce。

5）云计算平台管理技术

云计算资源规模庞大，服务器数量众多并分布在不同的地点，同时运行着数百种应用，如何有效地管理这些服务器，保证整个系统提供不间断的服务是巨大的挑战。云计算系统的平台管理技术能够使大量的服务器协同工作，方便进行业务部署和开通，快速发现和恢复系统故障，通过自动化、智能化的手段实现大规模系统的可靠运营。

3. 云地理信息系统

云地理信息系统是云计算与 GIS 结合的产物，是指将 GIS 平台、应用系统和地理信息资源部署到云计算平台上，以弹性的、按需获取的方式提供基于 Web 的地理信息服务。它具有如下特点：

（1）资源利用的低成本。云地理信息系统使用户从传统的资源独占转变为资源共享，实现资源的最大化利用，降低了用户使用资源的成本。

（2）业务的连续性。云地理信息系统为用户提供弹性地理信息服务，从而提升了业务的连续性与扩展性。

（3）资金应用的灵活性。云地理信息系统将用户原本固定的成本投入转变为按需支付的运行成本，提升了资金应用的灵活性。

（4）良好的用户体验。云地理信息系统降低了用户使用地理信息资源的复杂度，用户只需根据业务的需求访问云地理信息系统服务即可。

云地理信息系统计算的建设模式与云计算相同，主要有三种建设模式：公有云地理信息系统、私有云地理信息系统和混合云地理信息系统。其中，混合云地理信息系统是公有云地理信息系统和私有云地理信息系统之间的权衡模式。

公有云地理信息系统，由专业的云地理信息系统供应商负责提供各种类型的 GIS 资源服务，用户无须关心云端所有资源的安全、管理、部署和维护，只要按需获取并使用即可。使用时，用户只需要为其所使用的资源付费，无须任何前期投入。目前发展成熟的公有云地理信息系统，如 ESRI 提供的公有云地理信息系统产品，是 ESRI 依托 ArcGIS 产品的技术架构，结合目前主流的 IaaS 商业解决方案，为企业用户提供私有云地理信息系统解决方案——ArcGIS 地理信息云平台；其作为一个地理信息资源整合利用的平台环境，可以实现企业内部各种资源的共享，最大化利用资源。

8.4.3　数据中心

1. 传统数据中心

一些较大规模的企业，由于需要庞大的服务器集群来支持自己的业务，一般建设有自己的数据中心。数据中心是企业的基础设施，通常也是企业的网络管理中心、信息集中管理中心。数据中心的建立是为了全面、集中、主动并有效地管理和优化 IT 基础架构，实现信息系统高水平的可管理性、可用性、可靠性和可扩展性，保障业务的顺畅运行和服务的及时提供。

传统数据中心通常如图 8.13 所示，是指具备大规模的场地及机房设施、高速可靠的内外部网络环境、系统化的监控支持手段等一系列条件的主机存放环境。核心机房的关键设备一般包括计算机设备、服务器设备、网络设备、存储设备等，而关键设备运行所需的关键物理基础设施通常包括供电系统、制冷系统、机柜系统、消防系统、监控系统等。

在 GIS 应用领域中，一些重要的行业，如自然资源、生态环境、测绘等，通常需要建设专业性强的数据中心。例如，某省级自然资源数据中心是其自然资源信息化建设的载体，作为土地、矿产等资源数据存储、管理、应用服务的中心，主要包括网络、存储、服务器、系统软件、制度、标准和规程等基础设施，以及自然资源“一张图”基础信息平台、国土空间规划“一张图”实施监督信息系统、数据交换中心管理系统等业务数据及应用系统。

图 8.13　数据中心应用

2. 云计算数据中心

在云计算模式的发展推动下，数据中心正在从过去的存储处理中心演变成为应用中心，并逐步向服务中心和运营中心转变。基于云计算的数据中心管理和服务模式正在变得更加普遍。

云计算数据中心是一种基于云计算架构的，计算、存储及网络资源松散耦合，完全虚拟化各种 IT 设备、模块化程度较高、自动化程度较高、具备较高绿色节能程度的新型数据中心。

云计算数据中心采用虚拟化、自动化、并行计算、安全策略以及能源管理等新技术，解决目前数据中心存在的成本增加过快和能源消耗过度等问题；通过标准化、模块化、动态弹性部署和自助服务的架构方式实现对业务服务的敏捷响应和服务的按需获取。

云计算数据中心本质上由云计算服务和云计算平台构成。云计算服务包括通过各种通信手段提供给用户的应用、软件、工具以及计算资源服务等；云计算平台包括用来支撑这些服务的安全可靠和高效运营的软硬件平台。通过云计算平台将一个或多个数据中心的软硬件整合起来，形成一种分层的虚拟计算资源池，并提供可动态调配和平滑扩展的计算、存储和网络通信能力，用以支撑云计算服务的实现。

云计算数据中心的建设融合了多种新的技术，主要包括以下几个方面。

1）虚拟化技术

虚拟化技术如前面所述，是一种资源管理技术，在系统中加入一个虚拟化层，将下层的资源抽象成另一形式的资源，提供给上层使用。

云计算数据中心基于上述虚拟化技术实现了跨越 IT 架构的全系统虚拟化，对所有资源进行统一管理、调配和监控，在无须扩展重要物理资源的前提下，简单而有效地将大量分散的、没有得到充分利用的物理资源整合成单一的大型虚拟资源，并使其能长时间高效运行，从而使能源效率和资源利用率达到最大化。

2）弹性伸缩和动态调配

弹性伸缩指可根据用户的业务需求和策略，自动调整弹性计算资源。

动态调配是指可配置定时、周期或监控策略，动态调整弹性云服务器实例，保证业务平稳健康运行。

3）高效、可靠的数据传输交换和事件处理

数据传输交换和事件处理系统是云计算数据中心的消息和数据传输交换枢纽，通过结合多种协议的优势，有效控制分布在网络上的众多组件之间的数据流向，保证数据通道的畅通性、信息交换的可靠性和安全性。

8.4.4　智慧城市与时空信息云平台

1. 智慧城市

城市作为人类文明的主要组成部分，在高速发展的信息时代，城市信息化也成为现代城市发展的重要过程。城市信息化是指在城市管理、经济和社会生活各个方面应用信息技术，深入开发和广泛利用信息资源，加速实现城市现代化的进程。城市信息化的发展经历了从“数字城市”（digital city）到“智慧城市”的过程。数字城市概念是在 20 世纪末提出的，是指以计算机技术、多媒体技术和大规模存储技术为基础，以宽带网络为纽带，基于遥感、地理信息系统、全球定位系统等信息技术，对城市的基础设施和功能机制进行自动采集和动态监测管理，是传统城市的数字化形态。

而智慧城市是数字城市深化发展和持续提升的新阶段，是信息化城市的高级形态，是数字城市与物联网相结合的产物。

智慧城市是指在城市发展过程中，在城市基础设施、资源环境、社会民生、经济产业、市政管理等核心领域，依托物联网、互联网、云计算、大数据、地理信息技术、高性能计算、智能科学、社交网络等技术手段，全面感知、分析、处理并整合城市运行核心系统的各项关键信息，从而对包括城市管理、城市服务、城市生活、城市建设等的各种需求做出智能响应。其实质是利用先进的信息技术，实现城市智慧式管理和运行，进而为市民提供更好的工作与生活服务，促进城市的可持续发展。一个智慧城市应包含像人类感官一样的实时信息感知设备，像人类神经系统一样的信息与指令双向传输网络系统，像人类大脑一样的云计算中心，像人类行为器官一样的应对与处置专题系统。

智慧城市的发展一般经历以下几个阶段：第一阶段是智慧化基础设施的建设，主要包括宽带与高速通信网建设、物联网建设、云计算中心建设、地理空间基础设施建设等；第二阶段是智慧城市建设的融合阶段，实现不同领域的城市基础服务信息互联和互通，借以形成泛在的城市服务；第三阶段是智慧城市的内生发展阶段，实现更透彻的感知、更广泛便捷的互联互通、更深入的智慧化城市服务。

智慧城市能够实现全面透彻的感知、宽带泛在的互联和智能融合的应用。建设智慧城市的核心是整合城市资源的同时以高效智能化的系统进行感知互联和协同处理。由于云计算支持异构的基础资源和异构的多任务体系，具有对资源的按需分配、按量计费的特点，可为智慧城市中的各种应用提供自治的服务，有利于降低投资成本，提高资源利用和信息化运作效率。因此，智慧城市建设与云计算发展相辅相成，智慧城市的愿景将推动云计算机制落地，反之，云计算的超级计算能力也将给城市发展插上“智慧”的翅膀。

智慧城市建设具有系统庞大、建设周期长、需求不断变化等特征，与传统数据中心相比，云计算数据中心拥有的随需应变的动态伸缩能力以及极高的性能投资比，更能够支撑智慧城市建设及应用。

作为智慧城市建设的核心技术之一，地理信息技术通过构建智慧城市基础地理信息设施，将城市交通、建设、管理、商业、环境等基础信息与特定时空进行关联，以满足智慧城市应用需要。如图 8.14 所示，在某个智慧交通应用中，展示了某条地铁线路的站点实时监控状态，为地铁应急管理提供技术支撑。

图 8.14　智慧交通应用

为规范和推动我国智慧城市的健康发展，引领中国特色的新型城市化之路，国家住房和城乡建设部启动了数百个智慧城市试点工作。国家住房和城乡建设部提出智慧城市总体框架应包括感知层、网络层、公共设施、公共数据库、公共信息平台、应用层和用户层，如图 8.15 所示。

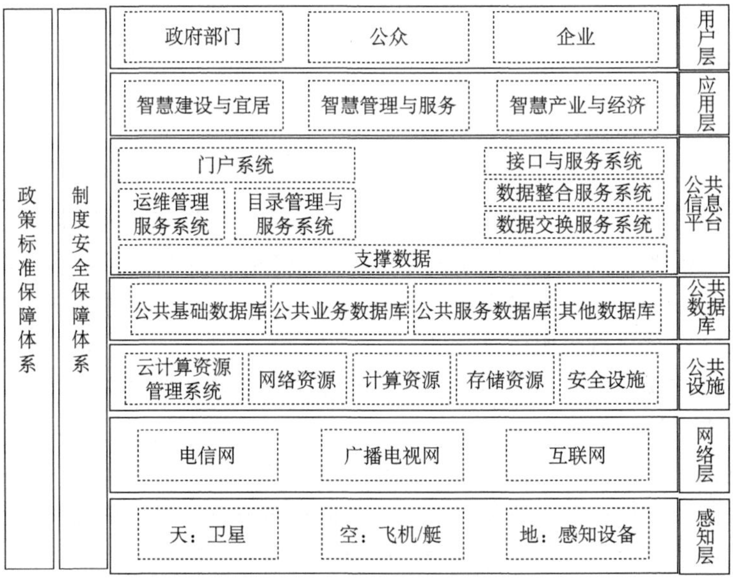

图 8.15　智慧城市总体框架

其中，感知层是智慧城市区别于数字城市的重要特征之一，是智慧城市运行数据的主要来源。主要的感知技术包括对地观测、RFID 射频识别技术、WSN 无线传感器技术和 ZigBee 传感技术等。主要的感知手段包括天上的卫星、空中的飞机以及地上、地下的各类传感设备。

网络层是智慧城市赖以存在的基础，主要有电信网、互联网和广播电视网，以及在此基础之上的三网融合、物联网等。

公共设施包括云计算资源管理系统、计算资源、网络资源、存储资源、安全设施等，它可采用云计算模式或传统模式来构建。

公共数据主要有三类，分别是公共基础数据、公共业务数据和公共服务数据。公共基础数据一般包括人口数据、法人数据、宏观经济数据、地理空间数据及建筑物数据等五类数据。公共基础数据是基础且变化频率相对较低的信息资源，是城市公共数据的“纲”。公共基础数据可由法定管理单位提供。公共业务数据是基于公共基础数据的业务性扩展数据。公共业务数据由根据业务应用的需要而扩展的各类指标项构成，是一种动态的、不断扩充的业务数据模式，是城市公共数据的“目”，指标项来自各类智慧应用的建设。公共服务数据由各类专题应用类数据构成。公共服务数据是通过对公共基础数据、公共业务数据进行清洗、挖掘、分析后形成的有特定应用场景的服务型数据集，为各应用单位提供融合后的专题应用资源服务。

公共信息平台是智慧城市的基础设施，其作用主要体现以下三点：

（1）公共信息平台是城市公共数据的进出通道，实现城市公共数据的交换、清洗、整合和加工。

（2）公共信息平台实现城市公共数据的组织、编目、管理及应用绩效评估。

（3）公共信息平台实现城市公共数据的共享服务，为城市政府专网和公共网络上的各类智慧应用提供基于城市公共数据库的数据服务、时空信息承载服务、基于数据挖掘的决策知识服务等。

应用层是以公共数据和应用单位业务数据为数据来源，通过公共信息平台对公共数据和应用单位业务数据的整合，为智慧应用提供整合后的信息服务，提高应用的服务水平和协同能力。

用户层是指智慧城市的应用主体，如各级各类政府部门、公众和企业。

2. 时空信息云平台

为适应智慧城市建设需要，原国家测绘地理信息局（2018 年并入自然资源部）提出了智慧城市时空信息云平台概念。智慧城市建设离不开时空信息基础设施的支撑，时空信息基础设施是城市信息化的重要基础设施之一，核心内容包括时空基准、时空信息大数据、时空信息云平台和支撑云环境。其中，时空信息大数据的数据内容主要包括静态地理信息数据基础，以及实时位置信息、感知设备地址数据、实时感知及其解译信息、历史地理信息和远景地理信息等动态地理信息数据，由汇聚区、整理区和管理区三大数据区构成，统一汇聚、存储、整理、融合、服务化各类结构化、非结构化信息内容；时空信息云平台则是以直观表达的全覆盖精细地理信息和时相地理信息等四维时空信息为基础，依托物联网、无线网、传感网等泛在网络和云计算，面向泛在应用环境按需提供地理信息、感知定位及解译、功能软件和开发接口的服务，由时空信息数据服务、感知定位及解译服务、云服务系统、地名地址匹配引擎和业务流引擎五部分构成。时空信息大数据和时空信息云平台共用云环境，通过服务总线实现有机连接。

8.5　大数据与并行

移动互联网、物联网、社交网络、数字家庭、电子商务等作为新一代信息技术的重要应用形态，正在催生一个信息传播极其迅速，各种数据渗透各个领域，数据爆炸式增长的大数据（big data）时代。对大数据进行管理、处理、分析、优化与应用，将创造出巨大的社会与经济价值。

大数据与云计算之间存在相辅相成的紧密关系。大数据需要采用云计算平台等分布式架构，对海量数据进行分布式的并行计算与数据挖掘，而大数据产生的价值则能够使云计算更好地与行业应用结合并发挥更大的作用。

在大数据浪潮下，引发了传统 GIS 迈向大数据时代的一次变革——大数据 GIS。大数据 GIS 可为空间大数据的存储、分析和可视化提供基于大数据技术的理论方法和软硬件平台，促进传统 GIS 的产业升级，为地理信息产业发展提供新的渠道和原动力。

8.5.1　大数据与泛在地理信息

1. 大数据

大数据，是指无法在一定时间范围内使用传统数据库软件工具对其内容进行抓取、管理和处理的数据集合，通常具有数据规模大、数据处理速度快、数据种类繁多和数据价值密度低等四大特征。

（1）体量（volume）："数量大"是大数据的首要特征，存储单位从过去的 GB 到 TB，直至 PB、EB。随着互联网、物联网、无线通信等信息技术的高速发展，以及社交网络与各种智能终端等的广泛应用，数据开始爆发性增长。

（2）速度（velocity）：这是大数据区别于传统数据挖掘的最显著特征，一方面指数据产生的速度快，另一方面是指数据处理的速度快，能够实现数据的实时处理。

（3）多样性（variety）：数据来自多种数据源，数据种类和格式丰富，不仅包含传统的结构化关系型数据，还包含来自网页、互联网日志文件、搜索、社交媒体、电子邮件、文档、传感器数据等半结构化和非结构化数据。

（4）价值密度（value）：海量的大数据中真正可用、有价值的数据所占比例很低，而大数据最大的价值在于从大量不相关的各种类型的数据中挖掘出少量珍贵的信息。

大数据技术是指对海量大数据进行采集、存储、预处理、分析和挖掘、展现与应用等一系列处理手段。Hadoop、MapReduce 和 Spark 等分布式处理方式已经成为大数据处理各环节的通用处理方法。

大数据采集技术是指通过 RFID 射频、传感器、社交网络、移动互联网等方式获得各种类型的结构化、半结构化及非结构化的海量数据，主要包括系统日志采集、网络数据采集、实时数据采集等几种方法。目前，Apache Flume、Fluentd、Logstash、Chukwa、Scribe、Splunk Forwarder 是几种较为优秀的大数据采集平台。

大数据存储技术是指将大数据集持久化到计算机中的技术方法。首先，需要解决的是数据海量化和快速增长的需求。存储的硬件架构和文件系统的性价比要大大高于传统技术，存储容量应可以无限制扩展，且要求有很强的容错能力和并发读写能力。目前，GFS 和 HDFS 奠定了大数据存储技术的基础。其次，大数据存储技术需要解决的是处理格式多样化的数据，这要求大数据存储管理系统能够对各种结构化、半结构化和非结构数据进行高效管理，代表产品如谷歌 BigTable 和 Hadoop Hbase 等非关系型数据库（NoSQL）。

大数据预处理技术是指对采集的原始数据进行清洗、填补、平滑、合并、规格化以及检查一致性等，将那些不完整、不一致的数据转化为相对单一且便于处理的构型，为后期的数据分析奠定基础。数据预处理主要包括：数据清洗、数据集成、数据转换以及数据规约四大部分。

大数据的分析和挖掘技术是指从大量的、不完全的、有噪声的、模糊的、随机的数据中提取隐含在其中的、人们事先不知道的、但又是潜在有用的信息和知识的方法与过程。大数据的分析和挖掘是数据密集型计算，需要巨大的计算能力，对计算单元和存储单元的数据吞吐率要求极高，并要求计算系统有非常好的扩展性和性价比。谷歌的 MapReduce 是主要的大数据分布式并行计算技术之一，而开源的分布式并行计算技术 Apache Hadoop MapReduce 已经成为应用最广泛的大数据计算软件平台。数据分析技术的发展需要在两个方面取得突破，一是对规模非常庞大的结构化数据和半结构化数据进行高效的深度分析；二是对非结构化数据进行分析，将海量复杂多源的语音、图像和视频数据转化为机器可识别的、具有明确语义的信息，获取隐性的知识。

大数据展现与应用是指利用大数据技术，将隐藏于海量数据中的信息和知识挖掘并展现出来，为人类的社会经济活动提供依据，从而提高各个领域的运行效率，大大提高整个社会经济的集约化程度。目前，大数据主要应用于以下三大领域：商业智能、政府决策、公共服务，如气象信息分析、环境监测、智能交通、电网数据信息处理与挖掘、电信数据信息处理与挖掘、电商客户行为分析、医疗诊断、金融信贷风险分析，等等。

2. 泛在地理信息

随着无线通信网络等信息技术的高速发展，人们正置身于信息技术高度发达而形成的信息无处不在、信息交流无处不能的泛在信息社会之中。泛在信息社会下的地理信息也呈现如下的泛在地理信息特征：数据类型丰富多样，时空动态变化显著。泛在地理信息已成为大数据时代的重要数据组成，是“金矿”中的“金矿”，世界级领先的全球管理咨询公司——麦肯锡咨询公司指出，位置数据的等级在 2009 年为 PB 级，并以每年 20%的速度增长，而这还不包括来源于 RFID 传感网的数据。

泛在地理信息主要包括地理数据、轨迹数据与社交媒体空间数据等。其中，地理数据的特点是体量大、较规则化、变化缓慢。地理数据可以分为地图数据、遥感数据、大地基准数据。其中，遥感数据包括光学影像数据、雷达激光扫描数据等。大地基准数据包括时间基准数据、重力基准数据等。

轨迹数据，是通过全球定位系统、RFID 等测量手段以及网络签到等方法获得的用户活动数据，包括个人轨迹数据、群体轨迹数据、交通轨迹数据、物流数据等。其特点是：数据体量大、信息碎片化、准确性低，可以用文本模式描述，有半结构化的轨迹数据，附带其他的用户信息和社会语义。

社交媒体空间数据，主要包含空间位置与时间数据，以及相应的文字、图像、图形、声音、视频和动画等媒体数据，大多来源于微博、微信、QQ 等移动社交网络应用。其数据来源混杂，非结构化为主，数据异构性大，实时性非常强。

8.5.2 大数据 GIS

大数据 GIS 核心技术主要包括以下内容。

1）分布式技术

（1）空间数据的分布式存储。在原有分布式存储系统之中，嵌入分布式空间索引、空间数据的分片处理和管理等技术，通过空间数据的横向扩展（scale out），实现单表过亿，乃至数十亿空间数据的存储与管理。常用的分布式存储系统有 HDFS、HBase、Elasticsearch 等。

（2）分布式空间计算。以 Spark 分布式计算框架（加州大学伯克利分校的 AMP 实验室提供的开源、类 Hadoop MapReduce 的通用并行框架）为基础，将传统空间分析算法进行分布式改造，实现在短时间内完成传统 GIS 无法完成的上亿条空间对象之间的空间分析计算。

（3）分布式地图渲染。通过矢量金字塔、分布式渲染、自动缓存和前端渐进加载等技术，实现超大规模空间数据的免切片渲染效果。

2）流数据的实时处理技术

基于 Spark Streaming 流计算框架的基础能力，扩展实现流式数据的实时接入、过滤、转换、计算、可视化与输出等相关能力。

3）空间大数据可视化技术

不同于传统 GIS 中直接把所有地物绘制到地图上，大数据动辄就是千万、上亿条数据，如此大量的数据难以直接展示。空间大数据可视化更侧重于在对海量数据进行分析计算之后，表达其空间分布情况、聚合程度及连接关系等。

总的来看，大数据 GIS 主要解决了两个方面的问题：

（1）新数据。大数据 GIS 扩展了 GIS 所管理空间数据的边界，除了传统的矢量、栅格等基础空间数据，大数据 GIS 还能管理实时发生的流数据，以及存档下来的空间大数据，为空间大数据的挖掘和应用提供了丰富的数据资源。

（2）新技术。大数据 GIS 也扩展了传统 GIS 的技术边界，通过与大数据 IT 技术的融合，极大地提升了 GIS 对超大规模空间数据的存储容量、计算性能、分析能力和渲染能力。

8.5.3 并行计算

传统的串行计算是指在单个计算机的单个中央处理器（central processing unit，CPU）上逐个使用一系列指令解决问题的过程。并行计算是在串行计算的基础上演变而来，用以快速解决大型且复杂的计算问题。并行计算是指同时利用多个计算资源，同时对多个任务、多条指令，或对多个数据项进行处理，联合解决计算问题的过程。它是提高计算机系统计算速度和处理能力的一种有效手段，基本思想是用多个处理器来协同解决同一问题，即将被求解的问题分解成若干个任务，各个任务均由一个独立的处理器来并行计算。并行计算系统既可以是专门设计的、含有多个处理器的超级计算机，也可以是通过网络互连的若干台独立计算机构成的集群。

并行计算可分为时间上的并行和空间上的并行。时间上的并行是指流水线技术，同一时间启动两个或两个以上的操作；而空间上的并行则是指用多个处理器并发地执行计算，即利用网络连接的两个以上的处理器，同时计算同一个任务的不同部分。

适用于并行计算的并行计算机主要有并行向量机（parallel vector processor, PVP）、对称多处理机（symmetrical multi-processing, SMP）、大规模并行处理机（massively parallel processing, MPP）、工作站机群（cluster of workstations, COW）、分布式共享存储处理机（distributed shared memory, DSM）等。

目前，主要的并行计算编程模型包括：MPI（message passing interface）、OpenMP、Intel IPP、Intel TBB 与 MapReduce。其中，MPI 是最重要的一个基于消息传递的并行编程工具，具有移植性好、功能强大、效率高等许多优点，而且有多种不同的免费、高效、实用的实现版本，几乎所有的并行计算机厂商都提供对它的支持，已成为事实上的并行编程标准。

并行计算主要用于解决计算量极大而使 PC 不能满足要求或者根本不能计算的任务，如中长期天气预报、情报分析、核武器设计、天体物理、航天器设计、能源勘探、工业仿真、地震数据处理、密码破译、新药研制、生物信息处理、卫星图像处理等。

并行计算技术在 GIS 领域也得到了较好的应用，例如，并行计算技术可应用于海量空间数据的并行存储、查询、检索及处理等，为拥有海量空间数据的 GIS 应用提供快速、高效的响应能力与处理速度。

而随着大数据时代的来临，MapReduce 则成为大数据时代的主流并行计算技术。

8.5.4　Hadoop/MapReduce 技术

1. Hadoop

目前，大数据应用领域最流行的大数据处理框架主要是 Hadoop 和 Spark。

2003～2004 年，谷歌陆续公开发表了两篇论文《谷歌文件系统》和《基于集群的简单数据处理：MapReduce》，其核心技术包括分布式文件系统 GFS、分布式计算系统框架 MapReduce。

2006 年，Apache 基金会发布了基于谷歌提出的 GFS 与 MapReduce 的核心技术思想的开源实现——分布式系统基础架构 Hadoop。Hadoop 的开源迅速形成了极其火爆的技术生态圈，推动了大数据产业的蓬勃发展，带来了一场深刻的技术革命。

Hadoop 可理解为一个对大量数据进行分析的工具，与其他组件搭配使用，可以完成对大量数据的收集、存储和计算。

Hadoop 框架的核心包括：HDFS 和 MapReduce。HDFS 为海量数据提供了存储方式，而 MapReduce 为海量数据提供了计算方式。用户可以借助 Hadoop 编写程序，并运行在计算机集群上，从而实现海量数据的处理。

MapReduce 是用于并行处理大规模数据集的软件框架。MapReduce 的思想源自函数式编程中的 Map（映射）和 Reduce（归约）函数。Map 函数接受一组数据并将其转换为一个键/值对列表，输入域中的每个元素对应一个键/值对。Reduce 函数接受 Map 函数生成的列表，然后根据它们的键（为每个键生成一个键/值对）缩小键/值对列表。

一套完整的 Hadoop 大数据生态系统基本包含以下组件。

（1）Storm：是一个用于实时流式计算的分布式计算引擎，主要特点是实时性，用来处理实时产生的数据。

（2）Zookeeper：用于 Hadoop 的分布式协调服务。Hadoop 的许多组件依赖于 Zookeeper，它运行在计算机集群上面，用于管理 Hadoop 操作。

（3）HBase：是一个建立在 HDFS 之上，面向列的 NoSQL 数据库，用于快速读/写大量数据。

（4）Hive：基于 Hadoop 的一个数据仓库工具，可以将结构化的数据文件映射为一张数据库表。

（5）Sqoop：是一个连接工具，用于在关系数据库、数据仓库和 Hadoop 之间转移数据。

（6）Pig：是 MapReduce 编程的复杂性的抽象。Pig 平台包括运行环境和用于分析 Hadoop 数据集的脚本语言（Pig Latin）。

2. Spark

Hadoop MapReduce 已经得到了广泛的应用，但其具有体量大、操作烦琐等明显的缺点，于是就诞生了 Spark 这样以数据计算为主的新一代大数据处理集群。从本质上讲，Spark 依旧是对 MapReduce 模型的改进，使得 Map 和 Reduce 的界限划分不再那么清楚，方便数据交换和磁盘读写，进一步扩展数据处理量。

Spark 是一个通用的大规模数据快速处理分析引擎，是基于内存计算的大数据并行计算框架。它是一种与 Hadoop 相似的开源集群计算环境，拥有 Hadoop MapReduce 所具有的优点；但由于其启用了内存分布数据集，除了能够提供交互式查询外，还可以优化迭代工作负载，因而在某些工作负载方面表现得更加优越。Spark 具有如下显著特点。

1）快速

Spark 是面向内存的大数据处理引擎，实现了高效的 DAG 执行引擎，这使得 Spark 计算速度远超 Hadoop。

2）简洁易用

Spark 提供了支持多种语言的 API，如 Scala、Java、Python、R 等，使得用户可以快速构建不同的应用。此外，Spark 的易用性还体现在其针对数据处理提供了丰富的操作。

3）通用

相对于第一代的大数据生态系统 Hadoop 中的 MapReduce，Spark 提供了统一的解决方案。Spark 框架包含了多个紧密集成的组件。位于底层的是 Spark Core，它实现了 Spark 的作业调度、内存管理、容错、与存储系统交互等基本功能，并针对弹性分布式数据集提供了丰富的操作。在 Spark Core 的基础上，Spark 提供了一系列面向不同应用需求的组件，主要有交互式查询（Spark SQL）、实时流处理（Spark Streaming）、机器学习（MLlib）和图计算（GraphX），这些不同类型的处理都可以在同一个应用中无缝使用。

4）兼容性

Spark 可以非常方便地与其他开源产品进行融合。Spark 集群的底层资源可以借助于外部的框架进行管理。例如，Spark 可以使用 Hadoop 的 YARN 和 Apache Mesos 进行资源管理和调度，并且可以处理所有 Hadoop 支持的数据。在实际生产环境中，也可以不依赖于第三方的资源管理和调度器，利用 Spark 提供的 Standalone 这一内置的资源管理和调度框架，搭建中小规模的 Spark 集群，以满足中小企业的业务需求。

3. Hadoop 架构下的 GIS 应用开发环境

目前，为适应地理信息大数据的应用需求，一些 GIS 厂商也提供了基于 Hadoop MapReduce 架构下的 GIS 应用开发环境。例如，ESRI 推出了基于 Hadoop 的一套完整的空间大数据处理的环境，即 GISTools for Hadoop，它包含一套工具（Geoprocessing Tools for Hadoop）、一套 API（ESRI Geometry API for Java）和一系列的框架（Spatial Framework for Hadoop）。开发人员可以利用扩展在 Hadoop 上的 Geometry 类型和对空间数据的操作，方便地在空间数据上构建 MapReduce 应用程序。同时，GISTools for Hadoop 扩展了 Hive 在 ESRI Geometry API 上的应用，使用户可以通过 Hive 进行空间数据的处理。

思 考 题

1. 三维空间数据建模技术有哪几种？
2. 简要说明时空数据模型的主要类型。
3. 移动对象数据库技术的主要研究内容有哪些？
4. 什么是虚拟地理信息系统？简要说明其主要特征。
5. 举例说明社交网络中的地理信息应用。
6. 什么是自发地理信息？举例说明自发地理信息应用。
7. 举例说明出租车等轨迹数据在城市规划中的应用。
8. 举例说明智慧城市应用。
9. 什么是大数据？简要说明大数据特征。
10. 简要说明泛在地理信息的组成。
11. 分析并举例说明地理信息系统的发展趋势，以及地理信息系统技术与其他信息技术之间的发展关系。

主要参考文献

鲍蕊娜. 2012. 离散点生成不规则三角网算法研究及实现. 昆明: 昆明理工大学硕士学位论文.
毕硕本. 2015. 空间数据分析. 北京: 北京大学出版社.
边馥苓. 2006. 空间信息导论. 北京: 测绘出版社.
陈新保, Li S N, 朱建军, 等. 2009. 时空数据模型综述. 地理科学进展, 28(1): 9-17.
崔铁军. 2011. 地理信息科学基础理论. 北京: 科学出版社.
邓敏, 刘启亮, 吴静. 2015. 空间分析. 北京: 测绘出版社.
杜中波. 2017. 网页文本地名地址信息识别与萃取方法研究. 青岛: 山东科技大学硕士学位论文.
符海芳, 向南平, 刘彦花. 2002. 一种可行的 GIS 数据交换方法. 四川测绘, 25(3): 121-122, 125.
龚健雅, 李德仁. 2008. 论地球空间信息服务技术的发展. 测绘通报, (5): 5-10.
郭仁忠. 2001. 空间分析. 北京: 高等教育出版社.
胡鹏, 黄杏元, 华一新. 2002. 地理信息系统教程. 武汉: 武汉大学出版社.
华一新, 赵军喜, 张毅. 2012. 地理信息系统原理. 北京: 科学出版社.
黄杏元, 马劲松. 2008. 地理信息系统概论. 3 版. 北京: 高等教育出版社.
江益. 2015. 基于动态 LOD 地形渲染的关键技术研究. 武汉: 武汉科技大学硕士学位论文.
李德仁. 1997. 论 RS, GPS 与 GIS 集成的定义, 理论与关键技术. 遥感学报, 1(1): 64-68.
李观石. 2004. 基于 LOD 的大范围地形漫游技术研究. 武汉: 武汉大学硕士学位论文.
林珲, 龚建华, 施晶晶. 2003. 从地图到地理信息系统与虚拟地理环境——试论地理学语言的演变. 地理与地理信息科学, 19(4): 18-23.
刘琴琴. 2016. 平面域 Delaunay 三角网生成算法研究及实现. 西安: 陕西师范大学硕士学位论文.
罗伯特 • 海宁. 2009. 空间数据分析理论与实践. 李建松, 秦昆译. 武汉: 武汉大学出版社.
任政. 2008. 基于不规则三角网(TIN)的流域特征自动提取算法与原型系统设计研究. 南京: 南京师范大学硕士学位论文.
沈中原, 李占斌, 李鹏, 等. 2009. 基于 DEM 的流域数字河网提取算法研究. 水资源与水工程学报, 20(1): 20-23.
苏世亮, 李霖, 翁敏. 2019. 空间数据分析. 北京: 科学出版社.
汤国安. 2019. 地理信息系统教程. 2 版. 北京: 高等教育出版社.
汤国安, 李发源, 刘学军. 2016. 数字高程模型教程. 3 版. 北京: 科学出版社.
汤国安, 赵牡丹, 杨昕, 等. 2010. 地理信息系统. 2 版. 北京: 科学出版社.
涂丹丹, 向琳, 左德承, 等. 2007. 移动对象数据库管理技术//黑龙江省计算机学会. 黑龙江省计算机学会 2007 年学术交流年会论文集.
王家耀, 成毅. 2004. 空间数据的多尺度特征与自动综合. 海洋测绘, 24(4): 1-3.
王劲峰, 廖一兰, 刘鑫. 2010. 空间数据分析教程. 北京: 科学出版社.
邬伦, 刘瑜, 张晶, 等. 2001. 地理信息系统: 原理、方法和应用. 北京: 科学出版社.
徐立. 2013. 地理空间数据符号化理论与技术研究. 郑州: 解放军信息工程大学博士学位论文.
徐玉军. 2013. 基于机载激光雷达点云数据的分层道路提取算法研究. 长春: 吉林大学硕士学位论文.
翟亚婷. 2016. 计算机辅助建筑物高度与通视分析. 西安: 西安建筑科技大学硕士学位论文.
张超, 陈丙咸, 邬伦. 1995. 地理信息系统. 北京: 高等教育出版社.
张宏, 温永宁, 刘爱利, 等. 2010. 地理信息系统算法基础. 北京: 科学出版社.
张军海, 李仁杰, 傅学庆, 等. 2009. 地理信息系统原理与实践. 北京: 科学出版社.

张新长, 马林兵, 张青年. 2010. 地理信息系统数据库. 2 版. 北京: 科学出版社.
张友静, 许捍卫, 佘远见, 等. 2009. 地理信息科学导论. 北京: 国防工业出版社.
张子昕, 周强波. 2015. 空间插值算法在 GIS 中的应用. 测绘与空间地理信息, 38(2): 103-107.
朱庆, 陈松林, 黄铎. 2004. 关于空间数据质量标准的若干问题. 武汉大学学报(信息科学版), 29(10): 863-867.
Anselin L. 1988. Spatial Econometrics: Methods and Models. Boston: Kluwer Academic Publishers.
Anselin L. 1990. Spatial dependence and spatial structural instability in applied regression analysis. Journal of Regional Science, 30(2): 185-207.
Anselin L. 1995. Local indicators of spatial association-LISA. Geographical Analysis, 27: 93-115.
Azuma R, Baillot Y, Behringer R, et al. 2001. Recent advances in augmented reality . IEEE Computer Graphics and Applications, 21(6): 34-47.
Bailey T C, Gatrell A C. 1995. Interactive Spatial Data Analysis. New York: John Wiley & Sons.
Campbell J , Shin M. 2011. Essentials of Geographic Information Systems. Los Angeles: Saylor Foundation.
Chang K T. 2019. 地理信息系统导论. 陈健飞, 胡嘉骢, 陈颖彪译. 北京: 科学出版社.
Fazal S. 2008. GIS Basics. New Delhi : New Age International Publisher.
Fotheringham A S, Brunsdon C, Charlton M E. 2002. Geographically Weighted Regression: The Analysis of Spatially Varying Relationships. Chichester: John Wiley & Sons.
Geary R C. 1954. The contiguity ratio and statistical mapping. The Incorporated Statistician , 5(3): 115-146.
Goodchild M F. 2007. Citizens as sensors: the world of volunteered geography . Geo Journal, 69(4): 211-221.
Goodchild, M. F. 1986. Spatial Autocorrelation: Concepts and Techniques in Modern Geography. Norwich: Geo Books.
Haining R . 2003. Spatial Data Analysis: Theory and Practice. Cambridge: Cambridge University Press.
Jensen J R. Jensen R R. 2016. 地理信息系统导论. 王淑晴, 孙翠羽, 郑新奇, 等译. 北京: 电子工业出版社.
Longley P A, Goodchild M F, Maguire D J, et al. 2005. Geographical Information Systems and Science. New York: John Wiley & Sons.
Longley P A, Maguire D J, Goodchild M F, et al. 2004. 地理信息系统(下卷): 管理与空间. 2 版. 唐中实, 贾海峰, 辛宇, 等译. 北京: 电子工业出版社.
Openshaw S. 1998. Some trends and future perspectives for spatial analysis in GIS. Geographic Information Sciences, 4(1-2): 5-13.
Shekhar S, Chawla S. 2004. 空间数据库. 谢昆青, 马修军, 杨冬青, 等译. 北京: 机械工业出版社.
Yin Z C, Wu Y, Winter S, et al. , 2018. Random encounters in probabilistic time geography. International Journal of Geographical Information Science, 32(5): 1026-1042.